焦点人物丛书

汉高祖及其
平民皇帝的开国英杰

乔继堂◎主编

张蓓◎编著

上海科学技术文献出版社
Shanghai Scientific and Technological Literature Press

汉高祖刘邦，中国历史上的第一位平民皇帝。

“萧何月下追韩信”，是国人熟知的历史桥段，也是各种艺术形式反映的题材，诸如戏曲、曲艺、绘画，就连实用的家伙什儿上也是屡见不鲜（下图）。“商山四皓”题材则更多见于绘画，清人黄慎的这幅《商山四皓图》，形象地描绘出了汉高祖见到太子身后的“四皓”，回头私语戚夫人的情景。

刘邦称帝后，在洛阳宫宴会功臣，席间自道诸方面不及张良、萧何、韩信，却能重用“三杰”，故而战胜西楚霸王。明人刘俊的这幅《汉殿论功图》，形象描绘了这一场面。

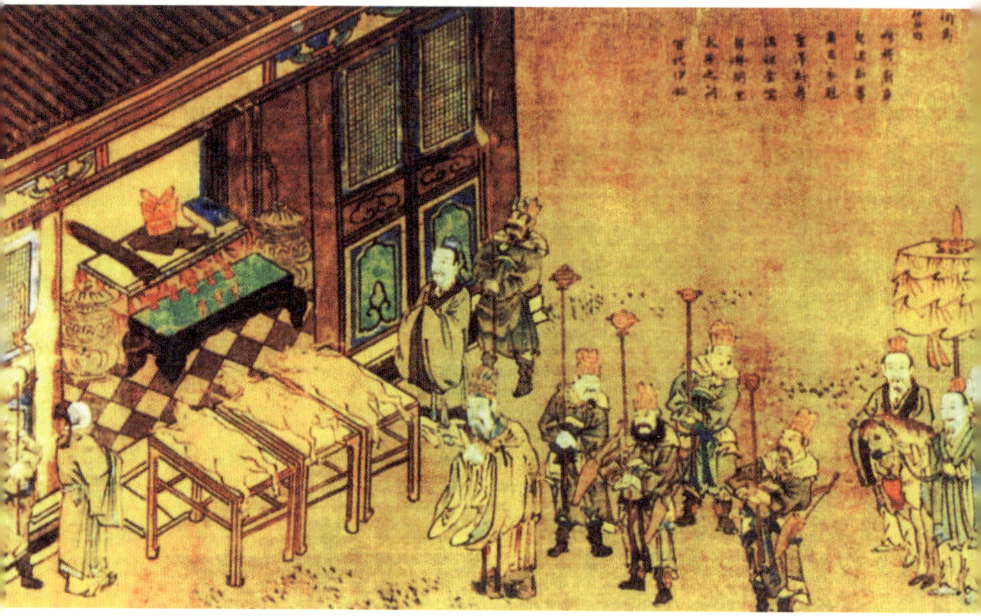

汉高祖不待见儒生，早期曾有过往儒冠里撒溺之举。但治理天下离不开儒家思想和儒士文臣，于是就有了祭孔之举和《刘邦祭孔图》（《圣迹图》局部）。

明人仇英的《汉宫春晓图》，对汉王朝后宫的描摹可谓穷形尽相，只是满眼春色、风情旖旎，毫无吕后称制时后宫的肃杀，

齐王田横义不降汉，五百位追随者也都自刎明志。徐悲鸿创作《田横五百士》，正当日寇入侵之时，画作描绘田横与五百壮士诀别场面，礼赞中国人“富贵不能淫，威武不能屈”的精神。

目　录

平民皇帝汉高祖

平民皇帝父与子

汉高祖的妻妾女儿

刘姓诸王真不少

异姓诸王多反复

开国战将多封侯

萧规曹随说丞相

谋士辩士都不弱

逐鹿群雄敌酋首

汉高祖刘邦是中国历史上第一个平民皇帝。在秦末逐鹿的群雄之中，他起初的实力并不突出；之所以后来居上、最终定鼎中原，在于他延揽、重用了一批当时的杰出人才。他好酒好色、举止轻率，行事又有几分无赖；但他从谏如流、知人善任，大处着眼、不拘小节。他是一个有着典型意义的皇帝——平民出身，诛杀功臣，宗亲封藩，犹疑太子，后宫遗患……

汉高祖刘邦

汉高祖刘邦（前256～前195），汉朝开国皇帝。字季（一说小名刘季），泗水郡沛县（今江苏沛县）人。父刘瑞，母刘媪。刘邦兄弟四人，他排行老三，长兄刘伯，次兄刘仲，少弟刘交。曾任秦王朝泗水亭长，起义后被拥为“沛公”，公元前206年被项羽立为汉王；汉王五年（前202）正式称帝，国号“汉”。在位八年，谥号“高皇帝”，庙号“高祖”。汉高祖刘邦经过十年的浴血奋战，终于推翻了残暴的秦王朝，建立了第二个中央集权制国家——汉朝。他在位期间，采取各种宽松政策，促进了经济的发展和人口的增长，为后来的“文景之治”奠定了坚实的基础。

一、传奇经历　豪杰本色

刘邦小时候也读过一些书，但他绝非本分的读书人。他性格豁达粗犷，待人宽厚。刘邦平时很少参加家庭农业生产，他的父亲曾为此多次责备他。到青年时代，秦始皇已经统一全国，他通过考试当上了秦的泗水亭长，并与郡县小吏关系非常亲密。但他这时也成了一个酒色之徒，后来被他封为齐王的大儿子刘肥的母亲曹氏，当时就是他的外妇。

尽管刘邦在生活上有失检点，但他胸怀大志。有一次，他押送夫役到国都咸阳，正碰上秦始皇出行，看到秦始皇威风凛凛地坐在仪仗护卫的车中，他便赞叹说：“唉，大丈夫就应该像这个样子！”（大丈夫当如是！）

从咸阳回来后不久，刘邦就结了婚。妻子是单父（今山东单县南）人吕公的女儿。吕公原来不住在沛县，因为和沛县的县令关系好，为躲避仇家而搬到沛县。吕公刚到沛县时，县里的豪杰吏曹听说他是县令的贵客，都来拜贺。当时萧何在沛县任主吏，他主持宴会，向来客宣布：“凡贺礼不满一千钱者，都坐在堂下。”刘邦也是贺客之一，他根本没带钱，却对负责登记贺礼的人说：“我贺钱一万。”负责登记贺礼的人去告诉吕公，吕公急忙亲自下堂迎接。见到刘邦后，吕公觉得他相貌气度非凡，对他十分敬重，就拉他入席就座。酒后，吕公示意刘邦留下，提出愿意把自己的女儿嫁给他。刘邦正求之不得，因此和吕公的女儿马上成婚。吕公的这个女儿就是后来历史上著名的吕后。她为刘邦生了一儿一女，女儿后来称鲁元公主，儿子就是惠帝。

刘邦成家后，为了照顾家庭，他不得不常常告假回家帮着干一些农活。有一次，吕后和女儿正在田中薅草，一个过路老人因向吕后讨水喝，便恭维说，他们都生得“贵相”。老人走后，刘邦也来到田中，吕后把相面之事告诉他，他马上追上那位老人，请他也为自己相面。老人说：“刚才你夫人和儿女所以是贵相，就是因为像你，你的相贵不可言。”刘邦听了非常高兴，他对老人道谢说：“如果真像你老人家所说那样，日后我一定重赏。”

秦王朝末年，秦始皇修骊山墓需要大批劳力，刘邦受命押送刑徒到骊山。在押送的路上，刑徒们纷纷逃亡。刘邦估计到了骊山，这些刑徒差不多要跑光了。一天，走到丰邑西边的大泽里，停下来休息时，刘邦喝多了酒，仗着酒劲就把刑徒身上的绳索解开，对他们说：“你们都逃命吧，我也从此逃亡了！”

当时，有十几个刑徒愿意跟着刘邦走，刘邦就连夜带着他们从大泽里逃亡。他命令一个人在前面探路，这个人回报说：“前面有一条大蛇挡在路上，我们还是回去再找路吧。”刘邦这时已经醉得不行，他大声呵斥说：“我们勇士走路，怕什么！”于是他冲到前面开路，拔出剑把那条蛇一斩两段。又走了几里路后，刘邦酒性发作，在路旁躺下。后面的人走到蛇死的地方，看见一位老太婆在痛哭，问她为什么哭，她说："有人杀了我的儿子。"又问："你的儿子为什么被杀?"她说："我的儿子是白帝的儿子，他变化成蛇，横在路上，刚才被赤帝的儿子斩杀，所以我哭。"人们当时都以为这个老太婆在说胡话，就想拿她开心，可是老太婆却突然隐身不见了。后来的人继续向前走，碰到刘邦，把此事告诉了他。刘邦心里暗喜，并以此自恃，使那些跟从他的刑徒对他更加敬畏。

早先的时候，秦始皇就经常说："东南有天子气。"所以他曾经多次东巡，试图来镇住这种云气。刘邦杀了大蛇，又听说了这种神异之事，就开始怀疑会不会是冲着自己来的。因此，他带着那些愿意跟从他的刑徒逃亡到芒、砀（今安徽砀山西南）山区，藏了起来。但妻子吕氏和其他人去寻找他，却常常能够很快找到。刘邦很奇怪，就问她原因。吕氏说："你藏身的地方，天空上经常有五彩祥云，所以我一找就能找到。"刘邦很高兴，把此事向人们悄悄宣传，沛县及附近的青年人听说后，都愿意跟从他。慢慢地，刘邦利用迷信和自己的为人组织了一批人在自己周围，成为当时人们公认的沛中豪杰。

在刘邦身上之所以充满神奇色彩，主要出自刘邦及其亲属的宣传，其次是刘邦称帝后人们对他的神化。

秦二世元年（前209）七月，陈胜、吴广在大泽乡（今安徽宿州西南）发动起义，在攻下陈城（今河南淮阳）后，陈胜称"王"，建立了"张楚"政权。沛县县令想投降陈胜来保全自己，刘邦好友沛县主吏萧何、狱掾曹参就向县令建议说："你是秦朝的官吏，现在想背叛秦朝，领着沛中子弟起兵，他们恐怕不会听你的。最好还是把那些逃亡在外的人召回来，能聚集几百人，这样大家就不会不听话了。"县令表示同意，让吕氏的妹夫樊哙去找刘邦。

刘邦这时已经聚集了好几百人，于是就和樊哙一起回到沛城。但刘邦还没到沛城，县令又开始反悔，害怕刘邦进城会杀掉自己，因此紧闭城门，并打算杀掉萧何、曹参。萧何、曹参闻讯后，急忙越城逃到刘邦处。刘邦进不了城，就写了一封信射到城里，号召沛城父老杀掉县令，响应各路义军。城中人民对县令出尔反尔非常愤恨，加上他平日鱼肉百姓，于是合力杀了县令，开门迎接刘邦。

沛县民众想推举刘邦为县令，刘邦推辞说："我的能力有限，恐怕不能担此重任，你们还是重新推选一个有能力的人吧！"这时，萧何、曹参认为自己是文吏，害怕将来起义万一失败要大祸临头，都一致推让刘邦。许多父老也说："我们早就听到了许多关于您的神奇事迹，您肯定要成为贵人，还是由您来领导最好。"刘邦一再推辞，最后被大家拥立为"沛公"。刘邦在县令的衙门中，设坛祭祀，并宣称自己是赤帝之子而树起红色大旗，正式宣布起兵反秦。接着，萧何、曹参和樊哙等人分头去招兵买马，沛中子弟踊跃参加，队伍很快发展到了两三千人。这时是秦二世元年的九月，刘邦已经四十八岁。

二、群雄自立　起兵反秦

与刘邦在沛城起兵的同时，原楚国贵族的后裔项梁、项羽叔侄也在吴中（今江苏吴县）起兵。其他一些六国贵族也都纷纷起兵，自立为王，如齐国的田儋、赵国的韩广、魏国的魏咎等。

项梁，是原楚国大将项燕的儿子，曾经杀人犯罪，与侄子项籍（字羽）逃到吴中躲避。吴中的贤能志士才智都在项梁之下，都愿与他们交结。陈胜起兵反秦后，会稽郡（秦末治江苏苏州）郡守殷通也准备发兵响应陈胜，派项梁和桓楚统率军队。

当时，桓楚逃亡在大泽中，项梁对殷通说："桓楚藏身的地方谁都不知道，只有项籍知道他在哪里。"项梁便先出外嘱咐项籍手持利剑，等候在厅堂外。项梁又走进厅堂，陪殷通坐定，然后说："请郡守召见项籍，让他接受命令去找桓楚吧！"郡守说："可以。"项梁便召唤项籍进来，过了一会儿，项梁使眼色给项籍，说："可以行动了！"于是项籍拔出利剑，手起剑落砍下郡守的头。项梁手持郡守的人头，佩戴上郡守的印信。郡守的部下惊慌大乱，项籍大杀大砍，不多工夫砍杀了百十来人，郡府中再没人敢动，都拜伏在地不敢仰视。

项梁召来他平时结交的豪杰官吏，向他们说明之所以这样做是要起义兵举大事。大家都赞成，于是起吴地之兵，又派人收集所属各县的军兵，共得精兵八千人。项梁当上了会稽郡守，项籍做了裨将，率军攻取附近各县。项籍当年二十四岁。

田儋，原是齐国的王族，田儋的弟弟田荣、田荣的弟弟田横都是一代豪杰人物，依靠强大家族的势力很得人心。陈涉手下的大将周市东进攻取土地，到了狄县城（今山东高青县东南），县城门紧闭坚守。这时田儋假意把他的奴仆捆绑上，亲自带到县令的大堂求见，请求允许他杀死这个奴仆。狄县令出来接见，被田儋击杀。田儋召集县中豪杰的子弟们说："现在各国诸侯都已经反秦复国，齐国是古老的封国，理应恢复，我田儋是齐国的王族，理应称王。"于是田儋自称齐王，发兵攻击周市军。周市军撤走，田儋便率军东进，攻取原属齐国的土地。

韩广，原是赵国的将领，他拥众反秦，领兵北进攻取燕地，燕地的豪杰打算拥立韩广为燕王。

魏咎，原是魏国的公子宁陵君。周市领兵从狄县撤到魏地，准备立魏咎做魏王。魏咎正在陈城，陈王陈胜不放他回魏地。这时魏地已经平定了，豪杰们都想立周市为魏王，周市说："天下混乱之时才可以发现忠臣。当今天下都背叛秦朝，依据道义一定要立原魏王的后人才行。”大家坚决要求周市称王，周市始终不肯接受。只好再次派人到陈城迎接魏咎，使者往返了五次，陈王才放回魏咎。于是魏咎被拥立为魏王，周市被任命为魏国的丞相。

秦二世元年（前 209）十二月，陈胜被车夫庄贾所杀。赵国的张耳、陈馀收集被打散的赵军士卒集结了几万人，攻击李良，李良战败逃走投奔了章邯。宾客中有人劝说张耳、陈馀：“两位都是外地人，想要依靠赵地立国，恐怕难以成功。不如立原赵国国王的后人，尽心尽意地辅佐他，才可以取得成功。”后来，张耳、陈馀找到了赵歇，秦二世二年（前 208）正月，张耳、陈馀一起拥立赵歇为王，定都在信都（今河北邢台）。

陈王被刺死不久，东阳人宁君、秦嘉听到陈王败亡的消息，拥立景驹为楚王。

英布是六邑（今安徽六安东北）人，因为犯法被处黥刑（在脸上刻字），又称黥布，依照法律规定他成了刑徒，被押送到骊山去服苦役。骊山的刑徒有数十万之多，英布尽心竭力交结刑徒中的首领豪杰人物，后来趁机率领同伙逃亡到大江一带的草泽中做了强盗。鄱阳县（今属江西）令吴芮很受江湖间民众的爱戴，号称番君，英布前去拜见他。当时英布部下已经聚集了数千人，番君把女儿嫁给了英布，让他率领当地的兵众出击秦军。

楚王景驹驻扎在留县（在今江苏沛县东南），沛公刘邦领兵前去投靠他。这时张良也聚集了一百多个青年人，想要前往投奔楚王景驹，途中遇到沛公，就隶属在他的部下，沛公任命张良为厩将（勤务将官）。张良经常给沛公讲述《太公兵法》，沛公很欣赏他的才能，经常采用他的计谋。张良也把计谋告诉别的将领，可是他们都不能理解，只有沛公能心领神会。张良称赞说：“沛公大概是天授的奇才。”所以一直追随他不再离开。

沛公与张良一同进见楚王景驹，想要请求派兵攻打丰县。这时，秦将章邯又派人率领秦军北进准备平定楚地，屠灭了相县（在今安徽濉溪市东北），接着打到砀县。东阳人宁君和沛公联兵西进，在萧西（在今安徽萧县西北）与秦军开战，战败后收兵撤退回留县。二月，沛公军进攻砀县，经过三天激战攻占了砀县城。收集了当地的六千军兵，与原有的军兵合在一起，共有九千人。三月，沛公军进攻下邑（在今安徽砀山县），攻占了该城，在回军留县的途中再次攻打丰县城，还是未能攻下。

在这之前，广陵人召平奉命为陈王（陈涉）攻取广陵（今江苏扬州西北），未能攻下。当他听到陈王兵败逃走、章邯军将要打过来的消息，就渡过了长江，假传陈王的命令任命项梁为楚国上柱国，并说：“江东已经平定了，赶快领兵西进，攻击秦军。”项梁于是率领江东八千子弟兵渡过长江西进，又听说陈婴已经攻下了东阳（在今江苏盱眙东），便派遣使者要求联合西进。

陈婴原是东阳县的令史，在县中很有威望，一向诚信谨慎，人称长者。东阳的一群年轻人击杀了县令，聚集了二万人，准备拥立陈婴为王。陈婴的老母告诫他说：“自从我做了陈家的媳妇，从未听说你家祖上有人贵重过。如今，你突然取得大名，不是什么吉祥的事。不如从属别人，事业成功了还可以封侯，失败了也容易逃亡，不要成为举世闻名的人物。”陈婴不敢当王，便对部下的将士们说：“项家世代为楚将，在楚国享有盛名。现在我们要举兵干大事业，命将不得其人不能成功，我们依靠名门望族，一定可以推翻秦王朝。”众人听从陈婴的主张，把军兵交给了项梁指挥。

英布击败了秦军以后，领兵东进，听说项梁渡过淮水向西进军，便与蒲将军带领部下归附了项梁。项梁军队猛增到六七万人，驻扎在下邳（在今江苏邳县西南）。景驹、秦嘉在彭城以东驻兵设防，准备抵制项梁军。项梁对将士们说："陈王首先起义，作战失利不知去向，现在秦嘉竟然背叛陈王而另立景驹为王，实属大逆不道！"于是进兵攻打秦嘉，秦嘉军战败逃走，被追赶到胡陵（在今江苏沛县西北）。秦嘉回军再战，经过一天的激战，秦嘉战死，军队投降，景驹逃往梁地。

项梁吞并了秦嘉的军队，驻扎在胡陵，准备率军西进。这时章邯军到达栗县（今河南夏邑），项梁派部将朱鸡石和余樊君与秦军开战，余樊君战死，朱鸡石军战败逃回胡陵。项梁领兵进入薛县，诛杀了朱鸡石。这时沛公带领一百多骑兵随从前去会见项梁，项梁拨给沛公五千士兵，十名中级将领。沛公返回，立即率军再次进攻丰县，一举攻占了丰邑，雍齿逃奔魏国。项梁派项羽出攻襄城（今河南襄城县），襄城坚守抵抗。项羽攻下襄城后把城里的军民全部坑杀，然后回报项梁。项梁听说陈王确实是已经死亡，就在薛城召集诸将会议，沛公也应邀参加了这次会议。

居鄛人范增年已七十岁，平常在家中就喜好研究兵法谋略。他前来劝告项梁说："陈胜本来就应当败亡，当初秦国灭亡六国，楚国最冤枉，自从楚怀王被骗到秦国，未能返回楚国，楚国人直到今天还在思念他。所以楚国的南公先生说：'楚国即使剩下三户人家，灭亡秦国的也必是楚国。'（楚虽三户，亡秦必楚。）现在陈胜首先起事，不立楚王的后人而自立为王，所以不能长久。如今您起兵江东，楚国的将领蜂拥而起都争先归附您，正是因为您一家世代皆为楚将，最有资历拥立楚王的后人为王以复兴楚国。"项梁赞同范增的见解，于是从民间找到楚怀王的孙子芈心，他以牧羊为生。夏六月，项梁立芈心为楚怀王，以顺应民众的愿望。又任命陈婴为上柱国，封给他五个县，陪同楚怀王芈心定都在盱眙，项梁自己号称武信君。

这时张良劝项梁说："你已经拥立了楚王的后人为楚王，而原韩国的公子横阳君韩成最贤能，也可以立为韩王，来增加我们的势力。"项梁派张良找到了韩成，正式立他为韩王，又任命张良为韩国的司徒，辅佐韩王率领一千多士卒向西攻取原韩国的土地，占领了几座城市。秦军反攻又夺回了这些城市，他们就在颍川地区（郡治在阳翟，今河南禹县）流动作战。

三、沛公败秦　项羽杀宋

章邯在消灭陈王陈胜的主力部队后，又进兵临济（在今河南封丘东）攻击魏王魏咎。魏王派周市出使向齐国和楚国请求援助，齐王田儋以及楚将项它都率兵随同周市赴援。章邯军乘夜出击，在临济城下大破齐国和楚国的援军，击杀了齐王田儋和周市。魏王魏咎为他的民众约定投降，降期确定后，魏咎自焚而死。魏咎的弟弟魏豹逃亡到楚国，楚怀王芈心分出几千士兵给魏豹，命他再去攻取魏地。齐国的田荣收集他哥哥田儋的残兵向东退却到东阿（在今山东阳谷东北），章邯进兵围攻田荣。齐地人听到齐王田儋战死的消息，便拥立原齐王田建的弟弟田假为齐王，田角为丞相，田角的弟弟田间为大将，来抵御诸侯兵。

秦二世二年（前208）七月，大雨连绵，武信君项梁率楚军攻打亢父（在今山东济宁南），听说田荣被秦军包围，形势危急，就立即进军东阿，击溃了章邯军，章邯向西撤退，田荣领兵回到了东方的齐地。武信君继续追击秦军，派项羽和沛公分兵攻击城阳（在今山东菏泽东北），屠灭了该城。楚军追击到濮阳（在今河南濮阳城西南）的东面扎营，再次与章邯军交战，又击败了秦军。章邯调集军队，重新振作军威，坚守濮阳，又决开河水环绕，阻挡了楚军的攻势。这时沛公和项羽便离开濮阳，去进攻定陶（在今山东定陶西北）。

八月，田荣进兵驱逐了齐王田假，田假逃亡到楚国，田角逃亡到赵国。田间前去援助赵国，听到消息便留在赵国，不敢回齐国。田荣于是立田儋的儿子田市为齐王，田荣做丞相，田横做大将，平定了齐地。这时章邯的兵势越来越强盛，项梁一再派使者要求齐国和赵国出兵，与楚军联合攻击章邯军。田荣声称："楚国杀了田假，赵国杀了田角、田间，就一定出兵。"楚国和赵国不肯这样做，田荣愤怒，终于不肯出兵。

十月，泗水郡（治今安徽濉溪西北）郡监平（名平，姓不详）率秦军把沛公包围在丰邑。沛公领兵出战，击败秦军，命令雍齿戍守丰邑。十一月，沛公率军北进攻打薛县（今山东滕县南），泗水郡守壮（名壮，姓不详）带领的秦军战败撤退到戚县，沛公派左司马追上杀了他们。

项梁在东阿击溃了章邯军后，就率领楚军西进，分兵攻打定陶，再次击溃秦军。接着，项羽、沛公的军队又在雍丘（今河南杞县）与秦军展开激战，大破秦军，击杀了三川郡守李由（秦丞相李斯之子）。项梁于是更加轻视秦军，显露出骄傲的神色。宋义（原楚国丞相）这时告诫项梁说："打了胜仗后，将领骄傲、士卒怠惰，注定要遭失败。现在我们楚军的士卒已经出现了怠惰情绪，而秦军正在一天天地增援，我真替您担忧！"项梁不以为然，派宋义出使齐国。宋义在途中遇见了齐国的使者高陵君显，对他说："您将要去见武信君项梁吗？"回答说："是的。"宋义说："我论定武信君必败，您慢些走可以免死，如果快速到达那里，将会大祸临头。"

秦二世调动所有大军增援章邯，不久向楚军发动猛烈攻击，在定陶击溃了楚军，项梁战死。当时，项羽军和沛公军正在攻打外黄（在今河南兰考县东南），攻不下来，撤离转攻陈留（在今河南开封东南），听到武信君项梁战死的消息后，军心恐慌，不得不停止进攻，向东撤退，与吕臣将军一起将楚怀王（芈心）从盱眙迁都到彭城（今江苏徐州）。吕臣军驻扎在彭城的东面，项羽军驻守在彭城的西面，沛公军驻扎在砀县一带。

章邯击破项梁之后，认为楚地的残余军兵不值得忧虑，便渡过黄河向北进军攻打赵国，兵锋直指邯郸。秦军一路势如破竹，攻占了邯郸城，把城里的居民全部迁移到河内地区（今河南省黄河以北地区），毁掉了城郭。张耳和赵王赵歇带领残兵败将撤退到巨鹿城（在今河北平乡县西南）坚守，秦大将王离率军包围了巨鹿。陈馀调动北方的常山郡兵，集结了数万人，驻扎在巨鹿城北，章邯军驻扎在巨鹿城南的棘原。赵王遂派使者向楚国求救。

齐国使者高陵君显到了彭城，进见楚怀王（芈心）说："宋义论定武信君项梁的军队必定战败，过了几天果然证实了。军兵尚未交战而事先预见了败亡的征兆，真可称为是军事行家了。"楚怀王随即召见宋义，与他议论军事，心悦诚服，于是任命宋义为上将军（最高军事统帅），任命项羽为次将，范增为末将，率领楚军救援赵国。其他将领都隶属宋义，号称"卿子冠军"。

当初，楚怀王与反秦的众将领共同约定，谁先攻进关中，谁就在关中称王。当时，秦军的力量还相当强大，常常乘胜追逐战败的义军，众将领畏惧秦军，都不敢率先进攻关中。唯独项羽怨恨秦军攻杀了他的叔父项梁，誓与秦不共戴天，要求与沛公刘邦一起向关中进军。

楚怀王倚重的一些老将军认为："项羽这个人，剽悍凶狠，残害民众，他曾经攻破襄城，把城里的居民全部屠杀，无一人幸免，他所经过的地方没有不遭毁灭的。况且楚军多次攻秦，以往的陈胜、项梁都失败了，不如改派一位敦厚老成的将领，率领仁义之师西进，晓谕安慰关中的父老兄弟。秦地的民众不堪忍受残暴的统治已经很久了，现在真的能见到这样老成持重的将领前往，不侵害他们的生命财产，一定望风降服。项羽不可派遣，只有沛公一向宽厚，有长者风度，可以派他前往。”楚怀王便不许项羽西进（派他北去救赵），而委派沛公率领一支楚军西进攻城略地，收集陈胜、项梁部下溃散的兵众以攻伐秦王朝。

秦二世三年（前 207）十月，宋义率领救赵的大军进至安阳（在今山东曹县东），停留了四十六天按兵不动。项羽建议说：“秦军正在围攻巨鹿，赵国形势危急，应该火速率军渡过黄河，楚军在城外发动攻击，赵军在城内接应，里外夹攻，一定能消灭秦军。”宋义说：“不然，猛拍牛背可以打死叮咬牛身的大牛虻，却打不死牛毛中的小虮子（虱子卵），现在秦军攻打赵国，如果战胜了，兵力必然疲惫，我们即可乘敌疲惫击败秦军；如果战败，我们就立即击鼓西进，一定能攻灭秦国。所以，不如先让秦、赵两国互相争斗。看来，披坚甲执利刃冲杀疆场，我不如你，而坐在军帐中运筹谋略，你不如我。”于是宋义在军中下令：“凡是凶猛如虎，贪心如狼，争强好胜不听指挥的，一律斩首！”

宋义派自己的儿子宋襄去齐国担任丞相，并亲自为他送行，一直送到无盐（今山东东平县），举行盛大的宴会，饮酒作乐。

当时天气寒冷，又下大雨，士兵们饥寒交迫。项羽对部下说：“本当同心协力攻打秦军，却长期滞留在这里，寸步不前。当今正遇饥荒，民众贫困，士兵们都以杂豆野菜充饥，军中没有储粮，他却在那里大摆酒宴，不赶快领兵渡过黄河，食用赵地的粮食，与赵国联合一致攻击秦军，只会说‘乘敌疲惫’。凭着秦军的强盛，攻打刚刚恢复的赵国，大有一举吞并赵国的趋势。赵国被消灭了，那么秦国将变得更加强大，哪里有什么疲惫可乘？而且我们楚国新遭惨败（指项梁败亡一事），楚王坐卧不安，调动全境的兵力，全部交给了将军，国家的安危就在此一举了。如今，宋义不怜惜士兵而徇私营利，不是我们楚国可以信赖的大臣！”

十一月一天的早晨，项羽进见宋义，就在军帐中击杀了这位卿子冠军，砍下他的头，出帐号令全军说：“宋义与齐国勾结，阴谋反叛楚国，楚怀王密令我诛杀他。”在这个时候，众将没有不畏惧屈服的，不敢有异议，都一致说：“最先拥立楚王的是将军家，今天将军又给国家平定了祸乱。”于是大家共推项羽代理上将军，派人追回宋义的儿子宋襄，一直追到齐国境内把他杀了。项羽派桓楚报告楚怀王诛杀宋义的经过，楚怀王无可奈何，只好任命项羽为上将军。

十二月，沛公率兵西进到达栗邑，遇上了秦朝的刚武侯（不详姓名），发动袭击夺取了他的四千军兵，又与魏国的大将皇欣、武满军联合，击溃了秦军。

秦军主将章邯修筑甬道（封闭式通道）连通黄河水路，专门供应王离军粮秣，王离军因此粮食充足，猛烈地攻击巨鹿。巨鹿城中粮食用尽，守军又少，张耳屡次派人找陈馀催促他前来救援。陈馀估量自己的兵力太少，不是秦军的对手，不敢前进。拖延了几个月，陈馀还是不肯出兵。

张耳怨恨陈馀，派张黡、陈泽去谴责陈馀说：“我与你本是同生死共患难的朋友，今天赵王和我早晚之间就要死在秦军之手，而你拥有数万军兵却坐视不肯相救，还说什么同生共死！如果你的誓言是真的，为何不一齐进攻秦军，让我们死在一起？况且还有十分之一二的活命希望呢。”陈馀回答说：“我估量仅凭这一点兵力前去攻击秦军，终究达不到救赵的目的，反而会白白地让军兵去送死。我所以不能共死，是想要为赵王和张君（指张耳）报仇雪恨。今天共同去送死，就跟投肉喂饿虎一样，有什么益处？”张黡和陈泽要求他与大家同死，陈馀无可奈何，交给他们五千军兵先去试试秦军的威力，结果全被歼灭。在这个时候，齐军、燕军都赶来救赵。张耳的儿子张敖也在代郡招集了一万多人，都紧靠陈馀军扎营，不敢攻击秦军。

项羽杀死卿子冠军宋义，声威震动楚国，决定立即率大军北上救赵。他先派遣当阳君、蒲将军率领两万大军充当先锋，渡过漳河救援巨鹿。楚军稍有进展，切断了章邯军修筑的甬道，王离军因此粮食短缺。陈馀又派人请求再增派援军，项羽于是亲自统率大军渡过漳河，凿沉了所有乘船，砸碎了锅碗炊具，烧毁了军营，每人只带三天的干粮，以此表示全军上下战斗至死、不求生还的决心。于是急速进军奔赴战场，包围了王离军，与秦军短兵相接，经过九次浴血激战，终于击破了秦军，章邯领兵撤退。到这时各国的援军才敢进攻秦军，展开会战，击杀了苏角，生擒了王离。涉间不肯投降，自焚而死。

在这个时候，楚军勇冠诸侯军。而会战开初，各国救巨鹿的援军多至十多座营垒，都不敢出战，等项羽率领楚军发起攻击时，各国援军的将领都站在营垒上观望（作壁上观），只见楚军战士无不以一当十，呼喊声震天动地，各国援军人人恐怖惊骇不已。击败秦军后，项羽召见各国援军的将领，众将领进入军营辕门一个个双膝跪地，匍匐而前，不敢仰视，项羽从此成为诸侯上将军（各国的军事统帅），各国无不归附。

这时，赵王赵歇和张耳才得以出巨鹿城致谢各国援军。张耳与陈馀相见，又责备陈馀不肯出兵救赵，又问到张黡和陈泽在哪里，怀疑是被陈馀杀了，一再地追问。陈馀恼怒起来，说："想不到您竟对我怨恨这样深，难道是认为我看重这颗将军印吗？"说着便解下大将军的印信，推给张耳。张耳也吃了一惊，不肯接受。

陈馀起身去厕所，张耳的门客劝他说："我听说'上天赐与，如不接受，反而会受到惩罚’（天予不取，反受其咎）。现在陈将军交出大将军的印信，您不接受，是违背了天意，不会吉祥。不如赶快收起它！”张耳于是佩戴上大将军的印信，接收了陈馀部下的军队。陈馀回来后，发现印信已经不在，也怨恨张耳不肯谦让、如此绝情，便立即离去。他独自带领部下亲信的将士数百人，到黄河边的沼泽中捕鱼打猎。赵王赵歇不久返回到信都。

四、陈恢献计 章邯叛秦

秦二世三年（前 207）二月，沛公刘邦出兵北去攻打昌邑（在今山东金乡西北），遇到了彭越，彭越带领他的部下跟随了沛公。

彭越是昌邑人，经常在巨野泽中捕鱼，结伙成为强盗。陈胜、项梁相继起兵之后，巨野泽中的青年人聚集到一百多人，前去投奔彭越，说：“请你做首领吧！”彭越推辞道：“这不是我的心愿。”青年们一再请求，彭越才同意，约定第二天太阳初升时集会，迟到者斩首。第二天早晨太阳升起，有十几个人迟到，最后的一人中午才到。彭越于是对大家抱歉地说：“我年老了，诸位勉强让我当首领，今天约定的时间，许多人迟到，不能全部诛杀了吧？只好杀最后到的一个人。”命令队长处斩。大家笑着说：“何至于这么严厉？以后不敢再迟到就是了。”彭越不由分说，拉过那人立即斩首，设立祭坛，以人头祭祀，号令部属，部属们人人震惊，俯首听命。于是攻取四方的土地，收集各国败散的士卒，集结了一千多人，帮助沛公进攻昌邑。

昌邑一时攻不下，沛公领兵向西进发，经过高阳（今河南杞县城西南）。高阳人郦食其家境贫寒，困苦失意，只好做闾里的看门人。沛公部下的一个骑兵，是郦食其的同乡，郦食其见到他，便对他说：“各国的将领经过这里的先后也有几十人，都是些龌龊不堪、讲究烦琐礼节、沾沾自喜的人，没有什么远大的见识。我听说沛公刘邦平易近人，富有谋略和见识，这正是我想追随的人，只是没有人先替我引见。你如果见到他，请转告他说：'我的同乡中有个郦生，年纪六十有余，身高八尺，人们都说他是狂生，他认为自己不是狂生。'"骑兵说："沛公并不喜欢儒家学者，有一个戴儒生帽子的宾客来见他，沛公当场摘下他的帽子，在里面撒了一泡尿，跟人说话常常破口大骂，可不能用儒家的礼节来对待他。"这个骑兵后来找到机会，把郦食其告诉他的话转告了沛公。

沛公住在高阳寓所时，派人召见郦食其。郦食其到寓所进见，沛公正坐在床上，让两个女子给他洗脚，一边洗脚，一边接见他。郦食其只作了个长揖（拱手礼），并不跪拜，开口问道："足下是打算帮助秦国攻打各国呢？还是率领各国攻打秦国呢？"沛公骂道："你这个腐儒！天下人痛恨秦国的暴政已经很久了，所以各国相继起兵攻秦，说什么帮助秦国攻打各国？"郦食其说："既然一定要聚集民众兴起义兵诛灭无道的秦国，就不应该用这种倨傲的态度接见长者。"

听了这话，沛公立即停下洗脚，起身穿戴整齐，请郦食其先生上座，然后表示歉意。郦食其便讲起了六国时代合纵连横之争的经验教训，沛公听得很是兴奋，请他一同进餐，问他："现在应当采取什么对策？"郦食其回答说："足下带领临时聚集起来的民众，收集一些散兵游勇，总共不过万人，竟然想要直接攻入强秦的都城，这叫做想探虎口。而陈留是天下的要冲，四通八达的地域，现在城中贮存着大批的粮食。我与陈留县令友好，请允许我去说服他投降足下。如果他不听劝说，足下就发兵攻打，我在城中做内应。"

于是沛公派郦食其前往陈留，自己率军紧随在后，陈留顺利地归附，沛公封郦食其号广野君。郦食其又劝说他的弟弟郦其商带领了四千人归附沛公，沛公任命他为大将，率领陈留守军随同西征。后来郦食其经常充当说客，出使各诸侯国。

三月，沛公军进攻开封（在今河南开封西南），未能攻下。向西进军，与秦军将领杨熊在白马（在今河南滑县东）展开会战，又在曲遇再次交锋。杨熊军被击溃，逃到荥阳（今河南荥阳），秦二世派使者杀了这个败军之将示众。

四月，沛公率军南下进攻颍川郡城（今河南禹县），攻陷后屠城，又派张良带领一支军队攻取原韩国的土地。这时赵国的另一位将领司马印正想渡过黄河进攻函谷关，沛公军就立即北上进攻平阴（今河南孟津东北），切断黄河渡口。又在洛阳以东发动进攻，战败后南下穿过轩辕（在今河南登封西北）。张良带领部下的军队跟随沛公，沛公命韩王韩成留守阳翟（今河南禹县），便和张良一起向南进军。

六月，沛公军与南阳郡守吕荫在犨县（在今河南平顶山西南）以东交战，大破秦军，乘胜攻取南阳郡的土地。南阳郡守撤退到宛城（今河南南阳）防守。沛公率军绕过宛城向西进军。张良劝告说："您虽然想要尽快攻进关中，可是关中的秦军还有许多，据守着险要地带。现在如不攻下宛城，一旦宛城的守军出击我军背后，强大的秦军横在我军面前，这可是一条灭亡之路。"沛公采纳了张良的意见，于是连夜率军从另一条道折回宛城，一路上偃旗息鼓紧急行军，将近天亮的时候已经把宛城包围了三层。

南阳郡守吕齮惊慌失措，打算自杀，他的舍人陈恢说："等我出城交涉回来再死不晚。"便跳下城去进见沛公说："我听说楚怀王芈心与足下约定，先攻进咸阳城就封为王。现在足下的大军滞留在这里围攻宛城，而宛城所在的南阳郡所属数十座城市，如果各城军民误认为投降必死，那么都将竭力坚守。足下整天攻城，士卒的伤亡必然增多，如果攻不下来再撤离西进，宛城的守军一定出城追击。这样一来，足下前进也难能如约先期到达关中，后退又将遭遇宛城兵力的袭击，陷入进退两难的境地。我替足下谋划，不如实行约降的政策，加封郡守官位，让他留下守城，带走城中守军的主力一道西征。这样一来，所有没攻下的城市闻讯都将争先恐后地开城等待足下，足下一路西进就可以通行无阻了。”沛公听了陈恢的约降妙计十分高兴，称赞说：“太好啦!”

七月，南阳郡守吕齮举城降服，沛公封他为殷侯，封陈恢食邑一千户。沛公军西进，一路上所过城邑没有不开城降服的。进至丹水时，高武侯戚鳃，襄侯王陵也归降了。沛公军回师再攻胡阳，遇上了番君吴芮手下将领梅鋗，于是联合攻击析县、郦县，两县都投降了。沛公军一路经过的地方，禁止掳掠民众，秦国的百姓都拍手称赞沛公军是仁义之师。

王离军覆灭后，章邯军据守在棘原，项羽军驻扎在漳南，两军相持，暂时没有交锋。秦军屡次失败，秦二世派人责备章邯。章邯惶恐不安，派长史司马欣回都城说明军情战况，请求应敌的对策。司马欣到了咸阳，在宫门外等了三天，赵高不予接见，表示一种不信任的意向。司马欣害怕其中有阴谋，赶紧返回军中，不敢走来时的老路。赵高果然派人追赶，没有追上。司马欣回到军中报告章邯：“现在朝廷中赵高把持大权，其他人不敢决定，现在我们战斗取胜，赵高一定嫉妒我们的功劳；如果我们战败了，将不免于死罪。希望将军深思熟虑!”

陈馀也写信给章邯，劝他说：“从前白起身为秦国的大将，在南方征服了鄢郢，在北方坑杀了马服君之子赵括的降卒，攻城夺地，数不胜数，最终竟被赐死。蒙恬身为秦国的大将，北逐匈奴，开拓土地数千里，最终竟被赐死在阳周。为什么会这样？这是因为功劳太多，秦朝廷不能尽按功劳封给爵位，只好利用法律诛杀。现在将军为秦军主将已经三年了，伤亡的士卒不下十余万，而起义的豪杰却越来越多。赵高一向靠着阿谀谄媚获取高位、长期当权，现在形势急迫，也唯恐秦二世诛杀他，所以打算找到法律依据诛杀将军来搪塞罪责，另外派人取代将军来转嫁他的灾祸。将军在外作战已经很久，朝中对你的嫌隙也就更多，所以你是有功劳也要被惩罚，无功劳更要被诛杀。况且天意将要灭亡秦国，这是无论愚昧的人还是聪明的人都明明白白的。今天，将军在内不能直言规劝皇帝，在外成为一个亡国败军之将，孤单独立，而想长期存在下去，岂不是可悲吗？将军为何不回军倒戈，与各诸侯国结成合纵的联盟，约定共同攻灭秦国，分土封王，南面称孤，这与遭受腰斩、妻儿被杀相比，怎么样呢？”

章邯犹疑不定，秘密派遣亲信始成去见项羽，举行合纵缔约的谈判。起初，项羽并未立即答应，而在这同时，项羽派蒲将军紧急行军过三户渡口进至漳水以南，向秦军发动了新的攻势，再次击溃秦军。项羽又乘势率领全军一直追击到汉水，又击溃秦军，形势对秦军越来越不利。

章邯再次派人去见项羽，提出约降的请求。此时楚军粮食殆尽，项羽便打算同意，他召集众将领商议说：“我军粮食缺乏，准备接受章邯约降的请求。”众将领一致赞成。项羽于是在洹水以南殷商王朝的废墟上约期与章邯会见。双方盟誓之后，章邯伤心地流下眼泪，对项羽讲述赵高操纵朝权迫害忠良的情形。项羽便立章邯为雍王，安置在楚军中。任命长史司马欣为上将军，率领投降的秦军，充当楚军的先锋。

五、推翻秦朝　入主关中

赵高出任秦朝中丞相（因其宦官出身，可出入内廷）之初，想专断秦朝的事权，唯恐群臣不肯听从，就先做个试验，牵来一只鹿进献给秦二世，说："请陛下收下这匹马。"秦二世笑着说："丞相错了，怎么把鹿说成了马？"秦二世又询问左右的侍从，有的人不敢回答，有的人说是马来迎合赵高，也有的人说是鹿不是马。赵高暗中把那些说是鹿的人都捏造罪名加以陷害，从这以后群臣都畏惧赵高，不敢说他有过失。

赵高多次向秦二世保证说："关东的盗贼没什么了不得。"等到项羽俘虏了王离，而章邯军节节溃败连连告急请求援兵之时，函谷关以东大体上都背叛了秦朝，响应各国豪杰，各国豪杰都在率领部众西进攻打关中。

秦二世三年（前 207）八月，沛公率领数万大军攻进武关（在今陕西商南东南），屠杀武关军士。赵高害怕秦二世发怒，自己遭到杀身之祸，就称病不出，不再朝见。秦二世派使臣责备赵高关东盗贼的事。赵高心里害怕，便偷偷找来他的女婿咸阳令阎乐和弟弟赵成密谋，说："皇上不听劝阻，现在形势急迫了，想要归罪到我头上。我想把他废掉，另立公子嬴婴（即子婴）。嬴婴仁义检约，民众都听信他的话。"便决定发动宫廷政变，让郎中令做内应，诈称发现一群强盗劫持了咸阳令阎乐的母亲，命令阎乐发动卫戍部队追捕，一面悄悄地把阎乐母亲藏到赵高府中。

阎乐带领一千多亲兵闯到望夷宫殿门前，捆绑了卫令、仆射等宫廷禁卫官，责问说："强盗进了望夷宫为何不制止？"卫令说："整个宫廷四周都由卫士把守，戒备严密，怎会有盗贼进入宫中？"阎乐不由分说杀了卫令，带领亲兵闯进宫中，一路上射杀了许多郎官、宦官。宫中一片慌乱，有的逃命，有的与阎乐的亲兵格斗，凡是格斗的都被杀死，一连杀了数十人。郎中令与阎乐一同进入后宫，箭射秦二世的御帐。秦二世大怒，命令左右的侍从捉拿叛贼，侍从们惶恐不安，都不敢下手，秦二世跑进内殿，身边只有一个宦官陪伴，秦二世对他说："你为何不早报告我，竟到了这种地步！”宦官回答说：“臣下不敢说话，所以才能保住了性命，假如臣下说了，早被杀掉了，哪里能活到今天？”

这时，阎乐走上前，当着秦二世的面数落他的罪状：“你骄傲放纵，滥杀无辜，无道已极，天下共同背叛你，你自尽吧！”秦二世问：“我可以见丞相一面吗？”阎乐说：“不能见。”秦二世说：“我愿得到一郡的土地做个郡王。”阎乐不允许。秦二世又说：“我愿做个封千万户的侯。”阎乐还是不允许。秦二世最后说：“我愿和妻儿一起做个平民，比照诸公子的待遇。”阎乐说：“我奉丞相之命，替天下民众诛杀你，你的这些要求，我也不敢替你传达。”于是指挥军队上前动手，秦二世绝望自杀。

阎乐把秦二世自尽的事报告了赵高，赵高下令召集诸大臣、群公子，告知诛杀秦二世的情状，并且说：“秦国本来是一个诸侯国，到了秦始皇才称帝。现在六国又恢复自立，秦国的疆域越来越狭小，仍然用空有的虚名称帝，已经没有必要，应该恢复王号，还像从前那样才方便。”于是宣布立嬴婴为秦王，用平民的礼仪把秦二世嬴胡亥埋葬在杜南宜春苑中。

九月，赵高命令嬴婴斋戒之后正式朝见太庙，接受玉玺。嬴婴在斋宫中斋戒了五天，其间和自己的两个儿子密谋说：“丞相赵高在望夷宫谋杀了二世皇帝，害怕群臣讨伐他，才装作伸张大义立我为王。我听说赵高已经和楚国约定，灭亡秦国的宗室，然后他就在关中称王。今天要我斋戒，朝见太庙，这是想在太庙中动手杀我。我装成有病不去太庙，赵高一定亲自来找我，等他进来就杀掉他。”赵高派了好几个人，三番五次地请嬴婴去太庙，嬴婴推辞有病去不成。赵高果然亲自来找嬴婴，说道：“朝见太庙是国家的大典，君王怎么能不去呢？”嬴婴就在宫里刺杀了赵高，下令屠灭赵高三族示众。

秦王嬴婴命将率兵增援峣关（在今陕西省蓝田东南）。沛公大军已经进到峣关外，准备发动攻击。张良提议说："秦军的力量还很大，不可轻视。希望能先派人在附近的山上树立楚军的战旗，作为疑兵，迷惑秦军，然后派郦食其、陆贾去游说秦军守将，用重利引诱。"秦军守将果然想要停战言和，沛公准备应许他们。张良说："这只说明秦军的将领想反叛，恐怕秦军的士兵们不一定跟从，不如趁他们松懈怠惰之时发起攻击。"沛公率领大军绕过峣关，翻过蒉山，突然猛攻秦军，在蓝田（在今陕西蓝田西南）以南大破秦军。沛公军迅即攻占了蓝田，又在蓝田以北向秦军发起了进攻，彻底击败了秦军。

公元前206年十月，沛公刘邦率军进抵咸阳东郊霸上（灞水西面的白鹿原，今陕西西安东南）。秦王嬴婴被迫乘坐素车白马，用带子系着颈，捧着玺印向刘邦投降。秦王朝灭亡。沿袭秦朝以十月为岁首的日历，便进入了第二年，而这年二月刘邦被封为汉王，纪年也就改为汉王元年。

十月，沛公率领楚军攻进了秦都咸阳，众将领争先恐后地跑进秦朝收藏金帛财物的府库瓜分财宝，而萧何独自抢先进入秦王朝的丞相府，收取了国家的图书、户籍、档案，妥善地保管起来。因为萧何的远见卓识，沛公才得以全面了解全国各地的地理形势、户口的多少、兵力的配备等情形。沛公亲眼见到秦宫的豪华，被深帷大帐、珍禽异兽、传国重宝以及成千上万的天仙美女搅得眼花缭乱，垂涎三尺，有心留在宫中居住。

大将樊哙劝阻沛公说："请问沛公是想夺取天下呢，还是只想做个富家翁？这些奢靡豪华之物促使秦国的灭亡，您要它干什么！希望您立即返回霸上军营，不可留恋秦宫。"沛公不听。张良接着进谏说："秦王朝的统治残暴无道，所以才使您能进入关中。您想为天下除去残暴，自己首先就必须以朴素为资。现在刚刚入秦，却安于享乐，这是所谓'助桀为虐'。'忠言逆耳利于行，良药苦口利于病’，樊哙讲的话虽有些难听，但为了夺取天下，我希望你还是听从他的劝告。”这样，沛公才听从了他们的劝告，“乃封秦重宝财物府库，还军霸上”。只有萧何带着“秦丞相御史律令图书”，回到军中。

十一月，沛公召集各县一些有名望的人士，向他们宣布：“我们这次入关，目的是要推翻秦的暴政。我们不会侵扰你们，大家不要害怕！‘诽谤者族，偶语者弃市’，你们苦于秦的苛法已经很久。我曾与诸侯约定，先入关者做关中王，我应该做关中王。所以我现在和你们约法三章：杀人者死，伤人及盗抵罪。原来的秦法一律废除，所有官吏和行政也都保留。”

沛公派人和秦朝原来的官吏一齐到各县、乡邑去宣传。老百姓听说后非常高兴，都纷纷带着牛羊酒肉来慰问义军。沛公辞让说：“仓库里的粮食很多，我不能让你们破费。”老百姓更加高兴，唯恐沛公不做关中王。

六、赴鸿门宴　从小道逃

项羽平定河北之后，率领各国的联军准备西进攻取关中，但此时却遇到了一件不能不及时处理的事情。

从前，东方各国的官吏和士卒或在关中服劳役，或戍边经过关中，关中的秦朝官吏和士卒对待他们非常苛刻。等到章邯带领秦军投降后，各国的将领和士卒反过来报复，乘战胜之威把他们当做奴隶驱使，随便加以凌辱，引起了秦军降卒的普遍怨恨。他们偷偷地议论：“章将军诈骗我们投降，现在如果能攻破关中推翻秦朝还好，如果不能，各国俘虏我们带到东方去做苦役，秦朝廷一定会杀尽我们的父母、妻子，该如何是好？”

项羽部下的将领听到一些风声，报告了项羽。项羽召来英布和蒲将军秘密谋划说：“秦军虽然投降，人数仍然众多，他们心中不服，到了关中，如果不肯听从命令，一定会使我们陷入危险之中。不如除掉他们，只留下章邯、长史司马欣、都尉董翳，带着他们进入关中。”于是楚军乘夜间发动突然袭击，在新安（在今河南渑池东）城南坑杀了秦军降卒二十万人。

这时有人劝说沛公：“秦地的富有是东方的十倍，地理形势非常优越。听说项羽已封章邯为雍王，准备在关中称王，等他们进了关中，恐怕这里就不再是您所有了。应该赶快派遣一支军队把守函谷关（在今河南灵宝东北），不允许各国的军队进关，再逐渐征集关中地区的军兵增强防御力量，把他们阻挡住。”沛公认为这个建议非常及时，加以采纳。

不久，项羽率领大军来到函谷关，见到关门紧闭，又听说沛公已经平定了关中，大怒，命令英布出动重兵，一举攻破了函谷关。十二月，项羽军推进到戏（今陕西临潼东北）。这时沛公的左司马曹无伤派人密报项羽说：“刘邦正想在关中称王，任命秦王嬴婴做丞相，都城咸阳的所有珍宝完全被他据为己有了。”曹无伤的目的是讨好项羽以得到封赏。项羽闻讯更加恼怒，下令犒劳全军将士，准备第二天早晨攻击沛公军。

当时，项羽大军四十万人，号称百万，驻扎在新丰鸿门（在今陕西省临潼东北，今名项王营）。沛公军十万人，号称二十万，驻扎在霸上。谋士范增告诫项羽：“刘邦在山东的时候，贪求财物，喜好女色。现在他到了关中却不搜求财物，也不宠幸美女，看来他的志向不在小处。我派人观望霸上空中的云气都成龙虎的形状，五彩分明，这是天子才有的云气啊。赶快击灭他，千万不要失去时机。”

楚军的左尹项伯，是项羽的叔父，一向与张良友好，有至深的交情。就在当天夜里，项伯骑快马飞奔沛公军的驻地，私见张良，把第二天早晨项羽军准备大举猛攻沛公军的紧急情报告诉了张良，让他逃离沛公军，劝他说："不要白白地跟他们一起死。"张良说："我奉韩王（韩成）之命，送沛公进军关中，现在沛公面临危机，我私自逃走是不道义的，我不能不告诉他一声。"张良进入军营，把项伯提供的军情告诉了沛公。沛公大惊失色。张良问："您估计您的兵力能够抵挡住项羽军的攻击吗?"沛公沉默了好一会儿，才说："本来就不如人家，现在该怎么应付这种局面?"张良回答说："请您允许我去告诉项伯，说沛公是不敢背叛项羽的。"沛公说："你替我请他进来。"

张良到军营外邀请项伯与沛公相见，项伯不肯，经过张良的一再请求，项伯才进入军营中见沛公。沛公恭敬地捧着酒杯给项伯敬酒，并约定下儿女的婚姻。沛公接着又发誓说："我进入关中以来，连毫毛一般细小的财物都不敢接近，只是登籍官民，封闭府库，专等项将军的到来。之所以派遣军兵守卫函谷关，是为了防备盗贼出入和意外的事情发生。我天天在盼望项将军来到，哪里敢谋反呢！请求伯兄回去，跟项将军详细说明我不敢图谋反叛的心情。"项伯答应回去作解释，并嘱咐沛公说："明天清早您一定要亲自到鸿门向项羽表示歉意。"沛公回答说："一定去。"

项伯连夜赶回鸿门，回到军营中，把沛公说的一番话转告给项羽。又提议说："假如沛公不先攻破关中的秦军，你怎么能这样顺利地进入关中？现在人家有大功劳，我们却要发动攻击，这样做不够道义。不如因此善待他。"项羽答应下来。

第二天清早，沛公带领一百多名骑兵亲自来到鸿门拜见项羽，道歉说："我与将军合力攻击秦军，将军战斗在河北，我辗转战斗在河南，我自己也没料想到能先一步进入关中，能在这里见到将军。现在有小人挑拨离间，使将军对我产生了误会。"项羽说："这是你的左司马曹无伤说的，不然的话，我何至于这样！"项羽当即留下沛公一起饮酒。

在筵席间，范增屡次给项羽使眼色，又再三举起佩戴的玉玦向项羽示意赶快动手，项羽却默不作声，没有反应。范增起身出外找来项庄，对他说："君王（指项羽）为人心肠太软，不忍心下手，你进去给刘邦敬酒祝寿，祝完了就请求舞剑助兴，趁机把他击杀在座位上。你要知道，非杀掉刘邦不可，不然的话，你们这些人都将被他俘虏去。"项庄进入大帐，为沛公敬酒祝寿，然后请求说："军营之中，没有什么可供娱乐的，请允许我舞剑为酒宴助兴。"项羽称赞说："好！"项庄便拔出宝剑起舞。项伯见势不妙也拔剑起舞，常常用身体庇护沛公，项庄一时找不到击杀的机会。

这时张良见形势危急，连忙出到营门来找樊哙。樊哙问："今天的事情怎么样？"张良说："现在十分危急，项庄正拔剑起舞，他是想刺杀沛公。"樊哙说："这样急迫啦！我要进去，与他们拼命。"樊哙立即带着佩剑盾牌闯进军门，守门的卫士想制止他，不许他进帐，樊哙侧过身用盾牌猛撞过去，卫士扑倒在地。

樊哙闯进大帐，掀开帷幕站在那里，圆瞪怪眼怒视着项羽，头发直竖起来，眼角都睁裂开了。项羽大吃一惊，手按佩剑跪立起来，大声问道："来客是什么人？"张良回答说："这位是沛公的随身卫士樊哙。"项羽称赞说："好一位壮士！赏给他大杯酒。"樊哙一饮而尽。项羽问："壮士！还能再喝吗？"樊哙回答说："我连死都不怕，一杯酒有什么可推辞的！那秦王虎狼一般狠毒的心肠，杀人唯恐杀不光，用刑唯恐用不尽，天下民众都起来反抗。楚怀王与众将领约定说：'先攻破秦军进入咸阳的称王。'现在沛公率先攻破了秦军进入咸阳，对这里的财物连毫毛都不敢接近，封闭了宫室府库，撤军回到霸上，专门等待将军的到来。劳苦功高到了这种程度，不但没有得到封王的奖赏，反而听信一些小人的谗言，想要诛杀有功之人。这种做法只不过是步暴秦的后尘而已，我私下认为将军不该这样做!”项羽无言以对，只是吩咐说:“坐下吧。”樊哙于是坐在张良的身旁。

坐了一会儿，沛公见情势紧张，便起身说去厕所，招樊哙跟出去。沛公说:“我想是到该走的时候了，可是出来时没有告辞，该怎么办?”樊哙说:“如今人家如同屠刀和砧板，我们如同任人宰割的鱼肉，逃命要紧，还讲什么告辞不告辞!”于是沛公决定脱身逃走。

鸿门距离沛公军驻地的霸上仅四十里，沛公留下车辆马匹和随从，独自骑一匹快马逃去，身后有樊哙、夏侯婴、靳强、纪信四员大将手持剑盾奔跑护卫。他们准备翻下骊山，穿过芷阳抄小道直奔霸上，留下张良向项羽当面道歉，献上璧玉厚礼。分手前沛公指示张良说:“从这条小道到我军不过二十里，估计我到了军中，你再进帐去。”

沛公逃走后，张良推测他快到了军中，才走进大帐向项羽道歉说:“沛公不胜酒量，早有几分醉意，已不能当面告辞了，谨委托我张良奉上白璧一双，再拜敬献给上将军足下;奉上玉斗一双，再拜敬献给亚父(范增被尊为亚父)足下。”项羽追问:“沛公在哪里?”张良回答说:“沛公听说将军有意责备他的过失，非常恐惧，已先行躲避回军中去了。”项羽接受了璧玉放在座位前，范增接过玉斗扔到地上拔剑猛击，把玉斗砸得粉碎，无可奈何地感叹道:“这个没见识的小子(指项羽)，不足以共谋大事!夺取将军天下的一定是刘邦，我们这些人都将成为他的俘虏。”沛公回到军营，立即诛杀了他的左司马曹无伤。

七、分封诸侯　汉王就国

几天过后，项羽领兵西进，屠灭咸阳城，杀死了秦降王嬴婴，放火焚烧秦朝的宫殿，熊熊的大火整整烧了三个月，还没有熄灭。项羽又下令大肆掠取宫中的财宝和美女，然后返回东方。秦地的民众对于项羽的暴行大失所望。

这时有一位韩先生建议项羽："关中地区有高山大河作为天然的险阻，四面拥有关塞要隘，形势险要，土地肥沃，物产富饶，在这里建都可以称霸天下。"项羽见秦宫都已经化为灰烬，关中到处残破不堪，又思念东方的家乡，想回到彭城去，就说："富贵之后不归故乡，就像衣锦夜行一样，怎么能显示荣耀呢！"韩先生退下之后感慨说："人们常说楚地人像猴子戴帽子（沐猴而冠），像人样，却不办人事，果然是这样。"项羽听说后，下令烹杀了韩先生。

项羽派人要求楚怀王芈心改变"先入关者称王"的约言。楚怀王回答说："信守当初的约定。"项羽因此对楚怀王大为不满，气愤地说："芈心，是我项家立他为怀王的，他并没有任何功劳，凭什么专断作主定约！当初天下反秦，为了争取人心，不得不假借各国诸侯后人的名义相号召。然而身披坚甲，手持戈矛，首当其冲，经过三年的征战终于攻灭秦朝、安定天下的，完全是诸位将相和我的力量。不过，楚怀王虽然没有什么功劳，还是应当分给他一块土地，送给他一个王号。"众将领都一致赞成。

汉王元年（前 206）正月，项羽表面上尊称楚怀王为义帝，声称："古代称帝的人都拥有千里土地，一定居住在河川的上游。"于是下令迁徙义帝到江南的郴城（今湖南郴县）。

二月，项羽分封天下的土地，封立诸侯王。项羽自封为西楚霸王，拥有原梁国和楚国的九个郡（会稽郡，治今江苏苏州；楚郡，治今安徽寿县；蕲郡，治今安徽宿县；泗水郡，治今江苏沛县；砀郡，治今安徽砀山；东郡，治今河南濮阳；南阳郡，治今河南南阳；南郡，治今湖北江陵；黔中郡，治今湖南沅陵县），定都在彭城（今江苏徐州）。

项羽与范增都疑惧刘邦，可是双方业已讲和，又不愿意承担破坏和约的恶名，便密谋说："巴地和蜀地的道路艰险，秦国常常把罪犯流放到那里居住。"于是宣称："巴地、蜀地，也属于关中地区。"于是封沛公刘邦为汉王，占有巴郡（治今重庆）、蜀郡（治今四川成都）、汉中郡（治陕西汉中）等三郡，建都在南郡（今陕西汉中）。而把关中地区分成三块，专封秦降将，来阻塞刘邦的退路，于是分封章邯为雍王，占有咸阳城以西的土地，建都在废丘（在今陕西兴平县城东南）。长史司马欣，原来做过栎阳的狱吏，曾经对项梁有过恩惠，而都尉董翳曾经劝说章邯投降楚军，所以封司马欣为塞王，占有咸阳城以东直到黄河的土地，建都在栎阳（在今陕西富平东南）；封董翳为翟王，占有上郡（治今陕西榆林东南），建都在高奴（在今陕西延安东北）。

项羽想把原来梁国（魏国）的土地都据为己有，便迁走魏王魏豹，封他为西魏王，占有河东郡（郡治在安邑，今山西夏县西北），建都在平阳（今山西临汾西南）。瑕丘人申阳，原来是张耳最宠信的部属，因为他先攻下了河南郡，又亲自到黄河边迎接楚军，所以封申阳为河南王，建都在洛阳（今河南洛阳市东北）。韩王韩成仍封为韩王，以故都阳翟（今河南禹县）为都城。赵国的将领司马卬平定了河内郡（郡治在今河南武陟西南），屡次建立战功，所以封他为殷王，占有河内郡，建都在朝歌（今河南淇县）。迁走赵王赵歇，封为代王，建都在代郡（在今河北蔚县东北）。赵国的丞相张耳，一向被称为贤能，又跟随项羽进了关中，所以封张耳为常山王，占有赵地，建都在襄国（今河北邢台境）。当阳君英布身为楚军大将，经常建树战功，勇冠三军，所以封他为九江王，建都在六邑（今安徽六安县东北）。番君吴芮率领百越部族人帮助楚军作战，又跟随项羽进军关中，所以立吴芮为衡山王，建都在邾城（今湖北黄冈北）。义帝芈心的柱国将军共敖领兵进击南郡，多立战功，因此封他为临江王，建都在江陵（今湖北江陵）。迁走燕王韩广，封为辽东王，建都在无终（今天津蓟县）。燕国的将领臧荼追随楚军救援赵国，又跟从项羽进军关中，所以封臧荼为燕王，建都在蓟城（在今北京市西南）。又迁走齐王田市，封为胶东王，建都在即墨（在今山东平度县城东南）。齐国的将领田都跟从楚军救援赵国，又追随项羽进入关中，因此封田都为齐王，建都在临淄（在今山东临淄城北）。正当项羽率领楚军渡河救赵钜鹿时，田安（原齐王田建的孙子）领兵攻下了济北的一些城镇，带领他的军队投降了项羽，所以封田安为济北王，建都在博阳（今山东泰安东南）。而田荣因为多次背离项梁，不肯合作，又不肯领兵跟随楚军西进关中，所以不加封爵。

成安君陈馀放弃将印出走，又没有跟随楚军入关，因此也不加封爵。这时许多门客劝说项羽："张耳、陈馀对于赵国都有重大贡献，他们的功劳是分不开的，现在张耳封了王，对陈馀不可置之不理。"项羽不得已，听说他正在南皮，就把围绕南皮的三个县封给了他。番君吴芮的将领梅鋗建树的战功也很多，封他为十万户侯。

汉王刘邦听到自己被调往汉中，气得火冒三丈，当即决定出兵攻击项羽，大将周勃、灌婴、樊哙都极力赞同报仇雪恨。这时萧何劝阻说："虽然汉中地方偏远，环境险恶，可是在那里称王不比死在这里要好吗？"汉王问他："哪里就至于死呀？"萧何回答说："现在我们的兵力远不敌楚军，百战只有百败，不死还能活吗？能够屈服在一人之下，而能伸张志气在万人之上，正是商汤王、周武王的高人之处。我希望大王先称王汉中，休养生息那里的民众，招揽天下的贤能，收取巴地和蜀地的财富作为后盾，然后回军平定三秦，天下是可以夺取的。"汉王听了豁然开朗，连声称善，于是前往他的封国，任命萧何为丞相。汉王又赏赐给张良黄金百镒、珍珠二斗，张良全部转赠给项伯。汉王也因为张良厚赠项伯，托项伯要求管辖汉中郡的全部，得到项羽的批准。

四月，各国的封王带领军队从戏下散走，回到各自的封国去。项王项羽只分给汉王三万士卒跟随他去封国。楚国以及其他封国敬慕汉王的人士约有数万人，也跟随一道去汉中，他们从杜县南下进入蚀中（秦岭子午谷）。张良亲自送到褒中（在今陕西褒城县境），汉王告辞，请他回韩国去。临分手时，张良建议汉王烧毁经过的栈道，这样可以防备其他封国的偷袭，又可向项羽表示再没有东返的欲望。

八、重用韩信　平定三秦

汉王元年（前206）六月，田荣攻杀了齐王田市（原齐王，被项羽封为胶东王），自立为齐王。

当初，淮阴人韩信家境贫困，又没有善行，因此不能被推举担任官吏。后来项梁率领义军渡过淮水北上，韩信带着他的宝剑欣然投军，在项梁的部下做了一个默默无闻的低级官吏。项梁败亡后，他又归属项羽部下，项羽任命他做郎中官（警卫官）。韩信曾经屡次为项羽出谋献策，项羽都不能采用。当汉王进入蜀地后，韩信闻讯，就逃离楚国投奔了汉王。到汉中之后，韩信结识了萧何，多次与萧何谈论军事，萧何非常器重他，认为他是一位奇才。

汉王初到南郑，众将领以及士兵们禁不住思念家乡，常常悲歌流泪，许多人中途就逃亡了。过了一段时间，韩信揣测萧何已经多次向汉王刘邦推荐过自己，可是不见汉王的动静，知道不会被汉王重用，于是也逃走了。萧何听到韩信逃亡的消息，来不及报告汉王，就亲自追赶。有人报告汉王说："丞相萧何逃走了。"汉王听了惊慌失措，好像丢失了左右手似的。

一两天过后，萧何回来拜见汉王，汉王又是恼怒又是惊喜，骂萧何说："你逃亡是为了什么?"萧何回答说："我不敢逃亡，我去追赶逃亡的人。"汉王问："你追赶的是谁?"萧何回答说："我去追赶韩信。"汉王又骂起来："我们的将领中已逃走了十多个了，没听说你去追赶，却去追韩信，你纯粹是在胡说!"萧何解释说："那些将领平平常常，容易得到。至于韩信，他可是举世无双的奇才。大王如果想要当一辈子汉中王，确实用不着他；如果想要争夺天下，除了韩信，再没有人能同你商议军事，就看大王怎样决策了。"汉王说："我何尝不想打回东方去，怎么能长期地闷在这里呢?"萧何说："你既然决计打回东方去，能任用韩信，他才能留下，如果不能任用他，韩信终会逃走的。"汉王说："我就看在你的面子上，让他做将军吧。"萧何说："仅仅给个将军做，是留不住韩信的。"汉王说："那就任命他做大将（元帅）。"萧何说："太好了!"

汉王准备召见韩信，宣布对他的任命。萧何说："大王一向待人傲慢无礼，当今任命全军的大将竟然如同招呼小孩子一样，这就是韩信要离开的原因。大王一定想要任命他，就请挑选吉日良辰，沐浴素食，设立坛场，登坛拜将，举行隆重的仪式才行。"汉王应许了。汉王拜将的消息传扬开后，将领们都跃跃欲试，人人都自以为能被拜为大将，等到了拜将的庄严时刻，才知道韩信被拜为大将，全军上下无不震惊。

拜将仪式结束后，汉王请韩信坐在上位，说："丞相多次谈到过将军的天才，今天将军用什么计策来教导寡人?"韩信谦虚一番之后，就问汉王："现在大王想要争夺东方，您的敌手岂不就是项羽吗?"汉王回答说："正是。"韩信接着问："大王估量一下您在勇猛、强悍、仁爱、刚强几方面，与项羽比谁强?"汉王沉默了许久，回答说："我赶不上他。"韩信拜了两拜，赞佩地说："我韩信也认为大王是真的不如他。然而我曾经事奉过他，请允许我说一说项王的为人。"

接着，韩信例举事实，分析说："项王厉声怒吼起来，成千的人都胆战心惊；然而不能任用贤能，不肯把重任交付给他们承担，这只不过是匹夫之勇罢了。项王对待人恭敬慈爱，说起话来和颜悦色，部下的将士生了病，他流着眼泪表示同情，甚至把自己的饮食分给他们；可是当将士们建树了战功，应该封赐爵位时，他却把已经刻好的印信放在手里摸来摸去，以致磨去了棱角还不肯颁发，这是所说的妇道人家的仁慈。项王虽然称霸天下而制服了诸侯，可是却不在可以控制中原的关中建都，而建都在偏远的彭城；又违背义帝事先与天下诸侯所作的约定，把他自己的亲信分封在关中为王，引起了天下民众的愤愤不平；又驱逐原来的国王，而加封他的将相为国王；又迫使义帝迁徙到偏远的江南去。凡是他经过的地方没有不遭摧残毁灭的，民众都不亲近拥戴他，只不过被他的威势和强权胁迫罢了。虽然在名义上成了天下的霸主，而实际上早已失去了天下的人心，所以他目前的强大将很快转化为衰弱。"

随后，韩信又指出汉王刘邦的优势和应该采取的战略，说："如果大王真的能反其道而行之，任用天下的英雄豪杰、武勇将士，天下有什么敌人不能诛灭！把天下的城邑封赏给功勋卓著的将士们，天下有谁不肯臣服！率领日夜盼望打回东方的正义之师向东挺进，天下有什么强敌不能击溃！况且项王所封的三秦王，他们作为秦军的将领率领关中的子弟作战多年了，伤亡累累不可数计，最后又欺骗他们投降了诸侯军，结果在新安被项王残暴地坑杀了二十余万，唯独剩下了章邯、司马欣、董翳三个人幸免，关中的父老兄弟怨恨他们三人已经恨入骨髓。现在项王凭着威势勉强任命他们为三秦王，秦国的遗民根本不支持他们。大王自从进入武关来到关中，连毫毛也没有侵害过，废除了秦国残酷的刑法，与秦国的民众约定三章法律，秦国的民众没有不希望大王做关中王的。依照当初各国诸侯的约定，大王也应当在关中称王，关中的民众对此是人人皆知的。可是大王却被强行驱赶到汉中，秦国的民众无不痛恨，现在大王如果能起兵东进，那么三秦王的属地，只要发布一份文告就可以平定了。”

汉王听了韩信的这番议论，欣喜过望，自以为相见恨晚。于是完全采纳了韩信的计谋，部署诸将进兵的目标，准备出击。命令丞相萧何留守后方，征收巴郡和蜀郡的租赋，供应粮草和军需物资。

八月，汉王率领重兵穿过故道（在今陕西宝鸡西南的秦岭山地中），突然袭击雍王的领地。雍王章邯带兵在陈仓（在今陕西宝鸡东）迎战汉军，战败向东撤退，两军又在好峙（今陕西乾县东）激战，章邯军又被击败，退守废丘。汉王平定了雍地，向东一直推进到咸阳，把雍王章邯紧紧地围困在废丘城里。同时又派遣诸将领兵四处攻取各地，塞王司马欣、翟王董翳相继投降。

汉军迅速平定了三秦地，汉王在这里设置了渭南郡、河上郡和上郡。汉王又命令将军薛欧、王吸领兵出武关，由沛人王陵率军去迎接太公（刘邦的父亲刘瑞）、吕后（刘邦的妻子吕雉）。项羽听到消息后，发兵封锁了阳夏（在今河南太康县）的通道，汉军不得前进。项羽捉拿王陵的老母囚禁在军营中，王陵的使者来到时，就有意让王陵母坐在东面的尊位上，想用这个办法招降王陵。王陵母私自送别使者，流着眼泪说：“希望你替老妇传话给王陵，要他一心一意地服事汉王。汉王是一位厚道的长者，最终将取得天下，不要因为老母的缘故而三心二意。今天老妇用死来为使者送行！”说罢就伏剑自尽了。项王听到报告，大怒，下令把王陵老母的尸体煮烂。

项王任命原任吴县县令的郑昌为韩王（原韩王韩成无辜被项羽杀死），来抵御汉军的东进。

这时，张良写信给项王说："据我观察，汉王因为失去了原来的封爵，想要再得到关中才发动战争的，他的目标不过是达到当初约定的封王关中就停止，不会再向东进取。"又把齐地和梁地反叛的文告送给项王，提示他说："看来齐国是想与赵国联合攻灭楚国的。"项王因为这个缘故，暂缓向西进军，而发兵攻击齐国的田荣。

九、讨伐项羽　溃败彭城

项王派人催促义帝芈心起程去江南，他身边的群臣渐渐地叛离而去。

汉王二年（前 205）十月，项王秘密授意九江王英布、衡山王吴芮、临江王共敖，派人在途中袭击义帝。三王奉命埋伏勇士，在船行江中时杀害了义帝。

陈馀调动所封三个县的兵力，与齐国的田荣军一起袭击常山国都城襄国。常山王张耳兵败逃离常山，投奔汉国，赶到废丘进见汉王，汉王以优礼相待。陈馀从代郡迎回了原赵王赵歇，恢复了赵王的王位，赵王感戴陈馀的恩情，封他为代王。陈馀考虑到赵王力量微弱，赵国刚刚恢复，没有先回代国去，留下辅佐赵王，而任命夏说为代丞相留守在代国。

这时张良从韩国逃走，抄小道投奔了汉国，汉王封他为成信侯。张良体弱多病，未曾独自领兵作战，经常出谋划策，时时跟随在汉王的身边。

汉王前往陕城（今河南三门峡市西），震慑函谷关外，安抚那里的民众。河南王申阳迫于形势投降了汉国，汉王在当地设置了河南郡。

汉王派原韩襄王的孙子韩信做韩国的太尉，率军攻取韩国的土地。韩信紧急攻击被项羽封在阳城（在今河南登封县境）的韩王郑昌，郑昌招架不住投降了。十一月，汉王封韩信为韩王，韩王信经常带领韩军配合汉王作战。

不久，汉王从新郑迁都到栎阳（治今陕西临潼北）。汉军西进攻占了陇西郡（治今甘肃临洮）。

汉王三年（前 204）正月，项王率大军北进攻击齐国的田荣，抵达城阳（在今山东菏泽东北）。齐王田荣带兵迎战，被楚军击败，逃到平原（在今山东平原南），平原当地的民众攻杀了他。项王又立田假为齐王，楚军一直打到北海，沿途烧杀抢掠，破坏城郭，拆毁房屋，坑杀田荣军的降卒，劫掠囚禁当地的老弱妇女，所过之地多遭毁灭。齐地的民众因此聚集起来进行抵抗。

汉军攻占了北地（治今甘肃宁县城西北），俘虏了雍王的弟弟章于。

三月，汉王率军从临晋（在今陕西大荔东）渡过黄河，魏王魏豹投降汉国，率领魏军跟从汉王东进。兵锋直指河内，俘虏了殷王司马印，设置了河内郡。

从前，阳武（在今河南阳武县东南）人陈平在临济服侍魏王魏咎，任太仆官，曾经给魏王出谋划策，魏王不接受。有人进谗言害他，陈平只得逃走，后来他去投奔项羽，项羽任命他为卿官。不久殷王司马印反叛了楚国，项羽派陈平率军前去讨伐，迫使司马印降服，撤回后被任命为都尉，赏赐给他黄金二十镒。过了不久，汉王率军攻占了殷王的属地，司马印又降服了汉王，项王因此发怒，打算诛杀平定殷地的将领。陈平非常恐惧，把赏赐给他的黄金连同印信封好，派人送归项王，便独自带着一把宝剑抄小道开始逃亡。

陈平渡过黄河，投奔了当时驻扎在修武（今河南获嘉）的汉军，通过魏无知求见汉王。汉王召见了陈平，赐给他饮食之后，派人送他回馆舍休息。陈平说："我是为了向您进献计谋而来的。"汉王经过与他交谈，非常赏识他，便问道："你在楚国担任什么官职?"陈平回答说："任都尉官。"当天，汉王任命陈平为都尉官，并让他担任侍卫，兼任护军。众将领听说后都议论纷纷鸣不平，说："大王偶然得到一个楚国的降卒，还不知道他的才能高下、人品如何，就跟他坐一辆车，反而让他监督老将。"汉王听到这些议论，更加亲近陈平。

汉王率军南下，由平阳津（在今河南孟津县境）渡过黄河到达洛阳。洛阳新城的三老（乡官）董公拦住汉王劝他说："我听说顺从民心的人昌盛，违背民心的人灭亡，大军出征没有正当的理由就会劳而无功，所以说揭露敌人的强盗行径，敌方才能乖乖地屈服。项羽残暴无道，驱逐追杀了天下的共主（义帝芈心），便是天下的大贼。宣扬仁德不凭借勇武，讲求信义不依靠暴力，大王应当率领三军为义帝穿戴丧服，沉痛悼念，宣告各国兴师讨伐叛逆，那么天下的民众都将敬仰您高尚的德义，这是夏禹、商汤、周武三王的创业之举啊!"

汉王接受了董公的建议，立即宣布为义帝发丧，并亲自袒露臂膀，放声大哭，全军哀悼了三天，然后派使者到各地向百姓宣告说："天下共同拥立义帝（芈心），都面北侍奉他，而今项羽驱逐他到江南又谋杀了他，真是大逆不道！我因此率领关中的所有军兵，又征集了三河地区的壮士，准备顺着长江、汉水东进，愿意追随各国诸侯攻打谋杀义帝的楚国罪魁祸首。"使者到达赵国，陈馀声称："如果汉王杀了张耳，我们就立即出兵。"于是汉王找到一个长相类似张耳的人杀死他。派人带着人头送给陈馀，陈馀才派兵随同汉军出征。

田荣兵败不久，田荣的弟弟田横收集失散的士卒，得到了几万人，宣布从城阳起兵。四月，田横拥立田荣的儿子田广为齐王，来抵抗楚军。项王因此被牵制在齐地，楚军连续发动进攻也没有能攻下城阳。虽然听说汉军已经东进，步步进逼，项羽抽不出身来，打算全力攻破城阳后再进击汉军。汉王正是乘着这个间隙，率领各国的联军总计五十六万人，向东挺进征伐楚国。

汉军进至外黄（今河南兰考南），彭越带领三万余部众归服了汉王。汉王说："彭将军攻取了魏地的十多座城，急于找到魏王的后人当王，而今天的西魏王魏豹确实是原魏王的后人。"于是任命彭越为魏国的丞相，全权率领部下军兵攻取平定魏地。

汉王向东一帆风顺，迅速攻占楚都彭城，收取了城中的财富、珍宝和美女，认为大局已定，天天摆设酒宴聚会庆贺。

项王接到彭城陷落的报告后，命令部将继续攻击齐军，亲自率领三万精兵南下，从鲁城（今山东曲阜）穿过胡陵（在今山东鱼台县）直插萧县（今安徽萧县西北），在清晨向汉军发动了猛烈的进攻，一直向东攻进了彭城。汉军抵挡不住楚军凌厉的攻势，当天中午就溃败逃走，楚军疯狂追击，将十余万汉兵赶进谷水和泗水中活活淹死。其余的汉兵向南奔逃躲进山地，楚军又继续追击，一直穷追到灵璧（在今安徽濉溪市西）以东睢水的北岸。在楚军铁骑的冲杀下，汉军节节败逃，溃不成军，剩余的十多万人全被逼进了睢水中，尸体堆积阻住了水流。楚军把汉王层层包围起来，霎时间从西北刮起了狂风，飞沙走石折断大树摧毁房屋，天地昏暗得如同午夜。乘着楚军大乱的时机，汉王才带领几十名骑兵死里逃生。

汉王向西逃跑，想在路过沛县带走家中老小，而楚军也派人到沛县掠取刘邦的家人。这时刘家人已经逃走，不知去向，汉王只得又继续向西逃跑，在途中恰巧遇上儿子刘盈和女儿鲁元公主，拉到车上。这时楚军的骑兵追来，汉王急迫，把儿女推下车去，太仆官滕公夏侯婴忙跳下去把他们抱上来，又被汉王推下去。如此再二再三，滕公说："今天的情势虽然紧急，可是马已经跑累了，车子也不可能跑得太快，为何要抛弃儿女!"车速渐渐放慢。汉王大动肝火，有十多次想要杀掉滕公，滕公不顾个人安危，终于保护了汉王的一双儿女。

这时，审食其保护着太公和吕氏从小道寻找汉王，没能找到，反而被楚军掠去押到彭城，项王把他们扣留在军中，当成人质。当时，吕氏的哥哥吕泽任汉军将领，正带兵驻扎在下邑（今安徽砀山县），汉王从小道逃奔到他那里，渐渐地收集残余的士卒。各国的封王迫于形势全部背离了汉国，又归附了楚国，塞王司马欣和翟王董翳也逃走投奔了楚军。

田横进攻项王新立的齐王田假，田假不能抵挡，投奔了楚国，被楚国杀死。田横于是又平定了三齐（齐王、济北王、胶东王）的属地。

汉王询问自己的幕僚："我打算放弃函谷关以东的土地，送给可以抵御项羽的人物．谁能建树这个功劳?"张良建议说："九江王英布，是楚国最枭勇的战将，与项王之间产生了矛盾；而彭越曾与田荣进攻过梁地。这两个人，大王可以赶快派人去联络，而大王的属将只有韩信可以独挡一面，能够承担这项重任。你既然想要放弃关东，就请交给他们三个人，那么就可以打败楚国。"

当初项王发兵进击齐地，征调九江王的兵力，九江王英布声称患病不能亲自领兵前去，只是派遣部下的将军带领几千人跟随项王出征。当汉军攻破楚都彭城的时候，英布又托病不肯出兵救援楚国。项王由于这些原因而怨恨英布，屡次派遣使者进行谴责，又下令召见英布。英布更加恐惧，不敢到彭城去。当时，项王正忧虑北方的开王和赵王，担心西方的汉王，只剩下九江王英布，因为关系密切，又佩服他的才干，想利用他，所以没有发兵攻击他。

汉王从下邑撤军到虞城（今河南虞城），对所有的幕僚们说："你们这些人，没有一个可以与我一起谋划国家大事的。"谒者（掌礼宾）随何进前说："不明白大王说的话是什么意思？"汉王说："谁能替我出使九江国，说服九江王英布发兵攻打楚国？只要能把项王拖住几个月，我就有把握百分之百地取得天下。"随何说："我请求出使九江。"汉王派了二十个人，跟从随何出使。

十、平定魏国　大败赵国

汉王三年（前204）五月，汉王刘邦率军撤退到荥阳（在今河南荥阳东北），各国的军兵又奉命前来会集，萧何也征调关中地区二十三岁以下、五十六岁以上的老幼后备兵员，全部送到荥阳前线，汉军又振作起来。

楚军从彭城出发西进，常常是乘胜追击，一直进至荥阳，与汉军在荥阳以南的京县（在今河南荥阳南）和索邑（在今河南荥阳北）之间，连连交战。楚军骑兵众多，不断进逼，汉王打算加强骑兵的力量，挑选军中可以担任骑兵大将的人选。众人都推举原秦军的骑士重泉人李必和骆甲，汉王正准备任命，李必和骆甲说："我们原是秦国人，恐怕军中不能心悦诚服，希望大王左右善于骑射的将领出任大将，我们愿做他的助手。"汉王便任命灌婴为中大夫，统率骑兵，同时任命李必和骆甲为左右校尉。他们率领重新组建的骑兵在荥阳以东与楚军交战，击败了楚军骑兵，楚军因此不能越过荥阳向西挺进。

汉军驻扎在荥阳，站住了脚跟，并修筑甬道（封闭式高速通道）直通黄河，运输敖仓（秦代在荥阳东北的敖山上建立的大粮仓）的粮食进行补给。这时，魏王魏豹请求回家探视母亲的疾病，当他到了平阳（治今山西临汾西南），就切断了黄河渡口，叛降了楚国。

六月，汉王回到了都城栎阳。汉军掘渭河水围灌废丘城，废丘被迫投降，章邯走投无路自杀。汉军平定了雍地全境，设置了中地郡、北地郡和陇西郡。

八月，汉王回到荥阳前线，命令萧何留守关中服侍太子刘盈，制定法律规章，建立宗庙、社稷，修筑宫室以及县邑官府，并授权萧何一些来不及奏请的政事可以相机自行决定，等汉王回都城再禀报。萧何整顿关中地区的户籍，负责征收赋税、运送粮秣，调集兵员供应前线，从未匮乏。

汉王派郦食其去说服魏王魏豹，并且召他回到荥阳前线。魏豹不肯听从命令，说："汉王对人轻慢，经常侮辱别人，辱骂封王和群臣就像辱骂奴仆一般，我不想再见到他！"于是汉王任命韩信为左丞相，与灌婴、曹参一起率兵进攻魏国（西魏国）。汉王问郦食其："魏军大将是谁？"回答说："是柏直。"汉王说："这个乳臭未干的小青年，怎能抵挡住韩信！"又问："魏军骑兵大将是谁？"回答说："是冯敬。"汉王说："他是秦将冯无择的儿子，虽然很贤能，还是抵不过灌婴。"又问："魏军步兵大将是谁？"回答说："是项它。"汉王说："他抵挡不住曹参。我没有什么担心的了！"韩信也问郦食其："魏国难道不会用周叔当大将吗？"回答说："魏国信任柏直，不会用周叔。"韩信说："柏直不过是一个未成材的小子罢了！"于是向魏国发动了进攻。

魏王魏豹派重兵守卫蒲坂（在今山西永济县西）以阻挡临晋（在今陕西大荔县东）方面的汉军。韩信便增设疑兵，摆设战船，装作从临晋出兵强渡黄河的姿态，而秘密埋伏精锐部队从夏阳（在今陕西韩城西南）渡黄河。汉军利用无数个小口大腹的木罂瓶，缚在身上悄悄地渡过黄河，向安邑发动了袭击，魏王魏豹大惊，急忙带兵迎战。九月，韩信率军发起猛攻，俘虏了魏豹，传送到荥阳。汉军平定魏地全境，设置了河东郡、上党郡、太原郡。

当汉军从彭城向西败退的时候，陈馀发觉张耳并没有死，立即背叛了汉国。韩信平定魏国之后，派人请求汉王允许他率领三万兵，乘胜向北进军平定燕国和赵国，向东进击齐国，然后南下切断楚军的粮道。汉王批准了韩信的请求，便派遣张耳与他一起领兵东进，攻击北方的赵国和代国。闰九月，韩信攻破了代军，在阏与（在今山西和顺）俘虏了代国的相国夏说。韩信平定魏国、攻破代军以后，汉王派人收取了他的精兵，调到荥阳前线来抵抗楚军。

十月，韩信和张耳率领数十万大军向东进攻赵国。赵王赵歇和成安君陈馀听到消息后，调集重兵据守在井陉口（在今河北省井陉县东北的井陉山上），号称守军二十万。这时广武君李左车建议陈馀说："韩信和张耳乘着战胜的形势远离本土前来争斗，他们的兵锋势不可挡。我听说兵法上有这样的话：'途经千里运送军粮，士卒往往面有饥色。临时砍柴割草烧饭，军兵常常食不果腹。'如今井陉口天险，车辆不能并行，骑兵不能成列，汉军行进在这种隘道中前后拉开数百里，随军的粮草势必落到后面。请将军交给我三万军兵，出其不意从小路切断他们的后勤补给线，将军固守险要，不与敌军交战。这样，汉军前进得不到战机，后退已不可能，野外掠夺又得不到收获，不出十天，韩信和张耳的人头就会送到将军的战旗下。否则一定被他们擒获！"成安君陈馀经常宣称是仁义之师，从不使用阴谋诡计，回答李左车说："韩信兵力少，而且又已疲惫了，如果像你说的那样避而不战，各国一定讥笑我胆怯，而轻易地来攻打我们。"

韩信派人侦察，知道陈馀没有采用李左车的计谋，非常高兴，传令向前进兵，在行至离井陉口三十里处安营休息。夜半时分，韩信下达突击的命令，他先挑选了两千名轻装骑兵，每人手持一面红色汉军旗，命他们从山间小道爬上山伪装隐蔽，观察赵军动静，告诫他们说："赵军发现我军败逃，一定是倾巢出动追击，你们要立即快速地冲进赵军营垒中，拔掉赵军旗帜，插上汉军红旗。"又下令各部队出发前先由副将分头传送一点快餐，并传话说："今天攻破赵军之后全军大会餐。"诸将领并不相信，只是口头应答遵命。

韩信知道，赵军已经先行占据了有利地势建立起营垒，他们不见汉军大将（统帅）的指挥旗鼓是不肯出击汉军先锋部队的。因此，他先派出一万人作为先锋部队出击井陉口，背靠河水摆开阵势。赵军看到韩信的背水绝阵，都大笑起来。天亮以后，韩信树立起大将（统帅）的军旗和战鼓，击鼓传令大军杀出井陉口。赵军也大开营门迎击汉军，两军激战了很久。这时韩信与张耳伪装成招架不住的样子，放弃了大将旗鼓，逃向水边的军阵。水边汉军阵接入韩信、张耳等人，与赵军展开激战。这时赵军果然倾巢出动，争夺汉军大将的军旗和战鼓，追击韩信和张耳。韩信和张耳已经进入水边军阵，汉军背水殊死拼杀，赵军一时不能取胜。

就在这时，韩信预先埋伏的两千轻装骑兵看到，赵军果然都冲出来争夺战利品而营垒空空，于是立即飞驰下山，冲进赵军营垒，拔去所有的赵军旗帜，树立起两千面汉军红色战旗。赵军一时不能俘获韩信等人，就打算返回营中，他们陡然发现自己营垒上遍是红色汉军旗，误以为赵王将相都已被汉军俘虏了。于是，阵势大乱，士卒纷纷遁逃，赵将极力制止也无济于事。汉军乘机前后夹攻，很快击破了赵军，在泜水（今河北魏河）岸边斩杀了成安君陈馀，活捉了赵王赵歇。

战斗结束，诸将纷纷献上敌人首级和战利品，向韩信祝贺战功，并趁机请教韩信："兵法上明文规定：'行军布阵右边和背后靠山，前面和左边靠水。'今天将军命令我们背水布阵，还说

‘攻破赵军后全军会餐’，当时我们心中确实不服，可是终于取得胜利，请问这是何种战术?”韩信回答说：“这种战术就在《兵法》上，只不过是诸位没有注意到罢了。《兵法》上不是说‘困在死地而后苦战得生，处在绝地而后死战得存’吗？是说必须将士卒置于危亡的绝境，然后才能奋勇作战，绝处逢生。况且我韩信带领的军队并不是平素经过我严格训练、听从我指挥的军队，这叫做‘驱赶一群市井小民乌合之众去参战’，势必将他们放在危亡的境地，使他们人人各自为战，死里求生；今天如果把他们放在容易逃亡的地势作战，恐怕早已逃之夭夭了，还能指望他们作战吗!”诸将都心悦诚服，异口同声说道：“将军的战术太妙了，是我们所料想不到的。”

韩信传令军中，有能活捉广武君李左车的，赏赐千两黄金。于是有人把李左车绑缚送到汉军旗下，韩信亲自给他松绑，请他面东坐在尊座上，当做师长来尊敬。韩信请教李左车说：“我打算向北征伐燕国，向东征伐齐国，如何才能成功?”李左车推辞说：“我这个败军之将，亡国之虏，哪里有资格谈论军国大事!”韩信说：“我听说百里奚在虞国而虞国灭亡，在秦国而秦国称霸，并不是他在虞国就愚昧，而到了秦国就明智了，关键在于他的才华受不受国君重用，他的计谋国君听不听信。假如当初成安君陈馀真的听从了先生的计谋，恐怕我韩信早已被赵军生擒了。正是因为不能运用先生的才华，才使我韩信有机会侍奉先生。今天我是推心置腹请教先生，希望不要推辞。”

韩信出以真心，非常诚恳，李左车便给他剖析了形势：“现在将军横渡黄河，俘虏了魏王，生擒了夏说，东进攻破天险井陉口，没用一个早晨就击溃了二十万赵军，诛杀了成安君陈馀。真是英名传扬四海，威势震动天下，连敌国的农夫们都恐惧得放下农具停止耕作，只顾眼前吃饱穿好，侧耳倾听您进军的命令，这是将军的长处。然而将领辛劳，士卒疲惫，其实很难再投入战场，现在将军准备带领这支疲劳的军队去围攻燕国坚固的城池，想要战斗得不到战机，发动强攻也很难破城，情势必然窘困，战斗必将持久，这样长期拖延下去，军粮渐渐用尽，一定会陷入被动危险的境地；燕国既然不肯屈服，齐国一定固守边境，图谋自强。一旦出现这种燕、齐相持不下的局面，那么刘邦、项羽的胜负也很难见分晓，这是将军的短处。善于用兵的人，不用自己的短处去攻击敌人的长处，而运用自己的长处去攻击敌人的短处。”

韩信追问道：“那么我该怎么办才好呢?”李左车回答说：“现在替将军谋划，不如按兵不动，休养将士，安抚赵国的民众，那么百里范围之内都将带着牛羊、捧着酒食争先起来慰劳将士。然后把大军驻守在通往燕国的通道上，派遣一位能言善辩的人士，带着将军的书信出使燕国，向燕国展示贵军的长处，燕国一定不敢不屈服。燕国屈服之后再调动大军，兵临齐国边境，即使再高明的谋士，恐怕也很难为齐国想出对策。如此一来，争夺天下的大事就可以图谋了。用兵之道有先声夺人然后凭借实力慑服敌国的，说的就是这种计谋。”

韩信听了李左车所言，称赞说：“先生的计谋妙极了!”他立即实施，派遣使者出使燕国，燕国望风披靡，立即降服了。又派遣使者报告汉王，并请求任命张耳为赵王，汉王批准了请求。楚军曾经多次派出奇兵渡过黄河攻击赵国，张耳与韩信往来配合应战，又顺便夺取原属赵国的城镇，征集兵员送到荥阳前线补充汉军。

十一、策反黥布　听信张良

汉王三年（前 204）十一月，随何来到九江国都城六邑，九江国太宰官负责接待，三天过后仍然没能见到九江王英布。随何游说太宰官说：“大王不肯接见我，一定是认为楚国强盛而汉国弱小，这正是我出使贵国的原因。假使让我得到机会，见到大王陈述愚见，听我说得合情合理，大王一定想听下去；如果认为我说得不合情理，就请把我和二十位汉使押赴九江街市砍头示众，这样足以说明大王背离汉国而亲密楚国。”

太宰官向九江王英布作了禀报，英布召见了随何。随何说：“汉王派遣我敬献书信给大王下属的官员，我私下里奇怪大王与西楚霸王为何这样亲近？”英布回答说：“寡人面北称臣而侍奉他。”随何一针见血地指出九江王并非真心臣服项王，他说：“大王与项王都位列诸侯王、处在平等的地位上，却面北称臣服侍他，其中的原因一定是认为楚国强大，可以把国家托靠给他。项王征伐齐国，亲自背负攻城的器具，身先士卒冲锋陷阵，大王理应动员九江所有的军兵，亲自率领为楚军打前阵，现在仅仅派出四千人帮助楚国作战，难道面北称臣侍奉主上应该是这个样子吗？汉王领兵攻进彭城，项王来不及离开齐地回救，大王本该出动九江的所有军兵渡过淮水，日夜苦战，夺回彭城。可是大王拥兵数万，却没有一兵一卒渡过淮水，袖手观望胜败，难道托靠国家给人，应该是这个样子吗？大王在臣服的空名掩护下，实质是想扩大自己的势力，我私下认为大王不该如此。”

随何认为九江王英布之所以不肯背弃楚国，还是认为楚国强大，汉国弱小。于是他进一步对楚汉双方的形势作了对比，指出：“楚国兵力虽强，却背负不义的罪名，因为他们背弃盟约而谋杀义帝；汉王兵力虽弱，却联合了各国的兵力，退守城皋、荥阳，运送蜀地、汉中的粮食，深掘壕沟，坚固营垒，分兵据守险要。楚军深入敌国八九百里作战，老弱残兵从千里之外运送粮草；而汉军坚守营垒，毫不动摇，楚军是前进得不到战机，后退也得不到和解，所以说楚军的强大是靠不住的。假使楚国战胜了汉国，那么各国将人人自危而互相救助，因此，楚国的强盛正会招来各国的兵锋。所以楚国不如汉国，这形势是显而易见的。现在大王不依托万全的汉国，而去依托危亡的楚国，我私下为大王感到担忧。”

最后，随何提出建议：“我并不认为九江的军事力量足以灭亡楚国，只要大王发兵背离楚国，那么项王一定滞留在楚地；只要他滞留在楚地几个月，汉王取天下就可以万无一失。我今天特地请大王与我一同归附汉王，汉王一定分封给大王土地，那么九江的土地一定还归大王所有。”九江王英布认为随何言之有理，就说：“我愿意听从你的命令。”便暗中应许背楚归汉，不敢泄露机密。

这时楚国的使者也在九江王的都城，住在馆舍里，正在催促英布发兵救楚。随何径自进入馆舍，坐在楚使的上方尊位上，大声宣称：“九江王已经归附了汉国，楚国怎么能让他发兵呢?”英布听了大吃一惊。楚国的使者急忙站起身来准备离开，随何趁机劝英布说：“事情已经决定了，就应该杀掉楚国的使者，不要让他回去报信，现在要尽快与汉王联合。”英布说：“就按你说的办。”于是杀死了楚国的使者，同时起兵进攻楚国。楚国派大将项声、龙且领兵进攻九江，经过几个月的激战，龙且才击败九江军。英布打算带领残兵投奔汉王，又担心被楚军追杀，便放弃了残兵，抄小路与随何一起投奔了汉王。

十二月，九江王英布进见汉王，汉王正坐在床上洗脚，一边洗脚一边召见他。英布愤怒极了，后悔不该投奔这里来，想要自杀。等他到了寓所，发现给他准备的帷帐、器具、饮食、从官应有尽有，与汉王的待遇一模一样，又喜出望外，于是派使者回九江郡去接家眷。楚国已经派大将项伯收取了九江王的残兵，屠杀了英布的妻子儿女。英布的使者千方百计找到了九江王的一些老友旧臣，招集了几千士卒来到荥阳。汉王又拨给九江王一部分军队，一起守卫在成皋。

楚军不断地袭击破坏汉军的甬道（后勤补给运输线），汉军因此粮食匮乏。汉王与谋士郦食其谋划对策削弱楚军的实力。郦食其说："从前商汤王讨伐夏桀王、攻灭夏桀王之后，封他的后人在杞国；周武王讨伐商纣王，击灭了商纣王之后封他的后人在宋国。当今时代秦王失去了仁德、抛弃了礼义，侵吞各个封国，毁坏他们的社稷，使各封国的后人没有立足之地。大王要是能封立六国的后人，这些君主、群臣、民众都一定感念大王的恩德，仰慕大王的道义，心甘情愿做大王的奴仆。大王的恩德道义具备了，自然可以南面称为霸主了，那么楚国一定不敢不臣服朝见。"汉王称赞说："好，赶快去刻王印，先生带着印信去封六国后人。"

郦食其还没有起程，张良前来拜见汉王，汉王正在吃饭，说："子房（张良字子房）快过来，有人替我想出了削弱楚国实力的计策。"便把郦食其的话告诉了张良，并问他："你认为怎么样？"张良忙问："这是谁给您出的主意？这样一来，大王的事业可就全完了！"

汉王大吃一惊，忙问："为什么这样说？"张良说："请借用前边的筷子替大王指划天下的形势。从前商汤王和周武王封夏桀王和商纣王的后人，是完全相信可以控制他们的命运。当今，大王能置项羽于死地吗？这是不可行的第一个原因。周武王进入商都后就特殊标志商容（商朝贤士）的宅门表示尊重贤能，又释放了囚禁的箕子，封高了比干的坟墓，现在大王能做到吗？这是不可行的第二个原因。周武王发放巨桥仓的粮食，分散鹿台库的金钱来赏赐贫苦的民众，现在大王能做到吗？这是不可行的第三个原因。周武王平定殷商之后，把战车改成了轩车，兵器倒立过来，昭示天下不再进行战争，大王能做到吗？这是不可行的第四个原因。把战马放牧到华山以南，表示今后不再使用，现在大王能做到吗？这是不可行的第五个原因。又把牛群分散到桃林以北去耕田，表示今后不需运输粮草，现在大王能做到吗？这是不可行的第六个原因。天下的智谋之士离开各自的亲人，抛弃祖先的坟墓，告别旧交老友，起来跟随大王，不过是想得到一小块立足之地。现在又恢复六国后人的王位，天下的智能之士一定返回各自的封国去侍奉国君，与亲人团聚，守候祖先的坟墓，那么谁还能帮助大王夺取天下呢？这是不可行的第七个原因。况且目前楚国无敌于天下，复立的各国一定被削弱而附属于楚国，大王如何才能使他们臣服？这是不可行的第八个原因。假如大王采用那位先生的计谋，您的事业就算完结了！”

汉王听到这里，吐出口中的食物，跳将起来，大骂道：“这个小子，几乎败了老子的大事！”下令立即销毁刻好的王印。

对于这段历史，东汉史学家荀悦评论得非常精辟：

> 确定决胜的策略，主要有三项要素：一是形，二是势，三是情。所谓形，即形势，是指大体上得失的趋势；所谓势，即时机，是指随时把握进退变化；所谓情，即内情，是指心中的意图是否符合实际。所以相同的事情，用同一种策略，有的失败，有的成功，主要是由于形、势、情三要素不同决定的。
>
> 当初，张耳和陈馀建议陈涉恢复六国，封六国的王族为王，来为自己树立党羽，郦食其也用这个道理劝说汉王刘邦。前后所说的道理相同而得失却大不相同，这是因为陈涉起兵之初，天下人都想要灭亡秦朝；而楚、汉的纷争还没有成定局，天下人未必都想灭亡项羽。所以封立六国的后人，对于陈涉来说是广树党羽而给秦朝增树政敌，况且陈涉并没有控制全国的土地，不过是利用并非属于自己所有的土地，施行空虚的恩惠却能收到实际的利益。而汉王封六国则不

同，对于汉王来说是分割自己的领土而用来资助敌人，为了一个虚名而遭受了实祸。这是相同的事情，由于形势不同而产生了截然相反的结果。

至于宋义坐待秦军和赵军的两败俱伤，准备从中渔利，这与从前卞庄刺虎的故事完全相同。在战国时代运用这种策略还可以，到了当今时代就不适用了。因为战国时代，邻近国家互相攻击，没有亡国的急迫，当时封国林立而且立国都非常久远，一次战争的胜负未必能决定存亡，因此不存在紧急灭亡敌国的时机，战胜的一方乘胜获利，战败的一方退守自保，第三国便可蓄积实力等待时机，乘敌人疲敝，夺取胜利，这是当时有可乘的时机。当今时代楚国和赵国都是新封立的，与秦国不能相提并论，安危存亡就在呼吸之间，进取立即获得成功，败退立即遭来灾祸。这是相同的事情，由于面临的时机不同，也就不能同日而语。

韩信伐赵的战役，韩信军在泜水边背水布阵，而赵军不能击败他们。彭城战役，汉王在睢水边也是背水而战，结果十余万将士都被推进睢水中淹死，楚军大获全胜。为什么会这样？赵军是出都城在国境内迎战，见到有取胜的希望就进兵，遇到挫折就后退，心怀后顾之忧，没有出生入死的战斗意志；而韩信军孤军深入，背水而战，将士们一心苦战，争取死里求生，别无二意，这便是韩信军所以取胜的原因。而汉王深入敌国都城，骤然取胜后被胜利冲昏了头脑，每天饮酒庆功，将士们安逸舒适，失去了坚强的斗志；而楚军的强大曾经是天下无敌，竟然丧失了都城，将士们人人义愤填膺，决心挽回败局，心急如火地拯救危亡，与汉军决一生死，这便是汉军失败的原因。况且韩信是选择精锐据守，而赵国则是出动时时后顾的军兵去攻击；项羽选择精锐攻击，而汉王利用怠惰的士卒抵抗。这又是相同的事情，由于内情不同，其结果真是天壤之别。

所以说：权谋不可预先定死，机变不可事先图谋，随着时机而迁移，适应事物而变化，这才是决定策略的契机。

十二、施离间计 派游说使

楚汉相持，汉军境遇尴尬，有一次，汉王刘邦问陈平说："现在天下乱纷纷，何时才能平定？"陈平回答说："项王的忠诚耿直的大臣，不过有亚父（范增）、钟离眛、龙且、周殷几个人罢了。大王假如能拋出数万斤黄金，实施反间计谋，挑拨他们君臣之间的关系，使他们之间互相猜疑不定，而项王为人猜疑嫉妒，轻信谗言，这样一来，他们内部必然自相残杀，削弱力量。我们趁机发兵攻击，一定能击败楚国。"汉王称赞说："这个主意好！"便拿出四万斤黄金交给陈平，任凭他随意使用，不过问数量多少。陈平多收买间谍潜入楚军活动，散布谣言说钟离眛等人为项王当大将，建立那么多功劳也得不到封王的机会，心怀不满，想要勾结汉王消灭项氏，瓜分楚国的土地称王。项羽果然不再信任钟离眛。

汉王四年（前203）四月，楚军猛烈地围攻荥阳，荥阳形势危急，汉王请求讲和，以分割荥阳以西的土地归汉为条件。范增劝项羽全力攻下荥阳，不可接受讲和的条件，项王犹疑不决。当项王派使者进入荥阳城，陈平趁机施行反间计，他备办了最昂贵的酒席，利用最隆重的礼节，进献给楚国的使者，届时却忽然大吃一惊地说："我们以为是亚父的使者，原来是项王的使者！"于是撤去酒席，换上粗劣的饭菜。楚使回去禀告项王，项王果然对亚父起了疑心。亚父想尽快攻下荥阳城，项王偏偏不肯听信他的意见。亚父终于发觉项王在怀疑自己，愤怒极了，大声说道："天下的大局已定了，君王好自为之！请允许我告老还乡！"项羽立即批准，在返回彭城的途中，范增背上生了疽疮，病死了。

五月，将军纪信建议汉王说："战事急迫了，请允许我代替大王诳骗楚军，大王好乘机逃走。"当天夜里，陈平驱赶二千多妇女出荥阳城东门，楚军辨不清男女，从四面八方围过来。纪信装扮成汉王，坐在黄绫盖的汉王车上，左边插着御旗，随后慢悠悠地出了城，跟在后面的人大喊："城中的粮食吃光了，汉王出城投降楚军啦!"楚军万众欢腾，高呼万岁，都跑到东城门来观看。汉王抓紧这个时机，带领几十个骑兵从西城门逃出城去，留下韩王信和周苛、魏豹、枞公一起留守荥阳。项羽见到纪信追问："汉王在哪里?"回答说："已经出了荥阳城，走远了。"项羽见自己上当受骗，大为恼怒，下令放火烧死了纪信。周苛和枞公商议说："反国叛王的人，难和我们一起守城。"于是杀了魏豹。

汉王逃出荥阳，经过成皋（在今河南巩县东北）回到关中，征集军队打算重返荥阳前线。辕先生建议汉王说："汉军与楚军在荥阳对抗了数年，汉军常常窘困，希望大王这次出兵武关（在今陕西商南县东南)，吸引项王领兵南下，大王坚守营垒不与楚军交战，使荥阳、成皋之间的战场缓解一下，给汉军一段休整的时间，也使韩信能够安定河北的赵地，连接燕地和齐地，然后大王再返回荥阳。这样，使楚军处处设防，分散兵力，使汉军得到休整，恢复战斗力，再发动进攻，一定能击败楚军。"汉王接受了辕先生的计谋，兵出武关，进至宛城（今河南南阳）和义县（今河南叶县）之间，一路上与英布收集散兵，扩充实力。项羽听说汉王出兵宛城，果然领兵南下，汉王坚守营垒，不与楚军交战。

汉王在彭城溃败逃回西部去之后，彭越也丢失了他攻占的一些城邑，只好带领他的军队活动在黄河附近地带声援汉军，常常流动作战，袭击楚军，切断楚军的后勤运输线。当月，彭越渡过了睢水，与项声、薛公在下邳（在江苏邳县西南）展开激战，击败了楚军，攻杀了薛公。项羽闻讯，留下终公守卫成皋，亲率精兵向东攻击彭越军。汉王乘机从宛城向北进军，击溃了终公军，又占领了成皋。

六月，项羽击败并赶走了彭越，听说汉军又夺回了成皋，于是率军扑向荥阳，发起猛烈的进攻，攻克荥阳，俘虏了周苛。项羽对周苛说："如果投降过来做我的将领，我任命你为上将军，封给三万户。"周苛大骂道："你如不赶快投降汉军，就要成为俘虏了！你不是汉王的对手。"项羽恼羞成怒，煮杀了周苛，又杀了枞公，活捉了韩王信，再次包围了成皋。汉王只好再次逃离成皋，与滕公夏侯婴同乘一辆小车，溜出成皋的玉门（北门），向北渡过黄河，当天夜里偷偷地住宿在小修武（在今河南获嘉）的馆舍里。

第二天清晨，汉王自称是汉使，进了赵军的军营。这时张耳和韩信还未起床，汉王就径直闯进他们的寝室，夺取了印信，立即召集诸将紧急会议，调动他们的职务。韩信和张耳起来后才得知汉王到来的消息，大吃一惊。汉王已经夺取了两个人的兵权，立即命令张耳巡行各地，加强赵地的武备；任命韩信为相国，率领没有出动的赵军，向东攻打齐国。成皋的汉军将领们也渐渐地逃出，前来投奔汉王。楚军攻占了成皋，打算继续西进，被汉军阻拦在巩县（今河南巩县西南一带），不能前进。

七月，汉王接收了韩信的大军之后，声势大振，汉军又恢复了元气。八月，汉王率军向南移动，经过小修武，准备渡过黄河再与楚军开战。这时郎中官郑忠劝他高筑营垒，深掘战壕，不正面与楚军交战。汉王采纳了他的意见，派将军刘贾、卢绾率领二万人、几百骑兵，由白马津（在今河南滑县东北）渡过黄河，进入楚军的背后，帮助彭越作战。他们烧毁楚军的仓库，破坏楚军的运输线，使楚军的粮食供应不上。楚军攻击刘贾军，刘贾就坚守营垒，不肯出战，与彭越军互相支援。

彭越在原来梁国（魏国）的范围内攻城略地，连连夺取了睢阳（今河南商丘西南）、外黄（今河南兰考县东南）。九月，项羽叮嘱大司马曹咎说："请你替我守住成皋，无论刘邦怎样挑战，你千万不要出战，只要把他挡住，不许他东进就算成功。我十五天一定平定梁地，会立即回到将军这里来的。"项羽于是率军东征，攻击陈留（今河南开封市东南）、外黄、睢阳等城市。全部收复了这些地方。

汉王想放弃成皋以东的土地，退到巩县（今河南巩县西南）、洛阳（今河南洛阳市东北）一线坚守，继续抵抗楚军。这时郦食其议论说："我听说要知道天上有天的道理，才能使王业成功。治理天下的君主把民众当做天，而民众把粮食当做天。敖仓长期以来就是天下转运粮米集中的地方，我听说那里储藏了丰足的粮米，楚军攻占了荥阳，却不派重兵坚守敖仓，竟然领兵向东去了，只是留下一些被谪罚的戍卒守卫成皋，这是上天在帮助汉王啊！当前楚国的防线轻易就可以攻破，大王反而打算退却，自己放弃便利的条件，我私下认为这是一种失误。况且两大雄强是不能并存的，楚、汉之间的战争已经相持很久，天下的民众不堪忍受战乱之苦，已经骚动起来，农夫放下农具不再耕种，妇女下了织机不再纺织，人心惶惶不安，没有一定的归向。但愿大王能急速进兵，收复荥阳，占据敖仓的粮食，扼守成皋的险要，堵塞太行道（在今河南沁阳西北），断绝飞狐口（在今河北涞源县和蔚县之间），派重兵坚守白马津，向天下展示大王的军事形势和地利条件，这样一来，天下的民众就知道归向谁了。"汉王接受了他的意见，谋划夺回敖仓。

郦食其又向汉王提议："当前燕国和赵国已经平定了，只有齐国还不归附，田氏的宗族强大，背靠大海、泰山，凭借济水、黄河为阻隔，南面又接近楚国，那里的民情善变多诈谋，最容易发生事变。大王即使派遣数万大军，也不是一年数月可以征服的。我请求带着大王的诏令，去说服齐王，让他们成为汉国的东边屏藩。"汉王说："这样太好了！"

郦食其到了齐国，游说齐王田广说："大王知道天下将归向谁吗？"齐王回答说："不知道，你认为将归向谁？"郦食其肯定地说："归向汉王。"齐王问："先生根据什么这样说呢？"郦食其回答说："汉王最先攻进咸阳，项王背弃了当初的约言，把汉王驱赶到汉中，项王大逆不道把义帝（芈心）迁到了江南，又派人谋杀了他。汉王闻讯后立即率领蜀、汉大军进攻平定了三秦，东出函谷关，责问义帝在何处，并集中天下的重兵，封立六国的后裔，凡是投诚的守将立即封侯，得到的馈赠全部分给士卒，与天下的民众共享福利，天下的英雄豪杰、俊秀贤才都愿为他效劳，而项王有违背约言的罪名、谋杀义帝的罪行，对于别人的功劳早已忘在脑后，对于别人的过失却时刻牢记在心上，为他战胜了也得不到赏赐，为他攻下了城池也得不到爵位，不是项氏家族的人得不到权柄，天下的民众都背叛他，天下的贤才都怨恨他，不愿意为他效劳。所以天下将归向汉王是很容易推测出来的。"

最后，郦食其指出："汉王统率蜀、汉的重兵，平定了三秦，渡过了黄河，攻灭了魏国（魏豹），穿过井陉，诛杀了成安君，这一切都不是人力能办到的，完全是上天赐予的福分。现在汉王已经据有了敖仓的粮食，扼守住成皋的险要，固守着白马津渡，堵塞了太行道，断绝了飞狐口。现在的形势是谁最后屈服，谁就最先灭亡。大王应该争先归附汉王，齐国尚可保存，不然的话，齐国的危亡将随时发生。"

在这之前，齐国听说韩信将要向东进军，特派大将华无伤和田解率领重兵驻扎在历下（在今山东济南历城区境）严密防守。后来郦食其前来游说，齐王田广听信了他的话，派遣使者去见汉王要求归附，便撤除了历下的军事防备，每天与郦食其饮酒作乐。

十三、夺取敖仓　中箭广武

这时，韩信正率领大军东征齐国，还未到达平原（今山东平原南），就听说郦食其已经说服了齐国，打算停止前进。谋士蒯彻劝韩信说："将军接受汉王的诏令进军平定齐国，而汉王又单独派使者游说齐王，难道将军接到停止前进的命令了吗？你凭什么不继续进军？况且郦食其独自一人，凭着三寸不烂之舌平定了齐国的七十余座城市；将军率领数万大军，用了一年多的时间才攻下赵国的五十余座城市。你身为汉军大将数年，反不如一个迂腐的儒生功劳大！"韩信接受了他的意见，率领大军渡过黄河向前挺进。

汉王四年（前203）十月，韩信大军到达历下，发动突然袭击，击溃了齐军，长驱直入，逼近了齐国的都城临淄。齐王田广认为自己被郦食其出卖了，便愤怒地烹杀了他，然后领兵向东撤退，保守高密（在今山东高密西南），派遣使者向楚国求救。这时田横逃到博阳（在今山东泰安东南），田光逃到城阳（在今山东菏泽东北），将军田既领兵退守胶东（在今山东平度东南）。

楚国的大司马曹咎奉命留守成皋，汉军屡次来到城下挑战，守城的楚军也不应战，汉军便派人轮番辱骂。几天过后，曹咎按捺不住心头的怒火，开城出兵，要渡过汜水。当楚军渡过一半，汉军乘机发动猛攻，一举击溃了楚军，夺取了楚军所有的金玉财物，曹咎和司马欣在汜水河边自杀。汉王率军渡河南下，夺取了成皋，把大军驻扎在广武（今河南广武），食用敖仓的粮食。

项羽进军梁地，攻下了十余座城防，听到成皋被攻陷的消息，立即领兵返回。这时汉军正在荥阳以东围攻楚军大将钟离昧，听说项羽军又杀回来，全都退守到了险要的地势。项羽也把军队驻扎在广武，楚、汉两军在广武相持了几个月。

楚军由于失去了敖仓，粮食越来越缺乏，项王感到忧虑，便做了一块大砧板，把太公（刘邦的父亲）放在上面，派人通知刘邦："你今天不赶快投降，我就烹杀你的老父。"汉王回答说："我与你一同面北受楚怀王（芈心）的任命，相约结成兄弟，我的父亲就是你的父亲，如果你一定要烹杀你的父亲，希望分给我一碗汤喝。"项王听了大怒，要下令杀死太公。项伯在一旁说："天下的大事还不可预料，况且一个争夺天下的人根本不顾自己的家，即使杀了他的老父也毫无益处，只能增加仇恨罢了。"项王听了他的话，住了手。

项王对汉王说："天下扰攘不安已经数年了，只是为了你我两个在争斗。我愿向汉王单独挑战，当面决一雌雄，不必再白白地劳苦天下的父老兄弟。"项羽有万夫不挡之勇，汉王岂是他的对手，因此汉王笑着谢绝说："我宁可斗智，不斗力。"项王三次派遣壮士出营向汉军挑战，都被汉军埋伏的楼烦神射手给射杀了。项王怒不可遏，顶盔披甲，手持大戟出营来挑战，楼烦神射手正要射击他，只见项王圆睁怪眼大喝一声，楼烦射手大吃一惊，不敢正视，双手颤抖，发不出箭去，赶紧逃回营中，不敢再出来。汉王派人探听来者何人，才知道是项王，大吃一惊。

这时项王和汉王约定在广武隔涧相见对话，项羽又提出单独挑战的要求。汉王趁机历数项羽的十大罪状说："你违背楚怀王（芈心）的约定，把我驱逐到蜀、汉当王，这是第一罪状。你假传楚怀王的命令刺杀了卿子冠军宋义，这是第二罪状。你率重兵救援赵国，事后不报命，而擅自劫持诸将进兵关中，这是第三罪状。你放火烧毁秦国的宫殿，挖掘秦始皇陵墓，私自掠取秦国的财富，这是第四罪状。你杀害秦国的降王嬴婴，这是第五罪状。你利用欺诈的手段在新安坑杀秦民子弟二十万人，这是第六罪状。你把依附你的将领分封在好地方，而迁移驱逐原来的封王，这是第七罪状。你竟然驱逐义帝出彭城，把彭城改做你的都城，又夺取韩王的土地，合并梁（魏豹）楚的土地，贪得无厌，这是第八罪状。甚至派人到江南袭杀义帝，大逆不道，这是第九罪状。又治政不公平，主持公约不守信用，为天下所不容，这是第十罪状。我率领仁义之师，追随诸侯诛除残暴，对于你这种罪人，只派罪徒囚犯讨伐你就够了。我自己何苦与你挑战!”

项羽听罢大怒，利用暗伏的弩箭射中了汉王。汉王本来被射伤了胸口，他却握住脚说：“敌虏射伤了我的脚趾。”汉王伤势严重，倒在病床上，张良请汉王勉强起身巡视慰劳全军，安抚士卒，不给楚军乘胜攻击的机会。汉王巡视回来，伤势更加严重了，只得进入成皋大营治疗。

十四、刘邦封韩　韩信拒项

韩信平定了临淄之后，进兵追击齐王田广。项王派大将龙且率领一支军队，号称二十万，去救援齐国，与齐王田广的军队在高密会合。有人建议龙且说：“汉军穷追千里前来争战，兵锋不可阻挡。齐、楚两军临时联合，又在自己的领土作战，易于战败逃散。莫不如固守营垒，让齐王派出他的亲信使臣到齐国失守的城邑号召反抗，他们听说齐王还在，楚国的救兵又赶来，一定会反叛汉军。汉军远离本土两千里客居在齐地，各城都起来反叛，他们一定找不到粮食，可以不必经过战争就迫使他们投降。”龙且说：“我一向了解韩信的为人，容易对付。韩信向洗衣老太太讨饭吃，没有谋生的能力，甘心受人胯下之辱，没有一点大丈夫的气魄，他这种人不值得畏惧。况且我是奉命前来救援齐国的，不经过战斗就让他们投降了，我还有什么功劳可言？这次如能战胜，可得到齐国一半的土地。”

汉王四年（前 203）十一月，齐国和楚国的联军与汉军紧逼潍水摆开阵势，韩信派人在夜里赶制出一万多个袋子装满沙石，堵住潍水的上游。接着，韩信率领一半汉军攻击龙且军，伪装成败退的样子掉头往回撤。龙且见此情景，傲慢地说：“我本来就知道韩信怯弱！”于是下令追击韩信军。韩信派人掘开堵水的沙袋，河水奔腾而下，冲走了正在渡河的敌军。韩信挥师猛击已经上岸的敌军，攻杀了大将龙且。对岸的敌军逃散，齐王田广逃走；汉军乘胜追击到城阳，俘虏了田广。汉军骑兵大将灌婴追击俘虏了齐国留守丞相田光，进军至博阳。

这时田横听说齐王田广败死，自立为齐王，反攻灌婴，在嬴县城下（在今山东莱芜西北）展开大战。田横战败，逃亡到梁地，投奔了彭越。灌婴进军千乘（在今山东高育东北），击杀了齐军大将田吸；汉军大将曹参进军胶东，击杀了田既，汉军到此平定了齐国的全境。

汉王刘邦创伤治愈后回到关中的栎阳，下令将原塞王司马欣的头颅挂在栎阳街头示众。在栎阳停留四天，汉王又返回了前线，驻扎在广武。

这时，韩信派人带着书信来见汉王，提出要求说：“齐国伪诈多变，是个反复无常的国家，南边又靠近楚国，请允许我暂时代理齐王镇守这里。”汉王打开书信看罢大怒，骂道：“我被围困在这里，日夜盼望你来援助我，你却打算自立为王！”张良和陈平在一旁立即踹了汉王一脚，凑近他的耳边说：“我们正被围困，难道有办法禁止他当王吗？不如顺水推舟立他为王，好生地待他，使他守住齐国；不然的话将会发生变乱。”汉王当即醒悟过来，因而改口骂道："大丈夫平定了诸侯就是当然的真王，做什么代理王！"汉王五年（前 202）二月，汉王派遣张良带着王印前往齐国，正式宣布封韩信为齐王，并征调他的军队攻打楚军。

项王听到龙且战死的消息感到非常恐惧，派出盱眙人武涉前去游说齐王韩信，说："天下遭受秦国暴政的折磨已经很久了，因此相互联合起来进行反击，推翻秦王朝以后，按照功劳大小，划分疆土，分封诸侯王进行治理，从此休兵息卒。想不到刘邦又挑起战争，向东侵犯人家的王位，夺取别国的封地，攻破三秦之后又率兵出函谷关，征调各封国的军队向东攻击楚国，他的心意是不吞并天下不罢休，贪得无厌竟到了这种程度。况且刘邦这个人是不可信任的，他落在项王的掌握之中，已有好多次，项王怜悯他，每次都给了他活路，可是他一旦脱身就立即背叛盟约又去攻击项王，他就是这样的背信弃义，让人不可信任。现在将军虽然自认为与汉王有深厚的交情，替他竭尽全力用兵，但最终一定会被他擒住。将军所以能延续到今天，是因为有项王存在。当今楚、汉二王的成败关键在将军的意向，将军站在右边，汉王就一定取胜；将军站在左边，项王就一定取胜。项王今天灭亡了，下一个灭亡的就该轮到将军了。将军曾经与项王有旧交情，为何不脱离汉国而与楚国和解，三分天下而称王呢？当今要失去这个时机，将军一定是站在汉的一边而击楚，作为一位满腹韬略的人，难道该这样做吗！"

韩信听了武涉之言，辞谢说："我曾经服侍过项王，在他部下官职不过是个郎中，地位只是个持戟的卫士，进言不听从，献策不采纳，所以才离开楚国投奔了汉国。汉王授予我上将军（统帅）的大印，交给我数万将士，脱下身上的衣服给我穿，分出他的食物给我吃，进言一定听信，献策一定采纳，所以我才能到今天这个地位。汉王是这样的亲近信用我，我如果背叛他，是不会吉祥的，即使是死，我也不变心，请您代我向项王表示歉意。”

武涉走后，深知天下局势关键在韩信动向的谋士蒯彻（即后来因避汉武帝讳改名的蒯通），假借相面微言挑动游说韩信说：“在下相您的‘面’，不过是个封侯，而且充满危险和不安；相您的‘背’，却是高贵得无法形容。”韩信问：“你说这话是什么意思？”蒯彻回答说：“当初天下起兵反秦时，人们忧虑的只是如何推翻秦王朝而已。现在楚、汉相争多年，致使天下的民众肝脑涂地，父子兄弟的尸骨暴露在荒野之中的数不胜数。楚军越过彭城转战追击，乘胜席卷四方，威势震动天下；然而被困在京县和索邑之间，推进到西山一带再也无力前进，到现在已经三年多了。汉王率领数十万大军据守在巩县和洛阳之间的险要地势，一天之中连连交战，也没有取得任何战功，遭受挫败已经无力自救。这叫做智者、勇者都已陷入了困窘之中。民众们疲惫已极，怨声载道，无依无靠。据我预料，天下这种形势如果不是圣贤出面，是无法平息祸乱的。”

接着，蒯彻也提出了所谓“三分天下”的策略：“当今楚王和汉王两人的命运就悬在将军的手中，你为汉王出力，那么汉国就胜利；你替项王出力，那么楚国就取胜。假如将军听从我的策略，不如两全其美，让他们都存在下去，将军与他们三分天下，鼎足而立，这种形势可以达到力量均衡，谁也不敢先动手。凭借着将军的贤才圣德，众多的精兵强将，占据着强大的齐国，联合燕国和赵国的力量，占领楚汉双方力量薄弱的中间地带来牵制他们的后方，顺从民众的愿望向西方呼吁楚、汉停止战争，那么天下各国都将闻风响应，谁敢不听从将军的命令！然后分割大国的领土，削弱强国的兵力，增加新的封国，诸侯都得到封立之后，天下就会感戴将军的恩德而归功德于齐国。将军牢固地占据齐国的领土，控制住胶河、泗水流域，同时恭谨谦逊地对待各诸侯封国，那么天下的封国君主就会相继前来朝拜齐国了。将军应该注意的是‘天意赐予的不接受，反而会受到惩罚；时机到了不行动反而会遭受灾殃。’希望将军深思熟虑。”

韩信说：“汉王待我恩重如山，我怎么可以贪图利益而背离道义呢！”蒯彻则以古今的事例，说明交情不可信赖，他说：“当初常山王张耳与成安君陈馀身为平民时，彼此交情深厚，结成了生死之交，后来由于张黡、陈泽的事件互相仇恨起来，常山王在泜水之南斩杀了成安君，使头脚分在了异处。这两人的交情是人世间最深厚的，然而终于互相仇杀，这是什么原因？祸患就产生在欲望多而人心难以预测，现在将军想用忠诚和信义交结汉王，一定不会比常山王和成安君的友情更牢固，而你们之间面临的问题一定比张黡、陈泽事件大得多，所以我认为将军断定汉王不会危害你是一大错误。从前文种大夫把已经濒临灭亡的越国拯救过来，使勾践成为一代霸主，立功成名之后却遭受杀身之祸，原因在于野兽已经打尽，猎狗该当烹杀。你与汉王之间，从交情友谊来说赶不上常山王张耳与成安君陈馀，从忠诚信义来说赶不上文种大夫对于越王勾践。这两个例证足以提供经验教训，希望将军深深体会、加以借鉴。”

最后，蒯彻又以“功高震主”加以告诫：“况且我听说英勇和谋略使国主感到震惊的人自身就处在危险的境地，功勋超过了世上的一切人就不会再得到封赏。现在将军拥有震惊国主的英勇和谋略，建树了超出世人的功勋，投向楚国，楚国人不会相信；归附汉国，汉国人感到震惊。将军凭借这样高的威势和功勋，想要归向哪一方呢？”韩信表示谢意说：“先生的意思我明白了，请暂且回去，待我仔细地考虑这件事。”

过了几天，蒯彻又来劝说韩信：“听取正确的意见是事业成功的预兆，周密地计谋是事业成功的关键；听取错误的意见，计谋决策失误，而能长治久安的为数太少了。所以做事果断才是明智的表现，迟疑犹豫是事业成功的危害。在细小的事情上用尽心计，就会忽略天下的宏图大计。凭着智慧确知事情应该这样做，但决定了又不敢去执行，这是百事失败的根源。事业的成功很难，失败却非常容易，时机得来不易而转瞬即逝。时机啊，时机，失去就不会再来！”韩信仍然犹豫不决，不忍心背叛汉国，又自认为功劳大，汉王终不会夺取他的齐国，于是谢绝了蒯彻。蒯彻因此而逃走，装成癫狂，到处卜卦相面。

八月，汉王下令：“军士不幸战死，由官府负责制做丧服棺材装敛，转送给他的家属。”四方民众都心甘情愿地来归附汉王。

十五、四面楚歌　项羽自尽

项羽自知得不到外援，粮食已经用尽，韩信又将进兵攻打楚国，感到非常忧虑。正在这时，汉王刘邦派遣特使侯公游说项羽，请求放回太公。项羽趁这个机会与刘邦立下盟约：楚、汉以鸿沟为界中分天下，鸿沟以西归汉，鸿沟以东归楚。

汉王五年（前 202）九月，楚国把太公、吕后送给了汉王，楚军向东撤退。汉王打算回到关中去，张良、陈平劝阻说：“现在我们已经拥有天下一大半土地，各封国都已归附；楚军疲惫不堪，粮食用尽，正是上天要我们灭亡楚国的大好时机。如果放走楚军，不乘胜追击，这是养虎遗患啊。”汉王听从了他的计谋。

这年十月，汉王撕毁盟约，率领大军追击项羽直到固陵（在今河南淮阳县境），相约与齐王韩信、魏相国彭越会合围攻楚军。韩信、彭越却按兵不动，楚军愤怒还击，击溃了汉军，汉王只得又采取坚壁自守的战术，不敢出战。

汉王问张良：“韩信、彭越不听我的怎么办？”张良回答说：“楚军将要破灭了，他两人没有明确地得到封地，不来参加会战是情理之中的事。大王如果能与他们共分天下，他们将立即前来。韩信虽然被封为齐王，并不是出自大王的本意，他也心不自安，而彭越本来平定了梁地（魏地），先前大王因为魏豹还在，任命彭越为相国，现在魏豹已死，彭越也盼望封王，可是大王不能尽早决定。如果把睢阳以北至谷城（在今山东阿县东南）的土地划归彭越，封他为王；把陈城（今河南淮阳）以东的土地直到大海都划归韩信，韩信的家乡在楚地，当然希望把家乡划入领地之内。假如大王能拿出这些土地许给他两人，让他们各自为战，那么楚国将轻易被灭亡。”汉王采纳了张良的计策。于是韩信、彭越都率领大军前来会战。

十一月，汉军大将刘贾（刘邦堂兄）率军南下渡过淮水，围攻寿春（今安徽寿县），派人引诱楚国大司马周殷。周殷背叛了楚国，率领舒城的军队屠杀六邑（今安徽六安北），并调发九江地区的军队迎接英布，途中又一同屠杀了诚父（今安徽亳县东南），追随刘贾与汉军会合。

十二月，项王带领残兵败将退到垓下（在今安徽灵璧县东南），军兵伤亡惨重，粮食已经用尽，与汉军作战节节败退，只得退入营垒中。这时汉军和各国从征的军队，把项王重重包围在楚营中。项王夜晚听到四面都唱起了楚歌，大惊失色地说：“汉军已经占领了楚国的全境了吗？为何汉军中的楚人这么多！”夜半，项王起身，在军帐中饮酒，慷慨悲歌，泪水滚落，身边的人都悲伤地哭泣低下头去。于是项王决定突出重围，骑上他的骏马，一马当先，麾下八百余骑士紧随在后，一路砍杀，趁着昏暗的夜色突出了重围，向南飞奔。黎明时分，汉军才发觉，派骑兵大将灌婴率领五千骑兵紧急追击。项王渡过淮水，跟随在身后的骑士只剩下百余人。他们到达阴陵（今安徽定远西北），迷失了道路，向一农夫询问，农夫故意骗他说：“向左走。”项王向左逃去，陷入了沼泽中，进退艰难，因此被汉军追上了。

项王又领兵向东奔去，到达东城（在今安徽定远东南），还有二十八个骑士跟在身后，而汉军骑兵数千人穷追不舍。项王自己推断是逃不脱了，对跟着他的骑士说："我自起兵以来至今已经八年了，身经七十余战，从未战败过，因此独霸了天下。然而今天被困在这里，这是天意要灭亡我，不是我作战的过失。今天固然非死不可，我愿为诸位决一死战，一定突破重围、斩杀汉将、砍倒汉旗，夺取这三大胜利，使诸位知道是天意灭亡我，并不是我作战的过失。"说完，把二十八个骑士分成四队，准备分四个方向突围。

项王对汉军层层围困毫无畏惧，他对骑士们说："看我为你们取汉军一将。"并下令向四面突围后越过山岭，到山东面分三处集合。于是项王大呼一声，飞马冲下，汉军都慌忙躲避，不敢对阵，项王当即斩杀了汉军一将。这时郎中官杨喜追击项王，项王怒目圆睁，大喝一声，杨喜连人带马倒退到数里之外才停住。项王与他的骑士分别集合在三处，汉军分不清项王在哪一处，也只得分成三路，分三处把他们包围起来。项王又飞马冲击，连杀两个汉军都尉官，斩杀了数十人至百人。项王再度集合他的骑士，仅仅丧失了两人。他对骑士们说："我作战怎么样？"骑士们人人佩服，异口同声地说："果然像大王说的那样！"

突围之后，项王飞马来到乌江（在今安徽和县东北），准备渡江东去。这时乌江亭长正划船靠岸接应项王上船，他对项王说："江东虽小，也有土地上千里，民众几十万，足以成为一方之王，请大王赶快渡过江去。现在只有我这一只船，汉军赶到也无法过江去。"项王仰天大笑说："上天将要灭亡我，我渡过江去有什么用！想当初我带领江东八千子弟兵渡江西进，如今无一人回来，纵然江东父老兄弟怜悯我，我还有什么脸面见他们？即使他们不说什么，我难道心里不惭愧！”于是把他骑乘的骏马送给了亭长。

项王最后下令骑士都下马步战，与敌人短兵相接，项王独自击杀了汉军数百人，身上也遭受十余处创伤。在奋战之间，项王看见了汉军骑兵司马吕马童，对他说：“你不是我的老朋友吗？”吕马童不敢正视项王，指给中郎将王翳说：“这就是项王。”项王说：“我听说汉王悬赏黄金千金，封邑万户，取我的人头，我把这点好处送给你吧。”说罢挥剑自刎而死。王翳砍下项王的头颅，其余的骑兵蜂拥而上抢夺项王的尸体，他们互相残杀践踏，死了数十人。最后由郎中官杨喜、吕胜、杨武和骑兵司马吕马童各得到一段肢体。他们五个人把肢体拼凑在一起，证明确系项羽。于是把原来悬赏的封邑分成五份，各人分得两千户，且五个人都被封为列侯。

楚国各地都已平定下来，唯独鲁城（今山东曲阜）不肯投降，汉王率领大军准备屠灭全城。当大军来到城下时，听到城中传出弦乐声和读书声，汉王醒悟，认为这里是礼义之邦，为国主效忠尽死。便派人高举项王的人头给鲁城的父老兄弟观看，证明项羽确实已死，鲁城这才投降。汉王按照安葬鲁公的礼仪，把项羽葬在谷城，并亲自为他发丧举哀，悲哀恸哭后离去。又下令保护项氏宗族亲属一律不得诛杀，封项伯等四人为列侯，赐姓刘氏。被掠到楚地的各国民众都送回家乡。

司马迁在《史记·项羽本纪》中评论说：“项羽起于田野之中，奋战三年，竟能统率五国诸侯大军灭亡秦国，分割天下土地分封王侯，政令出自他一人，势位虽未善终，而近古以来不曾有过。等到项羽背弃先入关为王的约言，已经失去人心；又怀念楚地建都彭城，便失去了地利；甚至放逐义帝，进而谋杀义帝而自立，却怨恨诸侯背叛自己。如此作为，不失民心实在太难了。尤其是骄矜自许功高无比，奋发一己的智能，而不师法古人，认为霸主之业全凭武功，要以武力经营天下，以至短短五年，终于亡失了国家，身死在东城，临死尚不觉悟，不知自责，还认为是‘天亡我，非用兵之罪’，岂不荒谬！”

扬雄《法言》评论说：有人问楚霸王项羽兵败垓下，临死之前一再强调是“天意”，可以谅解吗？扬子回答说：“汉王采纳群策，群策产生群力，屈服了敌手；楚霸王憎恶群策而自信，削弱自己的力量。运用群策屈服敌手的就必然胜利，憎恶群策削弱自己力量的就必然失败，跟天意有什么相干！”

十六、正式称帝　迁都长安

公元前 201 年正月，诸王一致上疏请求推尊汉王刘邦为皇帝。

二月，汉王在汜水北岸正式即皇帝位，然后定都洛阳（在今河南洛阳东北）。之后，这一年的纪年就称作“汉高帝六年”——这个序数是与“汉王五年”接续的。

汉高帝元年五月，汉高祖刘邦在洛阳南宫举行盛大宴会，款待功臣，对大家说：“诸位王侯，各位将军，今天都不得隐瞒，要讲实情，我之所以能取得天下是何原因？项羽之所以失去天下是何原因？”高起和王陵回答说：“陛下派人攻城略地，随即就封给立功的将帅，陛下与天下人同享共利，项羽却截然相反，对有功之人加以陷害，对贤能之人进行怀疑，这就是他失去天下的原因。”汉高祖说：“你们只知其一、不知其二。论到运筹帷幄之中，决胜千里之外，我不如子房（张良）；镇守国家，安抚百姓，补给粮饷，保持粮道畅通无阻，我不如萧何；率领百万大军，战必胜，攻必取，我不如韩信。这三位都是人中豪杰，我能重用他们，所以我才能取得天下。项羽只有一个谋士范增，却不能用，所以才被我击败了。”群臣听了无不心悦诚服。

齐国人娄敬（后赐刘姓，亦称刘敬）奉命去戍守陇西，路过洛阳，放下车上的绳索，身穿羊皮衣，通过齐国人虞将军求见汉高祖。虞将军想给他换一件整齐的衣服，娄敬说："我穿的是丝帛，就穿丝帛进见；穿的是麻布，就穿麻布进见。没必要更换。"

虞将军报告汉高祖，高祖接见了娄敬，问他求见有何事。娄敬说："陛下建都洛阳，难道是想与周朝比王业的兴隆吗？"汉高祖回答说："是这样。"娄敬说："陛下取得天下的方式与周朝不同。周王朝的先世从始祖后稷就被封在邰地，积善成德已经十几代，到了太公（古公亶父）、王季（季历）、文王（姬昌）、武王（姬发）的时代，天下诸侯都自来归附，于是灭亡了商纣王，成了天下的共主。后来周成王即位，周公（姬旦）辅佐他，才营建洛邑，认为这里是天下的中心，可以使各封国诸侯前来朝觐贡献的道路大致平均了。品德高尚的人就容易君临天下，失去了品德修养就渐渐衰亡，所以周王朝强盛时期天下一片祥和，各封国诸侯、周边四夷无不归服，各尽其职。到了周王朝衰败的时期，天下没有人前来朝见，周王廷也无力控制，这不仅是周天子失去了品德修养，也是形势衰弱了。当今时代，陛下起兵丰邑沛县，席卷了蜀地、汉中，平定了三秦地域，与项羽在荥阳、成皋之间作战，经过大战七十次、小战四十次，使天下的民众因此而肝脑涂地，父子兄弟骸骨暴露在荒野之上的不可数计。眼前悲哀的哭泣声还没有停息，创伤病痛还没有恢复，却想与成王（姬诵）、康王（姬钊）的盛世比兴隆，我私下认为是不可等同的。况且关中地区背靠高山，前临黄河，作为屏障，四面的关塞可供固守，一旦发生了急难，上百万的军队可以动员起来。凭借着原秦国的基础，利用那里的肥田沃野，这正是所谓的'天府之国'。陛下如果定都关中，即使东方发生了变乱，秦国的旧土仍可以保全。与人争斗，如果不能扼住对方的咽喉，或从对方的背后猛击，就不能获取全胜，现在陛下据守秦国的故地，这就相当于扼住了天下的咽喉而猛击天下的后背。”

汉高祖征询群臣的意见，群臣大多是东方人，普遍认为“周王朝历经数百年之久，而秦王朝二世灭亡，由此可证关中不如洛阳。洛阳的东方有成皋，西方有崤山、渑池，北靠黄河，南临伊水和洛水，这里的地势险要完全可以信赖”。

汉高祖又询问张良，张良详细地分析说：“洛阳虽然有这样稳固的地势，可是中心地区狭小，不过几百里，土地瘠薄，四方都面临遭受敌人攻击的危险，这里不是易守难攻的战略要地。而关中地区，东面有崤山和函谷关，西面有陇西和蜀地的岷山，沃野千里，南面有巴蜀的富饶资源，北面有畜牧的天然便利。具有北、西、南三面的天然屏障来固守，只集中力量控制东方一面制服诸侯。安定了诸侯之后，利用黄河、渭水转运天下的粮秣集中到关中，供给京城；一旦东方发生变乱，朝廷即可派大军顺流而下，可以充足地保障粮秣供应。这正是所说的千里金城、天府之国啊！由此看来，娄敬的见解可谓深谋远虑。”

汉高祖当天就下令，准备车马西行，正式宣布定都长安。又任命娄敬为郎中官，封为奉春君，赐姓刘氏。

十七、处死韩信　平定陈豨

汉王五年（前 202）十二月，汉王攻灭项羽后，大军凯旋路过定陶（今山东定陶西北），突然进入韩信的大营，夺取了他的兵权。第二年正月，汉王宣布改封齐王韩信为楚王，把淮北的土地封给他，建都在下邳（今江苏邳县西南），又封魏国的相国建成侯彭越为梁王，统治原魏国的土地，建都在定陶。

汉高帝元年（前 201）十月，有人上书告发楚王韩信谋反。汉高祖征询诸将的对策，诸将都要求：“立即发兵击杀那小子!”

汉高祖刘邦听了默不作声，又问陈平，陈平反问道："别人上书韩信谋反，韩信知道不知道?"高祖回答说："不知道。"陈平接着问道："陛下的精兵与楚国的精兵相比如何?"高祖回答说："恐怕超不过他们。"陈平又问道："陛下的诸将用兵有能超过韩信的吗?"高祖回答说："没有能赶上他的。"陈平说："当前精兵不如楚军，将才也赶不上楚军，如果发兵进攻他，这是催促他起兵反抗，我私下为陛下感到危机。"汉高祖问："你认为该怎么办?"陈平说："古代有天子巡视狩猎四方会见诸侯的制度。陛下只宣称巡游云楚泽，在陈郡（今河南淮阳）会见各封国诸侯。陈城地处楚国的西部边界，韩信听说天子不过是出来游乐，一定不加防备而前来郊迎拜见。陛下趁他拜见时擒住他，这不过是使用一个大力士就能办到的事情。"

汉高祖采纳了陈平的计策，便派遣使者通告各封国诸侯会集在陈郡，宣称："我要到南方的云梦一游。"汉高祖紧随使者之后也出发了。楚王韩信听到消息后，心中疑惑恐惧，不知道如何是好。项羽手下大将钟离眛与韩信友善，项羽死后，他投奔了韩信。汉高祖听说后，下诏命韩信诛杀钟离眛。有人建议韩信："杀了钟离眛去进见皇上，皇上一定高兴，就不会有什么忧患了。"韩信采纳了这一建议。

十二月，汉高祖在陈郡城会见封国诸侯，韩信献上钟离眛的人头进见。汉高祖命令武士当即绑缚韩信押在车后，韩信这时才发现中了计，感叹说："果然像人们说的那样：'狡猾的兔子死了，猎狗该遭烹杀（狡兔死，走狗烹）；高飞的禽鸟尽了，良弓就该收藏（高鸟尽，良弓藏）；敌国破灭了，谋臣就该死亡（敌国破，谋臣亡）'。现在天下已经平定，我当然要被烹杀。"汉高祖说："有人告发你谋反。"下令给韩信戴上刑具押回洛阳，并因此下令大赦天下。

田肯上书祝贺汉高祖说："陛下擒获了韩信，又定都在秦中(关中)，秦是形势险要的国家，背靠高山，前临大河，地势优越，出兵东下平定诸侯好比在高楼顶上往下倾倒瓶中水一样，真是居高临下、势不可当。而齐国东面有琅玡、即墨的富饶，南面有泰山的险固，西面有浊河的天然边界，北面有渤海利益，土地纵横二千里，精兵上百万，这是东方的秦国，除非陛下的亲子弟不可封为齐王。"汉高祖说："言之有理。"赏赐给他黄金五百斤。回到洛阳，汉高祖赦免了韩信，改封他为淮阴侯。

韩信心里明白刘邦是畏惧嫉妒他的才能，便常常装作卧病不参加朝见和侍从。平常在家总是闷闷不乐，羞愧与绛侯周勃、颍阴侯灌婴处在同等的地位上。他曾经去拜访樊哙将军，樊哙行跪拜礼迎送，自称为臣，说："想不到大王肯光临臣下家门!"韩信出了门笑着说："没想到我这一生跟樊哙处在同等地位。"汉高祖曾经从容不迫地与韩信议论诸将统兵的才能，问他说："你看我能统率多少兵?"韩信回答说："陛下不过能统率十万兵。"高祖又问："你能统率多少兵?"韩信答说："臣下是多多益善。"高祖笑着说："多多益善！你为何被我擒住了?"韩信说："陛下不善于统率士兵而善于统御将领，这就是我韩信被陛下擒住的原因，而且陛下的圣明是上天赐予的，不是人力所能做到的。"

汉高祖任命阳夏侯陈豨为相国，监护赵国和代国北部边境的军队。陈豨出发前来向淮阴侯韩信告别，韩信拉着他的手，屏退身边的亲随和他在庭院中走来走去，仰天叹息说："你可以和我说心里话吗?"陈豨说："只听将军的命令。"韩信说："你监军所在的地方，是天下精兵聚集之处，而你又是陛下宠信的臣子，如果有人告发你反叛，陛下一定不肯相信；再次来报告，陛下就会怀疑；第三次来报告，陛下一定愤怒而亲自率兵征伐。我为你在京城中起兵策应，天下的大局可定。"陈豨一向佩服韩信的才能，完全相信了他的话，回答说："我恭敬地接受您的指教。"

陈豨常常羡慕当年魏公子信陵君魏无忌的养士作风，他受任相国驻守边疆，曾告假回家探亲，经过赵国，随从的宾客车辆成千，邯郸官府的馆舍都住得满满的。赵国的丞相周昌见此情景，求见皇上，详细地报告了陈豨多养宾客的情形，提醒汉高祖注意他率领大军驻守在外多年，恐怕发生变乱。汉高祖派人到北部边防地区调查核实陈豨宾客在代国图谋不轨的事实，许多事情都牵连陈豨。陈豨恐慌不安，先前投奔匈奴的韩王信趁机派王黄、曼丘臣来游说引诱他。

汉高帝十年（前 197），太上皇（刘邦之父）去世，汉高祖派人征召陈豨，陈豨声称有病不敢进京。九月，陈豨便勾结王黄等人公开起兵反叛，自立为代王，攻取劫掠赵国和代国的土地。汉高祖亲自率领大军从东路向北进击，到达邯郸后，高兴地说："陈豨不带兵南下占领邯郸，而在漳水设防，我就知道他没有什么作为。"

这时，赵国丞相周昌奏请："常山郡一共二十五座城，现在失守了二十座，郡守、郡尉应受到法办。"汉高祖问："郡守和郡尉参加反叛没有？"周昌答说："没有参加。"汉高祖说："之所以失守，是由于兵力不足，不是他们的罪过。"

汉高祖命令周昌从赵国的壮士中选拔可以做将领的人，召见挑选来的四个人，辱骂道："你们几个小子还想当将军吗？"四个人惭愧得很，伏在地上不敢抬头。汉高祖封他们各一千户，任命做将领。侍从的官员们劝阻说："当年跟随陛下进入蜀地、汉中后来又跟随陛下征伐楚国的人，到现在还没有都得到封赏，今天一次就封他们各一千户，他们有什么功劳？"汉高祖说："这就是你们所不知道的了。陈豨公然反叛，赵国和代国的土地都为陈豨所有，我紧急地征调各封国的军队，竟没有前来的。现在的应急之策，只有靠邯郸城中的这些军队了。我怎么能吝惜四千户而不用来安慰赵国的子弟呢！”大家听了都非常佩服。又听说陈豨的部将原来都是商人，汉高祖说：“我知道该怎样对付他们了。”于是派人利用重金收买陈豨手下的将领，他们大多投降过来。

汉高帝十一年（前196）冬，汉高祖驻军在邯郸。陈豨部将侯敞率领一万多人在邯郸城附近游击作战，王黄率领一千余骑兵驻扎在曲逆（今河北完县），张春率领一万多人渡过黄河攻击聊城（在今山东聊城北）。汉军将军郭蒙联合齐国将领出兵迎击大败张春军，太尉周勃经由太原向代地进军，抵达马邑（今山西朔县），没有攻下。周勃下令再次猛攻，终于攻占了马邑城，毁坏城郭，大肆屠杀守军。赵利带领军队退守东垣（今河北石家庄东北），汉高祖亲自率军攻占了该城，改名为真定，并悬赏千斤黄金捉拿王黄和曼丘臣。他们的部下将领活捉住王、曼二人献上。到这时，陈豨军溃散了。

汉高祖出征陈豨，淮阴侯韩信装作病情严重没有跟随出征，暗中派人到陈豨的住所通报军情进行密谋。韩信与家臣策划，乘黑夜假传诏令赦免所有的官府罪犯和奴婢，准备调集他们袭击皇后吕雉和皇太子刘盈。部署已经就绪，就等陈豨的回信，不巧这时韩信的舍人获罪，韩信把他囚禁起来，打算杀掉。舍人的弟弟上书，向吕后告发了韩信谋反的实情。吕后想召见韩信，担心韩信可能不来，便与相国萧何商议谋划，决定假称汉高祖派来使者，说陈豨已经被俘获并处死，在京的所有封侯和群臣要进宫祝贺。萧何欺骗韩信说：“你虽然病了，这次也应该勉强进宫一趟，表示祝贺才是。”韩信进入宫中，吕后当即下令武士把他按倒捆绑上，推到长乐宫钟室杀死。韩信临死之前感叹道：“我真后悔没有听信蒯彻的计谋，竟然被一个小妇人暗算了，难道不是天意吗！”吕后又下令屠杀了韩信的三族。

对于韩信，宋司马光在《资治通鉴》中评论说：

世上有人认为是韩信深谋远虑，首先为汉高祖制定了建功立业的大计，一同起兵汉中平定三秦，然后分兵向北挺进，擒住了魏王（魏豹），夺取了代国，征服了赵国，胁迫屈服了燕国，又向东攻灭了齐王（田广），吞并了齐国，最后向南进军垓下，灭亡了楚国，汉之所以统一天下，大半是韩信的功劳。再观察韩信拒绝蒯彻的游说，亲自迎接汉高祖到陈郡，哪里有反叛的心理呢？都是由于失去了王位，心中不肯服气，才陷入了叛逆的深渊。像卢绾凭着与刘邦同乡的身份还在燕国面南称王，而韩信竟以列侯的身份朝拜天子，岂不是汉高祖有亏负韩信之处吗！

我认为汉高祖利用欺诈的手段在陈郡擒拿韩信，说他存有亏负之处，也确是有的。即使是这样，韩信也有咎由自取之处，当初，汉军与楚军在荥阳相持不下，韩信已经攻灭了齐国，不去向刘邦回报反而自立为齐王，后来汉军追击楚军直到固陵，汉王与韩信约定围攻楚军，而韩信按兵不动。在这个时候，汉高祖本有制服韩信的想法，只是力不从心罢了。等到天下已经平定下来，韩信还有什么可以凭借的？乘人困窘之时来谋取暴利，这是商人市民们极力追求的；论功劳而尽力报答，这是正人君子的心胸。韩信运用商人市民的手法为自己谋求利益，而希望对方以正人君子的心胸回报，不是太难了吗！所以太史公（司马迁）评论他说："假使韩信学习圣贤之道，虚怀谦逊的美德，不居功自傲，不夸耀自己的才能，那么情况就不同了！他为汉王朝建树的功勋可以与周公、召公和姜太公这些人相媲美，将世世代代受到后世子孙的祭祀。可是他没有这样做，在天下已经平定的形势下反而图谋叛乱，以致家族遭受诛杀，不是罪有应得吗！”

汉高祖平定陈豨叛乱回到洛阳，接到淮阴侯韩信被处死的报告，心中又是兴奋、又是怜惜。他问吕后：“韩信临死时说过什么没有？”吕后回答说：“韩信只是说悔恨没采用蒯彻的计策。”汉高祖说：“对啦，是那个能言善辩的齐国说客蒯彻。”于是下令追捕蒯彻。

蒯彻很快被捕获押送到京城长安，汉高祖问他：“是你教淮阴侯谋反的吗？”蒯彻回答说：“是的，正是我给他谋划的策略。可惜这小子不采用我的策略，所以才毁了自己。如果他肯听我的话，陛下怎么能杀了他呢？”汉高祖大怒，下令：“给我烹死蒯彻！”蒯彻大喊：“哎，烹死我冤枉啊！”汉高祖说：“是你教唆他谋反，你有何冤枉？”蒯彻争辩说：“秦朝失去了鹿（比喻政权），天下人争相追逐，能力强跑得快的人先追上了它。古代的盗跖之犬对着唐尧汪汪乱叫，不是唐尧不仁德，而是跖犬忠于它的主人。在当时我只知道韩信的才能，不知道陛下的才能。况且天下的英雄豪杰磨砺刀枪、手执利刃想要像陛下那样夺取天下的多得很，只是能力有限罢了，难道全部要烹死吗！”汉高祖听了这番话，便下令说：“饶了他吧。”

十八、诛戮彭越　亲征英布

汉高祖统兵进击陈豨的时候，曾征调梁国的军队，梁王彭越声称患病，只派部下将领带兵去到邯郸。汉高祖发怒，派使者责备彭越，彭越十分恐慌，打算亲自进见皇上表示道歉。他的部将扈辄劝说：“大王开始不亲自领兵应征，现在受到责备才想去，去了就将被擒住。莫不如干脆发兵造反。”梁王不肯听从。后来梁国的太仆官犯法逃到都城长安，向朝廷告发梁王彭越与部将扈辄密谋反叛，于是汉高祖派使者乘梁王不备，突然袭击逮捕他。梁王毫无觉察，被使者捕获，囚禁在洛阳。司法部门审查结果表明已构成谋反罪，奏请依法论处，汉高祖赦免了他，把他降为平民，流放到蜀郡青衣（在今四川谷山北）。

彭越西去走到郑地（在今陕西华县东），正遇上吕后从长安来，彭越向吕后哭诉自己没有罪过，希望把他流放到故乡昌邑，吕后满口答应并带着他回东方。到达洛阳后，吕后告诉汉高祖说："彭越是天下有名的壮汉，现在把他流放到蜀地去，恐怕是我们自留后患，不如找个理由诛杀他，我特地把他带来了。"于是吕后让彭越的舍人告发彭越又要谋反，廷尉王恬开奏请处彭越族刑，汉高祖当即批准。随后，诛灭彭越三族，将彭越枭首在洛阳城头示众，并颁下诏令："谁胆敢收殓彭越尸首，一律逮捕。"

不久，梁国的大夫栾布出使齐国回来，就在彭越的人头下奏报出使的经过，然后祭拜痛哭。官吏逮捕他并奏报皇上，汉高祖召见栾布大骂，下令烹杀他。正要把他扔到汤锅里，栾布回过头说："我愿说一句话再死。"汉高祖说："什么话?"栾布说："陛下被困在彭城，在荥阳、成皋间战败时，项王之所以不能向西进兵，是因为彭越率部属在梁地游击，与汉军联盟共同打击楚军。在那个时候，梁王稍偏向楚国，汉国就将失败；稍偏向汉国，楚国就遭破灭。而且垓下会战，如果没有彭越参战，项羽不会覆灭。天下平定之后，彭越接受朝廷的封爵，也想要世世代代传下去。今天想不到陛下一次征兵梁国，彭越因病卧床不能应征，就怀疑他谋反，实际上谋反的形迹并不存在。陛下苛求小过而诛灭了他的家族，我担心所有功臣会因此而人人寒心。现在彭越已经死去，我活着不如死去好，请求陛下烹杀我。"于是汉高祖释放了栾布，任命他为都尉。

汉高帝元年七月，淮南王英布（亦称"黥布"）反叛。当初淮阴侯韩信被处死的时候，英布心里已经发慌。等到彭越被诛杀，汉高祖下令把他的尸体剁成肉酱分赐给各封国，使者到了淮南，淮南王英布正在打猎，见彭越如此下场，大为恐慌，暗中调兵遣将，时时侦察邻近郡县的动静，出现警急就立即发动。

英布所宠爱的一个姬妾生了病，常到医生家诊治。医生家与中大夫贲赫住对门，贲赫馈赠一份厚礼，陪同姬妾到医生家里饮宴。英布怀疑他们之间淫乱，想要逮捕贲赫。贲赫听到风声逃走，乘坐驿车直奔长安，上书告发淮南王英布谋反的形迹，请求在变乱发生前先发制人诛杀他。汉高祖看到贲赫的告密信，找来相国萧何商议。萧何说："英布不会有这种事，恐怕是仇家故意诬陷他，请先囚禁贲赫，派人到淮南去调查验证。"淮南王英布发觉贲赫已经畏罪潜逃，去长安告密，心中已经怀疑他揭发了国中的隐秘；又发现朝廷派来的使者正在验证，于是索性杀了贲赫的全家，起兵反叛。汉高祖接到正式报告，释放了贲赫，任命他做将军。

汉高祖召见诸将，询问平定英布的对策，大家都说："干脆发兵攻击，坑杀这个小子，他能怎么样?"汝阴侯滕公请来原楚国令尹（丞相）薛公，向他请教，薛公回答说："他本来是要反叛的。"滕公说："皇上分割土地封给他，又把显贵的王爵赐给他，他为什么要反叛?"薛公说："去年杀了彭越，前年杀了韩信，英布与彭越、韩信三个人是同等功劳、同一类型的人物，现在二人已被处死，他当然要怀疑大祸该轮到自己头上了，所以才发兵反叛了。"

滕公把这番话报告给汉高祖，高祖召见薛公，问他对策。薛公回答说："英布反叛不值得奇怪。假使英布采用上策，那么山东（崤山以东）地区恐怕不再属于汉朝所有；采用中策，那么双方胜负的结局不可预料；采用下策，那么陛下可以高枕无忧了。"

汉高祖问："什么是上策?"回答说："向东进取吴地，向西进攻取楚地，北进吞并齐国、夺取鲁地，再发布檄文号召燕国和赵国固守本地，这样，山东地区就不是汉朝所有了。"汉高祖问："什么是中策?"回答说："向东进取吴地，向西攻取楚地，北进吞并韩国、夺取魏国，占据敖仓的粮食，封锁成皋的要道，这样双方胜败在两可之间。"汉高祖又问："什么是下策?"回答说："向东进取吴地，向西攻取下蔡，然后把重要物资转运到越地去，自己投身于长沙。这样，陛下可以高枕无忧，汉朝可以平安无事。"汉高祖问："英布将采用什么对策?"回答说："他一定采用下策。"汉高祖追问："他为什么不采用上策和中策，而偏偏采用下策呢?"薛公回答说："英布原来是个骊山的刑徒，骤然成了万乘大国的国主，目光短浅，只为了自己，不顾及民众，不为子孙后代着想，所以一定采用下策。"汉高祖说："我很赞赏你的看法。"并封给薛公一千户。同时封皇子刘长为淮南王。

这时汉高祖刘邦生病，打算派皇太子刘盈率军出征英布。皇太子的宾客东园公庾宣明、绮里季朱晖、夏黄公崔广、角里先生周术，拜请建成侯吕释之说："这次出征，皇上命太子担任统帅，取得功劳，地位也不会再高升；万一失败，可要遭受灾祸了。您何不尽快地请求吕后找机会向皇上求情，就说：英布是天下最枭勇的猛将，又善于用兵。而这次出征的诸将原来都是与陛下身份平等地位相同的人，让太子统率他们无异于使用绵羊驱逐狼群，他们不会听命的。英布听到消息，一定击鼓西进，如何抵御?皇上虽然生病，请勉强乘坐卧车出征，躺在车上监护诸将，他们不敢不尽力杀敌。皇上虽然痛苦，为了妻子儿女，还是得自强不息。"吕释之立即连夜去见吕后，吕后找机会向皇上哭诉，按照太子四宾客的意思说了一遍。汉高祖说："我就知道这小子（指太子刘盈）当不了重任，你老子只好亲自出征啦!"

汉高祖不顾病痛，亲自统兵东征英布，留守在京城的群臣都到霸上送行。这时留侯张良也在生病，勉强起身送到曲邮（在今陕西西安市东郊），送别汉高祖说："我本应跟随陛下出征，只是由于病重去不成了。楚地人剽悍敏捷，希望陛下不要正面与楚军交锋。"又劝说汉高祖给太子加上将军的军衔，以便监督关中的军兵。汉高祖说："子房虽然病重，就勉强躺着辅佐太子吧。"这时叔孙通任太子太傅，留侯张良就承担太子少傅的职事，他征发上郡、北地、陇西三郡的骑兵和巴郡蜀郡的步兵以及地方部队三万人，组成太子禁卫军，驻扎在霸上。

十九、英布被杀　卢绾反叛

英布起兵反叛时对他的部将们说："皇上年老了，厌烦战争，一定不能亲自带兵来，只能派将领出征。在诸将中，我只畏惧淮阴侯韩信和梁王彭越，现在都已被处死，其余的不值得畏惧了。"所以决定起兵反叛，果然像薛公预料的那样，英布采用下策，出兵向东攻打荆国。荆王刘贾逃走，死在富陵。

英布合并了荆国的所有军队，然后渡过淮水，攻打楚国。楚国出兵在徐邑（今江苏盱眙西北）和僮邑（在江苏盱眙东北）之间阻击，楚军分作三支，打算互相救援、出奇制胜。有人劝楚军将领说："英布善于用兵，民众一向畏惧他，而且兵法上说封国国君在本土作战容易败散，现在把军队分作三支，敌人打败我一支军队，其他两支军队争相逃散了，哪里能互相救援！"楚将不听劝告。英布军果然集中兵力击败了一支楚军，其他两支楚军见势不妙都逃散了，英布于是带领军队向西挺进。

汉高祖十二年（前195）十月，刘邦统率的大军与英布军在蕲县（今安徽宿县东南）西面相遇。英布军都是精兵强将，兵锋强盛，汉高祖固守庸城、避而不战，远远望去见英布摆列的军阵与项羽非常相似，十分厌烦。汉高祖与英布遥遥望见，问英布说："你何苦要反叛？"英布回答说："想要当皇帝。"汉高祖怒骂他，两军于是大战。英布军终于战败，撤退过了淮水，几次回军拒战都没能取胜。最后，英布带领一百余随从逃到长江以南，汉高祖指派将领去江南追击。

汉军将领在洮水两岸攻击英布军，英布军全部溃散。英布从前与番君吴芮交情深厚，娶吴芮的女儿为妻，因为这个缘故，长沙成王吴臣（吴芮子）派人诱骗英布，伪装成与他一起逃向越地。英布信以为真，路过番阳（今江西鄱阳县）时被击杀在民家田舍里。

这时周勃也完全平定了代郡（治今河北蔚东北）、雁门郡（治今山西右玉县东南）、云中郡（治今内蒙古托克托东北）等地的叛乱，在当城（在今河北蔚县东）斩杀了陈豨。

陈豨反叛时，燕王卢绾调动军队攻击他的东北部。那时，陈豨派王黄向匈奴求救，燕王卢绾也派使臣张胜到匈奴去告知已经攻灭了陈豨。张胜到了匈奴，原先的燕王臧荼的儿子臧衍也在那里，会见张胜说："您之所以在燕国受到重视，是因为熟悉匈奴事务；燕国之所以仍然存在，是因为各封国不断反叛，战争相连不决。今天您为燕国出使，急于灭亡陈豨，陈豨灭亡后，就该轮到燕国了，您也将成为俘虏。您何不让燕国暂时缓和对陈豨的军事压力而与匈奴和解？形势缓和了，可以长久地称王于燕国，即使出现汉军来攻的紧急形势，也可以得到外援，使国家安然无事。"张胜认为说得有道理，就私下建议匈奴帮助陈豨反击燕军。

燕王卢绾怀疑张胜是在勾结匈奴图谋反叛，上书朝廷请求屠灭张胜的家族。张胜回燕国禀报了自己的所作所为，卢绾于是欺骗朝廷处死了另一个人，把张胜的家属送走，充当匈奴的间谍。卢绾又暗地派范齐到陈豨那里谋划，想要他长期流动作战，不急于决战。

汉高祖亲自统兵征讨英布时，陈豨时常统兵驻扎在代地。汉军击杀陈豨之后，他的副将投降，并揭发燕王卢绾派范齐到陈豨住所阴谋策划的情形。汉高祖派使者征召卢绾，卢绾声称患病不能应召进见。汉高祖派出辟阳侯审食其、御史大夫赵尧前往燕国迎接燕王，并调查了解燕王身边的人以弄清真相。卢绾更加恐慌，躲藏起来，对他的亲信们说："非刘氏而封王的只剩下我和长沙王了。前年的春天，汉朝廷诛杀了淮阴侯韩信；夏天，又诛杀了彭越，都是吕后的计谋。现在皇上生病，把大权委任给吕后，吕后这个女人专门找借口诛杀异姓封王和大功臣。"便声称病重不肯进见皇上，他身边的亲信也都逃走躲避起来。

卢绾的一些秘语渐渐泄露出去，辟阳侯审食其听到后，回到长安据实上报。汉高祖听了，非常愤怒。接着，又从匈奴投降人员那里得知张胜并没有被处死，他逃亡在匈奴，仍然是燕国的使者。于是汉高祖断定："卢绾果然反叛了！"

汉高帝十三年（前194）二月，派樊哙以相国的身份率领重兵进击燕王卢绾，并封皇子刘建为燕王。卢绾带领几千人住在塞下听候消息，希望皇上病愈，然后亲自进京请罪，后来听说汉高祖已经病逝了，于是投奔了匈奴。

汉高祖平定天下之后大封功臣，旋即又大杀功臣，首当其冲的就是楚王韩信、梁王彭越、淮南王英布。这三王正是在楚汉相争的紧要关头，汉高祖所全力争取的关键人物，为了利用他们击败项羽，许以裂土封王。他们为汉高祖夺取天下，真可谓效尽了汗马功劳。被称为"三杰"之一的韩信起汉中，定三秦，掳魏王，服赵国，下燕代，东平齐国，南围垓下击灭西楚霸王；彭越游击梁地，断楚军粮道，合围垓下；英布叛楚归汉，如釜底抽薪，给项羽致命一击。可是当他们佐助汉高祖打下汉家江山后，却一个个被刘邦送上了断头台。透过这一历史现象，可以看出封建政治的专制与残酷。

三王的被杀，无一不是由于盖世的功勋、卓著的才能以及占有大片的封土，被汉高祖视为危害封建皇权的异己力量，即所谓“功高震主”，非加以翦除不可。方针既定，虽然三王都自以为忠诚如一，希望富贵传及子孙，但只能是一相情愿；尽管他们无谋反之心，也无谋反之迹，可是“欲加之罪，何患无辞”。手段之一就是阴谋设下政治圈套，借有人告发谋反为由，或用诈谋骗术擒拿，或突然袭击逮捕，或征召入朝逼迫铤而走险，然后强加上十恶不赦的谋反罪名，处之以极刑，屠灭其三族，斩草除根。总之，正如韩信所言：“狡兔死，走狗烹；高鸟尽，良弓藏；敌国破，谋臣亡。”

在铲除异姓诸侯王的同时，刘邦当即大封皇子为诸侯王，取而代之，最后达到“非刘氏不王”的政治目的。而齐国辩士蒯彻对时局的分析令人赞叹不止，当初韩信如果采用他的策略，三分天下，鼎足而立，那么中国历史将要重写，至少汉代一统天下的局面将会改观。韩信感激知遇之恩，信重汉高祖的友情，在楚汉相持荥阳成皋之间精疲力竭智勇俱困之时，举足轻重之际，拒武涉之请，谢蒯彻之说，放弃三分天下建立大齐王朝的时机，不忍心背汉。可是封建专制政治看重的唯有权势利害，并不是什么友情，汉高祖的解衣、推食不过是笼络韩信的手段而已，他大杀功臣的第一刀就刺向了帮助他打天下的元勋韩信。汉高祖要的是万世不易的汉家江山，并不是什么友情为重，恐怕正是此种心迹导致了中国历史上创业之君大杀功臣的现象层出而不穷。

二十、白登被围　和亲匈奴

先前，匈奴人由于畏惧秦王朝的威势，迁徙到北方十余年。

后来秦朝灭亡，匈奴人又渐渐向南迁徙，渡过了黄河。

匈奴头曼单于起初立长子冒顿为太子，后来他宠爱的阏氏（匈怒王后）生了小儿子，头曼又想立小儿子为太子。这时东胡强大起来，而月氏也很强盛，头曼单于派冒顿到月氏王国充当人质。不久，头曼单于就出动大军紧急攻打月氏王国，月氏王气愤之下想杀死冒顿，冒顿机警地盗取了月氏人的一匹快马，飞奔逃回了本国。头曼单于认为他英勇，命令他统领一万骑兵。

冒顿对父亲心生仇恨，遂想寻机杀死父亲。他制作了一种特别的响箭，称为“鸣镝”，严格训练他的部属骑射。他下令说：“我的鸣镝射什么，你们跟着射什么，如果有不跟着我尽力射击的，一律处死！”冒顿随即用鸣镝射击自己的宝马，接着又射击自己的爱妻，身边的侍从凡是不敢射击的都被斩首。最后，冒顿又用鸣镝射击头曼单于的宝马，身边的人都跟着射击。冒顿知道他们可以利用了，于是在一次跟随头曼单于出猎时，他拉开强弓用鸣镝射击他的父王头曼，身边的人也都随着一齐射击单于，头曼单于当即死在乱箭之下。冒顿将后母、弟弟以及不肯听命的大臣全部诛杀了，自立为匈奴单于。

东胡听到冒顿杀父自立的消息，就派遣使者对冒顿说想要得到头曼单于的千里马。冒顿单于询问群臣的意见．群臣异口同声地说：“千里马是我们匈奴的国宝，不能给他们。”冒顿单于说：“跟人家相邻，何必爱惜一匹马？”就把千里马送给了东胡。过了不久，东胡又派遣使者对冒顿单于说，我们想要单于的一个阏氏。冒顿单于又征询身边侍臣的意见，侍臣都愤怒地大叫：“东胡无礼欺人太甚，竟敢来要阏氏，请出兵教训教训他们！”冒顿单于说：“跟人家相邻，何必爱惜一个女子？”就把心爱的阏氏送给了东胡，东胡王因此更加骄横起来。

在东胡与匈奴汗国之间有一片空地，足有上千里而荒无人烟，双方各自在自己一方边界上建立哨所而已。东胡王派使者要求冒顿单于说："我们想拥有这块荒弃的土地。"冒顿单于又询问群臣，群臣中一些人说："这是一块荒地，送给他们也可，不给他们也行。"冒顿单于听了，立即大发雷霆喊道："土地是国家的根本．怎么能随便送给他们！"随即将那些说可以把荒地送给东胡的人全部处死。

冒顿跨上战马，传令全国的将士有退却的斩首，大举出兵袭击东胡。东胡起初瞧不起冒顿，对他也根本未加防备，冒顿单于率领大军只一次大战就攻灭了东胡。返回后，冒顿又率领大军西征赶走了月氏，南下吞并了楼烦部落（秦汉之际活动在陕北及内蒙古南部）、白羊河南王（匈奴的一部，居住在黄河河套以南地区），乘势侵略燕国（都蓟城，在今北京城西南）、代郡，收复了被大将蒙恬夺取的原匈奴的所有土地，并夺取了汉朝边关原河套以南诸要塞直到朝那（在今宁夏固原县东南）、肤施（在今陕西榆林东南）一带的大片土地。

这时，汉军正在与项羽军相持不下，中原地区连年遭受战乱，疲惫不堪，冒顿单于因此强大起来，部下拥有善于骑射的战士三十余万，威服周边的邻国和部族。

汉高祖六年（前 201）的秋天，匈奴大军南下把韩王信包围在马邑（在今山西朔县），韩王信多次派使者到匈奴请求和解。汉朝发兵救援韩王信，怀疑他多次派遣使者去匈奴可能有二心，派人责备他。韩王信害怕被诛杀，便献出马邑城投降了匈奴。匈奴冒顿单于因而率领大军翻过了句注山（在今山西代县西北），攻打太原郡（郡治在晋阳，在今山西太原西南），前锋直抵晋阳。

汉高祖七年（前 200）十月，汉高祖亲自统率大军进攻韩王韩信，在铜鞮（在今山西沁县）大战，击溃了韩军，斩杀了韩军大将王喜。韩王信逃奔到匈奴，他的部属白土人曼丘臣和王黄拥立原赵国国王的后裔赵利为赵王，收集被打败的韩王信军，与韩王信以及匈奴策划联合攻打汉军。匈奴派出左贤王和右贤王率领一万余骑兵，与王黄等人的赵军屯驻在广武（在今山西代县境）以南到晋阳一带。汉军发起攻击，匈奴骑兵溃退，又集结起来，汉军乘胜追击，向北推进。正值隆冬时节，天气异常寒冷，又遇上暴风雪，士卒手指被冻掉的竟有十之二三。

汉高祖住在晋阳城，听说匈奴冒顿单于正驻军在代谷（在今山西大同东），准备发动一次强大的攻势，彻底击败匈奴，便派出使者侦察匈奴军的虚实。冒顿单于蓄意隐藏他的精壮士卒和肥壮的牛马，汉使们只能见到一些老弱的士卒和瘦弱的牲畜。派出的十批使者回来，都报告说匈奴力量薄弱，认为可以发动攻击。

汉高祖又派刘敬（即娄敬）出使匈奴看个究竟，还没等他回报，就出动了所有的三十二万大军向北推进，越过了句注山。这时刘敬赶回来报告说："两国大军互相攻击，本应炫耀显示自己的优势以威慑对方，可是我在匈奴那里只见到一些瘦弱的牲畜和老弱的士兵，这一定是故意制造虚弱假象来引诱我军，埋伏重兵准备出奇制胜。我的愚见认为匈奴不可攻击。"这时汉军业已出发，汉高祖怒骂刘敬道："你这个齐国的敌虏，靠耍嘴皮子得到了一官半职，今天竟敢胡说八道扰乱我的军心！"下令把刘敬戴上刑具，押在广武的牢狱中。

汉高祖先赶到平城（今山西大同），主力部队还没有全部到达，冒顿单于突然出动精锐骑兵四十万，把汉高祖团团围困在白登山（在今山西大同东）。一连七天七夜，汉军被围在里面的和被阻击在包围圈外面的不能互相救援，粮秣断绝。

汉高祖无奈，利用陈平的秘计，派使者暗地送重金厚礼贿赂冒顿单于的阏氏。阏氏对冒顿单于说："两国国主不应当互相逼困，现在我们取得汉国的土地，单于终究也不能长期居住，况且汉国主也自有神灵保佑，请单于考虑吧。”冒顿单于与王黄、赵利相约联合行动，而王黄和赵利没有带兵前来，怀疑他们与汉军有勾结，便打开包围圈的一角。正遇上天降大雾，汉军使者来往，匈奴兵没有觉察。陈平请求命卫士使用强弓，弦下加两支箭面向敌军，保护汉高祖从解围的一角悄悄地撤出。汉高祖出了包围圈想要快跑，太仆官为了不惊动敌人坚持慢走。回到平城的时候，汉军主力部队也都赶到，匈奴骑兵才全部撤走。汉军于是也收兵回朝，樊哙奉命留下平定代地。

汉高祖回到广武，赦免了刘敬，对他说：“我没有听信你的话，因此才困在平城。我已经把谎报军情的前十批使者都斩首了。”于是加封刘敬二千户，晋升爵位为关内侯，号称建信侯。汉高祖在回都城的途中路过曲逆（今河北完县东），赞叹道：“好大的县城啊！我走遍天下，只见到洛阳城能与这座县城相比！”又改封陈平为曲逆侯，曲逆城的全部户口都封给他做食邑。陈平跟随汉高祖出征，曾经六次出过奇计，每次都加封他的食邑。

十二月，匈奴进攻代地，代王刘喜逃离代国回到京城，被贬为郃阳侯。

汉高帝八年（前 199），匈奴冒顿单于屡次派兵侵略边郡，汉高祖非常忧虑，征询刘敬有何对策。刘敬说：“天下刚刚平定，士卒们都已经被战争弄得疲惫不堪了，不能再动用武力征服匈奴了。冒顿射杀他的父亲自立为单于，把一群庶母当做妻子，凭借武力逞威风，对于这种人是不能用仁义来说服的。只能从长计议，使他们的子孙臣服，然而我担心陛下不能这样做。”汉高祖问：“如何从长计议？”回答说：“陛下假如能把大公主嫁给冒顿单于，送去丰厚的礼物，冒顿一定爱慕她而立她为阏氏，生了儿子一定立为太子。陛下每年按时节把汉朝多余的而匈奴少有的物品多多地馈赠慰劳他们，再趁便派去智士用礼节开导他们。冒顿在位，固然是大汉王朝的女婿，冒顿死后，就由陛下的外孙即位为单于，从未听说过外孙敢与外祖父分庭抗礼的！这样可以不经过战争，逐渐使匈奴臣服。如果陛下舍不得大公主，而让皇族中的女子或后宫中的女子冒充公主，匈奴一旦发现了就不肯尊重亲近她，也就失去了作用。”汉高祖称赞说：“这个主意好。”就准备送鲁元公主入匈奴，吕后日夜哭泣，哀求说：“我只生了一个儿子、一个女儿，为何把女儿扔到匈奴！”汉高祖终于无法送去大公主。

汉高帝九年（前 198）冬，汉高祖派人选了一位民家的女儿，假称大公主，嫁给匈奴冒顿单于做妻子，派刘敬去匈奴缔结和亲的盟约。

二十一、汉承秦制　帝国一统

汉高祖定都于长安。因为长安地处西方，和后来光武帝定都洛阳重建的汉朝相对，所以后世史家称为“西汉”。

“汉承秦制”，西汉基本继承了秦朝的制度。和秦一样，汉中央政府由皇帝总揽大权，下设各级官吏，主要是三公九卿。三公是丞相（汉初称相国）、太尉和御史大夫。丞相协助皇帝处理政务，是全国最高官员；太尉掌管全国军事，是最高军事长官；御史大夫主要是监察百官，是全国最高监察官。九卿：一是奉常（太常），掌管宗庙祭祀，朝廷礼仪；二是郎中令（光禄勋），掌管皇帝警卫和宫廷事务；三是卫尉（中大夫令），掌管皇宫门卫；四是太仆，掌管皇帝车马仪仗；五是廷尉（大理），掌管刑狱；六是典客（大行令、大鸿胪），掌管部族事务；七是宗正（宗伯），掌管皇帝亲属；八是治粟内史（大农令、大司农），掌管全国财政；九是少府（考工），掌管皇帝私人财政。

地方政府也基本上和秦一样，实行郡县制。秦初分全国为三十六郡，末年又增设数郡。汉初，汉高祖在全国设置了十五个郡，后来，在消灭异姓王时又陆续恢复了一些郡县，同时又从秦时的大郡中分设了一些小郡。这样，加上汉初的十五个郡，一共是三十六郡。郡设守、尉。郡守（太守）掌一郡政事，郡尉（都尉）掌一郡军事。与秦不同，汉代郡中不再设县长，令、长下均设有丞、尉。令、长掌一县政事，丞协助令、长，尉则掌管一县军事。

县下设乡，乡有三志、有秩、啬夫、游徼。三志掌教化，有秩或啬夫听诉讼，收赋税，游徼巡禁盗贼。

乡下有亭，设亭长、求盗。亭长掌一亭事务，求盗掌追捕盗贼。

亭下设里，里有里正、监门。

最基层的乡村组织有什、伍。十家为什，有什长；五家为伍，有伍长。

汉代乡的组织与秦略有不同，即规定在各乡的三老中，推选一人为县三老，其作用是要他们“与县令、丞、尉以事相教”，加强县乡之间的联系。

与秦不同的是，汉高祖除了继续推行郡县制外，还分封了一些诸侯王国，汉代郡县制度和诸侯王国并行。汉初时，汉高祖分封了七个异姓王国，后来除了长沙王吴芮，其余都被陆续消灭。但在削平异姓王的过程中，汉高祖又分封了九个同姓王，他们都是汉高祖的子、侄、兄弟，即齐王刘肥（高祖子）、楚王刘交（高祖弟）、荆王刘贾（高祖从兄）、赵王如意（高祖子）、代王刘仲（高祖兄）、梁王刘恢（高祖子）、淮阳王刘友（高祖子）、燕王刘建（高祖子）和淮南王刘长（高祖子）。汉高祖还曾专门杀白马，和群臣定下盟誓：“非刘氏而王者……天下共诛之。”其目的是总结亡秦孤立无援的教训，封同姓作为支辅：对郡县制进行一些修正。所以，尽管分封了这些同姓王，但对他们还是有所约束的。汉高祖规定：诸侯王国的地位与郡相等，王国的相国（后改为相）和太傅必须由中央委派，代表中央处理政务，没有中央的虎符，诸侯王不得擅自发兵，诸侯王不得违反中央政令等。在诸侯王国以外，汉高祖还分封了许多侯国。这些侯国的地位与县相等，大多是封赏给有功之臣的。

为了维护尊卑等级，汉高祖还沿用了秦的二十级爵位制度。在秦朝法律的基础上，汉高祖也改制了新的法律，就是汉代著名的《九章律》。汉高祖入关时，曾与关中人民“约法三章”。但后来发现三章之法过于简单，“不足以御奸”，不能有效地巩固统治。于是高祖就命萧何根据秦律，“取其宜于时者，作律九章”。《秦律》原有“盗”、“贼”、“囚”、“捕”、“杂”、“具”六篇，这时萧何又增加了三篇，即“户”（户婚律）、“兴”（擅兴律）、“厩”（厩律），合为九篇（章）。这样，伴随着汉帝国的建立，新的法律也开始实施。

在制定法律的同时，汉高祖又仿效秦朝建立起一套礼仪制度。高祖刚称帝时，因为君臣原来都是布衣小吏，大家又都在一起南北征战，所以也不讲究什么上下礼仪。有一次，在朝廷宴会上，有些人喝醉了，就狂呼乱叫，拔剑击柱。高祖心里很不高兴，却不好发怒。博士叔孙通了解他的心情，这时就建议说：“我们儒者虽难以帮您进取，但却可与守成。希望您能征召鲁地的儒生和我以及我的弟子一起来制定朝廷礼仪。”高祖表示同意，但告诫他不要搞得太繁琐。于是，叔孙通与召集来的鲁国儒生三十多人，和他的弟子一百多人先到郊外练习朝仪，然后又让文武群臣也一齐练习。

汉高帝七年（前200）十月，长乐宫建成。这一天，高祖设宴，群臣都来庆贺。在宴会上，从朝见到饮酒，按照礼仪，一切都井井有条，文武大臣再也不敢喧哗失礼。高祖看了很高兴，感慨地说："我今天才知道做皇帝的尊贵！"后来高祖就任命叔孙通为奉常，专门负责礼仪事务。

总之，通过以上一系列措施，统一的中央集权的封建大帝国又重新建立起来。

汉承秦制集中体现在礼法制度方面，但汉高祖刘邦的统治政策却与秦王朝有所不同，而这种不同，正是借鉴秦朝灭亡的教训而总结、制定、推行的。

经过长达八年的战乱，全国人口锐减，经济凋敝。原来堪称名都大城的地方，由于百姓散亡，人口只还剩下十之二三。老百姓家无余粮，生活困苦。就是统治者，其生活也相当低下。皇帝的马车配不齐四匹一色的马，有的将相只能乘坐牛车。在这种情况下，如果再不调整政策，恢复、发展经济，人民无法生存，统治者无法继续统治下去。为了长治久安，高祖决定调整统治政策，恢复、发展经济。

首先采取措施，解决劳动力不足的问题。汉王五年（前202）正月，刘邦刚消灭项羽，就颁布一道大赦令：通过释放死罪以外的囚犯增加劳动力。不久，为了安抚流亡者，又颁布了一道"复故爵田宅"令。下令各地的流散人员都返回原籍，恢复他们原来的爵位，归还他们原有的田地和房屋。并且规定地方官吏要好好安置，晓谕他们进行生产，不得歧视他们。同时，还进行军队复员工作，把庞大的军队解散，让士兵回家务农。这样一来，很多劳动力重新回到了农业生产领域。

此外，汉高祖还下令释放奴婢和鼓励生育。他在诏令中规定："民以饥饿自卖为人奴婢者，皆免为庶人。"又规定："民产子，免其徭役二岁。"这不仅使大批奴婢变成为国家的编户齐民，增加了劳动力，而且也刺激了人口的迅速增长。

在解决劳动力问题的同时，汉高祖着手对土地进行调整。他除了下令对流民回乡“复故爵田宅”，对于“诸侯子及从军归者”，规定按照他们功劳的大小、爵位高低，分给相应的土地和住宅。为此，高祖曾一再训斥地方官吏，不得拖延怠慢，否则以重罪论处。这虽然是扶植军功地主，发展地主经济，但对当时恢复农业生产还是起了很大作用的。

为了调动农民的生产积极性，在秦的赋税制度基础上，汉高祖采取了轻徭薄赋政策。

早在楚汉战争期间，汉高祖就曾规定：凡关中人从军，免除其全家徭役一年。称帝以后，他又诏令诸侯子弟留在关中免除徭役十二年，返回家乡的免除徭役六年，军吏士卒爵位在六级以下的免除本人和全家的徭役。以后，到汉高帝八年（前 199）规定：凡吏卒从军到达平城（今山西大同）以及守卫城邑的，均免除终身徭役。十一年（前 196）又规定：士卒随从进入蜀、汉、关中的，也免除终身徭役。此外，汉高帝十二年（前 197）还规定：二千名官吏进入蜀、汉、平定三秦的，免除其世代徭役。这种免除徭役，尽管受惠最大的是汉王朝的新贵——军功地主，但有些普通百姓也因此得到了可以安定从事生产的时间，对农民有一些好处。而且汉高祖也确实注意到了普通百姓的徭役问题。高祖八年，丞相萧何在长安建未央宫，有东阙、北阙、前殿、武库、太仓，形象很壮观。高祖东征韩王信回到长安，看到后非常生气，责问萧何为什么大修宫殿。

汉代的兵、徭役制度，男子自二十三岁至五十六岁是服役年龄。每人每年在本郡或本县服徭役一个月，称为更卒。亲自服役者称践更，不去服役出钱二千（一说三百钱）代役者称为更赋，由官府雇人担任者称过更。每人一生服兵役两年；一年在地方上服役，称为正卒；一年守卫京师或边疆，称为戍卒。这套服役制度虽然沿袭于秦朝，但汉代的兵役、徭役负担实际比秦代要轻得多。

汉代的赋税也比秦代轻。汉高祖即位不久，就减轻田租，规定田租是“什五而税一”，同时，他根据官吏的薪俸、政府的开支，制定出了赋税的总额，只要能保证这些用度，即使按制度农民还没有交够数额，也不再征收。在汉王四年（前 203）八月，开始征收人口税。规定：自七岁至十四岁的儿童，每人每年缴纳二十钱，称为口赋；自十五岁至五十六岁的成年人，每人每年缴纳“一算”，一百二十钱，称为算赋。此外还有一种献费，每人每年交六十三钱，通过诸侯王、彻侯、郡守来献给皇帝。从各项赋税来看，农民的负担还是比较重的；但是这与秦朝末年收“泰半之赋”相比，轻得多了。汉高祖还严格禁止滥征。如关于献费，汉高帝十一年（前 196）二月，专门下诏说：“我很想减省赋税。现在的献费没有个制度，有的官吏就多加赋税作为献费，而诸侯王特别严重，老百姓都感到疾苦。我下令不管是诸侯王、彻侯还是郡守，以后收献费，每人都规定是六十三钱。”

除了轻徭薄赋，汉高祖还通过“赐爵”、“复爵”来调动农民的积极性。早在汉王二年（前 205）二月，废除秦朝社稷、建立汉社稷时，就普遍“赐民爵”一级，在汉王当时的统辖范围内，所有人的社会身份都普遍提高了一等。在称帝以后，汉王五年（前 202）五月，规定给那些逃亡回乡的人，恢复原来的爵位。同时，对军吏士卒因犯罪而被赦免的，或者无罪而失去爵位的，以及爵位不到大夫一级的，一律赐给大夫级的爵位。原来已有大夫以上爵位的，再各增一级。这些被赐爵、复爵的人，尽管很多都是军功地主，但也有不少是普通百姓，甚至是被释放的奴婢。他们通过赐爵、复爵提高了社会身份，并由此获得了分与田宅、免除一些徭役的权利，从而调动了他们的生产积极性。

在重点发展农业生产的同时，汉高祖刘邦也对工商业的政策作了调整。主要措施就是放宽对私人工商业的限制。刘邦称汉王后，因为秦的“半两”钱太重，用起来不方便，下令百姓可以自铸较小的“荚”钱使用。天下已经平定，他又下令“开关梁，驰山泽之禁”，为私人工商业的更加发展创造了条件。不过，汉高祖对商贾还是有所限制的。在汉高帝八年（前199）三月，他下令商贾不得穿戴丝绸，不得佩带兵器，不得乘坐马车，不得做官为吏，并且规定商贾买饥民为奴婢要无偿释免，商贾的算赋要缴纳常人的两倍。尽管如此，这比秦始皇“上农除末”，对商贾严厉打击的政策仍然宽松得多。所以，汉初的商贾相当活跃，史载他们是“周流天下，交易之物莫不通，得其所欲”。结果不仅振兴了工商业，也促进了农业的发展。

为了保证人民能有一个安定的环境从事生产，汉高祖还以和亲策略比较妥当地处理了与匈奴的关系，并送给匈奴大批财物。这样一来，匈奴对中原的骚扰大为减少，汉、匈之间暂时出现了和平，从而给中原人民提供了一个相对安定的生产环境。

由于以上措施和政策的施行，汉初的农业生产大大发展，经济很快得到了恢复。到汉惠帝、吕后统治时期，民间已经是“衣食滋殖”。到汉武帝初年，更是出现了“都鄙廪庾皆满，而府库余货财”的经济空前繁荣的景象。

二十二、软硬兼施　巩固皇权

汉高祖做了皇帝，难免有一些意骄志满。汉高帝九年（前198）十月，他设宴招待英布等人时，曾对父亲不无得意地说：“早先您老人家总是说我无赖，不如我二哥能治产业，现在您再看看，是二哥的产业多，还是我的多？”汉高祖享尽了皇帝的特权，口极其味，耳尽其声，怀拥爱姬，恣其所欲。但是他也丝毫没有忘记：天下并不太平，隐患犹在。汉高帝十二年（前195），他平定英布叛乱，路过沛县吟唱的《大风歌》“大风起兮云飞扬，威加海内兮归故乡，安得猛士兮守四方”显然反映出了这种心境。

那么，当时究竟存在着哪些隐患呢？具体说来，主要有四个方面：一是分封的异姓王，他们各自“拥兵据地”，擅长军事，不少人对中央怀有不轨之心。二是中小将领，他们都曾为汉高祖立过汗马功劳，虽然实力不强，但如果处理不当，也会带来不小的麻烦。三是六国残余贵族在地方很有势力，一有机会，还会死灰复燃。四是相权太重，人们忠君意识淡薄，而同姓王的问题也相当棘手。

为了巩固统一和强化皇权，汉高祖从称帝到去世前后八年间，始终都在致力于消除这些隐患。经过七年不懈的努力，相继诛杀了韩信、彭越、英布、陈豨等异姓王，除长沙王吴芮作为点缀外，汉高祖终于削平了异姓王。

汉高祖在消灭异姓王的同时，还较为妥当地解决了安置中小将领的问题。高帝六年（前 201），他分封萧何等大功臣二十多人后，由于中小将领很多人都争功不决，暂时没有行封。有一次，汉高祖在洛阳南宫的阁道上，望见很多将领坐在沙地上窃窃私语，就问张良：“他们在说什么？”张良说：“你还不知道吗？他们是在谋反。”汉高祖有点不明白：“天下已经安定，为什么还要谋反？”张良解释说：“他们是怕你不能尽封，还怕你记仇杀掉他们。”汉高祖问张良怎么办，张良则问他平生最恨而又人所共知的人是谁。汉高祖说是雍齿，因为他功劳多、脾气坏。张良便说：“现在应赶快封雍齿为侯，大家看到雍齿都能先受封，自然人人安心，不会忧虑了。”不久，汉高祖大摆宴席，封雍齿为什方侯，并催促丞相、御史赶快“定功行封”。这一招果然很灵。酒后，大家都非常高兴地说：“雍齿还能封侯，我们肯定也都能封侯了。”

至于对六国的残余贵族，汉高祖也同样没有忘记要削弱他们的力量。汉高帝九年（前198），娄敬奉命送公主和亲返回长安，向高祖建议说："秦末诸侯起兵时，不是齐国的田氏，就是楚的昭氏、屈氏和景氏。现在陛下虽然定都关中，但实际关中人很少。而且关中北近匈奴，东有六国的强族，一旦天下有变，陛下也不可能安枕无忧。我希望陛下能把他们的后裔以及各地的名门豪族都迁到关中。天下无事，可以让他们防备匈奴；诸侯王要反叛，也可以率领他们东去平叛。这是一种强本弱末之术。"他的话正说到了高祖的心坎上。汉高祖接受娄敬的建议，并命娄敬把六国的残余贵族和各地的一些名门豪族十几万人，都迁到了关中。这样一来，既便于朝廷对他们进行控制，也使他们丧失了当地的社会基础。

为了更加稳固统治，汉高祖即位后还极力强化皇权。这是因为当时封建专制主义刚刚建立，不少人仍然保持着战国以来那种"士无常君，国无定臣"的旧观念。故此，汉高祖决定从礼仪规制和观念道德上加以引导、整肃。在这方面，他干了两件很漂亮的事情。

一是尊父亲为太上皇。当时，汉高祖为了表示孝顺，五天就去拜见一次太公。太公习以为常，可是他的属官却认为这不符合礼法，就对太公说："天无二日，地无二王。皇帝虽然是您的儿子，但是人主；您虽然是他父亲，却是人臣。怎么能让人主拜见人臣呢？这样的话，皇帝的威重就没法实行了。"于是汉高祖再来拜见时，太公就手持扫帚出门迎着退行，不再让高祖拜见。汉高祖大惊，赶快下车去扶着父亲。而太公说："皇帝是人主，怎么能为我乱了天下礼法！"汉高祖知道是太公的属官所劝后，对属官能够明白自己的心意很欣赏，就赐给他们黄金五百斤，然后下诏尊太公为太上皇。这样，他既可以名正言顺地拜见太上皇，又借机宣扬了皇帝的至高无上。

二是对季布、丁公的不同处理。季布和丁公两人是异父同母兄弟。楚汉战争时，他们都是项羽手下的大将。季布曾率兵几次把汉高祖打得很狼狈，手下一点也不留情；丁公也曾率兵追击过汉高祖，但最后把他放了。汉高祖称帝后，想起季布给自己的难堪，就下令捉拿季布。可又一想自己也正需要忠臣来巩固统治，于是就改变初衷，下令赦免季布，拜季布为郎中。丁公听说季布都能赦免拜官，自己曾对汉高祖有恩，如果去见高祖，肯定更会受到重赏。因此他就进谒汉高祖，但没想到高祖却把他抓了起来，对群臣说："丁公给项王做臣不忠，就是他使项王失去了天下。"接着就把他杀了，在军中示众，并对群臣说："让以后做人臣的都知道不要像丁公那样！"

除了引导、整合外，汉高祖也采取铁腕手段打击权臣、巩固皇权，萧何系狱就是一例。汉高祖感到相权太重，对皇权已造成威胁。高帝十二年，汉高祖平定黥布叛乱回到长安不久，萧何代表老百姓对他建议说："长安地方狭小，而上林苑中空地很多，已经废弃。希望陛下能下令允许百姓进去耕作，不要把它变成了养兽的场所。"汉高祖听了大怒，说他是受了商贾的贿赂，才来为他们请求开放上林苑的。因而不顾多年交情，下令把萧何逮捕，关进监狱。有人问相国犯了什么大罪，他解释说："我听说李斯做秦始皇的相国，有功都归于秦始皇，有坏事都算是自己的。现在相国却接受商贾的贿赂，为他们请求开放我的上林苑，讨好百姓。所以我要把他关进监狱治罪。"通过整治萧何，汉高祖不仅打击了相权，而且更加提高了皇帝的权威。

汉王朝的统治越来越巩固，然而，汉高祖也已经心力交瘁。高帝十一年，他平定黥布叛乱时被流矢射中，在回长安的路上开始发病，回到长安后病已经很重。当时吕后曾派人请了一位良医来治病，高祖问他自己的病情如何，医生安慰他："病还可以治。"高祖知道自己的病已经难以医治，怒骂医生说："我乃一介布衣，提三尺剑取得天下，这不是天命吗？天命决定我就要死，即使是神医扁鹊来了又有什么用呢！"然后赐给医生五十斤黄金，就让他回去了。

吕后看到汉高祖不久于人世，就问："陛下百岁以后，萧相国假如也死了，可以让谁来接替？"汉高祖回答说曹参。吕后又问曹参死后谁可接替，汉高祖说："王陵可以接替曹参，但王陵缺乏计谋，可以让陈平帮助他，陈平智谋有余，但难以独任。周勃为人敦厚，不善言辞，但安定刘氏的一定是周勃，可以让他担任太尉。"吕后又问以后的政事安排，汉高祖说："以后的事你也不会知道了。"

汉高帝十二年（前 195）四月二十五日，汉高祖刘邦辞世，终年六十二岁（一说五十三岁）。死后葬长陵，谥"高皇帝"，庙号"高祖"。

《史记·高祖本纪》

高祖，沛丰邑中阳里人，姓刘氏，字季。父曰太公，母曰刘媪。其先，刘媪尝息大泽之陂，梦与神遇。是时雷电晦冥，太公往视，则见蛟龙于其上。已而有身，遂产高祖。

高祖为人，隆准而龙颜，美须髯，左股有七十二黑子。仁而爱人，喜施，意豁如也。常有大度，不事家人生产作业。及壮，试为吏，为泗水亭长，廷中吏无所不狎侮。好酒及色。常从王媪、武负贳酒，醉卧，武负、王媪见其上常有龙，怪之。高祖每酤留饮，酒雠数倍。及见怪，岁竟，此两家常折券弃责。

高祖常繇咸阳，纵观，观秦皇帝，喟然太息曰："嗟乎，大丈夫当如此也!"

单父人吕公善沛令，避仇从之客，因家沛焉。沛中豪桀吏闻令有重客，皆往贺。萧何为主吏，主进，令诸大夫曰："进不满千钱，坐之堂下。"高祖为亭长，素易诸吏，乃给为谒曰"贺钱万"，实不持一钱。谒入，吕公大惊，起，迎之门。吕公者，好相人，见高祖状貌，因重敬之，引入坐。萧何曰："刘季固多大言，少成事。"高祖因狎侮诸客，遂坐上坐，无所诎。酒阑，吕公因目固留高祖。高祖竟酒，后。吕公曰："臣少好相人，相人多矣，无如季相，愿季自爱。臣有息女，愿为季箕帚妾。"酒罢，吕媪怒吕公曰："公始常欲奇此女，与贵人。沛令善公，求之不与，何自妄许与刘季?"吕公曰："此非儿女子所知也。"卒与刘季。吕公女乃吕后也，生孝惠帝、鲁元公主。

高祖为亭长时，常告归之田。吕后与两子居田中耨，有一老父过请饮，吕后因餔之。老父相吕后曰："夫人天下贵人。"令相两子，见孝惠，曰："夫人所以贵者，乃此男也。"相鲁元，亦皆贵。老父已去，高祖适从旁舍来，吕后具言客有过，相我子母皆大贵。高祖问，曰："未远。"乃追及，问老父。老父曰："乡者夫人、婴儿皆似君，君相贵不可言。"高祖乃谢曰："诚如父言，不敢忘德。"及高祖贵，遂不知老父处。

高祖为亭长，乃以竹皮为冠，令求盗之薛治之，时时冠之。及贵，常冠，所谓"刘氏冠"乃是也。

高祖以亭长为县送徒郦山，徒多道亡。自度比至皆亡之，到丰西泽中，止饮，夜乃解纵所送徒。曰："公等皆去，吾亦从此逝矣!"徒中壮士愿从者十馀人。高祖被酒，夜径泽中，令一人行前。行前者还报曰："前有大蛇当径，愿还。"高祖醉，曰：

"壮士行，何畏!"乃前，拔剑击斩蛇。蛇遂分为两，径开。行数里，醉，因卧。后人来至蛇所，有一老妪夜哭。人问何哭，妪曰："人杀吾子，故哭之。"人曰："妪子何为见杀?"妪曰："吾，白帝子也，化为蛇，当道，今为赤帝子斩之，故哭。"人乃以妪为不诚，欲告之，妪因忽不见。后人至，高祖觉。后人告高祖，高祖乃心独喜，自负。诸从者日益畏之。

秦始皇帝常曰"东南有天子气"，于是因东游以厌之。高祖即自疑，亡匿，隐于芒、砀山泽岩石之间。吕后与人俱求，常得之。高祖怪问之。吕后曰："季所居上常有云气，故从往常得季。"高祖心喜。沛中子弟或闻之，多欲附者矣。

秦二世元年秋，陈胜等起蕲，至陈而王，号为"张楚"。诸郡县皆多杀其长吏以应陈涉。沛令恐，欲以沛应涉。掾、主吏萧何、曹参乃曰："君为秦吏，今欲背之，率沛子弟，恐不听。愿君召诸亡在外者，可得数百人，因劫众，众不敢不听。"乃令樊哙召刘季。刘季之众已数十百人矣。

于是樊哙从刘季来。沛令后悔，恐其有变，乃闭城城守，欲诛萧、曹。萧、曹恐，逾城保刘季。刘季乃书帛射城上，谓沛父老曰："天下苦秦久矣。今父老虽为沛令守，诸侯并起，今屠沛。沛今共诛令，择子弟可立者立之，以应诸侯，则家室完。不然，父子俱屠，无为也。"父老乃率子弟共杀沛令，开城门迎刘季，欲以为沛令。刘季曰："天下方扰，诸侯并起，今置将不善，一败涂地。吾非敢自爱，恐能薄，不能完父兄子弟。此大事，愿更相推择可者。"萧、曹等皆文吏，自爱，恐事不就，后秦种族其家，尽让刘季。诸父老皆曰："平生所闻刘季诸珍怪，当贵，且卜筮之，莫如刘季最吉。"于是刘季数让。众莫敢为，乃立季为沛公。祠黄帝，祭蚩尤于沛庭，而衅鼓旗，帜皆赤。由所杀蛇白帝子，杀者赤帝子，故上赤。于是少年豪吏如萧、曹、樊哙等，皆为收沛子弟二三千人，攻胡陵、方与，还守丰。

秦二世二年，陈涉之将周章军西至戏而还。燕、赵、齐、魏皆自立为王。项氏起吴。秦泗川监平将兵围丰，二日，出与战，破之。命雍齿守丰，引兵之薛。泗州守壮败于薛，走至戚，沛公左司马得泗川守壮，杀之。沛公还军亢父，至方与，未战。陈王使魏人周市略地。周市使人谓雍齿曰："丰，故梁徙也。今魏地已定者数十城。齿今下魏，魏以齿为侯守丰。不下，且屠丰。"雍齿雅不欲属沛公，及魏招之，即反为魏守丰。沛公引兵攻丰，不能取。沛公病，还之沛。沛公怨雍齿与丰子弟叛之，闻东阳宁君、秦嘉立景驹为假王，在留，乃往从之，欲请兵以攻丰。是时秦将章邯从陈，别将司马枿将兵北定楚地，屠相，至砀。东阳宁君、沛公引兵西，与战萧西，不利。还收兵聚留，引兵攻砀，三日乃取砀。因收砀兵，得五六千人。攻下邑，拔之。还军丰。闻项梁在薛，从骑百馀往见之。沛公还，引兵攻丰。

从项梁月馀，项羽已拔襄城还。项梁尽召别将居薛。闻陈王定死，因立楚后怀王孙心为楚王，治盱台。项梁号武信君。居数月，北攻亢父，救东阿，破秦军。齐军归，楚独追北，使沛公、项羽别攻城阳，军濮阳之东，与秦军战，破之。

秦军复振，守濮阳，环水。楚军去而攻定陶，定陶未下。沛公与项羽西略地至雍丘之下，与秦军战，大破之，斩李由。还攻外黄，外黄未下。

项梁再破秦军，有骄色。宋义谏，不听。秦益章邯兵，夜衔枚击项梁，项梁死。沛公与项羽方攻陈留，闻项梁死，引兵与吕将军俱东。吕臣军彭城东，项羽军彭城西，沛公军砀。

章邯已破项梁军，则以为楚地兵不足忧，乃渡河，北击赵，大破之。当是之时，赵歇为王，秦将王离围之钜鹿城，此所谓“河北之军”也。

秦二世三年，楚怀王见项梁军破，恐，徙盱台，都彭城，并吕臣、项羽军自将之。以沛公为砀郡长，封为武安侯，将砀郡兵。封项羽为长安侯，号为鲁公。吕臣为司徒，其父吕青为令尹。

赵数请救，怀王乃以宋义为上将军，项羽为次将，范增为末将，北救赵。令沛公西略地入关。与诸将约，先入定关中者王之。

当是时，秦兵强，常乘胜逐北，诸将莫利先入关。独项羽怨秦破项梁军，奋，愿与沛公西入关。怀王诸老将皆曰：“项羽为人僄悍猾贼。项羽尝攻襄城，襄城无遗类，皆坑之，诸所过无不残灭。且楚数进取，前陈王、项梁皆败。不如更遣长者扶义而西，告谕秦父兄。秦父兄苦其主久矣，今诚得长者往，毋侵暴，宜可下。今项羽僄悍，今不可遣。独沛公素宽大长者，可遣。”卒不许项羽，而遣沛公西略地，收陈王、项梁散卒。乃道砀至成阳，与杠里秦军夹壁，破二军。楚军出兵击王离，大破之。

沛公引兵西，遇彭越昌邑，因与俱攻秦军，战不利。还至栗，遇刚武侯，夺其军，可四千馀人，并之。与魏将皇欣、魏申徒武蒲之军并攻昌邑，昌邑未拔。西过高阳。郦食其曰：“诸将过此者多，吾视沛公大人长者。”乃求见说沛公。沛公方踞床，使两女子洗足。郦生不拜，长揖，曰：“足下必欲诛无道秦，不宜踞见长者。”于是沛公起，摄衣谢之，延上坐。食其说沛公袭陈留，得秦积粟。乃以郦食其为广野君，郦商为将，将陈留兵，与偕攻开封，开封未拔。西与秦将杨熊战白马，又战曲遇东，大破之。杨熊走之荥阳，二世使使者斩以徇。南攻颍阳，屠之。因张良遂略韩地轘辕。

当是时，赵别将司马卬方欲渡河入关，沛公乃北攻平阴，绝河津。南，战雒阳东，军不利，还至阳城，收军中马骑，与南阳守齮战犨东，破之。略南阳郡，南阳守齮走，保城守宛。沛公引兵过而西。张良谏曰："沛公虽欲急入关，秦兵尚众，距险。今不下宛，宛从后击，强秦在前，此危道也。"于是沛公乃夜引兵从他道还，更旗帜，黎明，围宛城三匝。南阳守欲自刭。其舍人陈恢曰："死未晚也。"乃逾城见沛公，曰："臣闻足下约，先入咸阳者王之。今足下留守宛。宛，大郡之都也，连城数十，人民众，积蓄多，吏人自以为降必死，故皆坚守乘城。今足下尽日止攻，士死伤者必多；引兵去宛，宛必随足下后：足下前则失咸阳之约，后又有强宛之患。为足下计，莫若约降，封其守，因使止守，引其甲卒与之西。诸城未下者，闻声争开门而待，足下通行无所累。"沛公曰："善。"乃以宛守为殷侯，封陈恢千户。引兵西，无不下者。至丹水，高武侯鳃、襄侯王陵降西陵。还攻胡阳，遇番君别将梅鋗，与皆，降析、郦。遣魏人宁昌使秦，使者未来。是时章邯已以军降项羽于赵矣。

初，项羽与宋义北救赵，及项羽杀宋义，代为上将军，诸将黥布皆属，破秦将王离军，降章邯，诸侯皆附。及赵高已杀二世，使人来，欲约分王关中。沛公以为诈，乃用张良计，使郦生、陆贾往说秦将，啖以利，因袭攻武关，破之。又与秦军战于蓝田南，益张疑兵旗帜，诸所过毋得掠卤，秦人憙，秦军解，因大破之。又战其北，大破之。乘胜，遂破之。

汉元年十月，沛公兵遂先诸侯至霸上。秦王子婴素车白马，系颈以组，封皇帝玺符节，降轵道旁。诸将或言诛秦王。沛公曰："始怀王遣我，固以能宽容；且人已服降，又杀之，不祥。"乃以秦王属吏，遂西入咸阳。欲止宫休舍，樊哙、张良谏，乃封秦重宝财物府库，还军霸上。召诸县父老豪桀曰："父老苦秦苛法久矣，诽谤者族，偶语者弃市。吾与诸侯约，先入关者王之，吾当王关中。与父老约，法三章耳：杀人者死，伤人及盗抵罪。馀悉除去秦法。诸吏人皆案堵如故。凡吾所以来，为父老除害，非有所侵暴，无恐！且吾所以还军霸上，待诸侯至而定约束耳。"乃使人与秦吏行县乡邑，告谕之。秦人大喜，争持牛羊酒食献飨军士。沛公又让不受，曰："仓粟多，非乏，不欲费人。"人又益喜，唯恐沛公不为秦王。

或说沛公曰："秦富十倍天下，地形强。今闻章邯降项羽，项羽乃号为雍王，王关中。今则来，沛公恐不得有此。可急使兵守函谷关，无内诸侯军，稍征关中兵以自益，距之。"沛公然其计，从之。十一月中，项羽果率诸侯兵西，欲入关，关门闭。闻沛公已定关中，大怒，使黥布等攻破函谷关。十二月中，遂至戏。沛公左司马曹无伤闻项王怒，欲攻沛公，使人言项羽曰："沛公欲王关中，令子婴为相，珍宝尽有之。"欲以求封。亚父劝项羽击沛公。方飨士，旦日合战。是时项羽兵四十万，号百万。沛公兵十万，号二十万，力不敌。会项伯欲活张良，夜往见良，因以文谕项羽，项羽乃止。沛公从百馀骑，驱之鸿门，见谢项羽。项羽曰："此沛公左司马曹无伤言之。不然，籍何以生此！"沛公以樊哙、张良故，得解归。归，立诛曹无伤。

项羽遂西，屠烧咸阳秦宫室，所过无不残破。秦人大失望，然恐，不敢不服耳。

项羽使人还报怀王。怀王曰："如约。"项羽怨怀王不肯令与沛公俱西入关，而北救赵，后天下约。乃曰："怀王者，吾家项梁所立耳，非有功伐，何以得主约！本定天下，诸将及籍也。"乃详尊怀王为义帝，实不用其命。

正月，项羽自立为西楚霸王，王梁、楚地九郡，都彭城。负约，更立沛公为汉王，王巴、蜀、汉中，都南郑。三分关中，立秦三将：章邯为雍王，都废丘；司马欣为塞王，都栎阳；董翳为翟王，都高奴。楚将瑕丘申阳为河南王，都洛阳。赵将司马卬为殷王，都朝歌。赵王歇徙王代。赵相张耳为常山王，都襄国。怀王柱国共敖为临江王，都江陵。番君吴芮为衡山王，都邾。燕将臧荼为燕王，都蓟。故燕王韩广徙王辽东。广不听，臧荼攻杀之无终。封成安君陈馀河间三县，居南皮。封梅鋗十万户。

四月，兵罢戏下，诸侯各就国。汉王之国，项王使卒三万人从，楚与诸侯之慕从者数万人，从杜南入蚀中。去辄烧绝栈道，以备诸侯盗兵袭之，亦示项羽无东意。至南郑，诸将及士卒多道亡归，士卒皆歌思东归。韩信说汉王曰："项羽王诸将之有功者，而王独居南郑，是迁也。军吏士卒皆山东之人也，日夜跂而望归，及其锋而用之，可以有大功。天下已定，人皆自宁，不可复用。不如决策东乡，争权天下。"

项羽出关，使人徙义帝。曰："古之帝者地方千里，必居上游。"乃使使徙义帝长沙郴县，趣义帝行，群臣稍倍叛之，乃阴令衡山王、临江王击之，杀义帝江南。项羽怨田荣，立齐将田都为齐王。田荣怒，因自立为齐王，杀田都而反楚；予彭越将军印，令反梁地。楚令萧公角击彭越，彭越大破之。陈馀怨项羽之弗王已也，令夏说说田荣，请兵击张耳。齐予陈馀兵，击破常山王张耳，张耳亡归汉。迎赵王歇于代，复立为赵王。赵王因立陈馀为代王。项羽大怒，北击齐。

八月，汉王用韩信之计，从故道还，袭雍王章邯。邯迎击汉陈仓，雍兵败，还走；止战好畤，又复败，走废丘。汉王遂定雍地。东至咸阳，引兵围雍王废丘，而遣诸将略定陇西、北地、上郡。令将军薛欧、王吸出武关，因王陵兵南阳，以迎太公、吕后于沛。楚闻之，发兵距之阳夏，不得前。令故吴令郑昌为韩王，距汉兵。

二年，汉王东略地，塞王欣、翟王翳、河南王申阳皆降。韩王昌不听，使韩信击破之。于是置陇西、北地、上郡、渭南、河上、中地郡；关外置河南郡。更立韩太尉信为韩王。诸将以万人若以一郡降者，封万户。缮治河上塞。诸故秦苑囿园池，皆令人得田之，正月，虏雍王弟章平。大赦罪人。

汉王之出关至陕，抚关外父老，还，张耳来见，汉王厚遇之。

二月，令除秦社稷，更立汉社稷。

三月，汉王从临晋渡，魏王豹将兵从。下河内，虏殷王，置河内郡。南渡平阴津，至雒阳。新城三老董公遮说汉王以义帝死故。汉王闻之，袒而大哭。遂为义帝发丧，临三日。发使者告诸侯曰："天下共立义帝，北面事之。今项羽放杀义帝于江南，大逆无道。寡人亲为发丧，诸侯皆缟素。悉发关内兵，收三河士，南浮江汉以下，愿从诸侯王击楚之杀义帝者。"

是时项王北击齐，田荣与战城阳。田荣败，走平原，平原民杀之。齐皆降楚。楚因焚烧其城郭，系虏其子女。齐人叛之。田荣弟横立荣子广为齐王，齐王反楚城阳。项羽虽闻汉东，既已连齐兵，欲遂破之而击汉。汉王以故得劫五诸侯兵，遂入彭城。项羽闻之，乃引兵去齐，从鲁出胡陵，至萧，与汉大战彭城灵壁东睢水上，大破汉军，多杀士卒，睢水为之不流。乃取汉王父母妻子于沛，置之军中以为质。当是时，诸侯见楚强汉败，还皆去汉复为楚。塞王欣亡入楚。

吕后兄周吕侯为汉将兵，居下邑。汉王从之，稍收士卒，军砀。汉王乃西过梁地，至虞。使谒者随何之九江王布所，曰："公能令布举兵叛楚，项羽必留击之。得留数月，吾取天下必矣。”随何往说九江王布，布果背楚。楚使龙且往击之。

汉王之败彭城而西，行使人求家室，家室亦亡，不相得。败后乃独得孝惠，六月，立为太子，大赦罪人。令太子守栎阳，诸侯子在关中者皆集栎阳为卫。引水灌废丘，废丘降，章邯自杀。更名废丘为槐里。于是令祠官祀天地四方上帝山川，以时祀之。兴关内卒乘塞。

是时九江王布与龙且战，不胜，与随何间行归汉。汉王稍收士卒，与诸将及关中卒益出，是以兵大振荥阳，破楚京、索间。

三年，魏王豹谒归视亲疾，至即绝河津，反为楚。汉王使郦生说豹，豹不听。汉王遣将军韩信击，大破之，虏豹。遂定魏地，置三郡，曰河东、太原、上党。汉王乃令张耳与韩信遂东下井陉击赵，斩陈馀、赵王歇。其明年，立张耳为赵王。

汉王军荥阳南，筑甬道属之河，以取敖仓。与项羽相距岁馀。项羽数侵夺汉甬道，汉军乏食，遂围汉王。汉王请和，割荥阳以西者为汉。项王不听。汉王患之，乃用陈平之计，予陈平金四万斤，以间疏楚君臣。于是项羽乃疑亚父。亚父是时劝项羽遂下荥阳，及其见疑，乃怒，辞老，愿赐骸骨归卒伍，未至彭城而死。

汉军绝食，乃夜出女子东门二千馀人，被甲，楚因四面击之。将军纪信乃乘王驾，诈为汉王，诳楚，楚皆呼“万岁”，之城东观，以故汉王得与数十骑出西门遁。令御史大夫周苛、魏豹、枞公守荥阳。诸将卒不能从者，尽在城中。周苛、枞公相谓曰：“反国之王，难与守城。”因杀魏豹。

汉王之出荥阳入关，收兵欲复东。袁生说汉王曰：“汉与楚相距荥阳数岁，汉常困。原君王出武关，项羽必引兵南走，王深壁，令荥阳、成皋间且得休。使韩信等辑河北赵地，连燕、齐，君王乃复走荥阳，未晚也。如此，则楚所备者多，力分，汉得休，复与之战，破楚必矣。”汉王从其计，出军宛、叶间，与黥布行收兵。

项羽闻汉王在宛，果引兵南。汉王坚壁不与战。是时彭越渡睢水，与项声、薛公战下邳，彭越大破楚军。项羽乃引兵东击彭越。汉王亦引兵北军成皋。项羽已破走彭越，闻汉王复军成皋，乃复引兵西，拔荥阳，诛周苛、枞公，而虏韩王信，遂围成皋。

汉王跳，独与滕公共车出成皋玉门，北渡河，驰宿修武。自称使者，晨驰入张耳、韩信壁，而夺之军。乃使张耳北益收兵赵地，使韩信东击齐。汉王得韩信军，则复振。引兵临河，南飨军小修武南，欲复战。郎中郑忠乃说止汉王，使高垒深堑，勿与战。汉王听其计，使卢绾、刘贾将卒二万人，骑数百，渡白马津，入楚地，与彭越复击破楚军燕郭西，遂复下梁地十馀城。

淮阴已受命东，未渡平原。汉王使郦生往说齐王田广，广叛楚，与汉和，共击项羽。韩信用蒯通计，遂袭破齐。齐王烹郦生，东走高密。项羽闻韩信已举河北兵破齐、赵，且欲击楚，则使龙且、周兰往击之。韩信与战，骑将灌婴击，大破楚军，杀龙且。齐王广奔彭越。当此时，彭越将兵居梁地，往来苦楚兵，绝其粮食。

四年，项羽乃谓海春侯大司马曹咎曰：“谨守成皋。若汉挑战，慎勿与战，无令得东而已。我十五日必定梁地，复从将军。”乃行击陈留、外黄、睢阳，下之。汉果数挑楚军，楚军不出，使人辱之五六日，大司马怒，度兵汜水。士卒半渡，汉击之，大破楚军，尽得楚国金玉货赂。大司马咎、长史欣皆自刭汜水上。项羽至睢阳，闻海春侯破，乃引兵还。汉军方围钟离眛于荥阳东，项羽至，尽走险阻。

韩信已破齐，使人言曰："齐边楚，权轻，不为假王，恐不能安齐。"汉王欲攻之。留侯曰："不如因而立之，使自为守。"乃遣张良操印绶立韩信为齐王。

项羽闻龙且军破，则恐，使盱台人武涉往说韩信。韩信不听。

楚汉久相持未决，丁壮苦军旅，老弱罢转饷。汉王、项羽相与临广武之间而语。项羽欲与汉王独身挑战。汉王数项羽曰："始与项羽俱受命怀王，曰先入定关中者王之，项羽负约，王我于蜀汉，罪一。秦项羽矫杀卿子冠军而自尊，罪二。项羽已救赵，当还报，而擅劫诸侯兵入关，罪三。怀王约入秦无暴掠，项羽烧秦宫室，掘始皇帝冢，私收其财物，罪四。又强杀秦降王子婴，罪五。诈坑秦子弟新安二十万，王其将，罪六。项羽皆王诸将善地，而徙逐故主，令臣下争叛逆，罪七。项羽出逐义帝彭城，自都之，夺韩王地，并王梁、楚，多自予，罪八。项羽使人阴弑义帝江南，罪九。夫为人臣而弑其主，杀已降，为政不平，主约不信，天下所不容，大逆无道，罪十也。吾以义兵从诸侯诛残贼，使刑馀罪人击杀项羽，何苦乃与公挑战！"项羽大怒，伏弩射中汉王。汉王伤匈，乃扪足曰："虏中吾指！"汉王病创卧，张良强请汉王起行劳军，以安士卒，毋令楚乘胜于汉。汉王出行军，病甚，因驰入成皋。

病愈，西入关，至栎阳，存问父老，置酒，枭故塞王欣头栎阳市。留四日，复如军，军广武。关中兵益出。

当此时，彭越将兵居梁地，往来苦楚兵，绝其粮食。田横往从之。项羽数击彭越等，齐王信又进击楚。项羽恐，乃与汉王约，中分天下，割鸿沟而西者为汉，鸿沟而东者为楚。项王归汉王父母妻子，军中皆呼万岁，乃归而别去。

项羽解而东归。汉王欲引而西归，用留侯、陈平计，乃进兵追项羽，至阳夏南止军，与齐王信、建成侯彭越期会而击楚军。至固陵，不会。楚击汉军，大破之。汉王复入壁，深堑而守之。用张良计，于是韩信、彭越皆往。及刘贾入楚地，围寿春，汉王败固陵，乃使使者召大司马周殷举九江兵而迎武王，行屠城父，随刘贾、齐梁诸侯皆大会垓下。立武王布为淮南王。

五年，高祖与诸侯兵共击楚军，与项羽决胜垓下。淮阴侯将三十万自当之，孔将军居左，费将军居右，皇帝在后，绛侯、柴将军在皇帝后。项羽之卒可十万。淮阴先合，不利，却。孔将军、费将军纵，楚兵不利，淮阴侯复乘之，大败垓下。项羽卒闻汉军之楚歌，以为汉尽得楚地，项羽乃败而走，是以兵大败。使骑将灌婴追杀项羽东城，斩首八万，遂略定楚地。鲁为楚坚守不下。汉王引诸侯兵北，示鲁父老项羽头，鲁乃降。遂以鲁公号葬项羽谷城。还至定陶，驰入齐王壁，夺其军。

正月，诸侯及将相相与共请尊汉王为皇帝。汉王曰："吾闻帝贤者有也，空言虚语，非所守也，吾不敢当帝位。"群臣皆曰："大王起微细，诛暴逆，平定四海，有功者辄裂地而封为王侯。大王不尊号，皆疑不信。臣等以死守之。"汉王三让，不得已，曰："诸君必以为便，便国家。"甲午，乃即皇帝位汜水之阳。

皇帝曰义帝无后。齐王韩信习楚风俗，徙为楚王，都下邳。立建成侯彭越为梁王，都定陶。故韩王信为韩王，都阳翟。徙衡山王吴芮为长沙王，都临湘。番君之将梅鋗有功，从入武关，故德番君。淮南王布、燕王臧荼、赵王敖，皆如故。

天下大定。高祖都雒阳，诸侯皆臣属。故临江王驩为项羽叛汉，令卢绾、刘贾围之，不下。数月而降，杀之雒阳。

五月，兵皆罢归家。诸侯子在关中者复之十二岁，其归者复之六岁，食之一岁。

高祖置酒雒阳南宫。高祖曰："列侯诸将无敢隐朕，皆言其情。吾所以有天下者何？项氏之所以失天下者何？"高起、王陵对曰："陛下慢而侮人，项羽仁而爱人。然陛下使人攻城略地，所降下者因以予之，与天下同利也。项羽妒贤嫉能，有功者害之，贤者疑之，战胜而不予人功，得地而不予人利，此所以失天下也。"高祖曰："公知其一，未知其二。夫运筹策帷帐之中，决胜于千里之外，吾不如子房。镇国家，抚百姓，给馈饷，不绝粮道，吾不如萧何。连百万之军，战必胜，攻必取，吾不如韩信。此三者，皆人杰也，吾能用之，此吾所以取天下也。项羽有一范增而不能用，此其所以为我擒也。"

高祖欲长都雒阳，齐人刘敬说，乃留侯劝上入都关中，高祖是日驾，入都关中。六月，大赦天下。

十月，燕王臧荼反，攻下代地。高祖自将击之，得燕王臧荼。即立太尉卢绾为燕王。使丞相哙将兵攻代。

其秋，利几反，高祖自将兵击之，利几走。利几者，项氏之将。项氏败，利几为陈公，不随项羽，亡降高祖，高祖侯之颍川。高祖至雒阳，举通侯籍召之，而利几恐，故反。

六年，高祖五日一朝太公，如家人父子礼。太公家令说太公曰："天无二日，土无二王。今高祖虽子，人主也；太公虽父，人臣也。奈何令人主拜人臣！如此，则威重不行。"后高祖朝，太公拥篲迎门却行。高祖大惊，下扶太公。太公曰："帝，人主也，奈何以我乱天下法！"于是高祖乃尊太公为太上皇。心善家令言，赐金五百斤。

十二月，人有上变事告楚王信谋反，上问左右，左右争欲击之。用陈平计，乃伪游云梦，会诸侯于陈，楚王信迎，即因执之。是日，大赦天下。田肯贺，因说高祖曰："陛下得韩信，又治秦中。秦，形胜之国，带河山之险，县隔千里，持戟百万，秦得百二焉。地势便利，其以下兵于诸侯，譬犹居高屋之上建瓴水也。夫齐，东有琅邪、即墨之饶，南有泰山之固，西有浊河之限，北有勃海之利。地方二千里，持戟百万，县隔千里之外，齐得十二焉。故此东西秦也。非亲子弟，莫可使王齐矣。”高祖曰：“善。”赐黄金五百斤。

后十馀日，封韩信为淮阴侯，分其地为二国。高祖曰将军刘贾数有功，以为荆王，王淮东。弟交为楚王，王淮西。子肥为齐王，王七十馀城，民能齐言者皆属齐。乃论功，与诸列侯剖符行封。徙韩王信太原。

七年，匈奴攻韩王信马邑，信因与谋反太原。白土曼丘臣、王黄立故赵将赵利为王以反，高祖自往击之。会天寒，士卒堕指者什二三，遂至平城。匈奴围我平城，七日而后罢去。令樊哙止定代地。立兄刘仲为代王。

二月，高祖自平城过赵、雒阳，至长安。长乐宫成，丞相已下徙治长安。

八年，高祖东击韩王信馀反寇于东垣。

萧丞相营作未央宫，立东阙、北阙、前殿、武库、太仓。高祖还，见宫阙壮甚，怒，谓萧何曰：“天下匈匈苦战数岁，成败未可知，是何治宫室过度也?”萧何曰：“天下方未定，故可因遂就宫室。且夫天子四海为家，非壮丽无以重威，且无令后世有以加也。”高祖乃说。

高祖之东垣，过柏人，赵相贯高等谋弑高祖，高祖心动，因不留。代王刘仲弃国亡，自归雒阳，废以为合阳侯。

九年，赵相贯高等事发觉，夷三族。废赵王敖为宣平侯。是岁，徙贵族楚昭、屈、景、怀、齐田氏关中。

未央宫成。高祖大朝诸侯群臣，置酒未央前殿。高祖奉玉卮，起，为太上皇寿，曰："始大人常以臣无赖，不能治产业，不如仲力。今某之业所就，孰与仲多?"殿上群臣皆呼万岁，大笑为乐。

十年十月，淮南王黥布、梁王彭越、燕王卢绾、荆王刘贾、楚王刘交、齐王刘肥、长沙王吴芮皆来朝长乐宫。春夏无事。

七月，太上皇崩栎阳宫。楚王、梁王皆来送葬。赦栎阳囚。更命郦邑曰新丰。

八月，赵相国陈豨反代地。上曰："豨尝为吾使，甚有信。代地吾所急也，故封豨为列侯，以相国守代，今乃与王黄等劫掠代地！代地吏民非有罪也。其赦代吏民。"九月，上自东往击之。至邯郸，上喜曰："豨不南据邯郸而阻漳水，吾知其无能为也。"闻豨将皆故贾人也，上曰："吾知所以与之。"乃多以金啖豨将，豨将多降者。

十一年，高祖在邯郸诛豨等未毕，豨将侯敞将万馀人游行，王黄军曲逆，张春渡河击聊城。汉使将军郭蒙与齐将击，大破之。太尉周勃道太原入，定代地。至马邑，马邑不下，即攻残之。

豨将赵利守东垣，高祖攻之，不下。月馀，卒骂高祖，高祖怒。城降，令出骂者斩之，不骂者原之。于是乃分赵山北，立子恒以为代王，都晋阳。

春，淮阴侯韩信谋反关中，夷三族。

夏，梁王彭越谋反，废迁蜀；复欲反，遂夷三族。立子恢为梁王，子友为淮阳王。

秋七月，淮南王黥布反，东并荆王刘贾地，北渡淮，楚王交走入薛。高祖自往击之。立子长为淮南王。

十二年，十月，高祖已击布军会甀，布走，令别将追之。

高祖还归，过沛，留。置酒沛宫，悉召故人父老子弟纵酒，发沛中儿得百二十人，教之歌。酒酣，高祖击筑，自为歌诗曰："大风起兮云飞扬，威加海内兮归故乡，安得猛士兮守四方！"令儿皆和习之。高祖乃起舞，慷慨伤怀，泣数行下。谓沛父兄曰："游子悲故乡。吾虽都关中，万岁后吾魂魄犹乐思沛。且朕自沛公以诛暴逆，遂有天下，其以沛为朕汤沐邑，复其民，世世无有所与。"沛父兄诸母故人日乐饮极驩，道旧故为笑乐。十馀日，高祖欲去，沛父兄固请留高祖。高祖曰："吾人众多，父兄不能给。"乃去。沛中空县皆之邑西献。高祖复留止，张饮三日。沛父兄皆顿首曰："沛幸得复，丰未复，唯陛下哀怜之。"高祖曰："丰吾所生长，极不忘耳，吾特为其以雍齿故反我为魏。"沛父兄固请，乃并复丰，比沛。于是拜沛侯刘濞为吴王。

汉将别击布军洮水南北，皆大破之，追得斩布鄱阳。

樊哙别将兵定代，斩陈豨当城。

十一月，高祖自布军至长安。十二月，高祖曰："秦始皇帝、楚隐王陈涉、魏安釐王、齐缗王、赵悼襄王，皆绝无后。予守冢各十家，秦皇帝二十家，魏公子无忌五家。"赦代地吏民为陈豨、赵利所劫掠者，皆赦之。陈豨降将言豨反时，燕王卢绾使人之豨所，与阴谋。上使辟阳侯迎绾，绾称病。辟阳侯归，具言绾反有端矣。二月，使樊哙、周勃将兵击燕王绾，赦燕吏民与反者。立皇子建为燕王。

高祖击布时，为流矢所中，行道病。病甚，吕后迎良医，医入见。高祖问医，医曰："病可治。"于是高祖嫚骂之曰："吾以布衣提三尺剑取天下，此非天命乎？命乃在天，虽扁鹊何益！"遂不使治病，赐金五十斤罢之。已而吕后问："陛下百岁后，萧相国即死，令谁代之？"上曰："曹参可。"问其次，上曰："王陵可。然陵少戆，陈平可以助之。陈平智有馀，然难以独任。周勃重厚少文，然安刘氏者必勃也，可令为太尉。"吕后复问其次，上曰："此后亦非而所知也。"

卢绾与数千骑居塞下候伺，幸上病愈自入谢。

四月甲辰，高祖崩长乐宫。四日不发丧。吕后与审食其谋曰："诸将与帝为编户民，今北面为臣，此常怏怏。今乃事少主，非尽族是，天下不安。"人或闻之，语郦将军。郦将军往见审食其，曰："吾闻帝已崩，四日不发丧，欲诛诸将。诚如此，天下危矣。陈平、灌婴将十万守荥阳，樊哙、周勃将二十万定燕、代，此闻帝崩，诸将皆诛，必连兵还乡以攻关中。大臣内叛，诸侯外反，亡可翘足而待也。"审食其入言之，乃以丁未发丧，大赦天下。

卢绾闻高祖崩，遂亡入匈奴。

丙寅，葬。己巳，立太子，至太上皇庙。群臣皆曰："高祖起微细，拨乱世反之正，平定天下，为汉太祖，功最高。"上尊号为"高皇帝"。太子袭号为皇帝，孝惠帝也。令郡国诸侯各立高祖庙，以岁时祠。

及孝惠五年，思高祖之悲乐沛，以沛宫为高祖原庙。高祖所教歌儿百二十人，皆令为吹乐，后有缺，辄补之。

高帝八男：长庶齐悼惠王肥；次孝惠，吕后子；次戚夫人子赵隐王如意；次代王恒，已立为孝文帝，薄太后子；次梁王恢，吕太后时徙为赵共王；次淮阳王友，吕太后时徙为赵幽王；次淮南厉王长；次燕王建。

太史公曰：夏之政忠。忠之敝，小人以野，故殷人承之以敬。敬之敝，小人以鬼，故周人承之以文。文之敝，小人以僿，故救僿莫若以忠。三王之道若循环，终而复始。周秦之间，可谓文敝矣。秦政不改，反酷刑法，岂不缪乎？故汉兴，承敝易变，使人不倦，得天统矣。朝以十月。车服黄屋左纛。葬长陵。

《汉书·高帝纪》

高帝纪上

高祖，沛丰邑中阳里人也，姓刘氏。母媪尝息大泽之陂，梦与神遇。是时雷电晦冥，父太公往视，则见交龙于上。已而有娠，遂产高祖。

高祖为人，隆准而龙颜，美须髯，左股有七十二黑子。宽仁爱人，意豁如也。常有大度，不事家人生产作业。及壮，试吏，为泗上亭长，廷中吏无所不狎侮。好酒及色。常从王媪、武负贳酒，时饮醉卧，武负、王媪见其上常有怪。高祖每酤留饮，酒雠数倍。及见怪，岁竟，此两家常折券弃责。

高祖常繇咸阳，纵观秦皇帝，喟然大息，曰："嗟乎，大丈夫当如此矣！"

单父人吕公善沛令，辟仇，从之客，因家焉。沛中豪杰吏闻令有重客，皆往贺。萧何为主吏，主进，令诸大夫曰："进不满千钱，坐之堂下。"高祖为亭长，素易诸吏，乃绐为谒曰"贺钱万"，实不持一钱。谒入，吕公大惊，起，迎之门。吕公者，好相人，见高祖状貌，因重敬之，引入坐上座。萧何曰："刘季固多大言，少成事。”高祖因狎侮诸客，遂坐上座，无所诎。酒阑，吕公因目固留高祖。竟酒，后。吕公曰：“臣少好相人，相人多矣，无如季相，愿季自爱。臣有息女，愿为箕帚妾。”酒罢，吕媪怒吕公曰：“公始常欲奇此女，与贵人。沛令善公，求之不与，何自妄许与刘季?”吕公曰：“此非儿女子所知。”卒与高祖。吕公女即吕后也，生孝惠帝、鲁元公主。

高祖尝告归之田。吕后与两子居田中，有一老父过，请饮，吕后因餔之。老父相后曰：“夫人天下贵人也。”令相两子，见孝惠帝，曰：“夫人所以贵者，乃此男也。”相鲁元公主，亦皆贵。老父已去，高祖适从旁舍来，吕后具言：“客有过，相我子母皆大贵。”高祖问，曰：“未远。”乃追及，问老父。老父曰：“乡者夫人儿子皆以君，君相贵不可言。”高祖乃谢曰：“诚如父言，不敢忘德。”及高祖贵，遂不知老父处。

高祖为亭长，乃以竹皮为冠，令求盗之薛治，时时冠之，及贵常冠，所谓“刘氏冠”也。

高祖以亭长为县送徒骊山，徒多道亡。自度比至皆亡之，到丰西泽中亭，止饮，夜皆解纵所送徒，曰：“公等皆去，吾亦从此逝矣!”徒中壮士愿从者十余人。高祖被酒，夜径泽中，令一人行前。行前者还报曰：“前有大蛇当径，愿还。”高祖醉，曰：“壮士行，何畏!”乃前，拔剑斩蛇。蛇分为两，道开。行数里，醉，因卧。后人来至蛇所，有一老妪夜哭。人问妪何哭，妪曰：“人杀吾子。”人曰：“妪子何为见杀?”妪曰：“吾子，白帝子也，化为蛇当道，今者赤帝子斩之，故哭。”人乃以妪为不诚，欲苦之，妪因忽不见。后人至，高祖觉。告高祖，高祖乃心独喜，自负。诸从者日益畏之。

秦始皇帝尝曰“东南有天子气”，于是东游以猒当之。高祖隐于芒、砀山泽间，吕后与人俱求，常得之。高祖怪问吕后，后曰："季所居上常有云气，故从往常得季。"高祖又喜。沛中子弟或闻之，多欲附者。

秦二世元年秋七月，陈涉起蕲。至陈，自立为楚王，遣武臣、张耳、陈馀略赵地。八月，武臣自立为赵王。郡县多杀长吏以应涉。九月，沛令欲以沛应之。掾、主吏萧何、曹参曰："君为秦吏，今欲背之，帅沛子弟，恐不听。愿君召诸亡在外者，可得数百人，因以劫众，众不敢不听。"乃令樊哙召高祖。高祖之众已数百人矣。

于是樊哙从高祖来。沛令后悔，恐其有变，乃闭城城守，欲诛萧、曹。萧、曹恐，逾城保高祖。高祖乃书帛射城上，与沛父老曰："天下同苦秦久矣。今父老虽为沛令守，诸侯并起，今屠沛。沛令共诛令，择可立立之，以应诸侯，即室家完。不然，父子俱屠，无为也。"父老乃帅子弟共杀沛令，开城门迎高祖，欲以为沛令。高祖曰："天下方扰，诸侯并起，今置将不善，一败涂地。吾非敢自爱，恐能薄，不能完父兄子弟。此大事，愿更择可者。"萧、曹皆文吏，自爱，恐事不就，后秦种族其家，尽让高祖。诸父老皆曰："平生所闻刘季奇怪，当贵，且卜筮之，莫如刘季最吉。"高祖数让，众莫肯为，高祖乃立为沛公。祠黄帝，祭蚩尤于沛廷，而衅旗鼓。帜皆赤，由所杀蛇白帝子，杀者赤帝子故也。于是少年豪吏如萧、曹、樊哙等皆为收沛子弟，得三千人。

是月，项梁与兄子羽起吴。田儋与从弟荣、横起齐，自立为齐王。韩广自立为燕王。魏咎自立为魏王。陈涉之将周章西入关，至戏，秦将章邯距破之。

秦二年十月，沛公攻胡陵、方与，还守丰。秦泗川监平将兵围丰。二日，出与战，破之。令雍齿守丰。十一月，沛公引兵之薛。秦泗川守壮兵败于薛，走至戚，沛公左司马得杀之。沛公还军亢父，至方与。赵王武臣为其将所杀。十二月，楚王陈涉为其御所杀。魏人周市略地丰、沛，使人谓雍齿曰："丰，故梁徙也。今魏地已定者数十城，齿今下魏，魏以齿为侯守丰；不下，且屠丰。"雍齿雅不欲属沛公，及魏招之，即反为魏守丰。沛公攻丰，不能取。沛公还之沛，怨雍齿与丰子弟畔之。

正月，张耳等立赵后赵歇为赵王。东阳甯君、秦嘉立景驹为楚王，在留。沛公往从之，道得张良，遂与俱见景驹，请兵以攻丰。时章邯从陈，别将司马尸将兵北定楚地，屠相，至砀。东阳甯君、沛公引兵西，与战萧西，不利，还收兵聚留。

二月，攻砀，三日拔之。收砀兵，得六千人，与故合九千人。三月，攻下邑，拔之。还击丰，不下。四月，项梁击杀景驹、秦嘉，止薛，沛公往见之。项梁益沛公卒五千人，五大夫将十人。沛公还，引兵攻丰，拔之。雍齿奔魏。五月，项羽拔襄城还。项梁尽召别将。

六月，沛公如薛，与项梁共立楚怀王孙心为楚怀王。章邯破杀魏王咎、齐王田儋于临济。七月，大霖雨。沛公攻亢父。章邯围田荣于东阿。沛公与项梁共救田荣，大破章邯东阿。田荣归，沛公、项羽追北，至城阳，攻屠其城。军濮阳东，复与章邯战，又破之。

章邯复振，守濮阳，环水。沛公、项羽去攻定陶。八月，田荣立田儋子市为齐王。定陶未下，沛公与项羽西略地至雍丘，与秦军战，大败之，斩三川守李由。还攻外黄，外黄未下。

项梁再破秦军，有骄色。宋义谏，不听。秦益章邯兵。九月，章邯夜衔枚击项梁定陶，大破之，杀项梁。时连雨自七月至九月。沛公、项羽方攻陈留，闻梁死，士卒恐，乃与将军吕臣引兵而东，徙怀王自盱台都彭城。吕臣军彭城东，项羽军彭城西，沛公军砀。魏咎弟豹自立为魏王。后九月，怀王并吕臣、项羽军自将之。以沛公为砀郡长，封武安侯，将砀郡兵。以羽为鲁公，封长安侯。吕臣为司徒，其父吕青为令尹。

章邯已破项梁，以为楚地兵不足忧，乃渡河北击赵王歇，大破之。歇保钜鹿城，秦将王离围之。赵数请救，怀王乃以宋义为上将，项羽为次将，范增为末将，北救赵。

初，怀王与诸将约，先入定关中者王之。当是时，秦兵强，常乘胜逐北，诸将莫利先入关。独羽怨秦破项梁，奋势，愿与沛公西入关。怀王诸老将皆曰："项羽为人慓悍祸贼，尝攻襄城，襄城无噍类，所过无不残灭。且楚数进取，前陈王、项梁皆败，不如更遣长者扶义而西，告谕秦父兄。秦父兄苦其主久矣，今诚得长者往，毋侵暴，宜可下。项羽不可遣，独沛公素宽大长者。"卒不许羽，而遣沛公西收陈王、项梁散卒。乃道砀至城阳与杠里，攻秦军壁，破其二军。

秦三年十月，齐将田都畔田荣，将兵助项羽救赵。沛公攻破东郡尉于成武。

十一月，项羽杀宋义，并其兵渡河，自立为上将军，诸将黥布等皆属。

十二月，沛公引兵至栗，遇刚武侯，夺其军四千余人，并之，与魏将皇欣、武满军合，攻秦军，破之。故齐王建孙田安下济北，从项羽救赵。羽大破秦军巨鹿下，虏王离，走章邯。

二月，沛公从砀北攻昌邑，遇彭越。越助攻昌邑，未下。沛公西过高阳，郦食其为里监门，曰："诸将过此者多，吾视沛公大度。"乃求见沛公。沛公方踞床，使两女子洗。郦生不拜，长揖曰："足下必欲诛无道秦，不宜踞见长者。"于是沛公起，摄衣谢之，延上座。食其说沛公袭陈留。沛公以为广野君，以其弟商为将，将陈留兵。

三月，攻开封，未拔。西与秦将杨熊会战白马，又战曲遇东，大破之。杨熊走之荥阳，二世使使斩之以徇。四月，南攻颍川，屠之。因张良遂略韩地。

时赵别将司马印方欲渡河入关，沛公乃北攻平阴，绝河津。南，战雒阳东，军不利，从轘辕至阳城，收军中马骑。

六月，与南阳守齮战犨东，破之。略南阳郡，南阳守走，保城守宛。沛公引兵过宛西。张良谏曰："沛公虽欲急入关，秦兵尚众，距险。今不下宛，宛从后击，强秦在前，此危道也。"于是沛公乃夜引军从他道还，偃旗帜，迟明，围宛城三匝。南阳守欲自刭，其舍人陈恢曰："死未晚也。"乃逾城见沛公，曰："臣闻足下约先入咸阳者王之，今足下留守宛。宛郡县连城数十，其吏民自以为降必死，故皆坚守乘城。今足下尽日止攻，士死伤者必多；引兵去，宛必随足下。前则失咸阳之约，后有强宛之患。为足下计，莫若约降，封其守，因使止守，引其甲卒与之西。诸城未下者，闻声争开门而待足下，足下通行无所累。"沛公曰："善。"

七月，南阳守齮降，封为殷侯，封陈恢千户。引兵西，无不下者。至丹水，高武侯鳃、襄侯王陵降。还攻胡阳，遇番君别将梅鋗，与偕攻析、郦，皆降。所过毋得卤掠，秦民喜。遣魏人甯昌使秦。是月，章邯举军降项羽，羽以为雍王。瑕丘申阳下河南。

八月，沛公攻武关，入秦。秦相赵高恐，乃杀二世，使人来，欲约分王关中，沛公不许。九月，赵高立二世兄子子婴为秦王。子婴诛灭赵高，遣将将兵距峣关。沛公欲击之，张良曰："秦兵尚强，未可轻。愿先遣人益张旗帜于山上为疑兵，使郦食其、陆贾往说秦将，啗以利。"秦将果欲连和，沛公欲许之。张良曰："此独其将欲叛，恐其士卒不从，不如因其怠懈击之。"沛公引兵绕峣关，逾蒉山，击秦军，大破之蓝田南。遂至蓝田，又战其北，秦兵大败。

元年冬十月，五星聚于东井。沛公至霸上。秦王子婴素车白马，系颈以组，封皇帝玺、符、节，降枳道旁。诸将或言诛秦王，沛公曰："始怀王遣我，固以能宽容，且人已服降，杀之不祥。"乃以属吏。遂西入咸阳。欲止宫休舍，樊哙、张良谏，乃封秦重宝财物府库，还军霸上。萧何尽收秦丞相府图籍文书。

十一月，召诸县豪桀曰："父老苦秦苛法久矣，诽谤者族，耦语者弃市。吾与诸侯约，先入关者王之，吾当王关中。与父老约法三章耳：杀人者死，伤人及盗抵罪。余悉除去秦法。吏民皆安堵如故。凡吾所以来，为父兄除害，非有所侵暴，毋恐！且吾所以军霸上，待诸侯至而定要束耳。"乃使人与秦吏行至县、乡、邑告谕之。秦民大喜，争持牛、羊、酒食献享军士。沛公让不受，曰："仓粟多，不欲费民。"民又益喜，唯恐沛公不为秦王。

或说沛公曰："秦富十倍天下，地形强。今闻章邯降项羽，羽号曰雍王，王关中。即来，沛公恐不得有此。可急使守函谷关，毋内诸侯军，稍征关中兵以自益，距之。"沛公然其计，从之。

十二月，项羽果帅诸侯兵欲西入关，关门闭。闻沛公已定关中，羽大怒，使黥布等攻破函谷关，遂至戏下。沛公左司马曹毋伤闻羽怒，欲攻沛公，使人言羽曰："沛公欲王关中，令子婴相，珍宝尽有之。"欲以求封。亚父范增说羽曰："沛公居山东时，贪财好色。今闻其入关，珍物无所取，妇女无所幸，此其志不小。吾使人望其气，皆为龙，成五色，此天子气。急击之，勿失。"于是飨士，旦日合战。是时，羽兵四十万，号百万。沛公兵十万，号二十万，力不敌。会羽季父左尹项伯素善张良，夜驰见张良，具告其实，欲与俱去，毋特俱死。良曰："臣为韩王送沛公，不可不告，亡去不义。"乃与项伯俱见沛公。沛公与伯约为婚姻，曰："吾入关，秋毫无所敢取，籍吏民，封府库，待将军。所以守关者，备他盗也。日夜望将军到，岂敢反邪！愿伯明言不敢背德。"项伯许诺，即夜复去，戒沛公曰："旦日不可不早自来谢。"项伯还，具以沛公言告羽，因曰："沛公不先破关中兵，公巨能入乎？且人有大功，击之不祥，不如因善之。"羽许诺。

沛公旦日从百余骑见羽鸿门，谢曰："臣与将军戮力攻秦，将军战河北，臣战河南，不自意先入关，能破秦，与将军复相见。今者有小人言，令将军与臣有隙。"羽曰："此沛公左司马曹毋伤言之，不然，籍何以至此？"羽因留沛公饮。范增数目羽击沛公，羽不应。范增起，出谓项庄曰："君王为人不忍，汝入以剑舞，因击沛公，杀之。不者，汝属且为所虏。"庄入为寿。寿毕，曰："军中无以为乐，请以剑舞。"因拔剑舞。项伯亦起舞，常以身翼蔽沛公。樊哙闻事急，直入，怒甚。羽壮之，赐以酒。哙因谯让羽。有顷，沛公起如厕，招樊哙出，置车官属，独骑，樊哙、靳强、滕公、纪成步，从间道走军，使张良留谢羽。羽问："沛公安在？"曰："闻将军有意督过之，脱身去，间至军，故使臣献璧。"羽受之。又献玉斗范增。增怒，撞其斗，起曰："吾属今为沛公虏矣！"

沛公归数日，羽引兵西屠咸阳，杀秦降王子婴，烧秦宫室，所过残灭，秦民大失望。羽使人还报怀王，怀王曰："如约。"羽怨怀王不肯令与沛公俱西入关而北救赵，后天下约。乃曰："怀王者，吾家所立耳，非有功伐，何以得专主约！本定天下，诸将与籍也。"春正月，阳尊怀王为义帝，实不用其命。

二月，羽自立为西楚霸王，王梁、楚地九郡，都彭城。背约，更立沛公为汉王，王巴、蜀、汉中四十一县，都南郑。三分关中，立秦三将，章邯为雍王，都废丘；司马欣为塞王，都栎阳；董翳为翟王，都高奴。楚将瑕丘申阳为河南王，都洛阳。赵将司马卬为殷王，都朝歌。当阳君英布为九江王，都六。怀王柱国共敖为临江王，都江陵。番君吴芮为衡山王，都邾。故齐王建孙田安为济北王。徙魏王豹为西魏王，都平阳。徙燕王韩广为辽东王。燕将臧荼为燕王，都蓟。徙齐王田市为胶东王。齐将田都为齐王，都临淄。徙赵王歇为代王。赵相张耳为常山王。汉王怨羽之背约，欲攻之，丞相萧何谏，乃止。

夏四月，诸侯罢戏下，各就国。羽使卒三万人从汉王，楚子、诸侯人之慕从者数万人，从杜南入蚀中。张良辞归韩，汉王送至褒中，因说汉王烧绝栈道，以备诸侯盗兵，亦视项羽无东意。

汉王既至南郑，诸将及士卒皆歌讴思东归，多道亡还者。韩信为治粟都尉，亦亡去。萧何追还之，因荐于汉王，曰："必欲争天下，非信无可与计事者。"于是汉王齐戒设坛场，拜信为大将军，问以计策。信对曰："项羽背约而王君王于南郑，是迁也。吏卒皆山东之人，日夜企而望归，及其锋而用之，可以有大功。天下已定，民皆自宁，不可复用。不如决策东向。"因陈羽可图、三秦易并之计。汉王大说，遂听信策，部署诸将。留萧何收巴、蜀租，给军粮食。

五月，汉王引兵从故道出袭雍。雍王邯迎击汉陈仓，雍兵败，还走；战好畤，又大败，走废丘。汉王遂定雍地。东如咸阳，引兵围雍王废丘，而遣诸将略地。

田荣闻羽徙齐王市于胶东而立田都为齐王，大怒，以齐兵迎击田都。都走降楚。六月，田荣杀田市，自立为齐王。时彭越在钜野，众万余人，无所属。荣与越将军印，因令反梁地。越击杀济北王安，荣遂并三齐之地。燕王韩广亦不肯徙辽东。

秋八月，臧荼杀韩广，并其地。塞王欣、翟王翳皆降汉。

初，项梁立韩后公子成为韩王，张良为韩司徒。羽以良从汉王，韩王成又无功，故不遣就国，与俱至彭城，杀之。及闻汉王并关中，而齐、梁畔之，羽大怒，乃以故吴令郑昌为韩王，距汉。令萧公角击彭越，越败角兵。时张良徇韩地，遗羽书曰："汉欲得关中，如约即止，不敢复东。"羽以故无西意，而北击齐。

九月，汉王遣将军薛欧、王吸出武关，因王陵兵，从南阳迎太公、吕后于沛。羽闻之，发兵距之阳夏，不得前。

二年冬十月，项羽使九江王布杀义帝于郴。陈馀亦怨羽独不王已，从田荣借助兵，以击常山王张耳。耳败走降汉，汉王厚遇之。陈馀迎代王歇还赵，歇立馀为代王。张良自韩间行归汉，汉王以为成信侯。

汉王如陕，镇抚关外父老。河南王申阳降，置河南郡。使韩太尉韩信击韩，韩王郑昌降。

十一月，立韩太尉信为韩王。汉王还归，都栎阳，使诸将略地，拔陇西。以万人若一郡降者，封万户。缮治河上塞。故秦苑囿园池，令民得田之。

春正月，羽击田荣城阳，荣败走平原，平原民杀之。齐皆降楚，楚焚其城郭，齐人复畔之。诸将拔北地，虏雍王弟章平。赦罪人。

二月癸未，令民除秦社稷，立汉社稷。施恩德，赐民爵。蜀、汉民给军事劳苦，复勿租税二岁。关中卒从军者，复家一岁。举民年五十以上，有修行，能帅众为善，置以为三老，乡一人。择乡三老一人为县三老，与县令、丞、尉以事相教，复勿繇成。以十月赐酒肉。

三月，汉王自临晋渡河。魏王豹降，将兵从。下河内，虏殷王卬，置河内郡。至修武，陈平亡楚来降。汉王与语，说之，使参乘，监诸将。南渡平阴津，至洛阳，新城三老董公遮说汉王曰："臣闻'顺德者昌，逆德者亡'，'兵出无名，事故不成'。故曰：'明其为贼，敌乃可服。'项羽为无道，放杀其主，天下之贼也。夫仁不以勇，义不以力，三军之众为之素服，以告之诸侯，为此东伐，四海之内莫不仰德。此三王之举也。"汉王曰："善。非夫子无所闻。"于是汉王为义帝发丧，袒而大哭，哀临三日。发使告诸侯曰："天下共立义帝，北面事之。今项羽放杀义帝江南，大逆无道。寡人亲为发丧，兵皆缟素。悉发关中兵，收三河士，南浮江、汉以下，愿从诸侯王击楚之杀义帝者。"

夏四月，田荣弟横收得数万人，立荣子广为齐王。羽虽闻汉东，既击齐，欲遂破之而后击汉，汉王以故得劫五诸侯兵东伐楚。到外黄，彭越将三万人归汉。汉王拜越为魏相国，令定梁也。

汉王遂入彭城，收羽美人货赂，置酒高会。羽闻之，令其将击齐，而自以精兵三万人从鲁出胡陵，至萧，晨击汉军，大战彭城灵璧东睢水上，大破汉军，多杀士卒，睢水为之不流。围汉王三匝。大风从西北起，折木发屋，扬砂石，昼晦，楚军大乱，而汉王得与数十骑遁去。过沛，使人求室家，室家亦已亡，不相得。汉王道逢孝惠、鲁元，载行。楚骑追汉王，汉王急，推堕二子。滕公下收载，遂得脱。审食其从太公、吕后间行，反遇楚军，羽常置军中以为质。诸侯见汉败，皆亡去。塞王欣、翟王翳降楚，殷王卬死。

吕后兄周吕侯将兵居下邑，汉王从之。稍收士卒，军砀。

汉王西过梁地，至虞，谓谒者随何曰："公能说九江王布使举兵畔楚，项王必留击之。得留数月，吾取天下必矣。”随何往说布，果使畔楚。

五月，汉王屯荥阳，萧何发关中老弱未傅者悉诣军。韩信亦收兵与汉王会，兵复大振。与楚战荥阳南京、索间，破之。筑甬道属河，以取敖仓粟。魏王豹谒归视亲疾。至则绝河津，反为楚。

六月，汉王还栎阳。壬午，立太子，赦罪人。令诸侯子在关中者皆集栎阳为卫。引水灌废丘，废丘降，章邯自杀。雍地定，八十余县，置河上、渭南、中地、陇西、上郡。令祠官祀天地、四方、上帝、山川，以时祠之。兴关中卒乘边塞。关中大饥，米斛万钱，人相食。令民就食蜀、汉。

秋八月，汉王如荥阳，谓郦食其曰：“缓颊往说魏王豹，能下之，以魏地万户封生。”食其往，豹不听。汉王以韩信为左丞相，与曹参、灌婴俱击魏。食其还，汉王问：“魏大将谁也?”对曰：“柏直。”王曰：“是口尚乳臭，不能当韩信。骑将谁也?”曰：“冯敬。”曰：“是秦将冯无择子也。虽贤，不能当灌婴。步卒将谁也?”曰：“项它。”曰：“不能当曹参。吾无患矣。”

九月，信等虏豹，传诣荥阳。定魏地，置河东、太原、上党郡。信使人请兵三万人，愿以北举燕、赵，东击齐，南绝楚粮道。汉王与之。

三年冬十月，韩信、张耳东下井陉击赵，斩陈馀，获赵王歇。置常山、代郡。甲戌晦，日有食之。

十一月癸卯晦，日有食之。随何既说黥布，布起兵攻楚。楚使项声、龙且攻布，布战不胜。

十二月，布与随何间行归汉。汉王分之兵，与俱收兵至成皋。

项羽数侵夺汉甬道，汉军乏食，与郦食其谋桡楚权。食其欲立六国后以树党，汉王刻印，将遣食其立之。以问张良，良发八难。汉王辍饭吐哺，曰："竖儒几败乃公事！"令趋销印。又问陈平，乃从其计，与平黄金四万斤，以间疏楚君臣。

夏四月，项羽围汉荥阳，汉王请和，割荥阳以西者为汉。亚父劝项羽急攻荥阳，汉王患之。陈平反间既行，羽果疑亚父。亚父大怒而去，发病死。

五月，将军纪信曰："事急矣！臣请诳楚，可以间出。"于是陈平夜出女子东门二千余人，楚因四面击之。纪信乃乘王车，黄屋左纛，曰："食尽，汉王降楚。"楚皆呼万岁，之城东观，以故汉王得与数十骑出西门遁。令御史大夫周苛、魏豹、枞公守荥阳。羽见纪信，问："汉王安在？"曰："已出去矣。"羽烧杀信。而周苛、枞公相谓曰："反国之王，难与守城。"因杀魏豹。

汉王出荥阳，至成皋。自成皋入关，收兵欲复东。辕生说汉王曰："汉与楚相距荥阳数岁，汉常困。愿君王出武关，项王必引兵南走，王深壁，令荥阳、成皋间且得休息。使韩信等得辑河北赵地，连燕、齐，君王乃复走荥阳。如此，则楚所备者多，力分。汉得休息，复与之战，破之必矣。"汉王从其计，出军宛、叶间，与黥布行收兵。

羽闻汉王在宛，果引兵南，汉王坚壁不与战。是月，彭越渡睢，与项声、薛公战下邳，破杀薛公。羽使终公守成皋，而自东击彭越。汉王引兵北，击破终公，复军成皋。

六月，羽已破走彭越，闻汉复军成皋，乃引兵西拔荥阳城，生得周苛。羽谓苛："为我将，以公为上将军，封三万户。"周苛骂曰："若不趋降汉，今为虏矣！若非汉王敌也。"羽亨周苛，并杀枞公，而虏韩王信，遂围成皋。汉王跳，独与滕公共车出成皋玉门，北渡河，宿小修武。自称使者，晨驰入张耳、韩信壁而夺之军。乃使张耳北收兵赵地。

秋七月，有星孛于大角。汉王得韩信军，复大振。

八月，临河南乡，军小修武，欲复战。郎中郑忠说止汉王，高垒深堑勿战。汉王听其计，使卢绾、刘贾将卒二万人，骑数百，渡白马津入楚地，佐彭越烧楚积聚，复击破楚军燕郭西，攻下睢阳、外黄十七城。

九月，羽谓海春侯大司马曹咎曰："谨守成皋。即汉王欲挑战，慎勿与战，勿令得东而已。我十五日必定梁地，复从将军。"羽引兵东击彭越。

汉王使郦食其说齐王田广，罢守兵与汉和。

四年冬十月，韩信用蒯通计，袭破齐。齐王亨郦生，东走高密。项羽闻韩信破齐，且欲击楚，使龙且救齐。

汉果数挑成皋战，楚军不出。使人辱之数日，大司马咎怒，渡兵汜水。士卒半渡，汉击之，大破楚军，尽得楚国金玉货赂。大司马咎、长史欣皆自刭汜水上。汉王引兵渡河，复取成皋，军广武，就敖仓食。

羽下梁地十余城，闻海春侯破，乃引兵还。汉军方围钟离眛于荥阳东，闻羽至，尽走险阻。羽亦军广武，与汉相守。丁壮苦军旅，老弱罢转饷。汉王、羽相与临广武之间而语。羽欲与汉王独身挑战，汉王数羽曰："吾始与羽俱受命怀王，曰先定关中者王之。羽负约，王我于蜀、汉，罪一也。羽矫杀卿子冠军，自尊，罪二也。羽当以救赵还报，而擅劫诸侯兵入关，罪三也。怀王约，入秦无暴掠，羽烧秦宫室，掘始皇帝冢，收私其财，罪四也。又强杀秦降王子婴，罪五也。诈阬秦子弟新安二十万，王其将，罪六也。皆王诸将善地，而徙逐故主，令臣下争畔逆。罪七也。出逐义帝彭城，自都之，夺韩王地，并王梁、楚，多自与，罪八也。使人阴杀义帝江南，罪九也。夫为人臣而杀其主，杀其已降，为政不平，主约不信，天下所不容，大逆无道，罪十也。吾以义兵从诸侯诛残贼，使刑余罪人击公，何苦乃与公挑战！”羽大怒，伏弩射中汉王。汉王伤胸，乃扪足曰：“虏中吾指！”汉王病创卧，张良强请汉王起行劳军，以安士卒，毋令楚乘胜。汉王出行军，疾甚，因驰入成皋。

十一月，韩信与灌婴击破楚军，杀楚将龙且，追至城阳，虏齐王广。齐相田横自立为齐王，奔彭越。汉立张耳为赵王。

汉王疾愈，西入关，至栎阳，存问父老，置酒。枭故塞王欣头栎阳市。留四日，复如军，军广武。关中兵益出，而彭越、田横居梁地，往来苦楚兵，绝其粮食。

韩信已破齐，使人言曰：“齐边楚，权轻，不为假王，恐不能安齐。”汉王怒，欲攻之。张良曰：“不如因而立之，使自为守。”春二月，遣张良操印，立韩信为齐王。

秋七月，立黥布为淮南王。

八月，初为算赋。北貉、燕人来致枭骑助汉。汉王下令：军士不幸死者，吏为衣衾棺敛，转送其家。四方归心焉。

项羽自知少助食尽，韩信又进兵击楚，羽患之。汉遣陆贾说羽，请太公，羽弗听。汉复使侯公说羽，羽乃与汉约，中分天下，割鸿沟以西为汉，以东为楚。九月，归太公、吕后，军皆称万岁。乃封侯公为平国君。羽解而东归。汉王欲西归，张良、陈平谏曰：“今汉有天下太半，而诸侯皆附，楚兵罢食尽，此天亡之时，不因其几而遂取之，此养虎自遗患也。”汉王从之。

高帝纪下

五年冬十月，汉王追项羽至阳夏南，止军，与齐王信、魏相国越期会击楚。至固陵，不会。楚击汉军，大破之，汉王复入壁，深堑而守。谓张良曰："诸侯不从，奈何?"良对曰："楚兵且破，未有分地，其不至固宜。君王能与共天下，可立致也。齐王信之立，非君王意，信亦不自坚。彭越本定梁地，始，君王以魏豹故，拜越为相国。今豹死，越亦望王，而君王不早定。今能取睢阳以北至谷城皆以王彭越，从陈以东傅海与齐王信，信家在楚，其意欲复得故邑。能出捐此地以许两人，使各自为战，则楚易散也"。于是汉王发使使韩信、彭越。至，皆引兵来。

十一月，刘贾入楚地，围寿春。汉亦遣人诱楚大司马周殷。殷畔楚，以舒屠六，举九江兵迎黥布，并行屠城父，随刘贾皆会。

十二月，围羽垓下。羽夜闻汉军四面皆楚歌，知尽得楚地。羽与数百骑走，是以兵大败。灌婴追斩羽东城。

楚地悉定，独鲁不下。汉王引天下兵欲屠之，为其守节礼义之国，乃持羽头示其父兄，鲁乃降。初，怀王封羽为鲁公，及死，鲁又为之坚守，故以鲁公葬羽于谷城。汉王为发丧，哭临而去。封项伯等四人为列侯，赐姓刘氏。诸民略在楚者皆归之。

汉王还至定陶，驰入齐王信壁，夺其军。

初项羽所立临江王共敖前死，子尉嗣立为王，不降。遣卢绾、刘贾击虏尉。

春正月，追尊兄伯号曰武哀侯。下令曰："楚地已定，义帝亡后，欲存恤楚众，以定其主。齐王信习楚风俗，更立为楚王，王淮北，都下邳。魏相国建城侯彭越勤劳魏民，卑下士卒，常以少击众，数破楚军，其以魏故地王之，号曰梁王，都定陶。"又曰："兵不得休八年，万民与苦甚，今天下事毕，其赦天下殊死以下。"

于是诸侯上疏曰："楚王韩信、韩王信、淮南王英布、梁王彭越、故衡山王吴芮、赵王张敖、燕王臧荼昧死再拜言大王陛下：先时，秦为亡道，天下诛之。大王先得秦王，定关中，于天下功最多。存亡定危，救败继绝，以安万民，功盛德厚。又加惠于诸侯王有功者，使得立社稷。地分已定，而位号比拟，亡上下之分，大王功德之著，于后世不宣。昧死再拜上皇帝尊号。”汉王曰：“寡人闻帝者贤者有也，虚言亡实之名，非所取也。今诸侯王皆推高寡人，将何以处之哉？”诸侯王皆曰：“大王起于细微，灭乱秦，威动海内。又以辟陋之地，自汉中行威德，诛不义，立有功，平定海内，功臣皆受地食邑，非私之地。大王德施四海，诸侯王不足以道之，居帝位甚实宜，愿大王以幸天下。”汉王曰：“诸侯王幸以为便于天下之民，则可矣。”于是诸侯王及太尉长安侯臣绾等三百人，与博士稷嗣君叔孙通谨择良日二月甲午，上尊号。汉王即皇帝位于汜水之阳。尊王后曰皇后，太子曰皇太子，追尊先媪曰昭灵夫人。

诏曰：“故衡山王吴芮与子二人、兄子一人，从百粤之兵，以佐诸侯，诛暴秦，有大功，诸侯立以为王。项羽侵夺之地，谓之番君。其以长沙、豫章、象郡、桂林、南海立番君芮为长沙王。”又曰：“故粤王亡诸世奉粤祀，秦侵夺其地，使其社稷不得血食。诸侯伐秦，亡诸身帅闽中兵以佐灭秦，项羽废而弗立。今以为闽粤王，王闽中地，勿使失职。”

帝乃西都洛阳。夏五月，兵皆罢归家。诏曰：“诸侯子在关中者，复之十二岁，其归者半之。民前或相聚保山泽，不书名数，今天下已定，令各归其县，复故爵田宅，吏以文法教训辨告，勿笞辱。民以饥饿自卖为人奴婢者，皆免为庶人。军吏卒会赦，甚亡罪而亡爵及不满大夫者，皆赐爵为大夫。故大夫以上，赐爵各一级。其七大夫以上，皆令食邑；非七大夫以下，皆复其身及户，勿事。”又曰：“七大夫、公乘以上，皆高爵也。诸侯子及从军归者，甚多高爵，吾数诏吏先与田宅，及所当求于吏者，亟与。爵或人君，上所尊礼，久立吏前，曾不为决，其亡谓也。异日秦民爵公大夫以上，令丞与亢礼。今吾于爵非轻也，吏独安取此！且法以有功劳行田宅，今小吏未尝从军者多满，而有功者顾不得，背公立私，守尉长吏教训甚不善。其令诸吏善遇高爵，称吾意。且廉问，有不如吾诏者，以重论之。”

帝置酒雒阳南宫。上曰：“通侯诸将毋敢隐朕，皆言其情。吾所以有天下者何？项氏之所以失天下者何？”高起、王陵对曰：“陛下嫚而侮人，项羽仁而敬人。然陛下使人攻城略地，所降下者，因以与之，与天下同利也。项羽妒贤嫉能，有功者害之，贤者疑之，战胜而不与人功，得地而不与人利，此其所以失天下也。”上曰：“公知其一，未知其二。夫运筹帷幄之中，决胜千里之外，吾不如子房；填国家，抚百姓，给饷馈，不绝粮道，吾不如萧何；连百万之众，战必胜，攻必取，吾不如韩信。三者皆人杰，吾能用之，此吾所以取天下者也。项羽有一范增而不能用，此所以为我禽也。”群臣说服。

初，田横归彭越。项羽已灭，横惧诛，与宾客亡入海。上恐其久为乱，遣使者赦横，曰：“横来，大者王，小者侯；不来，且发兵加诛。”横惧，乘传诣雒阳，未至三十里，自杀。上壮其节，为流涕，发卒二千人，以上礼葬焉。

戍卒娄敬求见，说上曰：“陛下取天下与周异，而都雒阳，不便，不如入关，据秦之固。”上以问张良，良因劝上。是日，车驾西都长安。拜娄敬为奉春君，赐姓刘氏。

六月壬辰，大赦天下。

秋七月，燕王臧荼反，上自将征之。

九月，虏荼。诏诸侯王视有功者立以为燕王。荆王臣信等十人皆曰：“太尉长安侯卢绾功最多，请立以为燕王。”使丞相哙将兵平代地。

利几反，上自击破之。利几者，项羽将。羽败，利几为陈令，降，上侯之颍川。上至雒阳，举通侯籍召之，而利几恐，反。

后九月，徙诸侯子关中。治长乐宫。

六年冬十月，令天下县邑城。

人告楚王信谋反，上问左右，左右争欲击之。用陈平计，乃伪游云梦。十二月，会诸侯于陈，楚王信迎谒，因执之。诏曰："天下既安，豪桀有功者封侯，新立，未能尽图其功。身居军九年，或未习法令，或以其故犯法，大者死刑，吾甚怜之。其赦天下。"田肯贺上曰："甚善，陛下得韩信，又治秦中。秦，形胜之国也，带河阻山，县隔千里，持戟百万，秦得百二焉。地势便利，其以下兵于诸侯，譬犹居高屋之上建瓴水也。夫齐，东有琅玡、即墨之饶，南有泰山之固，西有浊河之限，北有勃海之利，地方二千里，持戟百万，县隔千里之外，齐得十二焉，此东西秦也。非亲子弟，莫可使王齐者。"上曰："善。"赐金五百斤。上还至雒阳，赦韩信，封为淮阴侯。

甲申，始剖符封功臣曹参等为通侯。诏曰："齐，古之建国也，今为郡县，其复以为诸侯。将军刘贾数有大功，及择宽惠修絜者，王齐、荆地。"春正月丙午，韩王信等奏请以故东阳郡、鄣郡、吴郡五十三县立刘贾为荆王；以砀郡、薛郡、郯郡三十六县立弟文信君交为楚王。壬子，以云中、雁门、代郡五十三县立兄宜信侯喜为代王；以胶东、胶西、临淄、济北、博阳、城阳郡七十三县立子肥为齐王；以太原郡三十一县为韩国，徙韩王信都晋阳。

上已封大功臣二十余人，其余争功，未得行封。上居南宫，从复道上见诸将往往耦语，以问张良。良曰："陛下与此属共取天下，今已为天子，而所封皆故人所爱，所诛皆平生仇怨。今军吏计功，以天下为不足用遍封，而恐以过失及诛，故相聚谋反耳。”上曰：“为之奈何?”良曰：“取上素所不快，计群臣所共知最甚者一人，先封以示群臣。”三月，上置酒，封雍齿，因趣丞相急定功行封。罢酒，群臣皆喜，曰：“雍齿且侯，吾属亡患矣!”

上归栎阳，五日一朝太公。太公家令说太公曰：“天亡二日，土亡二王。皇帝虽子，人主也；太公虽父，人臣也。奈何令人主拜人臣！如此，则威重不行。”后上朝，太公拥彗，迎门却行。上大惊，下扶太公。太公曰：“帝，人主，奈何以我乱天下法!”于是上心善家令言，赐黄金五百斤。夏五月丙午，诏曰：“人之至亲，莫亲于父子，故父有天下传归于子，子有天下尊归于父，此人道之极也。前日天下大乱，兵革并起，万民苦殃，朕亲被坚执锐，自帅士卒，犯危难，平暴乱，立诸侯，偃兵息民，天下大安，此皆太公之教训也。诸王、通侯、将军、群卿、大夫已尊朕为皇帝，而太公未有号，今上尊太公曰太上皇。”

秋九月，匈奴围韩王信于马邑，信降匈奴。

七年冬十月，上自将击韩王信于铜鞮，斩其将。信亡走匈奴，其将曼丘臣、王黄共立故赵后赵利为王，收信散兵，与匈奴共距汉。上从晋阳连战，乘胜逐北，至楼烦，会大寒，士卒堕指者什二三。遂至平城，为匈奴所围，七日，用陈平秘计得出。使樊哙留定代地。

十二月，上还过赵，不礼赵王。是月，匈奴攻代，代王喜弃国，自归雒阳，赦为合阳侯。辛卯，立子如意为代王。

春，令郎中有罪耐以上，请之。民产子，复勿事二岁。

二月，至长安。萧何治未央宫，立东阙、北阙、前殿、武库、大仓。上见其壮丽，甚怒，谓何曰：“天下匈匈，劳苦数岁，成败未可知，是何治宫室过度也!”何曰：“天下方未定，故可因以就宫室。且夫天子以四海为家，非令壮丽亡以重威，且亡令后世有以加也。”上说。自栎阳徙都长安。置宗正官以序九族。

夏四月，行如雒阳。

八年冬，上东击韩信余寇于东垣。还过赵，赵相贯高等耻上不礼其王，阴谋欲弑上。上欲宿，心动，问“县名何?”曰：“柏人。”上曰：“柏人者，迫于人也。”去弗宿。

十一月，令士卒从军死者为槥，归其县，县给衣衾棺葬具，祠以少牢，长吏视葬。

十二月，行自东垣至。

春三月，行如雒阳。令吏卒从军至平城及守城邑者皆复终身勿事。爵非公乘以上毋得冠刘氏冠。贾人毋得衣锦、绣、绮、縠、絺、纻、罽，操兵，乘骑马。

秋八月，吏有罪未发觉者，赦之。

九月，行自雒阳至。淮南王、梁王、赵王、楚王皆从。

九年冬十月，淮南王、梁王、赵王、楚王朝未央宫。置酒前殿，上奉玉卮为太上皇寿，曰：“始大人常以臣亡赖，不能治产业，不如仲力。今某之业所就孰与仲多?”殿上群臣皆称万岁，大笑为乐。

十一月，徙齐、楚大族昭氏、屈氏、景氏、怀氏、田氏五姓关中，与利田宅。

十二月，行如雒阳。

贯高等谋逆发觉，逮捕高等，并捕赵王敖下狱。诏敢有随王，罪三族。郎中田叔、孟舒等十人自髡钳为王家奴，从王就狱。王实不知其谋。

春正月，废赵王敖为宣平侯。徙代王如意为赵王，王赵国。

丙寅，前有罪殊死以下皆赦之。

二月，行自雒阳至。贤赵臣田叔、孟舒等十人，召见与语，汉廷臣无能出其右者。上说，尽拜为郡守、诸侯相。

夏六月乙未晦，日有食之。

十年冬十月，淮南王、燕王、荆王、梁王、楚王、齐王、长沙王来朝。

夏五月，太上皇后崩。

秋七月癸卯，太上皇崩，葬万年。赦栎阳囚死罪以下。

八月，令诸侯王皆立太上皇庙于国都。

九月，代相国陈豨反。上曰："豨尝为吾使，甚有信。代地吾所急，故封豨为列侯，以相国守代，今乃与王黄等劫掠代地！吏民非有罪也，能去豨、黄来归者，皆赦之。"上自东，至邯郸。上喜曰："豨不南据邯郸而阻漳水，吾知其亡能为矣。"赵相周昌奏常山二十五城亡其二十城，请诛守、尉。上曰："守、尉反乎？"对曰："不。"上曰："是力不足，亡罪。"上令周昌选赵壮士可令将者，白见四人。上嫚骂曰："竖子能为将乎！"四人惭，皆伏地。上封各千户，以为将。左右谏曰："从入蜀、汉，伐楚，赏未遍行，今封此，何功？"上曰："非汝所知。陈豨反，赵、代地皆豨有。吾以羽檄征天下兵，未有至者，今计唯独邯郸中兵耳。吾何爱四千户，不以慰赵子弟！"皆曰："善。"又求："乐毅有后乎？"得其孙叔，封之乐乡，号华成君。问豨将，皆故贾人。上曰："吾知与之矣。"乃多以金购豨将，豨将多降。

十一年冬，上在邯郸。豨将侯敞将万余人游行，王黄将骑千余军曲逆，张春将卒万余人渡河攻聊城。汉将军郭蒙与齐将击，大破之。太尉周勃道太原入定代地，至马邑，马邑不下，攻残之。豨将赵利守东垣，高祖攻之不下。卒骂，上怒。城降，卒骂者斩之。诸县坚守不降反寇者，复租赋三岁。

春正月，淮阴侯韩信谋反长安，夷三族。将军柴武斩韩王信于参合。

上还雒阳。诏曰："代地居常山之北，与夷狄边，赵乃从山南有之，远，数有胡寇，难以为国。颇取山南太原之地益属代，代之云中以西为云中郡，则代受边寇益少矣。王、相国、通侯、吏二千石择可立为代王者。"燕王绾、相国何等三十三人皆曰："子恒贤知温良，请立以为代王，都晋阳。"大赦天下。

二月，诏曰："欲省赋甚。今献未有程，吏或多赋以为献，而诸侯王尤多，民疾之。令诸侯王、通侯常以十月朝献，即郡各以其口数率，人岁六十三钱，以给献费。"又曰："盖闻王者莫高于周文，伯者莫高于齐桓，皆待贤人而成名。今天下贤者智能，岂特古之人乎？患在人主不交故也，士奚由进！今吾以天之灵、贤士大夫定有天下，以为一家，欲其长久，世世奉宗庙亡绝也。贤人已与我共平之矣，而不与吾共安利之，可乎？贤士大夫有肯从我游者，吾能尊显之。布告天下，使明知朕意。御史大夫昌下相国，相国酂侯下诸侯王，御史中执法下郡守，其有意称明德者，必身劝，为之驾，遣诣相国府，署行、义、年。有而弗言，觉，免。年老癃病，勿遣。"

三月，梁王彭越谋反，夷三族。诏曰："择可以为梁王、淮阳王者。"燕王绾、相国何等请立子恢为梁王，子友为淮阳王。罢东郡，颇益梁；罢颍川郡，颇益淮阳。

夏四月，行自雒阳至。令丰人徙关中者皆复终身。

五月，诏曰："粤人之俗，好相攻击，前时秦徙中县之民南方三郡，使与百粤杂处。会天下诛秦，南海尉它居南方长治之，甚有文理，中县人以故不耗减，粤人相攻击之俗益止，俱赖其力。今立它为南粤王。”使陆贾即授玺、绶。它稽首称臣。

六月，令士卒从入蜀、汉、关中者皆复终身。

秋七月，淮南王布反。上问诸将，滕公言故楚令尹薛公有筹策。上召见，薛公言布形势，上善之，封薛公千户。诏王、相国择可立为淮南王者，群臣请立子长为王。上乃发上郡、北地、陇西车骑，巴、蜀材官及中尉卒三万人为皇太子卫，军霸上。布果如薛公言，东击杀荆王刘贾，劫其兵，度淮击楚，楚王交走入薛。上赦天下死罪以下，皆令从军；征诸侯兵，上自将以击布。

十二年冬十月，上破布军于会缶。布走，令别将追之。

上还，过沛，留，置酒沛宫，悉召故人父老子弟佐酒。发沛中儿得百二十人，教之歌。酒酣，上击筑自歌曰：“大风起兮云飞扬，威加海内兮归故乡，安得猛士兮守四方!”令儿皆和习之。上乃起舞，慷慨伤怀，泣数行下。谓沛父兄曰：“游子悲故乡。吾虽都关中，万岁之后吾魂魄犹思沛。且朕自沛公以诛暴逆，遂有天下，其以沛为朕汤沐邑，复其民，世世无有所与。”沛父老诸母故人日乐饮极欢，道旧故为笑乐。十余日，上欲去，沛父兄固请。上曰：“吾人众多，父兄不能给。”乃去。沛中空县皆之邑西献。上留止，张饮三日。沛父兄皆顿首曰：“沛幸得复，丰未得，唯陛下哀矜。”上曰：“丰者，吾所生长，极不忘耳。吾特以其为雍齿故反我为魏。”沛父兄固请之，乃并复丰，比沛。

汉别将击布军洮水南北，皆大破之，追斩布番阳。

周勃定代，斩陈豨于当城。

诏曰：“吴，古之建国也。日者荆王兼有其地，今死亡后。朕欲复立吴王，其议可者。”长沙王臣等言：“沛侯濞重厚，请立为吴王。”已拜，上召谓濞曰：“汝状有反相。”因拊其背，曰：

“汉后五十年东南有乱，岂汝邪？然天下同姓一家，汝慎毋反。”濞顿首曰：“不敢。”

十一月，行自淮南还。过鲁，以大牢祠孔子。

十二月，诏曰：“秦皇帝、楚隐王、魏安釐王、齐愍王、赵悼襄王皆绝亡后。其与秦始皇帝守冢二十家，楚、魏、齐各十家，赵及魏公子亡忌各五家，令视其冢，复，亡与它事。”

陈豨降将言豨反时燕王卢绾使人之豨所阴谋。上使辟阳侯审食其迎绾，绾称疾。食其言绾反有端。春二月，使樊哙、周勃将兵击绾。诏曰：“燕王绾与吾有故，爱之如子，闻与陈豨有谋，吾以为亡有，故使人迎绾。绾称疾不来，谋反明矣。燕吏民非有罪也，赐其吏六百石以上爵各一级。与绾居，去来归者，赦之，加爵亦一级。”诏诸侯王议可立为燕王者。长沙王臣等请立子建为燕王。

诏曰：“南武侯织亦粤之世也，立以为南海王。”

三月，诏曰：“吾立为天子，帝有天下，十二年于今矣。与天下之豪士贤大夫共定天下，同安辑之。其有功者上致之王，次为列侯，下乃食邑。而重臣之亲，或为列侯，皆令自置吏，得赋敛，女子公主。为列侯食邑者，皆佩之印，赐大第室。吏二千石，徙之长安，受小第室。入蜀、汉定三秦者，皆世世复。吾于天下贤士功臣，可谓亡负矣。其有不义背天子擅起兵者，与天下共伐诛之。布告天下，使明知朕意。”

上击布时，为流矢所中，行道疾。疾甚，吕后迎良医。医入见，上问医。曰：“疾可治。”于是上嫚骂之，曰：“吾以布衣提三尺取天下，此非天命乎？命乃在天，虽扁鹊何益！”遂不使治疾，赐黄金五十斤，罢之。吕后问曰：“陛下百岁后，萧相国既死，谁令代之？”上曰：“曹参可。”问其次，曰：“王陵可，然少戆，陈平可以助之。陈平知有余，然难独任。周勃重厚少文，然安刘氏者必勃也，可令为太尉。”吕后复问其次，上曰：“此后亦非乃所知也。”

卢绾与数千人居塞下候伺，幸上疾愈，自入谢。夏四月甲辰，帝崩于长乐宫。卢绾闻之，遂亡入匈奴。

吕后与审食其谋曰：“诸将故与帝为编户民，北面为臣，心常鞅鞅，今乃事少主，非尽族是，天下不安。”以故不发丧。人或闻，以语郦商。郦商见审食其曰：“闻帝已崩四日，不发丧，欲诛诸将。诚如此，天下危矣。陈平、灌婴将十万守荥阳，樊哙、周勃将二十万定燕、代，此闻帝崩，诸将皆诛，必连兵还乡，以攻关中。大臣内畔，诸将外反，亡可跷足待也。”审食其入言之，乃以丁未发丧，大赦天下。

五月丙寅，葬长陵。已下，皇太子、群臣皆反至太上皇庙。群臣曰：“帝起细微，拨乱世反之正，平定天下，为汉太祖，功最高。”上尊号曰高皇帝。

初，高祖不修文学，而性明达，好谋，能听，自监门戍卒，见之如旧。初顺民心作三章之约。天下既定，命萧何次律令，韩信申军法，张苍定章程，叔孙通制礼仪，陆贾造《新语》。又与功臣剖符作誓，丹书铁契，金匮石室，藏之宗庙。虽日不暇给，规摹弘远矣。

赞曰：《春秋》晋史蔡墨有言：陶唐氏既衰，其后有刘累，学扰龙，事孔甲，范氏其后也。而大夫范宣子亦曰：“祖自虞以上为陶唐氏，在夏为御龙氏，在商为豕韦氏，在周为唐杜氏，晋主夏盟为范氏。”范氏为晋士师，鲁文公世奔秦。后归于晋，其处者为刘氏。刘向云战国时刘氏自秦获于魏。秦灭魏，迁大梁，都于丰，故周市说雍齿曰：“丰，故梁徙也。”是以颂高祖云：“汉帝本系，出自唐帝。降及于周，在秦作刘。涉魏而东，遂为丰公。”丰公，盖太上皇父。其迁日浅，坟墓在丰鲜焉。及高祖即位，置祠祀官，则有秦、晋、梁、荆之巫，世祠天地，缀之以祀，岂不信哉！由是推之，汉承尧运，德祚已盛，断蛇著符，旗帜上赤，协于火德，自然之应，得天统矣。

古今名家评说

（汉高祖）收天下之兵，立诸侯之后。降城即以侯其将，得赂即以分其士，与天下同其利，豪英贤才皆乐为之用。

——（汉）郦食其，司马迁：《史记·郦生陆贾列传》

项羽倍约，自立为西楚霸王，诸侯皆属，可谓至强。然汉王起巴、蜀，鞭笞天下，遂诛项羽，灭之。五年之间，海内平定。此非人力，天之所建也。

皇帝继五帝、三皇之业，统理中国；中国之人以亿计，地方万里，万物殷富；政由一家，自天地剖判未始有也。

——（汉）陆贾，司马迁：《史记·郦生陆贾列传》

陛下不能将兵，而善将将，此乃言之所以为陛下禽也。且陛下所谓天授，非人力也。

——（汉）韩信，司马迁：《史记·高祖本纪》

汉王慢而侮人，骂詈诸侯群臣如骂奴耳，非有上下礼节也。

——（汉）魏豹，司马迁：《史记·魏豹彭越列传》

陛下慢而侮人，项羽仁而爱人。然陛下使人攻城略地，所降下者因以予之，与天下同利也。与天下同其利；项羽不然，有功者害之，贤者疑之，此所以失天下也。

——（汉）高起、王陵，司马迁：《史记·高祖本纪》

然王迹之兴，起于闾巷，合从讨伐，轶于三代，乡秦之禁，适足以资贤者为驱除难耳。故愤发其所为天下雄，安在无土不王。此乃传之所谓大圣乎？

——（汉）司马迁：《史记·秦楚之际月表》

至高祖、孝文、孝景皇帝，循古节俭，宫女不过十余，厩马百余匹。

——（汉）贡禹：《汉书·贡禹传》

高祖起于布衣之中，奋剑而取天下，不由唐虞之禅，不阶汤武之王，龙行虎变，率从风云，征乱伐暴，廓清帝宇。八载之间，海内克定，遂何天之衢，登建皇极。上古已来，书籍所载，未尝有也。非雄俊之才、宽明之略、历数所授、神祇所相，安能致功如此？焚鱼断蛇，异物同符，岂非精灵之感哉？

——（汉）荀悦：《汉纪·高祖纪赞》

秦为无道，残贼百姓，高皇帝受命诛暴，元元各得其所，万国咸熙，作武德之舞。

——（汉）刘苍：《东观汉记》

昔汉之初兴，高祖因暴秦而起。官由亭长，自身亡徒。招集英雄，遂诛强楚。光有天下，功齐汤武。业流后嗣，诚帝王之元勋，人君之盛事也。然而名不继德，行不纯道；寡善人之美称，鲜君子之风采；惑秦宫而不出，窘项座而不起；计失乎郦生，忿过乎韩信。太公是诰，于孝违矣。败古今之大教，伤王道之实义。身没之后，崩亡之际，果令凶妇肆鸩酷之心，嬖妾被人豕之刑。亡赵幽囚，祸殃骨肉。诸吕专权，社稷几移。凡此诸事，岂非高祖寡计浅虑以致祸乱？然彼之雄才大略，倜傥之节，信当世至豪健壮杰士也。又其枭将尽荩臣，皆古今之鲜有，历世之希睹。彼能任其才而用之，听其言而察之。故兼天下而有帝位，流巨勋而遗元功也。不然斯不免当世之妄。

——（三国）曹植：《汉二祖优劣论》

汉祖奋三尺之剑，驱乌集之众，五年之中，遂成帝业。自开关以来，其兴立功勋，未有若汉祖之易也。夫伐深根者难为功，摧枯朽者易为力，理势然也。

——（三国）曹冏：《六代论》

高祖则倜傥疏达，魏武则猜忌狭吝。

——（晋）司马昱，《晋书·简文帝纪》

若一人之身，兼有英雄，则能长世，高祖、项羽是也。

——（晋）刘邵：《人物志》

大丈夫当为汉高、魏武，呼韩邪何足效哉！

——（前赵）刘渊（太祖），司马光：《资治通鉴》

朕若逢高皇，当北面而事之，与韩、彭竞鞭而争先耳。脱遇光武，当并驱于中原，未知鹿死谁手。大丈夫行事当磊磊落落，如日月皎然，终不能如曹孟德、司马仲达父子，欺他孤儿寡妇，狐媚以取天下也。

——（后赵）石勒，《晋书·石勒载记》

李世民："正主御邪臣，不能致理；正臣事邪主，亦不能致理。唯君臣相遇，有同鱼水，则海内可安也。昔汉高祖，田舍翁耳。提三尺剑定天下，既而规模弘远、庆流子孙者，此盖任得贤臣所致也。"

——（唐）李世民，吴兢：《贞观政要》

天下大乱，非有（商）汤、（周）武、（汉）高、（东汉）光之才，不能定也。

——（唐）刘文静，《旧唐书·刘文静传》

仆以为西汉十一帝，高祖起布衣，定天下，豁达大度，东汉所不及。其余惟文、宣二帝为优，自惠、景以下，亦不皆明于东汉明、章两帝。

——（唐）李翱：《答皇甫湜书》

汉高帝宽仁大度，与人同利，任能使，善听纳，竟甸万国。孔子曰："其或继周者，虽百代可知也。"彼萧、曹辈，生于秦，长于秦，习于秦，惑于秦，不尽刷秦恶，特见制度，与夫三代联辉，此其未至也。然皆根于忠朴与清静，其世代长久者亦在此。

——（唐）李渤：《上封事表》

高祖初起，始自徒中。言从泗上，即号沛公。啸命豪杰，奋发材雄。彤云郁砀，素灵告丰。龙变星聚，蛇分径空。项氏主命，负约弃功。王我巴蜀，实愤于衷。三秦既北，五兵遂东。汜水即位，咸阳筑宫。威加四海，还歌大风。

——（唐）司马贞：《史记索隐》

古之英主，无出汉高。郦生谋挠楚权，欲复六国，高祖曰善，趣刻印。及闻留侯之言，吐哺而骂之曰："趣销印。"夫称善未几，继之以骂，刻印、销印，有同儿戏。何尝累高祖之知人？适足明圣人之无我。

——（宋）苏轼：《上皇帝书》

予观汉高祖及光武，及唐太宗，及我太祖皇帝，能一天下者四君，皆以不嗜杀人者致之，其余杀人愈多，而天下愈乱。

——（宋）苏轼，《宋史·苏轼传》

昔（汉）高祖之所以自用其才者，其道有三焉耳：先据势胜之地，以示天下之形；广收信、越出奇之将，以自辅其所不逮；有果锐刚猛之气而不用，以深折项籍猖狂之势。此三事者，三国（魏、蜀、吴）之君，其才皆无有能行之者。独一刘备近之而未至，其中犹有翘然自喜之心，欲为椎鲁而不能纯，欲为果锐而不能达，二者交战于中，而未有所定。是故所为而不成，所欲而不遂。弃天下而入巴蜀，则非地也；用诸葛孔明治国之才，而当纷纭征伐之冲，则非将也；不忍忿忿之心，犯其所短，而自将以攻人，则是其气不足尚也。嗟夫！方其奔走于二袁之间，困于吕布而狼狈于荆州，百败而其志不折，不可谓无高祖之风矣，而终不知所以自用之方。夫古之英雄，唯汉高帝为不可及也夫。夫古之英雄，唯汉高帝为不可及也夫。

——（宋）苏辙：《历代论·三国论》

人谓汉高祖以布衣之微，召号豪杰，起定祸乱，乃瓜裂天下以王。勋将韩、彭、英布，皆连城数十，南面称孤，举天下之籍而据其半。及夫释甲就封，创血未干，皆相视诛灭。盖由高祖封赏过制，陷之骄逆，其于功臣不能无负。光武率义从之士，平夷盗逆，收还神器。天下既定，遂鉴高祖之失，第功行封，爵为通侯，大者不过数县，而不任以吏事。是以元勋故将，皆能自全。李靖，谈兵之雄者也，亦以谓光武得将将之道，贤于高祖远甚。嗟乎！是皆不深求高祖、光祖之事者也。

汉太祖挟其在己之智术，固无足以定天下而王之。然天下卒归之者，盖能收人之智而任之不疑也。

——（宋）何去非：《何博士备论》

夫以高祖权略智数，揽英豪而驱御之，盖真王霸才，虽羽百辈不敌也。

——（宋）范浚：《范浚集·用人》

故上世称圣王者，以舜为首，其次则称文、武；后世之称圣王者，以高帝为首，其次则称光武。皆知进退存亡之理，时乘御天，卒以龙德而位天位者也。至于魏孝文，虽不逮于文、武、高、光，迁都洛阳，总干问罪，辞顺而返；齐人侵轶，报之以兵，闻丧而还；进退以礼，不陨师徒，卒全龙德为用。夏变夷之贤主，亦其次也。彼凭威恃力，以逞无疆之欲，皆亢龙之师也。秦苻坚，金海陵，亢而不悔者也；汉武帝、唐太宗，亢而有悔者也。虽皆亢龙悔而知退，又其次也。

——（元）郝经，《元代奏议集录·班师议》

惟汉高祖皇帝除嬴平项，宽仁大度，威加海内，年开四百。有君天下之德，而安万世之功者也。

项羽南面称孤，仁义不施，而自矜功伐。高祖知其然，承以柔逊，济以宽仁，卒以胜之。

——（明）朱元璋，《明太祖实录》

秦乱，汉高起布衣，豁达大度，知人善任，不嗜杀人，五载成帝业。

——（明）李善长，《明史·李善长传》

汉王之入秦宫而有心（私财），见不及此。樊哙曰：“将欲为富家翁邪?”英达之君而见不及哙者多矣。范增曰：“此其志不在小。”岂徒一时取天下之雄略乎！以垂训后嗣，而文、景之治，至于尽免天下田租而国不忧贫，数百年君民交裕之略，定于此矣。

名义云者，因名以立义，为可繇不可知之民言也。不知义矣，为之名以使之顾而思，抑且欲其顾而思而不但名也，况君子之以立民极而大白于天下者哉！谓董公说高帝为义帝发丧为汉之所以兴者，率天下后世而趋于伪，必此言夫！

忠孝非人所得而劝也。如其劝之，动其不敢不忍之心而已。心生而后有事，事立而后有礼，礼行而后有名。名者，三累之下。天下为之名，而忠孝者不欲自居。高帝无哀义帝之心，天可欺乎？人可愚乎？彭城之败，几死几亡，而缟素之名，不能为之救；则涂饰耳目以故主复雠之名，无当于汉之兴，明矣。

汉王甫破项羽，还至定陶，即驰夺韩信军，天下自此宁矣。大敌已平，信且拥彊兵也何为？故无所挟以为名而抗不听命，既夺之后，弗能怨也。如姑缓之，使四方卒有不虞之事，有名可据，信兵不可夺矣。夺之速而安，以奠宗社，以息父老子弟，以敛天地之杀机，而持征伐之权于一王，乃以顺天休命，而人得以生。

汉王初即皇帝位，未封子弟功臣，而首以长沙王吴芮、闽粤王无诸，此之谓“大略”。二子者，非有功于灭项者也，追原破秦之功而封之。以天下之功为功，而不功其功，此之谓“大公”。楚、汉争于北，而南方无事，久于安则乱易起，立王以镇抚之，此之谓“制治于未乱”。以项羽宰天下不公为罪而讨之，反其道而首录不显之绩，此之谓“不遐遗，得尚于中行”。若此者，内断之心，非留侯所得与，况萧何、陈平之小智乎！量周天下者，事出于人所不虑，若迂远而实协于人心，此之谓“不测”。

以大义服天下者，以诚而已矣，未闻其以术也；奉义为术而义始贼。义者，心之制也，非天下之名也。心所勿安而忍为之，以标其名，天下乃以义为拂人之心而不和顺于理。夫高帝当窘迫之时，岂果以丁公为可杀而必杀之哉？当诛丁公之日，又岂果能忘丁公之免己而不以为德哉？欲惩人臣之叛其主，而先叛其生我之恩，且嚣然曰是天下之公义也。则借义以为利，而吾心之恻隐亡矣。

国无贵人，民不足以兴；国无富人，民不足以殖。任子贵于国，而国愈偷；贾人富于国，而国愈贫。任子不能使之弗贵，而制其贵之擅；贾人不能使之弗富，而夺其富之骄。高帝初定天下，禁贾人衣锦绮、操兵、乘马，可谓知政本矣。

——（清）王夫之：《读通鉴论》

项王非政治家。汉王则为一位高明的政治家。

——毛泽东，读司马迁《史记·高祖本纪》的批语

（见《毛泽东读文史古籍批语集》）

刘邦能够打败项羽，是因为刘邦和贵族出身的项羽不同，比

较熟悉社会生活，了解人民心理。

——毛泽东，1959年12月至1960年2月读苏联《政治经济学（教科书）》的谈话（见《党的文献》1994年第5期）

从前有个项羽，叫西楚霸王，他就不爱听别人的不同意见。他那里有个范增，给他出过些主意，可是项羽不听范增的话。另外一个人叫刘邦，就是汉高祖，他比较能够采纳各种不同的意见。有个知识分子名叫郦食其，去见刘邦。初一报，说是读书人，孔夫子这一派的。回答说，现在军事时期，不见儒生。这个郦食其就发了火，他向管门房的人说，你给我滚进去报告，老子是高阳酒徒，不是儒生。管门房的进去照样报告了一篇。好，请。请了进去，刘邦正在洗脚，连忙起来欢迎。郦食其因为刘邦不见儒生的事，心中还有火，批评了刘邦一顿。他说，你究竟要不要取天下，你为什么轻视长者！这时候，郦食其已经六十多岁了，刘邦比他年轻，所以他自称长者。刘邦一听，向他道歉，立即采纳了郦食其夺取陈留县的意见。此事见《史记》郦生陆贾列传。刘邦是在封建时代被历史家称为“豁达大度，从谏如流”的英雄人物。刘邦同项羽打了好几年仗，结果刘邦胜了，项羽败了，不是偶然的。

——毛泽东，1962年1月30日在扩大的中央工作会议上的讲话（见《毛泽东著作选读》）

汉高祖刘邦比西楚霸王项羽强，他得天下一因决策对头，二因用人得当。……高祖之后，史家誉为文景之治，其实，文、景二帝乃守旧之君，无能之辈，所谓“萧规曹随”，没有什么可称道的。倒是汉武帝雄才大略，开拓刘邦的业绩，晚年自知奢侈、黩武、方士之弊，下了罪己诏，不失为鼎盛之世。前汉自元帝始即每况愈下。元帝好儒学，摒斥名、法，抛弃他父亲的一套统治方法，但优柔寡断，是非不分，贤佞并进，君权旁落。他父亲骂他："乱我者太子也。"

——毛泽东，1957年6月13日同吴冷西等人的谈话

楚汉之战是由秦末农民战争直接演变而来的。在当时的封建社会条件下，农民战争虽然胜利地推翻了旧的封建王朝，但曾经是农民战争领袖的刘邦和项羽，终于不得不走封建统治的老路，逐步转变为封建统治权的角逐者。在这场角逐中，项羽具有强烈的旧贵族意识，不善于用人，不能重建统一的封建王朝。刘邦知人善任，因势利导，终于战胜项羽，登上了西汉皇帝的宝座。

秦末农民战争打击了地主阶级，推翻了日益贪婪残暴的秦统治集团，使社会经济获得发展的可能。这次起义，又是中国古代农民第一次大规模的反对封建统治的斗争，对后代农民起义起着激励斗志的伟大作用。

秦末农民战争打击了地主阶级，推翻了秦朝的统治。但跟着而来的，是楚汉之际争夺封建统治权的长期战争。在这场战争中，生产受到严重的破坏，社会经济凋敝。农民大量流亡异乡，不得耕作。还有一些农民为生活所迫，不得不卖妻鬻子，或者自卖为奴。经过战乱的城市，也是人口减少，商业萧条。投机商人囤积居奇，物价踊贵，米一石值万钱，马一匹值百金。新建立的西汉政权，府库空虚，财政困难。史载当时"自天子不能具钧驷，而将相或乘牛车，齐民无藏盖"。

面对这种剥削难有所得的残破局面，以刘邦为首的西汉统治者，不得不把恢复农业生产，稳定封建秩序，作为自己的首要任务，陆续采取了一些重要的措施：一、"兵皆罢归家"，"以有功

劳行田宅”。入关灭秦的关东人愿留在关中为民的，免徭役十二年，回关东的免徭役六年。军吏卒无爵或爵在大夫（五级爵）以下的，一律进爵为大夫；大夫以上的加爵一级，并一律免除本人及全家的徭赋。爵在七大夫（即公大夫，七级爵）以上的，“先与田宅”，并给以若干户租税的封赏，叫做食邑。从军归农者除少数高爵上升为地主外，大部分还是生活在封建统治之下的农民。这些农民由于获得了一份土地，提高了生产积极性，因此是汉初稳定农村封建秩序、恢复农业生产的一支重要力量。二、号召在战乱中流亡山泽的人各归本土，恢复故爵、田宅。各地小吏在战争时期占夺的土地，也事实上予以承认。这些人大多数是地主。那些出身于农民或贫民、以军功获得高爵和较多土地的人，也成为汉初的地主。这些地主是西汉王朝的主要支柱。三、以饥饿自卖为奴婢的人，一律免为庶人。四、抑制商人，不许他们衣丝、操兵器、乘车骑马，不许他们做官，加倍征收他们的算赋，以限制商人对农民的兼并。五、减轻田租，十五税一。六、命丞相萧何制定较秦法缓和的九章律，代替临时颁行的约法三章。

以上这些措施，是农民战争后地主阶级适应阶级关系的变化而采取的唯一可行的阶级政策。汉高祖推行了这一政策，一方面使地主阶级的统治秩序重新得到稳定，另一方面也使脱离生产的农民回到了土地上，得到生产的条件，从而使农业生产逐步恢复起来。

——翦伯赞：《中国史纲要》

刘邦出身农民，懂得农民阶级的疾苦，又身为亭长，懂得地主阶级的统治方法。开始起义，便得沛县，以萧何、曹参为首的全部县吏，成为起义军的领导骨干。此后逐步扩大，直到建立朝廷，最基本的人物还是沛县吏。

项籍兵力和声威比刘邦强大得多，刘项间大战七十次，小战四十次，刘邦屡战屡败，身受重伤十二次，最后垓下一战，取得全胜。推究刘项胜败的原因，主要由于刘邦的拥护者是广大农民特别是旧秦国农民，项籍的拥护者只是些野心的领主残余分子。两人所依靠的力量不同，因之后果也不同。刘邦有关中作根据地，萧何替他留守，输送兵卒粮饷，战败后常得补充，有时甚至十几岁的幼童，六十岁的老人也被补充上战场，秦民并不怨恨。项籍战败，不敢回彭城，也不敢渡江回会稽，因为他知道没有民心可靠的根据地。此外，项籍轻易封诸侯王，受封的六国旧贵族忙于维持自己的地位，无力助战，许多贫寒出身的野心家，分不到封地，心怀不平。刘邦用张良的计策，不轻易封诸侯王，使这些人有受封希望，出力助攻项籍。重要的谋士良将，大都在项籍那边失意，跑到刘邦这边来。项籍取胜全凭自己的勇力，不会用人，更轻视贫寒出身的人。刘邦善于用人，如张良是贵族，陈平是游士，樊哙是狗屠，周勃是吹鼓手，灌婴是布贩，娄敬是车夫，韩信是流氓，彭越是强盗，都被恰当地使用，各尽其所长。项籍是个勇夫。刘邦不仅自己多智谋，而且能用别人的智谋。例如韩信夺得齐地，派人见刘邦，请封自己做假齐王。刘邦大骂道，我被项籍围困，日夜望你来援救，原来想自立为王。谋士张良、陈平知道这时候不该得罪韩信，暗中踢刘邦的脚，刘邦觉悟，改口大骂道，大丈夫立功做真王就是了，做假的干什么。即时派张良去封韩信为齐王。一次他在阵上大骂项籍，被项籍射中胸口，不能直立，曲身摸脚，说，恶奴射伤我的脚趾。兵士不知道他受重伤，没有溃散。他是这样机智的人，和项籍斗智不斗力，匹夫之勇的项籍，当然不是刘邦的敌手。

——范文澜：《中国通史》

刘邦富有谋略、知人善任、善于采纳部下谏议，项羽则妒贤嫉能，刚愎自用，确是造成刘胜项败的一个重要原因。刘邦还十分中肯地评价了“汉初三杰”为创建西汉皇朝所立下的卓著功勋。汉初群臣除张良是韩相的公子外，其余大都出身微贱。萧何、曹参是沛县吏、掾，韩信是无业游民，陈平、王陵、陆贾、夏侯婴都出身平民。郦食其是乡里守门者。樊哙、周勃、灌婴各以屠狗、织履、贩缯为业。娄敬是挽车的戍卒。由于他们各自显示出才能，受到刘邦的任用，成为有名的重臣、谋士、武将。项羽则堵塞言路，任人唯亲，最后众叛亲离。

——白寿彝：《中国通史》

刘邦是中国历史上最伟大、最传奇的君王之一，他出身于地痞流氓阶层，可能还不识字（即令识字，教育程度也不会高）。世界上有很多头目，其蠢如驴，却自捧或被捧为天纵英明，实在使人背皮发紧，只刘邦确实先天就有超越普通庸才之处。他所有的重要决策，都来自部属们的建议，自己几乎完全没有主见。但他大多数时候，对部属的建议，都有正确判断，而在发现判断错误时，会立刻认错，马上改正。刘邦身上，找不到予智予雄的劲头，这要归功于他恢弘的胸襟和对新事物吸收消化的强大能力。

荥阳陷落，成皋出奔，刘邦不回关中，却直投韩信和张耳大营。像小偷一样，悄悄溜进小修武，提心吊胆过了一夜。史书虽没有记载，我们可推想，他跟夏侯婴一定有一种忧虑和恐惧：万一韩信和张耳手握军权不放，他们可是死路一条。魏无忌手执国王兵符，带有随从宾客，晋鄙还拒绝交出军队。刘邦和夏侯婴，不过落荒而逃的两个光棍，韩信和张耳把他们杀掉，而自己称王，跟杀掉两条丧家之犬没有分别。即令不杀，把两位软禁大营，假传刘邦命令，还可控制关中。刘邦出生入死得来的江山，将全部滑入韩信和张耳之手。

刘邦不敢把他的生命寄托在韩信和张耳的效忠上，假使当天晚上就投入大营，一夜之间，足够酿成叛变密谋。所以必须一直等到夺取元帅印信，重新调整军官职务之后，刘邦才敢确信自己的安全，这是一种别人教导不出来的应变能力，反应疾如闪电。接着仍授权张耳负责赵军，并擢升韩信当宰相，使他们虽被夺军权，却不以为意，仍死心塌地。无疑的，刘邦是一个政治天才。

明明自己想当皇帝，却装腔作势，硬说不想干，然后教唆摇尾系统发动拥护的闹剧，自己才作勉强状，扭扭捏捏，登台亮相，这种无聊的小动作，在政坛上不断演出，一直演到二十世纪，仍然有人乐此不疲。刘邦写下的这个剧本，遂永远被奉为经典。

秦王朝皇帝嬴政，在儒家学派刻意的丑化之下，被当做一个有百非而无一是的暴君。可是，他所建立的政治制度，包括“皇帝”的位置和排场，以及全部有利于专制行为的法令规章，却被刘邦所建立的西汉王朝滴水不漏地彻底继承，并被儒家学派肯定，没有任何抵制。儒家学派攻击的只是嬴政本人，不是攻击嬴政所做出来的摧毁人权的专制制度。

刘邦杀丁公，是一种公开的忘恩负义和三流权术，目的只在阻吓“后世”的人效法丁公。然而，没有多久，陈豨就向丁公看齐，接着英布也向丁公看齐！而刘邦也巴不得陈豨和英布手下的将领，个个都是丁公。数千年来，丁公这类人物，多如牛毛。证明司马光高估了杀丁公的效果。刘邦的子孙当皇帝四百余年，另有原因，任何专制帝王或任何独裁头目，都没有能力控制他死后政治情势的发展。刘邦死后便出现了吕家班局面，杀丁公效应到哪里去了？

……

刘邦最大的罪恶，是他用残忍地手段屠杀功臣，留下不可抹灭的劣迹，我们绝不宽恕他。但我们也了解，专制独裁政治就是杀戮，当初大家一块当小偷、当强盗，吃在一起、睡在一起，大哥二哥麻子哥，好不亲爱，一旦你高坐金銮宝殿，装模作样，想想你当年狼狈嘴脸，要不是我，你还能活呀？王朝建立伊始，效忠心理还没有凝聚成为惯性，互相猜忌之下，不但君要杀臣，臣也要杀君。猜忌犹如荆轲的毒刃，见血封喉，毫无回转余地。西汉王朝初期，我们只看到君杀臣。以后，我们将看到臣杀君，同样凶暴。刘邦先后杀了韩信、彭越和英布，对于汉初三杰的另外两位，张良为了避祸，在家闭门不出；而萧何那么一个忠心耿耿的人，为了避祸，也不得不自污，被刘邦下了监狱。

刘邦一连串屠戮，是专制政体必不可免的一项作业，成为中国历史发展的特征，几乎所有新兴的政权，都要通过这个窄门，血迹斑斑。

——柏杨：《柏杨版资治通鉴》

人类历史上最有远见、对后世影响最大的两位政治人物，一位是开创罗马帝国的恺撒，另一位便是创建大汉文明的汉太祖刘邦。恺撒未能目睹罗马帝国的建立以及文明的兴起，便不幸遇刺身亡，而刘邦却亲手缔造了一个昌盛的时期，并以其极富远见的领导才能，为人类历史开创了新纪元！

——［英］约瑟·汤恩比《历史研究》

汉朝在公元前后各经历约二百年，全盛时管辖的人口约六千万，足可与罗马帝国相比拟。就是从所控制地域和存在的时间上讲，两个帝国也可以相提并论。只是中国方面内在的凝聚力，非西方所能望其项背。

这个新朝代被中国作家极度的恭维，因为这是有史以来第一次由平民所创造的功业。汉朝创业之主刘邦是秦帝国里位卑职微的地方巡警官。他的两个丞相，萧何和曹参，曾任县级的小官僚。樊哙日后为大将，当日不过是屠夫。另一大将韩信寒微时曾一度乞食，黥布与彭越曾为盗。从新朝廷布衣卿相的局面看来，以前各领域内的贵族统治力量必已全部摧毁。组织新政权时，既不能追随旧世族的踪迹，也无须凭借他们大张旗鼓。这可不是说中国社会革命的条件业已成熟，即使几千年后中国也还没有树立一种民主体制。能够确切地代表庞大而又均匀的农村基层组织，在这时候更不足论。

汉朝的组织者承袭了秦朝所遗下宽阔而又均匀的基层，而且以灵活的手腕避免前代的过于极端。他们所采取的政策，基本上是“进三步，退两步”。以几十年的经营，构成一个中央集权的官僚制度，而成为中国整个帝制时期的楷模。

新朝代首先遇到的第一个大问题是帝国跨地过广，不能全部由中央集体管制，于是采取一种“斑马式”的省级组织。有些地区秦前所设郡县仍原封不动地任其存在，其他地区则派遣新任命的王侯，世守为业。帝裔里的近亲，亦即刘家的叔伯、兄弟、从兄弟等封为王，功臣中之卿相则封为侯。他们的领域和直隶于中央的郡县犬牙交错。这种互相监督的局面避免了秦朝的过度集权，可是这也不是全面退却，有意在长期间内再构成战国期间的纷争局面。这样的安排纯系一时权宜之计，从未预计长久保持。即使在创业人刘邦去世之前，已有不少侯国，因有心和无心的差错，被削被除。刘邦的吕后及以后袭位的皇帝，遵循着这政策而且变本加厉。公元前154年，去帝国的创始已半个世纪，朝廷的举措更是向各王国施加压力，因而激起全面的叛变。叛乱戡平后，很多王国即被撤销，余存的不仅面积减缩，而且内部的行政权也被中央政府接收。

——［美］黄仁宇《中国大历史》

平民皇帝的老子自然也是平民，但平民的老子却能成为名义上的皇帝。汉高祖刘邦之父刘太公，差[illegible]成了西楚霸王项羽的俎上肉、釜中羹，儿子称帝后却被尊为太上皇，成为史上唯一未[illegible]登极的太上皇。汉高祖的两个儿子刘盈、[illegible]恒，在腥风血雨中登上皇帝之位，然后继[illegible]乃父之志，使汉朝政治稳定、经济发展，[illegible]而成就了辉煌的“文景之治”。

太上皇刘太公

刘太公（约前271～前197年），汉高祖刘邦之父。史书习称“刘太公”。本名刘煓，字执嘉，号显初，泗水郡（今江苏沛县）人。刘邦起事后，他与儿媳、孙子留在家乡，后曾被项羽掳为人质；刘邦称帝以后，被尊为太上皇，是中国历史上第一个、也是唯一未曾登极的太上皇。

一、留居家乡　曾为人质

相传刘太公的祖父叫刘清，战国末期魏国大夫，出生并活动在魏国国都大梁。太公的父亲刘仁，始迁丰邑中阳里，号称“丰公”。从此，刘家就在这里定居下来。

刘太公的妻子，有记载称为“刘媪”。其实，所谓“太公”与“媪”，不过是对上了年岁的男性和女性的泛称，含有尊敬的意思。这些，应该不是他们夫妻的本名。而关于刘太公本名刘煓、字执嘉等记载，也皆非出于正史。也有文献称太公之妻刘媪，本名为“王含始”。

太公与刘媪生有四子一女，四子为刘伯、刘仲、刘季、刘交，女儿名未详（即宣夫人）。刘伯早亡，刘仲一名刘喜，刘季则是刘邦，这是发达后才取的名字。而伯、仲、季只是排行，即老大、老二、老三，可能如同“太公”、“媪”，只是一种泛称而已。

刘太公一家以务农为生，下田干活是本分。那时，刘邦既不读书，也不挣钱，更不下田干活养家，只知道与狐朋狗友一起喝酒胡混。太公很看不上刘邦的所作所为，经常拿他跟哥哥比，训斥他。但刘邦不加理会，一如既往，我行我素。

刘邦在沛县起事后，家眷一直都留在家乡，包括父亲、妻子吕雉以及一子一女。汉王元年（前 206），楚汉相争，沛县为西楚控制，刘邦曾派人迎接太公，但被西楚霸王项羽派兵所阻。汉王二年（前 205），汉军先是攻陷西楚都城彭城（今江苏徐州），之后楚军反攻，汉军大败。太公遂与吕雉在审食其保护下，从小道寻找刘邦，没能找到，反而为楚军所擒，被当做了人质。

汉王四年（前 203）十月，汉军夺去了西楚的粮仓敖仓，楚军粮食越来越缺乏。项羽无奈，只好用太公来威胁刘邦。他让人做了一块大砧板，把太公放在上面，威胁刘邦若不投降就煮了太公。岂料刘邦回答说："我和你一起接受楚怀王的命令，结拜为兄弟。我父亲就是你父亲；你真的要煮你的父亲，希望也分我一碗汤喝！"（"吾与羽俱北面受命怀王，曰'约为兄弟'，吾翁即若翁，必欲烹而翁，则幸分我一杯羹！"）项羽听了大怒，要下令杀死太公。项伯在一旁说："天下的大事还不可预料，况且一个争夺天下的人根本不顾自己的家，即使杀了他的老父也毫无益处，只能增加仇恨罢了。"项王听了这话，也就罢了手。

楚汉相持一年多，谁也奈何不了对方。尤其是楚军，因为粮食用尽，项羽感到非常忧虑。正在这时，汉王刘邦派人游说项羽，请求放回太公。项羽趁此机会与刘邦立下盟约：楚、汉以鸿沟为界中分天下，鸿沟以西归汉，鸿沟以东归楚。汉王五年（前 202）九月，项羽把太公、吕后送还了汉王。从此，一家人才聚在了一起。

二、恋旧习惯　尊太上皇

刘邦称帝后，自然得意非凡。他曾经导演过一出"还乡记"，浩浩荡荡地带领一干人回到家乡，着实很是显摆了一番。为此，元代杂剧作家睢景臣写了一出《高祖还乡》，狠狠挖苦了一番汉高祖的衣锦还乡。

当然，刘邦也少不了让父亲比较一番。有一次，汉高祖刘邦为刘太公祝寿，兴头上便对太公说："您老你以前常说我无赖，不事生产，不如二哥。现在我的产业，和二哥比起来哪个大?"（"始大人常以臣无赖，不能治产业，不如仲力。今某之业所就，孰与仲多?"）得意之情，溢于言表。不过，在太公眼里，当皇帝和种地也差不了多少，所以支支吾吾地回答说："好，都好。"

汉家天下，从刘邦称王的时候，就开始大肆封王封侯。称帝以后，论功、论亲颁行封赏，可就是不封大哥刘伯的儿子。原来，刘邦年轻时游手好闲，还老带着狐朋狗友回家蹭饭，全家都很烦，大嫂尤甚。有一次，刘邦又带朋友回来，大嫂就故意用勺子刮锅底，提醒刘邦没饭吃了。来人走后，刘却发现锅里还有些粥，于是就记了大嫂的仇。

刘太公见儿子迟迟不给大孙子封王，觉得对不住死去的大儿子。老人家不乐意了，就跟儿子闹起来。这样，刘邦只好又给大侄子刘信封了个"羹颉侯"。"颉"与"戛"同意，"羹颉侯"意思是粥锅刮得戛啦戛啦响的侯爵。对大嫂不招待朋友吃粥的怨恨，小叔子在这里找巴回来了。

刘太公一生操劳，没地可种了，还经常拿着扫把扫地，和仆人们在一起厮混。尽管锦衣玉食，但他却整天闷闷不乐，吵着要回老家。高祖一问，才知道老父还老惦记着家乡生活和家乡邻里。于是，高祖下令在京城，仿照丰邑新建了一座城，把太公的老邻居等等一起迁来，大伙一起干点农活，闲了就踢毬、斗鸡、走狗。从此以后，刘太公又高兴了起来。

这一事件的记载，也非出自正史，而是见诸晋代笔记《西京杂记》。原文称：太公"以平生所好皆屠贩少年，酤酒卖余，斗鸡蹴踘，以此为欢。今皆无此，故以不乐。高祖乃作新丰（新丰城），移诸故人实之，太上皇乃悦”。

称帝以后，刘邦为了表示孝顺，遵从旧礼，“五日一朝太公，如家人父子礼”，即五天就去拜见一次父亲，用的也是家里的礼数。对此，太公习以为常——皇帝本来就是自己的儿子嘛。可是太公的属官（“家令”）却认为这不符合礼法，对他说：“天无二日，地无二王。皇帝虽然是您的儿子，但是人主；您虽然是他父亲，却是人臣。怎么能让人主拜见人臣呢？这样的话，皇帝的威重就没法实行了。”（“天无二日，土无二王。今高祖虽子，人主也；太公虽父，人臣也。奈何令人主拜人臣！如此，则威重不行。”）

于是，汉高祖再来拜见时，太公就手持扫帚（篲）出门迎着退行（拥篲却行），不再让高祖拜见。高祖大惊，急忙下车去扶着父亲。而太公说：“皇帝是人主，怎么能为我乱了天下礼法！”（“帝，人主也，奈何以我乱天下法。”）

汉高祖知道这是太公属官的功劳，对这些人能够明白自己的心意很是欣赏，就赐给他们黄金五百斤，然后下诏尊太公为太上皇。这样，他既可以名正言顺地拜见太上皇，又借机宣扬了皇帝的至高无上。而刘太公也成为中国历史上唯一未曾登极而被尊为太上皇者，也是第一位在世就被尊为太上皇的人。

汉高帝十年（前 197），刘太公在栎阳宫驾崩，据载享年七十五岁。

刘太公的妻子刘媪，在秦朝还没灭亡时就去世了，享年五十六岁。汉王五年（前 202），汉王刘邦追尊她为昭灵夫人；后来，汉高帝七年（前 200），改称昭灵皇后。

刘媪去世后，太公又娶了妻子李氏，这也就是汉高祖刘邦的庶母。她生子刘交，在汉惠帝时（前 197 年）去世。

汉惠帝刘盈

汉惠帝刘盈（前211～前188），汉朝第二代皇帝。汉高祖刘邦与吕后之子。泗水郡沛县（今江苏沛县）人。汉王二年（前205）立为王太子，汉王五年（前202）立为皇太子。汉高帝十二年（前195）继位，时年十六岁，在位七年。谥号“孝惠”。惠帝在几位丞相的辅佐下，上承父制，善尽职守，使汉朝国力得以增强。但他性格“仁弱”，不堪母亲吕后的毒辣行为，为此生病，终致英年早逝。

一、少小多艰　得位不易

刘盈年幼时，父亲刘邦任泗水亭长，不过是一个小吏，家境并不丰裕。因此，他常和母亲、姐姐一齐到田间做活。又因为父亲不断地“生事”，他一家的生活一直处于颠沛流离和惊恐不安之中。

秦始皇末年，刘邦私纵刑徒逃亡隐于芒、砀山泽间，刘盈与父亲一别数年。至秦二世元年（前209），刘邦响应陈胜在沛起兵，父子虽重逢，但很快刘邦转战南北，刘盈又只好与母亲留在家乡。一直到汉王元年（前206），楚汉战争爆发，汉王刘邦经过沛郡，才派人寻找他们。不巧的是，他们由于逃亡（楚军当时也在搜捕他们），没被找到。后来刘盈和姐姐在路上巧遇父亲，但祖父太公和母亲却已走散，被楚军俘虏。姐弟虽与父同行，由于楚军紧追，多次险遭不测。他们曾被父亲三次狠心地踹下车去，以减轻车重，尽快逃跑。太仆夏侯婴看了不忍，下车把他们抱了上来，并责备汉王说：“车子本来就跑不快，把两个孩子扔了又能起多大作用?”汉王非常恼怒，但总算还有些父子之情，刘盈姐弟因而没被抛弃，这才幸免于难。后来，他被送到汉的大后方关中，才最终结束了流亡生活。

刘盈来到关中后，汉王二年（前 205）被立为王太子。住在栎阳（今陕西临潼），名为留守，实则由丞相萧何照看。汉王五年（前 202），刘邦打败项羽称皇帝，刘盈即被改立为皇太子。时年仅九岁。

刘盈被立为太子后，其皇位继承曾几经波折，颇为不易。汉高祖刘邦晚年不喜欢刘盈，认为他“为人仁弱”，不像自己，而宠姬戚夫人所生赵王刘如意与自己颇为相似，想改立刘如意为太子。汉高帝十年（前 197），汉高祖廷议改立刘如意为太子，众大臣坚决反对，高祖只好暂罢此议，但心中却仍存了废刘盈立刘如意的主张。

对此，权欲极强的吕后很感不安，屡思良策，却又一筹莫展。有人献策说：留侯张良足智多谋，也许有好主意。于是吕后就请张良谋划此事。张良认为汉高祖很尊重“四皓”（四位贤士），多次想请他们辅佐自己都未能如愿，如果能请他们来辅佐太子，问题就可迎刃而解。吕后照计施行，请来四皓，他们四人果然为辅佐太子起了很大作用。

汉高帝十一年（前 196），淮南王英布谋反，四皓设计使汉高祖改变了由刘盈带兵平叛的打算，保证了他的安全。高帝十二年（前 195），汉高祖平定英布叛乱回到长安，因伤一病不起，又想改立太子。当时张良进谏他不听，而太傅叔孙通以死谏争也无济于事。最后还是四皓使汉高祖改变了主意。在一次宴会时，汉高祖命刘盈陪同，入席时，四皓侍从着刘盈，四人的年龄都在八十岁以上。汉高祖见此大惊，感到太子刘盈羽翼已成，不能再改立了。

是年四月二十五日，汉高祖刘邦病逝，时年十六岁的皇太子刘盈继位，是为汉惠帝。

二、踵武父制　善尽职守

汉朝天下经汉高祖刘邦和一大批才识卓绝的谋臣大吏的治理，奠定了良好的基础，故而继位的皇帝只要能上承父制、善尽职守，就可以保证国泰民安了。惠帝刘盈正是这样做的。

惠帝在位七年，任用过四名丞相，他们是萧何、曹参、王陵和陈平。其中以曹参最为知名，他对惠帝时的统治政策曾产生极大影响。

曹参，沛郡（今江苏沛县）人。秦时任县狱掾，与萧何、刘邦关系密切，在县称为“豪吏”。随刘邦起兵，曾身经百战。历任中涓、五大夫、执圭、将军、左丞相等职。刘邦称帝后，被任为齐相国，封平阳侯。汉惠帝元年（前 194），惠帝诏令除诸侯相国法，曹参改任为齐丞相。第二年，相国萧何去世，因萧何死前推荐，他继任为相国。

曹参为相三年，最著名的政绩就是推行黄老政治。早在担任齐相国时，曹参就曾推行黄老之术，取得很大成效。当时他为了治理齐国，曾召集齐国许多儒生征求意见，但他们却众说纷纭，使曹参不能采纳。后来听说齐国有一位盖公，特别善说黄老言，他便派人厚礼将盖公请来，向他寻求对策。盖公说：“最高明的统治策略是清静无为，这样老百姓会自己安定。”曹参觉得很对，就对盖公特别优待，采用黄老术，结果齐国大治，曹参也被称为“贤相”。他到中央担任相国后，继续采用黄老术，推行无为而治。史载他“举事无所变更，一遵（萧）何之约束”。他选用郡国吏，只要岁数大，不善言谈，是谨厚长者，就任为丞相史；而对那些善于辞令、注重名声的，一律不用。

那时，曹参日夜饮酒，以致有的大臣想向他汇报、进言都无法开口。当时相府内外，一片喧哗，都是大小官吏在饮酒狂歌。有的官吏看不下去，试图让曹参来管一管，他不仅不管，反而也饮酒大呼，与之相和。惠帝对此很不满意，就命曹参的儿子中大夫曹窋私下去劝劝父亲，曹参却把曹窋打了二百大板。惠帝更加生气，就责备曹参说："这是我让他说的，你为什么要打他?"曹参把帽子脱掉向惠帝赔礼，但却解释说："陛下您的才能恐怕是不及高祖，而我的才能也比不上萧何。高祖和萧何君臣一心，已经制定好法令，陛下你不用操心，我们这些人奉职，能遵守好以前的制度，国家也就治理得不错了，我们还要什么更高的要求呢?"惠帝只得表示赞同。这样一来，黄老之术大兴，取得了很大成效。所以曹参去世后，百姓就曾歌颂他说："萧何为法，讲若画一；曹参代之，守而勿失。载其清靖，民以宁壹。"曹参在汉惠帝五年（前 190）去世，谥号"懿侯"。

惠帝统治的七年，使西汉王朝得到了巩固。为了恢复、发展经济，惠帝大力推行轻徭薄赋、休养生息政策。由于平定异姓王、抗击匈奴需要大量经费，高祖曾加征田租。到惠帝时，异姓王基本削平，与匈奴也重结和亲。即位伊始，惠帝便重新恢复十五税一，这对农民来说多少减轻了一些负担。惠帝四年（前 191），又下诏对努力耕田者免除徭役，鼓励农民耕田。同时还减免刑罚，"省法令妨吏民者"，以调动农民的生产积极性。到惠帝六年（前 189），惠帝为使人口迅速发展，又下诏："女子年十五以上至三十不嫁，五算。"汉代规定：十五岁以上的成年人都要交人口税，每人是一百二十钱，为一算，称为"算赋"。惠帝规定女子十五岁以上到三十岁不嫁，交人口税五算，实际就是强制女子到十五岁时就要结婚生育，这对发展人口和恢复经济，在当时起了很大作用。此外，惠帝还下令"弛商贾之律"，废除西汉初年对商贾采取的抑制政策，放宽对商贾的限制。

惠帝在思想、文化政策上也作了较大调整。当时，秦代的法家思想在政治上不再占据主导地位，而且各种思想也开始解禁。惠帝四年（前 191），惠帝废除“挟书律”。“挟书律”原是秦始皇时下令“焚书”颁布的一条法令，规定除博士官外，私藏书册者均处以族刑。由于“汉承秦制”，这项法令仍然被继续推行。惠帝明令废除了这项法令，从而使思想文化的发展摆脱了一定限制，民间藏书纷纷出现，特别是秦代受到压制的儒家思想又重新开始抬头，为以后汉武帝的“独尊儒术”奠定了基础。

在外交上，惠帝效法汉高祖，在惠帝三年（前 192），以汉宗室之女为公主，继续与匈奴冒顿单于和亲。表面上看，这不过还是汉高祖和亲的办法，实际却有着很多曲折。因为高祖时虽与匈奴和亲，并赂送大批财物，但以掠夺为主事的匈奴对此并不满意。他们在和亲始定之日就已不断骚扰边境，惠帝继位后和亲已完全破裂。当时匈奴冒顿单于竟写信侮辱吕后说：“我没有妻子，你没有丈夫，咱们俩人干脆和亲。”吕后大怒，她议斩来使，要发兵征讨匈奴。但当时经济凋敝，人心思定，中郎将季布建议吕后还是忍辱以宗室女和亲为上策。吕后权衡利弊，最后决定与匈奴和亲。冒顿单于在汉廷宽恕为怀的感召下也感到惭愧，表示自己不懂得中国礼仪，希望吕后原谅，于是向汉廷献马，再结和亲。这次和亲的缔结不仅使汉匈关系有了进一步的改善，也使汉匈两族人民特别是中原地区人民得以免于战患，对当时恢复、发展经济有着重要意义。

此外，惠帝在位期间还有一件事情值得称道，这就是长安城的修建。汉高祖采纳娄敬建议定都长安后，在长安开始修筑宫殿，建造了长乐宫和未央宫，但没有修筑城墙。为了表明西汉王朝的强盛，也为了更有效地保护封建王朝的中央机构，惠帝开始大规模地修筑长安周围的城墙。这项工程从惠帝元年（前 194）

开始动工，到惠帝五年（前 190）完成，先后进行了五次。其中有两次比较大的修筑，一次征发了十四万六千人，一次征发了十四万五千人。

长安城建成后，周围有六十五里（实测为两万五千一百米），是当时世界上规模最大的都城，只有欧洲的罗马城可与它媲美。长安城四面有十二座城门，每面有三座，其中以宣平门最为重要，是当时出入最频繁的城门。每个城门有三个门道：左道为出，右道为入，中间是“驰道”，专供皇帝使用。在城墙修筑完工后，第二年又在城中修建了“西市”，并对秦时最大的粮仓——“敖仓”进行了改建。可以说，汉长安城的规模在惠帝时已经基本完成。

三、生活不幸　英年早逝

汉惠帝即位后，虽说有着万人之上的尊崇，摆脱了颠沛流离和惊恐不安的生活，但却也郁郁寡欢，很是不幸。

惠帝为太子时，因年幼，没有娶妃。继位以后，在汉惠帝四年（前 191）由吕后做主选立皇后张氏。其婚礼很是隆重，史载仅聘金就用黄金两万斤。但这是一桩十分荒唐的婚姻，皇后张氏是惠帝的亲外甥女，即惠帝姐姐鲁元公主之女，吕后为了亲上加亲，就把自己的外孙女嫁给儿子。张氏被立为皇后以后，却始终没有怀孕。无奈，吕后就让她谎称怀孕，取后宫美人之子作儿子，杀其生母，立为太子。

惠帝即位后，尊母亲吕后为皇太后。他希望母亲能和睦亲族，但吕后并未能如其所愿，而是变本加厉地加害别人。汉高祖在世时，诸姬多幸，她受到冷落，此时便对高祖嫔妃极力迫害。她下令把高祖生前宠幸的戚夫人囚禁在永巷中，拔掉头发，戴枷具，穿着红色囚衣舂米。为了确保刘盈的王位，她下令把赵王刘如意骗至京师，用药酒毒死。然后斩断戚夫人四肢，挖眼熏耳，让她吃药致哑，扔在厕所里，称为“人彘”。

吕后的所作所为使为人“仁弱”的惠帝在精神上受到强烈刺激。他看到所谓“人彘”，知道是戚夫人后，大哭不止，为此生病一年之久，从此不理朝政，每日饮酒淫乐。

汉惠帝七年（前188），在位七年的惠帝英年早逝，时年二十二岁。死后葬于安陵（今陕西长安）。谥号“孝惠”。

汉惠帝继承帝位，做了七年有名无实的皇帝，最后以二十二岁英年早逝。谥号“孝惠”——“惠”有“仁慈、柔顺”的意思；“孝”指后代克承父业。两汉皇帝的谥号中都有一个“孝”字，只有汉高祖刘邦和东汉光武帝刘秀，因是开国之君和中兴之主而例外。汉惠帝无庙号，葬安陵。

汉惠帝去世后，吕后执政八年，纪年称“高后某年”。直到吕后去世，周勃等诛除诸吕，迎立代王刘恒，皇权才又回到了刘氏手中。

汉文帝刘恒

汉文帝刘恒（前202～前157），西汉第三代皇帝。汉高祖刘邦第四子，母薄姬。高祖十一年（前196）生，被封为代王。吕后八年（前180），吕后去世，刘恒继皇帝位。汉文帝在位二十三年多。谥号“孝文”，庙号“太宗”。他与儿子景帝刘启共同创造了历史上有名的盛世“文景之治”。

一、身世忧患　谨慎处世

刘邦生有八子，其中吕后只生了老二刘盈，后继位为汉惠帝，却不幸早逝。吕后为了掌权，对庶出的其余诸子大加迫害，有四人为其所害，只有老大刘肥善终。到吕后去世时，儿子中只剩下淮南王刘长和代王刘恒。

刘恒在诸子中，地位是最不起眼的。这是由他母亲薄氏的地位决定的。

汉王三年（前 204），汉王刘邦的军队打垮了项羽封立的魏国，把魏王魏豹的宫人掳到荥阳，要她们织布。有一次，刘邦闲逛到了织布的房子里，见一女子有些姿色，就把她要进了后宫。这个女子的父亲是吴（今江苏苏州）人，姓薄，在秦朝时与原魏王宗室女子魏媪私通生了她。刘邦把薄氏要到后宫，转脸就把她忘了。过了一年，战争形势好转，刘邦有了闲心，与管夫人、赵子儿两个美人取乐。这两个美人是与薄氏一起从魏宫被掳来的，而且彼此都很要好，当初曾相约"富贵莫相忘"。她们把与薄氏的约言当笑料说给刘邦听，刘邦听了，"心惨然，怜薄氏"，当天就把她召了来"幸之"。薄氏对刘邦说："我昨天夜里梦见一条苍龙盘在我的肚子上。"刘邦说："这是要尊贵的兆头，我成就你。"薄氏遂在汉王五年（前 202）生了刘恒。

汉高祖刘邦后来极少再宠幸薄氏，不像对赵王刘如意的母亲戚夫人那样宠爱。但是，汉高祖对她不"幸"却成了她的大幸，吕后不怎么忌恨她。母亲的被冷落也决定了儿子的不受宠爱，老四刘恒绝没有在父亲面前要乖撒娇的机会，更不用说像刘如意那样经常挂在父亲的心上和嘴上，形成对刘盈皇位的威胁。薄氏母子生活在被冷落的角落里，逢事多加考虑，谁也不能得罪，处处谨慎小心，刘恒也就在朝臣的眼里留下了一个"贤智温良"的好印象。

汉高帝十年（前 197），代郡（治代县，在今河北蔚县东北）太守陈豨据郡反叛，汉高祖用了很大力气才将叛乱平息下去。代郡地处边塞，与匈奴相接，是北方门户。汉高祖从汉帝国的长期安全考虑，认为应当以代郡为基础，加上太原郡（治晋阳，在今山西太原以西）的大部及其他一些地方，建立一个代国，成为汉朝的北方屏障，并在高帝十一年（前 196）春最终作了这个决定。“非刘氏不王”，是当时的大原则，封谁为代王呢？相国萧何等三十三名朝臣都为刘恒说好话，于是封刘恒为代王，都晋阳（后迁中都）。这样，刘恒就由朝廷配上了一批官员当代王去了。

按汉高祖的用意，是要刘恒在那里繁衍生息，世代做汉朝的屏障，但刘恒这时才七岁，谁知道他能想到些什么？第二年四月，他的父亲汉高祖“崩”在长乐宫，他是否回长安参加了父亲的丧葬，史无明载。因为吕太后担心群臣和将领们会趁汉高祖去世的时机造反，迟迟不发丧。后来发了丧，史书只讲了“群臣”在丧期的活动，没讲到藩王们的事。此后的多年中，只有惠帝二年（前 193）楚元王刘交（刘邦的同父异母弟）、齐悼惠王刘肥曾到京朝见，而刘肥险些被吕后杀掉。惠帝六年（前 189），宏伟的长安城竣工，有向四方夸示一下朝廷威势的必要，于是“诸侯来会，十月朝贺”。这次刘恒可能到长安参加了“朝贺”。此外，直到他当皇帝之前，就不曾到过长安。

高后七年（前 181），即吕后去世前一年的秋天，她曾派使者去告诉刘恒，说打算要他去当赵王。当时吕后正忙着“王诸吕”，恨不能把一切军政大权和最有利益的事都交给娘家门里的人。而且在这以前，刘恒有三个弟兄死在了赵王这个位子上，对刘氏弟兄来说，当赵王简直就是进坟墓。赵国一直都邯郸，当时是经济、文化发达而又安全的地带，要刘恒离开贫穷落后而又时刻受到匈奴威胁的代国到那里去，其用意是显而易见的。刘恒婉言谢绝了，表示“愿守代边”。事实证明，吕后要刘恒当赵王只是在试探他，当刘恒谢绝之后，就把赵王的桂冠给了娘家侄子吕禄。

刘恒的母亲薄氏，终刘邦之世，一直处在“诸姬”也即众妾当中，人们称她为“薄姬”，从没有升到“夫人”的行列。汉高祖死后，“高祖后宫唯独无宠疏远者得无恙”，其他，“皆幽之，不得出宫”。薄姬属“无宠疏远者”之列，吕后饶了她，让她出宫到了儿子身边。到了儿子的王国里，当然就成了王太后。母子就这样侥幸地躲过了吕后的迫害，平安地活了下来。

二、一朝升腾　登上皇位

高后八年（前 180）秋，对中都（今山西平遥西南）的代王宫、府来说，实在是个不同平常的季节！时时从京城长安传来一些惊心动魄的消息，使刚满二十二岁的代王刘恒与他的母亲薄氏及臣僚们的心波澜起伏，不能平静。

开初听说，吕太后于七月在长安未央宫“驾崩”了。对于这个残酷狠毒的老太婆的死，薄氏母子自然不会悲伤，倒是有些快意或解放感。

刘恒同父异母的兄弟共八人，吕后只生了老二刘盈（即汉惠帝），不幸早死。其余七人，吕后对他们都没存善心。老三赵隐王刘如意，是被她毒死的；老五赵共王刘恢，是因受不了她的逼迫自杀的；老六赵幽王刘友，是被她关起来活活饿死的；老八燕灵王刘建早死，有一子，被她派人杀死，绝了后；老大是齐悼惠王刘肥，发现吕后要杀他，赶紧用二十个县的封土作为礼物献给了吕后生的女儿鲁元公主，并且以母礼尊奉这个同父异母的妹妹，才换得吕后的高兴，安全离开了长安，得以善终。剩下的只有老七淮南王刘长和刘恒自己。

吕氏死后，宫廷发生变乱，上将军吕禄、相国吕产作乱，太尉周勃、丞相陈平诛杀诸吕，控制了朝政。此时，大臣们开始筹划皇位的继承。大家认为当时的小皇帝刘弘根本就不是惠帝后代，不宜保留；齐王刘襄虽说是高皇帝的嫡长孙，但舅父是恶人，不能立；淮南王刘长年幼，母亲、娘家人又很坏，不能立。权衡一番，最后认为“代王在现存高皇帝儿子中年龄最大，为人仁孝宽厚，太后娘家的人谨慎善良，加上立长子本来就名正言顺，是最合适的人选”。

闰九月，周勃、陈平等朝中大臣秘密派使者去代郡，迎接刘恒到长安来当皇帝。郎中令张武等人全都认为这事不可信，劝刘恒托病拒绝。他们为刘恒谋划说：“汉朝的大臣都是高皇帝时的将领，他们熟悉军事，诡计多端。他们的用意不在迎您去当皇帝，只是因为高皇帝、吕太后的影响太大了，担心他们的所作所为讲不过去罢了。现在他们杀绝了吕氏家族的人，刚刚在京城造成了大血案，都可以说成是为了迎接大王去当皇帝，所以是不可信的。大王应该托词生病，拒绝去长安，看看他们还变出些什么花招来。”中尉宋昌认为迎立是真实的，不应怀疑：刘氏的天下是天意神授，深入人心，谁也改变不了的；现在汉高祖的儿子中只剩下淮南王刘长和代王刘恒二人，刘恒年长而又“贤圣仁孝”，名声好。虽然宋昌的分析不无道理，但毕竟是推测，不好定夺。刘恒问他的母亲代王太后薄氏，太后也说不出个所以然来。

于是，刘恒以占卜决疑。结果得兆“大横”，释文说：“大横裂纹正正当当，我要成为天王，让父业发扬光大，像夏启继承大禹那样。”刘恒听了这段话后，表示不解，他说：“我本来就是王了，还再当什么王呢？”卜人说：“这里说的是‘天王’，是天子的意思。”

为了保证万无一失，刘恒派母亲薄氏的弟弟薄昭赴长安，求见周勃等朝臣。薄昭很快回复，说事实如此，无可怀疑。刘恒要宋昌陪同自己坐在代王的专用车里，要张武等六人每人乘一辆驿站平常用的普通车子作为随从，组成一支小小的车队，踏上了前往长安的道路。

车队行到离长安城约五十里的高陵（今陕西高陵），刘恒停了下来，他要宋昌先到长安去看看有没有发生变化。宋昌到了长安，见朝中自丞相以下的所有大小官吏都早已在那里等候迎接代王的到来。宋昌返回报告刘恒，刘恒命车队快马加鞭赶到了渭桥。群臣拜见，口口称臣，刘恒也下车一一还礼。太尉周勃走上前来对刘恒说："请暂离众人，说几句话。"宋昌说："如果讲的是公事，就当着公众讲；如果是私事，王者是大公无私的。"周勃就跪在地上，从怀里拿出皇帝宝玺，向代王刘恒奉献。刘恒没有接受，说："这事到代邸（代国驻国都的办事机构）再作商量。"刘恒并非不愿当皇帝，只是认为周勃的做法太简单草率了。

刘恒的车子很快进了代邸，群臣也一齐随从而来。丞相陈平、太尉周勃、大将军陈武、御史大夫张苍、宗正刘郢、朱虚侯刘章、东牟侯刘兴居、典客刘揭等八名谋划和发动政变的骨干人物到刘恒面前礼拜，并宣读了他们联名给刘恒的上表。表中说：现在的小皇帝刘弘等人都不是惠帝的儿子，没有奉祀宗庙的资格。又说：他们征求了高皇帝刘邦的大嫂、二嫂、同曾祖的弟兄琅玡王刘泽，以及其他宗室、列侯、俸禄二千石的官吏们的意见，认为刘恒应当成为皇帝的继承人，请他即天子位。

这道上表中集中了刘氏宗亲和上层官吏的意见，而且把宗亲放在首位，既符合刘恒的意愿，也合于他的利益。但在刘氏宗亲中，楚元王刘交的态度没有讲到，这使刘恒不放心。刘交是刘邦的同父异母弟，是刘恒的叔父，他的态度既可影响一部分宗族，也可影响一部分官吏，万一他提出异议，朝臣将如何对待？刘恒在答词中把这个问题端了出来说："奉祀高帝宗庙，是大事。我不才，与此不相称。希望请楚王考虑个更合适的人，我不敢担当。”结果是“群臣皆伏，固请”。这表明即使刘交有异议，群臣也不会受到影响。于是刘恒就先面向西以宾主礼说了三遍“不敢当”；然后又面向南以君臣礼说了两遍“不敢当”。既然用起了君臣礼，那就是已经“当”起来了。群臣最后献上玺和符。刘恒说：“既然宗室、将相、王、列侯都以为没有比我更合适的人选，我也就不敢再推辞了。”于是即了“天子位”，群臣以次排列，侍奉两旁。

当了天子，就不能再住藩邸，而应住进未央宫。清除未央宫以等候“天子”入居，被认为是既重要又荣耀的事，这差使由东牟侯刘兴居和太仆汝阴侯滕公夏侯婴领取了。

刘兴居与滕公从旁门进了未央宫，对小皇帝刘弘说：“足下不是刘氏后代，不该当皇帝。”又挥令左右的卫士放下兵器离开。会看眼色的卫士丢下兵器就走了，有几个却要忠于职守，既不肯离开，也不放下兵器。直到他们的顶头上司宦者令（太监头头）对他们下了命令，才扔下兵器离开。滕公让小皇帝上了一辆轻便车子出了未央宫。小皇帝好像还不明白是怎么回事，就问：“要让我到哪儿去呢?”滕公说：“到你住的地方去。”小皇帝被带到了少府（管理皇帝私人生活所需的官府）。随后，刘兴居与滕公引导天子法驾到代邸去迎接皇帝刘恒。晚间，法驾行至端门（未央宫前殿正南门），十多个手持兵器的谒者（掌管引见、内外通报的官职）上前挡住去路，说：“天子在里面，足下是干什么的，要到里面去?”好像他们也不知发生了什么事情。后来周勃前往解散了这帮人，新皇帝才进了未央宫。

三、巩固地位　稳定政权

从不起眼的地位做到皇帝，从边远小郡住进皇宫，刘恒历经周折，而要保持这地位和尊荣更属不易。因此，汉文帝刘恒即位后采取了一系列措施，巩固自己已得的地位。

汉文帝首先从卫护自己的安全做起。驻守长安的南军和北军直接控制长安，自汉高祖去世后，分别由吕后的两个娘家侄子吕产和吕禄掌握。进入未央宫当晚，汉文帝就任命宋昌为卫将军，统率驻守长安的南军和北军；又命张武为郎中令，负责守卫宫殿门户，统领直接为皇帝服务的各种官员，确保他在长安的基本安全。

任命完毕以后，汉文帝又给丞相、太尉、御史大夫下达了第一道诏书，要他们发布皇帝即位的公告，并“赦天下，赐民爵一级，女子百户牛酒，酺五日”。“赦天下”，是在天下赦免一批罪犯，使一批人感到沐浴了皇恩，为之高兴。“赐民爵一级”，是对家庭或家族的男性家长或族长提高一级爵位。当时爵分二十等，因功劳大小而授予。赐民爵都是在低等格内赐予，主要是使受爵人得到荣誉，提高威信，受到尊敬，另有少许实质性待遇，如到达第四级“不更”，可以免除值更守夜的劳役，到达第八级“公车”，可以取得乘坐公家车辆的资格，等等。“女子百户牛酒”，是对每个家庭主妇以百户为单位，发给若干酒肉，使之欢喜。“酺五日”，是允许在五天内聚集饮食。按当时法律，不得聚众饮酒，三人无故群饮，罚金四两。总之，要在帝国范围内为皇帝的即位造成一种大喜大庆的气氛。与此同时，吕氏所立的小皇帝、梁王、淮阳王、常山王，分别在各自的住所被处死。

接着，汉文帝又采取几项措施收买人心、培植势力。首先，表彰、赏赐功臣。凡是在推翻诸吕和拥立过程中立了功的，一一表彰他们的事迹，给予厚赏；功大而无爵的，除赏赐外，再封侯。对于从代国陪同他来长安的臣僚，汉文帝专门进行了功绩登记，首功自然属宋昌，封宋昌为壮武侯。其次，安置亲近官吏，凡自代国随从而来的，一律安置在重要的位置。宋昌为卫将军，统率长安南北军；其余六人，“官皆至九卿”；舅父薄昭为车骑将军，封轵侯。再次，恢复刘氏宗族在吕后当政时期被剥夺的封地和其他利益。“吕氏所夺齐、楚地，皆归之”；立赵幽王刘友之子刘遂为赵王。最后，对曾随从汉高祖征战夺取天下的列侯、官吏提高待遇。随从汉高祖入蜀汉的列侯有六十八人增加食邑三百户；“吏二千石以上从高帝”者十人，食邑六百户，等等。

如果说以上措施重在笼络，那么另外一项就意在抑制和排挤了。汉文帝即位不久，下达诏书说，大批列侯居住京师，不仅要消费大量财富，给运输供应造成沉重负担，而且也使他们没有办法“教训其民”，因此命令：列侯都要回到自己的封国里去；有官职在身不能离开，或朝廷特许留住的，也要把太子遣送封国。这是一道与上层人物关系重大的命令，遇到了相当大的阻力，列侯们除了爵位以外，还想在京师寻找到有权力的职位，所以托词不走，诏书下达一年之久不见行动。汉文帝有些恼火，再次下诏说：“前时诏书要列侯各到封国，托词不走。丞相（指周勃）是我所器重的人，请他为我率领列侯到封国。”刘恒要丞相带头到封国，以此挡回列侯们不受器重的怨言，表明他这样做不仅是治国的需要，而且也是对列侯们的真正器重。于是周勃的丞相之职被免，到了他的封地绛县（今山西曲沃东）。

然而，汉文帝让列侯归国这一措施，确实也是要处理一批他所不器重或不放心的人物，以此巩固自己的地位。周勃本人就是其中的一个。

周勃是发动政变诛灭诸吕、拥戴汉文帝当皇帝的第一号首领，汉文帝确实感激他，给了他最高的奖赏。但他对周勃却心怀畏惧，不放心。在即位后，他并没有打算改变周勃太尉的位置，丞相仍由陈平担任。陈平是谋士出身，一向谋虑深远，他感到自己与周勃之间失去了平衡，处于危险地位，托病不出，坚持要求把周勃的位置排在自己之上。汉文帝只好把丞相职位一分为二，要周勃任右丞相，位居第一，陈平任左丞相，位居第二；空出的太尉一席，由将军灌婴填补。

周勃功高权大，每当“朝罢趋出，意得甚，有骄主色”，而汉文帝对他却是“礼之恭，常目送之”。当时的郎中袁盎向汉文帝指出，他对周勃的过分谦恭使“臣主失礼”。自那以后，上朝时汉文帝的神色越来越“庄”，周勃的神色越来越“畏”。有人对周勃说：“你诛吕氏、立代王，威震天下；受重赏、处尊位，得宠已极。长此下去，势必引祸及身。”周勃猛然意识到问题的严重，立即“请归相印”，汉文帝毫不迟疑地答应了。周勃当右丞相前后只有一个多月。辞相一年后，丞相陈平去世，因无合适人选，汉文帝又让他当了丞相。复职后十个月，又以列侯归国的名义把他免了职。

后来，有人上书说，周勃在家经常披带战甲，家人在接待客人时手里拿着兵器，像是要造反。汉文帝就立即把他抓进了监狱。幸亏周勃与薄昭有些交情，通过薄昭向薄太后解释：自从罢职后，时刻担心被抓去杀头，因而家中有所戒备，并无造反之意。薄太后也相信周勃不会造反，她提着文帝的帽带子说：“绛侯怀揣皇帝宝玺、统帅长安北军的时候不造反，如今住在一个小县里，反倒会造反?”汉文帝亲自调阅了周勃的案卷，确无造反实据，才放了他，恢复了他的爵邑。周勃出狱后，颐养天年。汉文帝最终未让周勃横死，算是中国帝王史上少见的特例了。

四、与民休息　减刑节用

汉文帝之所以能取得“文景之治”的政绩，根本就在于他采取了与民休息的国策。自吕后八年（前 180）末开始，至文帝后元七年（前 157），汉文帝当了二十三年皇帝。在这二十三年中，他所采取的基本国策是与民休息，安定百姓。

即位不久，汉文帝就接连下了两道诏书。第一道诏书说："在春季要到来的时节，连草木和各种生物都有它自己的快乐，而我们的百姓中鳏寡孤独、贫穷困窘的人，有的已经面临死亡，而为民父母的不体察他们的忧愁，就是失职，要想出一个赈济的办法。"第二道诏书说："年老的人，没有布帛就穿不暖，没有肉就吃不饱。如今正当岁首，不按时派人慰问年老的长者，又没有布帛酒肉的赐予，将用什么帮助天下的儿孙孝敬赡养他们的老人？现在听说官吏给贫困老人发放饭食，有的用陈谷子，难道这符合赡养老人的本意吗？要搞个法令出来。"

有关官府根据诏书，给各县、道（部族区域的行政区划，相当于县）下达了下列法令："年八十以上，每人每月赐米一石，肉二十斤，酒五斗；年九十以上，每人另加帛两匹，絮三斤。所赐物品，由县令过目。赐给九十岁以上老人的物品，由县丞（位次于县令的官职）或县尉（位次于县丞）致送；不满九十岁的，由啬夫、令史（低于县丞、县尉的官职）致送。郡太守派都吏（负责检查的官职，后世称督邮）巡行各县，对不合规定的，予以督责。对刑徒和有罪未及判决的，不用此令。"

此外，无论从国政、吏政，还是自我要求、皇亲约束等方面，汉文帝都有一些比较突出的做法。

一是偃兵务农。

文帝元年（前179），汉文帝即位不久，就和平解决了南粤（亦即"南越"）问题。秦始皇时略定南方土地，设置了桂林郡（治所在今广西桂平）、南海郡（治番禺，即今广州市）、象郡（治临尘，即今广西崇左）。秦末农民起义之际，南海郡尉赵佗乘机扩大势力，听到秦朝灭亡，就合并桂林、象郡，自立为南粤武王。汉初，汉高祖无力远征，派使者立赵佗为南粤王，要他在当地和辑粤人各部，与汉朝通使，不要扰乱附近各郡。吕后时期，吕后派兵征伐，不能取胜。

赵佗本是真定（今石家庄市东北）人，虽去南海已四十九年，不忘家乡。他听说先人坟墓已被破坏，亲族兄弟被杀，更为恼火，发书要求汉朝撤离长沙郡的驻军，给他送去亲族兄弟。汉文帝下令修复了赵佗先人的坟墓，派人慰问了他在真定的亲人，还给他的亲族兄弟以尊贵地位。然后派使者持诏书和礼物前往告谕赵佗，只要削去帝号，不再扰乱附近郡国，就承认他为南粤王，允许他自治，与汉朝通使往来。赵佗削去了帝号，重又称臣归服了汉朝。

对北方的匈奴，汉文帝基本采取和亲与防御政策，保持边塞地区的安定，还采纳了晁错"徙民实边"的建议，招募内地居民迁往边塞，为其提供生活、生产条件，亦兵亦农，世代居住，形成防御力量。

周秦以来，重农抑商也是基本国策，汉文帝亦认为："农，天下之大本也，民所恃以生也，道民之路，在于务农。"为了刺激农业生产的恢复和发展，他曾"开籍田、亲率耕，以给宗庙粢盛"。他采纳晁错"贵五谷而贱金玉"的主张，实行以粮食换取爵位或赎罪的政策，还曾多次降低田税。文帝十三年（前 167）曾一度宣布"除田之租税"。

二是减刑节用。

汉文帝不论在国事开支方面还是个人用度方面，都精打细算，简朴从事。他严令各级官吏要"务省徭费以便民"。文帝二年（前 178），他下诏："我担心匈奴内侵，所以不能停止边防的事。但长安的各种守卫机构那么多，开销太大，卫将军所属的军队要撤销。太仆要清点马匹，除留下必用的以外，要全部送给驿站使用。"在汉文帝在位的二十三年中，宫室、苑囿、狗马及各种装饰器物都无所增加。汉文帝曾想在骊山建一座供宴游用的露台，找来工匠合计了一下，需要“百金”，便说：“这相当于十户中等人家的财产。吾享用先帝的宫室，常常觉得过分，还建这样一座台干什么！”于是作罢。文帝常穿的是粗糙的黑色绸料衣；他宠幸慎夫人，但不让她穿拖到地面的长衣，帷帐不准用带有绣花的贵重丝织品，以免助长奢侈浮华的风气。

汉文帝时，“刑罚大省”。汉文帝曾与臣下两次讨论刑罚问题。文帝二年（前178）讨论废除收孥连坐法。汉文帝说：“我听说，法律公正，人民就会诚实；判罪恰当，人民就会服从。而且管理人民、引导人民走正道不犯法的，是官吏。要是既不能引导人民走正道，又用不公正的法律去治罪，这种法反而要祸害人民，造成残暴行为，我看不出它的方便。应该再作考虑。”于是陈平、周勃宣布废除有关收孥连坐的一切法律条文，使有罪的按法律治罪，不收捕为官府奴婢，没有罪的不受牵连。

文帝十三年（前167），针对当时肉刑过滥的现实，汉文帝给御史大夫下令“废除肉刑，用别的办法代替；做到使罪人各按罪行轻重受到相应的刑罚，不逃亡，满了刑期，就解除刑罚当平民。制定出个法令来”。丞相张苍、御史大夫冯敬有些不赞成，但没有表示相反意见，根据这个诏令制定了一个取代肉刑的法令，经文帝批准于当年颁布。

五、从谏如流　天下大治

汉初之所以成就“文景之治”，与民休息、为政清明是最为主要的方面。而为政清明，则首先在于皇帝的表率作用。

关于臣下、庶民与皇帝的关系，过去的习惯总是错在下、功在上。即使皇上不好也不能说，否则就犯了“诽谤妖言罪”；如果碰上大的祸患，祭祀时就说皇上是英明的，都是臣下不好，这叫“秘祝”；老百姓诅天骂地，因天与天子、皇上连带，所以也就犯了“民诅上罪”。汉文帝统统废除了这些罪状，还针对这些问题提出了自己的主张，他在诏书中说：“古时治天下，朝廷设立进善旌、诽谤木，以此寻求好的治国方法，招徕进谏的人。现在法律中规定了诽谤妖言罪，这会使群臣不敢讲真话，使君主没法知道自己的过失，怎么能把远方的贤良之士招来呢？要废除掉。”“祸是由怨恨导致的，福是由做好事得来的。百官的错误，是由于我没有把他们引导好。现在秘祝官把过错推到臣下身上，我很不赞成。不准再搞秘祝。”

汉文帝为政清明，还表现为从谏如流。在诤谏面前，他肯承认自己的过失并及时纠正。有一次汉文帝走进郎署，与署长冯唐闲谈，知道冯唐祖上是赵国人，父亲时住在代郡，而他自己曾为代王，就对冯唐说，在当代王时，厨师上饭时说战国时赵国有个将军叫李齐，很能打仗，后来每吃饭时就想到这个李齐。他问冯唐知否李齐其人，冯唐说：“赵国的将军最著名的是廉颇和李牧。”接着又讲了廉颇和李牧的许多事迹。汉文帝越听越高兴，拍着大腿说：“唉呀！我要是有廉颇和李牧那样的将军，就不用担心匈奴了！”冯唐却说：“陛下就是得到廉颇和李牧，也是不能用的。”汉文帝很生气，过了好大一会，又问冯唐：“你怎么知道我不能用廉颇、李牧呢？”冯唐说：“廉颇、李牧所以能打胜仗，是因为赵国君主充分信任他们，给他们自主权力，不干涉他们的具体事务，只要求他们打胜仗。而现在魏尚做云中郡太守，优待士卒，打了很多胜仗，匈奴不敢接近云中，但却因上报战功时交的敌人首级比他报的数字差六个人头，陛下就把他罢官、削爵、判刑。立了大功不受赏，出了小错受重罚。所以说就是得到廉颇、李牧，也是不能用的。”汉文帝听了很高兴，当天就派遣冯唐持节赦免魏尚，恢复他的云中太守职务，并任命冯唐为车骑都尉。

张释之是个严格执行法律的官吏，他以不阿附上意、敢在汉文帝面前据理争辩著名，汉文帝任命他为廷尉（负责刑法的最高官）。有一次，汉文帝出行到中渭桥，被一个行人惊了拉车的马。惊了皇帝的车马叫做“犯跸”，于是此人被抓来交由廷尉处理。张释之查清了案情：此人听到车马声音，远避不及而躲在桥下，过了好一会，以为车马已过，却不料出来恰巧碰上了，他撒腿逃跑，于是车马被惊。按法律规定，这种情况要“罚金四两”，张释之就这样判决了。汉文帝大为不满，说：“这人惊了我的马，幸亏我的马温驯，要是别的马，不就伤了我吗？廷尉却只判了个罚款！”张释之说：“法律是天子和天下人共同遵守的，现在法律就是这样规定的，要判重了，会使法律在人民中失去威信。当时要是就地把这人杀掉，也就罢了；现在既然交给廷尉处理，而廷尉是天下司法的标准，一有偏差就会使天下的司法官丢开法律随意处罚。因此只能严格按律判决，希望陛下体察。”过了好一会儿，汉文帝说：“廷尉是对的。”

又一次，有人偷汉高祖祠庙塑像座前的玉环被抓获，汉文帝很恼火，要廷尉治罪。张释之按有关偷盗宗庙器物的法律规定判处弃市（杀头示众）。汉文帝大怒，说：“这个人无法无天，竟敢偷先帝祠庙里的器物。我把他交给廷尉的意思是想判处族刑，而你却按法律的一般规定论处，这不符合我恭敬承奉宗庙的心意。”张释之见文帝大怒，就免冠叩头说：“法律并没有盗哪个庙罪重、盗哪个庙罪轻的规定。现在偷了高祖庙里的器物判族刑，万一有愚民在高祖的坟墓长陵上抓了一把土，陛下将按什么法来判罪呢？”汉文帝无话可说，与太后商量了一阵，最后还是认为廷尉是对的。

汉文帝就是在这样的情形下，获得了“文景之治”这样世代称道的政绩。

文帝后元七年（前 157）六月，汉文帝在长安未央宫去世，终年四十五岁，谥号“孝文”，庙号“太宗”，葬霸陵（在今陕西西安市东）。

汉文帝去世前留下了一篇心情平静的长长的遗诏，其中嘱咐：要因山埋葬，不另起高坟，不要改变那里的地貌和地名，因霸水名陵号；丧期中不要禁止人们娶妇嫁女、饮酒食肉，等等。据载霸陵的殉葬器物只用瓦器，不用金玉珠宝，后来赤眉军进入长安时，其他皇帝的陵墓都被挖掘，独有霸陵完存。

西汉后宫女性对国政有过巨大影响的，首推汉高祖皇后吕雉。这位高皇后是中国历史上第一个临朝称制的女人，虽未即皇帝之位，却手握皇帝之权，生杀予夺，悉出己意。高祖提三尺剑夺取天下，但明知之下却未能对她予以打击，以致刘氏遭殃、诸吕谋乱。高祖后宫的妃嫔乃至子女，固然因高祖而改变了命运，而高后更是把握她们命运的人……

皇后吕雉

吕雉（前241～前180），汉高祖刘邦皇后，惠帝刘盈之母。名雉，字娥姁。单父（今山东单县）人。吕雉在刘邦尚未显贵时嫁入，在战乱中曾颠沛流离、吃尽苦头；但她理解、支持丈夫，并力所能及地给予佐助，汉王朝的建立也有她的一份功劳。她以果断、狠毒著称，为维护汉家天下，设计缚杀韩信保根本，族杀彭越除隐患；为维护自身和吕氏利益，残酷戕害戚夫人，多方陷害刘氏诸王。汉高祖提三尺剑夺取天下，但明知之下却未能对她给予打击，以致有高后秉政、诸吕谋乱。她是中国历史上第一个临朝称制的女人，虽未即皇帝之位，却手握皇帝之权，生杀予夺，悉出己意。勋历与威权，使她得以寿终正寝，但吕氏“王朝”随即大厦倾覆，这或许是她始料所不及。

一、嫁与刘邦　计保太子

吕后生得漂亮，而且聪明伶俐，性格活泼好动。尤其是那双会说话的眼睛，很是招人疼爱。

吕雉父亲吕公是沛县县令的好友，因遭人诬陷到沛县县令家躲避。沛县的官吏豪杰听说县令家里来了位旧交，都纷纷前往看望。当时刘邦仅是一小小亭长（秦法：乡村十里为亭，十亭为乡），他也到县令家问候。吕公善看相，宴会之间细看刘邦，见他生得相貌堂堂，方盘大脸，高鼻梁，美须髯，认为是贵相。酒足饭饱以后，刘邦正要告辞，吕公热情挽留。吕公诚恳地对刘邦说：“我一向喜欢研究相术，今天见到阁下，相貌贵不可言，愿阁下自爱；我的长女相貌不恶，想收你做子婿，不知意下如何？”

刘邦真是又惊又喜，当下欣然允诺。事后，吕公回到内室，和吕夫人谈起此事，吕夫人生气地说："你一向说这个女儿命相奇贵，要嫁给贵人。怎么现在要把爱女许给一个小小的亭长！"吕公不顾老伴的反对，最终还是将女儿嫁给了刘邦。

刘邦任亭长，不常在家，很少从事生产。吕雉则留在家中操持全家人生活，下田劳作。夫妻二人十分恩爱，婚后数年，吕氏生了一女一子。

秦二世元年（前 209），刘邦响应陈胜起义，吕氏宗族几乎全部参加了刘邦的起义队伍，随他转战南北。刘邦攻入咸阳后，被封为汉王。汉王二年（前 205），刘邦统率的汉军自汉中东下，乘项羽在山东作战、后方空虚，连续作战打到彭城（今江苏徐州）。项羽得知此信迅速回军，大败汉军。刘邦与数十骑败逃途中经过家乡沛县，想把家人一起带走，不想刘邦父亲太公和吕雉已被项羽扣作人质，只有儿子刘盈姊弟在路上遇到刘邦，得以安全逃离。

此时吕雉之兄吕泽带领一支汉军驻守在下邑（今安徽砀山），他接应了疲惫不堪的刘邦，才使刘邦有了立足之地。此后楚汉两军在荥阳（在今河南荥阳东北）一带对峙三年之久，直到汉王四年（前 203）九月，楚汉签订以鸿沟为界中分天下的停战协定以后，项羽才将太公和吕雉送还刘邦。

不久，项羽败灭，刘邦正式称帝，随后吕氏也成了皇后。吕后的儿子刘盈被册立为太子，女儿封为鲁元公主，嫁与张敖为妻。

吕后最大的敌人，是刘邦的宠妃戚夫人。她不仅是情敌，还威胁到太子刘盈的合法地位。戚夫人所生一子名如意，汉高祖说他像自己，甚为宠爱，十岁时就被封为赵王。

这时的吕后已年老色衰，汉高祖总是带着戚夫人南征北讨。太子刘盈仁爱温和，汉高祖不喜欢他，说他懦弱无用。戚夫人虽然受宠，但她并不知足，她希望汉高祖立如意为太子，母以子贵，日后自己也许会成为皇后、皇太后，汉高祖也有此意。

不过，废立太子须和朝中大臣商议，汉高祖在朝中提出后，遭到众大臣的一致反对。因为刘盈被立为太子已有八年之久，如无罪被废，将大失人心，动摇国家根本。吕后在东厢偷听大臣的争论，内心也十分紧张、恐慌。这时，有人建议吕后去请教留侯张良。于是吕后密使其兄建成侯吕释之去请教张良。

张良足智多谋，见吕释之来问计，遂诡秘地说，皇上得天下后，有四个德高望重的高士——东园公，绮里季，夏黄公，甪里先生，称为“商山四皓”，不肯做皇上的臣子，皇上曾礼请他们出山，但他们鉴于皇上好谩骂侮辱儒士，逃入深山，隐居不出。如果太子能谦恭其辞，请他们去太子府中做太子宾客，皇上看到，必有助于太子的声望。吕释之回禀吕后，依计而行，这四位高士竟然真的被太子请到了府中。

汉高帝十一年（前 196），淮南王英布叛乱。此时汉高祖正生病，决定派太子刘盈领兵去征讨。刘盈从来没有领兵打过仗，实在难以胜任。这时商山四皓为太子献策，去见吕释之，说太子统兵，有功不能增加他的秩位，无功恐怕要影响太子地位。吕释之觉得此话有理，立即去见吕后，吕后当然替儿子着想，所以找了一个机会，依照四皓之计劝说高祖。汉高祖十分不悦，只好亲自带兵征讨。

到第二年消灭英布后回朝，汉高祖又重提废太子的意旨。正巧朝中举行庆宴，太子由商山四皓随从上朝拜贺。汉高祖看见太子身边这四位自己多次请不动的老者非常尊重太子，十分惊奇地说：“我以前请你们，你们不出山却逃避我，现在追随我儿，这是为何？”商山四皓说：“陛下一向轻士好骂，臣等不愿受辱，故此逃走；如今听说太子仁孝恭敬，尊礼儒士，天下士子都引颈愿为太子所用，故臣等前来。”拜贺礼完成后，商山四皓随太子身后缓步离去。汉高祖在殿上目送四人，召戚夫人前来，指给她看说：“我本想废太子，但太子有这四位高士辅佐，羽翼已成，现在无法更动了。”

这场废立太子的斗争，以吕氏的胜利而告终。

二、智除韩信　谋害彭越

吕后早年勤俭持家，劳作田间，但在协助汉高祖得天下后，由于政治环境不平静，此叛彼逆，环境险恶，磨炼出了杰出干练的才能和刚毅的性格。当然，她对于政敌的残酷无情、心狠手毒，也使满朝文武震惊和恐惧。

汉高祖手下大将楚王韩信，在楚汉战争中立下汗马功劳。汉高祖得天下后，怀疑他谋反，降封为淮阴侯，留在长安加以监视。这使韩信十分颓丧，心中常怀怨愤。他采取了一种消极反抗的办法，称病闭门不出。这种软禁生活使他在长安一住四年，韩信对汉高祖由失望、怨恨，逐渐地走上了谋反的道路。

汉高帝十年（前 197），代相陈豨自立为代王，公开打出了反叛的旗帜。汉高祖率军亲征。韩信在长安秘密与陈豨通谋，乘刘邦不在京城，准备假传命令，赦免城中被拘禁的罪犯和奴隶，发兵袭击吕后及太子，一举颠覆刘邦政权，自己取而代之。谁知韩信家人中有一人得罪韩信，韩信将他囚起来要杀他，此人之弟为救其兄，连夜告变于吕后。

汉高帝十一年（前 196）正月，吕后同相国萧何合谋，让人诈称从前线归来，报告陈豨兵败身死，令群臣皆上朝祝贺。韩信听说后，一阵恐慌，不知所措，推说身体不适不能上朝。相国萧何特来会见韩信，并激将说：“你虽然身体欠安，但应该强打精神上朝祝贺，以表示对朝廷的拥戴。”韩信只得勉强入宫朝贺。

一进宫门，韩信束手就擒，吕后立即宣布他的罪状，下令将他斩于长乐宫。韩信的亲戚朋友也被斩尽杀绝。

汉高祖得天下后，封帮助其打天下的另一位大将彭越为梁王，都于山东定陶。后因彭越以生病为由，没有奉诏征讨陈豨而被诬告成谋反，汉高祖将其贬为庶人，并流放到蜀地的青衣（今四川临邛西南）。彭越来到郑县（今陕西华县），适逢吕后从长安去洛阳路经此地，便向吕后陈述自己的冤情，希望吕后允许他回昌邑老家做一个平民百姓。吕后佯为许诺，将彭越带回洛阳，却对汉高祖说："彭越戎马功高，具有相当号召能力，如万一彭越复反，岂不是自遗祸患。不如杀之，以除后患。"

汉高祖觉得吕后的话很有道理，于是将彭越交吕后全权处理。吕后即刻威逼彭越舍人诬告他谋反，廷尉王恬开依照吕后的指令把彭越定成夷灭宗族的大罪。就这样，为汉高祖血洒疆场、战功赫赫的彭越，做了六年诸侯王，最后因高祖、吕后一纸诏书，便含冤而死，而且骨肉被俎为醢，遍赐诸侯王。由此可见吕后处事的果断与狠毒。

三、鸩杀赵王 制造"人彘"

汉高帝十二年（前195）四月，汉高祖去世，十七岁的太子刘盈继位，即惠帝。尊吕后为皇太后。

五月，汉高祖的葬礼刚完，吕后便利用皇太后的权力，报复戚夫人及其子赵王刘如意。她先将戚夫人囚于永巷，给她剪去头发，戴上脚镣手铐，穿上罪囚衣裙，罚她做苦工舂米。此时，戚夫人的儿子赵王刘如意远在千里之遥的河北，不知她的遭遇，所以戚夫人时常一边舂米，一边悲歌："子为王，母为虏，终日舂薄暮，常与死为伍！相去三千里，当谁使告汝？"吕后闻知大怒，为了不留隐患，她决定斩草除根，于是先后四次遣使者去赵国，召赵王刘如意来长安，准备与戚夫人一起处死，以除后患。

吕氏对戚夫人的憎恨，汉高祖早已听说，他担心自己百年以后，戚夫人母子难保性命。御史赵尧献计，选一有地位、正直而素为吕后、太子及群臣所敬畏的人做赵相，以保护赵王。汉高祖经慎重考虑，选中了敢言力争的御史周昌。当吕后所派使者传令要赵王去长安，周昌见来意不善而不肯奉诏。吕后随即派人召周昌去长安问话，待周昌离赵，又派使者召赵王，赵王也不敢不动身赴长安了。

惠帝刘盈得知赵王如意来长安处境危险，便率先赶到长安城外，将这个差点夺去帝位的幼弟接到了自己宫中，使太后杀赵王的企图一时难以实现。一天，惠帝晨起出外习射，刘如意独自在宫中睡觉，吕后钻此空当，遣人携毒酒强迫赵王饮下，将这个可怜的年仅十二岁的孩子鸩杀。

戚夫人悲痛欲绝，吕后又想出了一个惨绝人寰的酷刑，先砍断戚夫人的四肢，将她眼珠挖去，又用一种药熏耳致聋，给她饮以哑药使其哑不能言，称之为“人彘”。吕后还得意地让同情戚夫人的惠帝前往观赏。当惠帝知道惨不忍睹的活怪物就是昔日美貌动人的戚夫人时，悲痛得大哭起来，他觉得母亲太残忍了。从此在吕后专权的淫威下，惠帝“日饮为淫乐，不听政”，自己戕害自己，以致体弱多病。

自此，卑劣的权力欲和复仇欲使吕后决心除掉一切拦在她权力之路上的障碍。她似乎对任何人都不敢相信，内心时常存有嫉恨和戒心，几乎达到变态反常的程度。她一生钟爱她的一儿一女，对于蔑视儿女地位的，不论是谁她都会因嫉妒而狠施毒手。

吕后为了加快培植吕氏集团势力，竟然将惠帝亲姊鲁元公主与赵王张敖所生之女立为帝后。外甥女嫁舅舅完全乱了辈分，婚后张皇后未生孩子，将来帝位由谁继承成了难题。如立汉高祖其他儿子来继承皇位吧，又非自己亲生。于是，吕后命将惠帝另一姬妾所生儿子交由张皇后抚养，然后杀掉孩子的生母。

四、大封诸吕　终成泡影

汉惠帝七年（前 188）八月，惠帝病逝。这时年逾花甲的吕后呼天抢地，却干嚎无泪。张良的儿子张辟强聪明绝顶，时年十五岁，任侍中，看透了吕后的心思，低声对丞相陈平说："太后独有一子，如今驾崩，何以太后哭而不哀?"陈平疑惑不解，两眼奇怪地盯着张辟强，张辟强对陈平耳语道："惠帝的儿子都在稚龄，太后内心畏惧老臣宿将不好统率，有疑惧。依太后的性格及为人处世，长此下去，大家难免有杀身之祸。丞相最好建议太后拜其亲属吕产、吕台、吕禄为将，让他们统领京城禁军，使诸吕都入宫居中用事。如此吕后心安，而君等也可以脱祸。"陈平依此而行，果然大得吕后的欢心。

惠帝去世后，吕后立张皇后的养子为帝，称为"少帝"，吕后以皇太后之尊临朝听政。一个以吕后为首的外戚集团，以封王诸吕为契机，很快地组织了起来。吕泽儿子吕台、吕产，吕释之子吕禄及其他吕姓亲族多人，借吕后权势很快都加官晋爵。吕后知道守卫京师的南军和北军有举足轻重的地位，于是就使吕台、吕产、吕禄当了这两支军队的统帅，使朝廷内外变成了名副其实的吕家天下。吕后又大封诸吕为王，巩固自己的地位和权力。除此之外，吕后想方设法让诸吕之女嫁给刘姓的王侯，以使吕氏家族永远延续下去。

这时候，被吕后立为皇帝的那位连名字也没留下来的少年天子——少帝，知道了自己的身世。小小的年纪不知利害，说出了"太后杀我母，我长大以后，一定要报仇"。不料这句话传入吕氏耳中，她立即把他囚于永巷，对外宣布小皇帝生病，不准周围的侍臣接近他。后又将少帝幽杀，立惠帝另一假子常山王刘义为帝，改名为刘弘。

高后八年（前 180）七月，年近七旬的吕后预感到自己将不久于人世，也清楚刘氏集团决不会甘于屈居吕氏集团的统治之下，自己死后势必有一场你死我活的斗争。因而她精心地为家人做了应变的准备。她任赵王吕禄为上将军，统率北军；梁王吕产领南军。汉朝的军制，首都的禁卫军分南军北军，南军掌卫戍宫城，北军掌卫戍首都，控制了首都和宫廷的卫戍部队，可以防备兵变。而且没有忘记以吕产为相国，以吕禄女为帝后，为巩固吕氏的权力做了最后的努力。

吕后去世后，果然汉高祖长孙齐王刘襄自山东发兵，刘姓诸侯王声讨诸吕之罪，要求共同发兵讨伐吕氏集团。就这样，以周勃、陈平为首的刘氏集团，几天之内，通过一场宫廷政变，便痛快淋漓地扫荡了吕氏集团，迎刘邦另一个儿子代王刘恒为帝，是为汉文帝。

妃嫔薄氏

薄氏（？～前 159），汉高祖刘邦的妃嫔。吴（今江苏苏州）人。薄氏入宫多年而不得宠，一个偶然的机会被高祖刘邦临幸，生文帝刘恒。“子以母贵”，因薄氏的仁善，刘恒被立为代王，后又称帝。“母以子贵”，因儿子即帝位，薄氏被尊为皇太后。晚年的薄太后享受着天伦之乐，最后安详地离开人世。

一、偶然被幸　生下一子

薄氏的父亲在秦朝时，与原魏王宗室女子魏媪私通生了她。父亲死后，薄氏随母亲魏媪住魏王宫。当时，有一个名叫许负的人，看见年幼的薄氏顿时惊呆，低声告诉魏媪："此女乃生天子之相!"魏王魏豹听说后十分高兴。原来，当时楚王项羽与汉王刘邦正在交战，谁主天下还未成定局。自认聪明的魏豹心想：若真如此，天下理当属我魏豹，于是，他背着汉王刘邦，而与楚王项羽联合。

汉王三年（前204），刘邦的军队打败了魏王魏豹，俘虏了魏豹及魏豹的宫人。薄氏也随母亲一起被俘到荥阳，在织室织布。有一次，刘邦闲逛，无意进了织室，见到肌肤似玉、面目秀艳的薄氏，便把她要进了后宫。尽管此时的刘邦年已五十有余，但依然气宇轩昂。薄氏被刘邦的气度深深吸引，心中十分高兴，暗自庆幸总算结束了终日劳作的织布生活。薄氏的母亲魏媪更是暗自兴奋，不由得想起了若干年前许负的预言，心想总算有出头之日了!

谁知刘邦把薄氏要在后宫，转眼就把她忘到九霄云外。刘邦的后宫嫔妃如云，况且刘邦家有悍妻吕后，后宫又有宠妃戚夫人，所以，薄氏并未引起刘邦太大的兴趣，只是一时兴起而已，薄氏虽入后宫，但一年多没有被刘邦召见，更不用说临幸于她。

汉王四年（前203），成皋（今河南荥阳汜水镇）被刘邦收复，刘邦与项羽约定：双方以鸿沟（今河南荥阳、中牟、开封一带）为界，"中分天下"，西边属汉，东边归楚。项羽将作为人质的高祖之父和妻子吕雉送还。刘邦连连获利，因此也有闲心与管夫人、赵子儿两个美人取乐。

管夫人和赵子儿是和薄氏一起从魏王宫被掳来的，而且三人以姐妹相称，十分要好，曾相约"富贵莫相忘"。此时，这两个美人早已忘记当初的誓言，仅是把此誓言当做笑料讲给刘邦听。刘邦听后，心中一阵凄然，顿时觉得薄姬既单纯又可怜，于是当天便将薄氏召来。

薄氏在后宫这一年虽然饱食终日，无劳作之苦，但忍受孤独寂寞，整日无所事事，连刘邦的面都未见过。此时，刘邦突然要临幸，她简直不敢相信，一阵慌然，之后又一阵喜悦，低声对刘邦说："昨天夜里，我梦见一条苍龙盘在我的肚子上。"刘邦顺着她的意思说："这是要尊贵的兆头，我成就你。"就此一幸，薄氏在汉高祖五年（前 202）生了一子，取名刘恒，即后来的文帝。

也就是刘恒降临人世这一年，刘邦在山东定陶汜水之阳正式称帝，国号为汉。汉高祖刘邦立吕雉为皇后，太子刘盈为皇太子。自从有了儿子刘恒之后，汉高祖刘邦几乎不再临幸薄氏。薄氏每日与儿子刘恒相依度日。薄氏为此时常暗自落泪，但是儿子刘恒聪明伶俐，而且格外懂事，薄氏心中又有了一丝慰藉，薄氏把所有的感情都倾注在儿子刘恒身上。母子俩生活在被冷落的角落，谁也不敢得罪，逢事谨慎小心，众臣却认为刘恒贤智温良。所以汉高祖十二年（前 195），刘恒被立为代王。

薄氏一直处在"诸姬"的行列，尽管生了皇子，但依然没被封为"夫人"。也许正因为如此，薄氏才得以躲避吕后的迫害，安然无恙地生活在宫中，而且儿子刘恒还被封为代王。

二、子登帝位　尊为太后

汉高帝十一年（前 196），汉高祖刘邦在平定淮南王英布叛乱时被流矢射中，回到长安病情加重。十二年（前 195）四月二十五日，汉高祖刘邦结束了他的戎马生涯，辞世而去。

汉高祖去世后，吕雉开始干预朝政，对有负于她的朝臣一律处死。受高祖刘邦宠幸的夫人、妃子更是在劫难逃。曾被刘邦宠幸的戚夫人等，全部被吕后囚禁在宫中，不得出宫。薄氏因很少受到汉高祖宠幸，而且为人谨小慎微，所以免遭迫害，并且因其子刘恒为代王，薄氏亦被称为"代王太后"。薄氏的弟弟薄昭也跟从代王左右。

汉高后八年（前 180），吕后辞世。大臣开始筹划皇位的继承人。齐王刘襄是汉高祖的嫡长孙，按理应立其为帝，但因齐王刘襄的舅舅驷钧为人暴恶，担心若立齐王为帝，驷钧一族就会像吕氏家族的人一样在朝中飞扬跋扈，不得人心，所以一致反对。最后认为：薄氏为人宽厚、善良，而且代王是汉高祖在世的儿子中年龄最大的，又仁孝宽厚、贤智温良，所以，周勃、陈平等朝中大臣秘派使者去代郡，迎刘恒称帝。郎中令张武等认为这事不可信，劝刘恒托病拒绝，刘恒便找代王太后薄氏商量。

薄氏在宫中谨谨慎慎生活了二十多年，除对儿子的关心和照顾外，早已无其他欲望，只求平安。此时二十多年前许负的预言又浮现脑海，所以，薄氏让刘恒占卜决定。结果得兆“大横”。占卜者望着相貌不凡的刘恒，连说：“哎哟，不得了了，你要做大王，像夏启继承大禹那样，承大业。”刘恒听完疑虑消除一半，为了保险，薄氏的弟弟薄昭又亲去长安探问。结果，事实如此，无可怀疑，于是，刘恒携母亲薄氏及侍者、家人赴长安。

不久，刘恒即帝位，是为文帝。文帝即位后，薄氏被尊为“皇太后”。薄氏家族跟着显耀起来，刘恒从心里对母亲薄氏十分感激，若不是薄氏的养育，刘恒是不会有今天的荣耀的。所以，汉文帝封薄氏的弟弟薄昭为轵侯，追封薄氏的父亲为“灵文侯”，而且薄氏的娘家人魏氏亲族也都受封。

汉文帝刘恒对薄氏十分孝顺。一次，文帝的儿子刘启同其胞弟刘武共乘一车入朝，行至司马门没有下车，公车令张释之追阻，不许进入殿门，并告了太子一状。此事惊动了薄太后，文帝亲自带子向薄氏免冠谢罪，并且自责“教子不谨”。可见，文帝刘恒对母亲薄氏是相当孝顺、尊敬的。

汉文帝后元七年（前 157）六月，文帝刘恒崩于长安未央宫。其子刘启即位，是为汉景帝，薄氏被尊为“太皇太后”。

孝景帝二年（前 155），薄氏病逝。因其不是正嫡，故葬于儿子文帝附近，其陵称“南陵”，未能与高祖刘邦合葬。

夫人戚氏

戚夫人（？～前 194），汉高祖刘邦宠妃。一称戚姬，名戚懿，定陶（今山东定陶）人。曾随刘邦征战四年。她不仅貌美，且擅长歌舞，尤擅“翘袖折腰”舞，舞姿优美，深受高祖宠爱。因为自己得宠，高祖也很钟爱她生的儿子刘如意，遂生出野心，想让儿子继承帝位，自己做皇后。但在与吕后的较量中，不仅愿望未能实现，还落得悲惨下场。

一、得宠高祖　触怒吕后

戚氏的父亲是男奴，为当地的一个土财主抬轿子；母亲是女奴，为别人洗衣服。因此，戚氏一出生就注定是一个女奴。

戚夫人一家住在风一吹就可能倒塌的茅草屋里，过着食不果腹、衣不蔽体的生活，这样的日子一直挨到戚氏十六岁。十六岁那年，戚氏碰到了生命中的第一大贵人——刘邦。

汉王元年（前 206），汉王刘邦和项王项羽交战。刘邦从汉中封地，率领归心似箭的部下，趁项羽无暇顾及的时候，一口气打到了山东。

刘邦在定陶驻扎下来，进行休整。此时，戚氏的主家想要讨好汉王，就打算给刘邦送礼，最终认定送美女最稳妥，因为男人一般不会拒绝美女。于是他向下人们打听谁家有美女，问到戚氏的父亲时，他知道主子不怀好心，不想把女儿交出来，便说自己没有女儿。主子一看这人就有问题，肯定隐瞒了实情，就派人把戚氏父亲痛打了一顿。戚氏父亲是个有骨气的男人，硬是不把女儿说出来。

可在这个时候，戚氏却亲自送上门来。原来，她母亲忽然晕倒，送去治病，急需大笔医药费用。万般无奈，她只好来找父亲。土财主看到戚氏如此美貌，就把她抢了过来。他先扔给戚氏父亲一些钱币，叫下人赶出了大门。戚氏的父亲拿着钱赶忙去给妻子治病，没想到妻子已经断了气。而土财主怕戚氏的父亲告官，就派人暗中把他杀了。戚氏被送给了刘邦，刘邦喜滋滋地接收下来。

当时，吕雉已经年高色衰，和年轻貌美的戚夫人无法相比。有了戚氏之后，刘邦便把吕雉冷落在一旁。后来刘邦打败了项羽，做了皇帝，后宫美女众多，吕雉更被疏远。那时，戚氏被封为夫人，刘邦整天和她泡在一起，两人如胶似漆。吕雉看在眼里，气在心上，虽说夺宠的并非戚氏一人，但吕后却把戚夫人视为眼中钉。

戚夫人出生于小户人家，单纯善良，没有见过多少世面。她以为皇宫就是天堂，只要安安分分，不得罪别人，就会平安无事。可她没有料到，皇宫里的一切都是那么错综复杂，而且其间的残酷无情，远非民间可以逆料。

二、野心勃勃　欲立己子

在皇宫中长期的耳濡目染，戚夫人逐渐意识到了自己处境的危险：现在有汉高祖罩着，估计不会有又太多问题，一旦高祖老去，自己又该如何？巧的是，这时候戚夫人生下了一个儿子，这为她保全自己增添了一个砝码。

有了儿子，戚夫人开始有了新的想法：“要是我的儿子当了太子，万一皇上有个三长两短，我的儿子就会登上皇帝宝座，而我就成了皇太后，那时候谁还能拿我怎么样？”她知道，尽管刘盈已经被立为太子，但废立太子还不是皇帝说了算。于是，戚夫人向汉高祖哭诉：“我们母子俩无依无靠，要是你不在了，我们怎么办呢？恐怕皇后不会放过我们，与其那时候被人害死，还不如现在死了算了。”

汉高祖本来是一个心软的男人，见爱妃可怜兮兮的模样，就动了心。而且吕后生的太子刘盈木讷老实、敦厚善良，而戚夫人的儿子刘如意则机灵活泼，有见识，有决断，并且很像自己。就这样，高祖的心越来越偏向了刘如意。

汉高祖开始实施计划的第一步，立刘如意为赵王。第二步，在一次早朝上，有意立刘如意为太子，问大臣们意见如何。文武百官听了，面面相觑，不知道皇上又要耍什么花样，也不敢贸然开言。

此时，御史大夫周昌提出了反对意见。周昌说话本来就有点结巴，激动起来结巴得更厉害：“我口不能言，但我期……期……知道不可。你要立新的太子，我期……期……不接受命令。”汉高祖被周昌的话逗乐了，废立太子之事也就不了了之。

一次不成，戚夫人不甘罢休，一次次在汉高祖面前哭诉。汉高祖心里也不打算就此罢休，因为他实在觉得刘盈一点也不像自己，未必能做好皇帝。

三、四皓助阵　戚氏绝望

汉高祖打算另立太子的消息，很快就传到了吕雉耳中。她匆匆忙忙找到哥哥吕释之，商议对策。吕释之也没什么办法，又找到“汉初三杰”之一张良，请求张良谋划此事。张良给吕释之出了一个主意：让太子想方设法找到隐居在终南山的“商山四皓”，让这几个人辅佐太子。

商山四皓是汉高祖一直想利用的人，享有很高的声望。汉高祖也早想得到他们，但这几个人认为他轻慢儒士，不肯出山。张良认为，如果能够让商山四皓做太子宾客，并乘机引他们入朝，故意让皇帝看见，高祖就会认为既然太子能够请到自己一直请不到的人，想必也有自己的非凡之处，或许就不会废掉太子了。

吕氏兄妹依计行事，汉高祖果然中计。一次宴会，汉高祖看见太子刘盈背后站着四个白头发老头，不禁问：“这四位是何方高人？”刘盈就告诉父亲：“商山四皓。”高祖奇怪地问：“我找你们多年，你们却逃走不来见我。如今却追随我的儿子，这是为什么？”四个老头说：“陛下动辄责骂士人，我们不愿意受辱，所以逃走；皇太子忠厚仁孝，善待士人，所以愿意为皇太子效劳。”高祖面有愧色，说：“既然如此，就拜托四位高人好好照顾他。”

商山四皓离去后，汉高祖指着他们的背影，无奈地告诉戚夫人：“看来换太子已经没有希望了。皇太子有商山四皓协助，羽翼已经丰满，无法动摇了。”

既然皇帝说没有希望，那就真的没希望了。戚夫人悲伤地流下了眼泪，汉高祖为她擦去泪水，说：“不要哭了。你为我跳楚国乡土舞，我为你唱楚国乡土歌。”二人暂时抛开烦心事，边歌边舞。汉高祖借着酒意击筑高歌：

鸿鹄高飞，一举千里。
羽翼已就，横绝四海。
横绝四海，当可奈何？
虽有弓矢，尚安所施！

汉高祖唱着唱着，忍不住流下泪来。而戚夫人更是一边跳舞、一边哭泣，她隐约料到了自己的悲惨结局，却没有料到这结局是那么的恐怖，惨绝人寰。

四、子被鸩杀　己为“人彘”

汉高帝十二年（前195），汉高祖驾崩。太子刘盈即皇帝位，吕雉成了皇太后。

高祖之死，戚夫人哭得死去活来，吕雉干嚎无泪。吕雉长年与汉高祖分离，早就有了情夫。史书上说吕雉的情夫，就是后来被封为辟阳侯的审食其。

形势大变，戚夫人失去了唯一的靠山，再也不是吕雉的对手，成了吕雉刀俎之下的鱼肉。戚夫人知道自己无能为力，请求三尺白绫自尽，但遭到吕雉拒绝。

吕雉疯狂报复，她随便找一个理由，就把戚夫人打入了冷宫永巷，把她的头发全部剪掉，用铁链子拴住脖子，穿上粗笨的囚衣，让她天天捣米。为了防止戚夫人自杀，还派官兵日夜把守。

戚夫人没日没夜地捣米，痛苦不堪，思念儿子，并盼着在赵国的儿子赵王如意能救自己出苦海。她一边捣米、一边流泪，一边流泪、一边唱歌：

子为王，母为虏，
终日舂薄暮，常与死为伍！
相去三千里，当谁使告汝？

吕雉听人汇报了戚夫人唱的歌，知道她希望儿子来救自己，这让阴狠的吕雉开始斩草除根。她把赵王刘如意征召进京，尽管有弟弟惠帝刘盈的保护，还是被吕雉毒死了。

接着，吕雉先是下令砍掉戚夫人的双手双脚，挖掉眼珠子。接着，又派人强迫戚夫人喝下哑药，并用烟把耳朵熏聋。最后，命人把戚夫人扔进了茅厕里。

吕雉把没有四肢的戚夫人称为“人彘”。还让自己的儿子刘盈来看。善良的刘盈还蒙在鼓里，问身边的人这是什么东西。得知这个“东西”是戚夫人，刘盈放声大哭，大惊失色。受不住惊吓，刘盈从此一蹶不起，天天借酒浇愁，不理朝政，只当了七年皇帝就病逝了。

就这样，过没多久，戚夫人就悲惨地死去了。戚夫人的事情，可谓旷古奇闻，后人多有吟咏。关于戚夫人的诗有很多，现附两首如下。

戚夫人

百子池头一曲春，君恩和泪落埃尘。
当时应恨秦皇帝，不杀南山皓首人。

赋戚夫人楚舞歌

定陶城中是妾家，妾年二八颜如花。
闺中歌舞未终曲，天下死人如乱麻。
汉王此地因征战，未出帘栊人已荐。
风花菡萏落辕门，云雨裴回入行殿。
日夕悠悠非旧乡，飘飘处处逐君王。
闺门向里通归梦，银烛迎来在战场。
相从顾恩不雇己，何异浮萍寄深水。
逐战曾迷只轮下，随君几陷重围里。
此时平楚复平齐，咸阳宫阙到关西。
珠帘夕殿闻钟磬，白日秋天忆鼓鼙。
君王纵恣翻成误，吕后由来有深妒。
不奈君王容鬓衰，相存相顾能几时。
黄泉白骨不可报，雀钗翠羽从此辞。
君楚歌兮妾楚舞，脉脉相看两心苦。
曲未终兮袂更扬，君流涕兮妾断肠。
已见储君归惠帝，徒留爱子付周昌。

鲁元公主

鲁元公主（前 217～前 187），汉高祖刘邦长女。母亲吕雉。鲁元公主嫁赵王张敖为妻，生女张嫣，后来成为汉惠帝刘盈的皇后。公主的母亲心狠手辣，她却较少受到影响，性格文静贤淑，谦抑不骄。她与丈夫琴瑟和鸣，伉俪情深，可惜好景不长，祸起萧墙。女儿成为皇后，却少年守寡，导致人生悲剧，公主自己抑郁成疾，壮年去世。

一、代母操劳　幸免于难

刘邦未起兵之前，任泗水亭长，不过是一个小吏。刘邦又喜好喝酒，结交朋友，常入不敷出，家中生活贫困。吕雉与女儿鲁元（鲁元公主名字不详，故称鲁元）、儿子刘盈艰难度日，鲁元七岁时即帮母亲操持家务，看护弟弟刘盈，帮母亲洗衣。此后许多大人的重活她都干过，盛夏与母亲耕田，蓬散着头发，光着脚，汗流浃背，但她从未叫过苦。

一天，吕雉与鲁元在田中薅草，让刘盈坐在旁边玩耍。有一个老翁从田边路过，向吕雉讨水喝，吕雉将所带的水给了他。老翁喝完水，看了一下吕雉的面相，指着刘盈说："夫人是天下贵人，之所以是贵人，是因为这个男孩。"又给鲁元相面说："此女鼻子圆润表明多财，下颌丰满表明将有后福，额宽表明不久将大富大贵，岂能长久困于陇亩之间！"吕雉听了，又惊又喜，而鲁元却不太在意。

不久，刘邦起兵，先封为沛公，又封为汉王，但家属仍居住在家乡。

汉王二年（前 205）四月，刘邦率军攻占了项羽的都城彭城（今江苏徐州）。当时，吕雉与儿女仍住在沛县，当时鲁元十三岁，刘盈六岁。项王得知情报后，率领楚军三万人向南挺进，一直攻入彭城。汉军不敌楚军，溃败而逃，楚军穷追不舍。正当汉王刘邦被楚军重重包围之时，恰巧刮起了大风，把楚军吹得阵脚大乱，汉王才得以与几十人趁乱突围出来，向西而逃，想经过沛县接取家眷。此时，楚军也派兵前往沛县掳掠汉王家眷。于是，汉王家中老小四处奔逃。汉王刘邦没能接到家眷，只得继续奔逃。

为了躲避楚军的追捕，鲁元领着弟弟刘盈择路而逃，途中，恰巧遇到了逃亡的父亲汉王刘邦。父女在战乱中意外相见自然又惊又喜，也让鲁元顿时感到有了依靠。汉王让两个孩子上车一起前行。此时，楚军骑兵还在追赶，眼看就要追了上来，汉王慌急之下竟把两个孩子推下了车。此时的汉王为了自己逃命，已置骨肉亲情于不顾。这让鲁元深感意外，刚刚才有的安全感顿时化为乌有。当时，掌管车马的太仆官滕公夏侯婴看不下去，跳下去把鲁元和刘盈抱上了车。没走多远，汉王嫌车子负重跑得慢，又一次把鲁元和刘盈推下了车，夏侯婴不忍，再次把他们扶上车，如此反复了三次。就这样，鲁元姐弟俩在夏侯婴的保护下幸免于难。

二、下嫁张敖　伉俪情深

汉王二年（前 205）六月，汉王刘邦以栎阳为国都，立刘盈为王太子，命令诸侯之子为太子宿卫，并册封鲁元公主。举行册封大典时，戚夫人与诸妃嫔前往观看，见到鲁元公主，都议论说："公主身材窈窕，举止得体，颇为可观，只是素居乡野，不善于装饰打扮。"

不久，汉王刘邦率军出关，与楚军交战，诸妃嫔都随同前往，吕雉又拘押在楚军营中未归，宫中无主。鲁元公主便担当起管理宫中事务的责任，她处世谨慎，办事有条有理，对太子刘盈的饮食寒暖格外注意，不使太子稍有差池。后来，刘邦得知这一切，十分高兴，认为鲁元公主十分贤淑。

汉王三年（前204）正月，汉王刘邦由荥阳（在今河南荥阳东北）入关。鲁元公主时年十四岁，到了谈婚论嫁的年龄，汉王下令从诸侯子弟中为鲁元公主择婿，召年少貌美的三十人进入内廷待选。张耳的儿子张敖，年方二十一岁，神情清远如同冰玉，相貌英俊，风度翩翩，汉王一见，就大加称赞："美哉！古时侯的子都、徐公，也不如也。"

到了内廷待选的那一天，诸侯之子进入内殿。汉王刘邦令他们比赛射箭，让鲁元公主垂帘观看。鲁元公主又羞又怕，不肯前来观看，汉王把她骂了一顿，她才前来，坐在帘后，低着头沉默不语，未曾仰面而视。张敖连射皆中，其余射中者有四人。汉王指着那些诸侯公子，逐个问公主，公主皆不答。汉王指着张敖说："这人真是个佳公子。"鲁元公主不觉举眸一望，微微点了点头。戚夫人在旁边看得仔细，忙说："公主已经心许张敖了。"于是，汉王刘邦便选定了张敖做女婿。

下嫁那天，鲁元公主面如满月，容光焕发，张敖一见，十分喜悦。汉朝沿袭秦制，凡公主下嫁，必选年老的宫女陪同，称为家令。娶公主之人，即使要入房侍候公主，如果家令不许，也不敢擅入。张敖娶鲁元公主后，只在洞房花烛夜得侍寝榻，接下来，一连数月不得入侍公主。张敖与鲁元公主彼此十分想念对方，无奈却被家令管束住，不得同床共枕。

一天晚上，家令入宫未回，张敖趁机进入鲁元公主房中，二人共宿了一晚上。一个月后，鲁元公主有孕。家令知道后，当着公主的面责骂张敖，鲁元公主哭着替夫求情。此后，公主受制于家令，口欲言而忸怩，始终不敢留张敖共宿。

第二年三月三日，鲁元公主生下一女。张敖之母朱氏前往探视。朱氏本为外黄（今属河南）富人之女，生有国色，少年时误嫁庸俗之人，二人婚后不和，朱氏遂回娘家。其父的门客为她择婿，又嫁给张耳，生下了张敖。当时，朱氏已三十六岁，尚如二八丽人。朱氏见到鲁元公主，对她说："我昨夜梦见天上诸神仙送女，仪仗甚为盛大。其中有一位美人头戴凤冠，端坐在车中，降落在我家。看来，你的女儿大概是天上的谪仙。"朱氏爱怜地摸着孙女的头顶，这时，女婴忽然对朱氏嫣然一笑。朱氏惊叫，鲁元公主见此，便为女儿取名为"嫣"。张嫣稍长，左右皆说她的相貌酷似祖母，朱氏也以其像自己，爱她如掌上明珠。

当年九月，项羽放吕雉归汉，鲁元公主入宫看望母亲。母女相见，有说不完的话。吕雉得知家令不许张敖陪侍公主，十分怜爱公主，因此迁怒家令，当晚便对汉王刘邦说了此事，刘邦当即罢免了家令。

这样一来，张敖与鲁元公主得以团聚，夫妻两人恩爱非常，伉俪情深。张敖对公主体贴入微，鲁元公主偶有不适，张敖亲自为她按摩肢体，又抱公主上厕所。鲁元公主虽然数次推辞，但张敖始终不厌倦。留侯张良之子张不疑听说这件事，便对张敖说："你对待妻子太好了，注意不要过于劳累。"张敖说："天子之女，一喜一怒，皆关系我家的兴废，而且公主甚为贤淑，其姿貌虽然不是绝色，但她举止大方，温文尔雅，静如秋云吐华月，笑如春风拂名花，确实为世所罕见。"

汉王刘邦和吕雉皆厚待张敖，封张敖父张耳为赵王。时人都十分羡慕张敖，唱道："不愿封侯十万户，但愿身侍长公主。"

三、祸起萧墙　牵连谋反

汉王五年（前 202）七月，赵王张耳去世，张敖嗣为赵王，尊母朱氏为王太后，鲁元公主为王后。

高帝七年（前200）十二月，汉高祖刘邦自邯郸路过赵国，赵王张敖按照女婿之礼恭敬地接待他。汉高祖却高坐于上，两腿像簸箕一样张开（箕踞），大声呵斥责骂张敖，傲慢至极。当时，赵相贯高、赵午等人见此，都很气愤，私下里劝张敖杀死汉高祖，却遭到张敖的斥责。但是，这几个人不甘心，背着赵王张敖谋划以后行刺汉高祖。

这时，鲁元公主抱着女儿拜见父皇，汉高祖见外孙女娇小可爱，抚摸了很久，称她为“玉女”。

当时，鲁元公主虽与张敖夜夜同宿，但却没有再怀孕。公主担心张敖无子，将来无法继承王爵，就对张敖说：“妾只有一女，王应考虑承继大计，何不纳妾?”张敖坚辞不肯。鲁元公主便自作主张，让两个美姬侍奉张敖，遂连生二子，起名为张侈、张寿。

高帝八年（前199），匈奴冒顿单于屡次派兵侵略汉朝边郡，汉高祖非常担心，向大臣刘敬问计。刘敬说：“陛下假如能把长公主嫁给冒顿单于，送去丰厚的礼物，冒顿一定爱慕她而立她为阏氏，生了儿子一定立为太子。陛下每年按时节把汉朝多余的而匈奴少有的物品多多地馈赠慰劳他们，再趁便派去智士用礼节开导他们。冒顿在位，固然是大汉王朝的女婿；冒顿死后，就由陛下的外孙即位为单于，从未听说过外孙敢与外祖父分庭抗礼的！这样可以不经过战争逐渐使匈奴臣服。如果陛下舍不得长公主，而让皇族中的女子或后宫中的女子冒充公主，匈奴一旦发现了就不肯尊重亲近她，也就失去了作用。”汉高祖称赞说：“这个主意好。”就准备送鲁元公主入匈奴。

当时，鲁元公主只有十九岁，又怀孕在身，得知这个消息，便与张敖相拥而泣，她怎能忍心舍下夫君、女儿远嫁异域？吕后（吕雉）日夜哭泣，哀求说：“我只生了一个儿子、一个女儿，为何要把女儿扔到匈奴!”汉高祖只好先派刘敬去匈奴缔结和亲的盟约。

同年十二月，汉高祖从东垣回来经过赵国，张敖手下的贯高一班人在柏人县馆舍的夹壁中埋伏了武士，准备伺机刺杀汉高祖。汉高祖到了柏人，想留宿在那儿，忽然间心跳异常，便问这地方是什么县，有人告诉他县名柏人。汉高祖嫌这名字不好，说:“柏人，就是迫之于人。”没有留宿便离开了。

高帝九年（前 198），贯高的仇家得知他们的阴谋，便向朝廷告密检举，汉高祖便把赵王张敖与贯高等人逮捕。吕后几次和汉高祖说，张敖是鲁元公主的丈夫，不会干这种事，汉高祖发怒说:“若使张敖据有天下，他会在乎你的女儿?”没有听她的劝说。

汉高祖下诏将张敖家属押入京城长安，另派宦官先迎鲁元公主。当时，鲁元公主已经怀孕八九个月，行动不便，但也无可奈何。鲁元公主念女儿年幼，又见婆婆朱氏美艳，担心将被吏卒所辱，要与婆婆和女儿同行，但官员不许。鲁元公主只好厚赏吏卒，洒泪而别。

吏卒羁送张敖家属，每次入住驿馆，张敖之母朱氏与诸姬妾及张敖女张嫣同处一室。有个吏卒曾在室外窥视，见朱氏正在梳理头发，丰丽端艳，俨然若神仙，不觉心动，就想趁半夜入室强奸朱氏。到了半夜，吏卒即将跳窗入室，却看见张嫣寝榻前泛起红光，充斥室中，于是惊惧而止。

到达长安后，狱吏议诛灭张敖三族，自公主以外，皆杀掉。鲁元公主入宫，泣诉张敖无罪，而贯高等人也极力说张敖没有参与谋反。汉高祖这才赦免了张敖，废为宣平侯。

四、女为皇后　谦抑不骄

汉高帝九年（前 198）正月，鲁元公主生下儿子，取名张偃。这时，刘敬已经从匈奴回来，与单于缔结了婚约。汉高祖又想把鲁元公主嫁给匈奴单于。吕后谏止说："汉不能自强，专门嫁女以保平安，恐怕将贻笑天下。"汉高祖只好作罢，选了一位皇族儿女冒充鲁元公主，嫁给了匈奴单于。

不久，匈奴冒顿单于发现所谓的汉朝长公主是假的，大怒，屡次率兵骚扰汉朝边境，索要鲁元公主。汉使者就骗冒顿单于说："公主有一个女儿十分美丽，他日长大成人，可代母远嫁于您。"冒顿单于信以为真，遂不再骚扰。

汉高祖十一年（前196）九月，郦侯吕台娶妻，鲁元公主和丈夫前往拜贺，当时，前往拜贺的公卿列侯众多，宴席之间，觥筹交错，歌舞大作。忽然，公卿们看见一位美貌的公子站在屏后，面目秀丽，举止端庄，大家都看着宣平侯张敖说："这必是足下之子。"纷纷站起来看那位美公子。有人问公子几岁，旁边的婢女回答说："八岁"；有人把点心，水果拿给美公子吃，美公子不肯接受；有人想拉美公子的手，美公子惊慌地走进内室，再不肯出来。大家很奇怪，又问张敖，张敖说："这是我的长女张嫣，因为平素爱着男装，所以这次也着男装来此，但她性格文静而怕人，尤为注重男女之别，所以急速逃走了。"公卿们都对张敖之女如此美丽啧啧叹羡。不一会，鲁元公主将归府第，张敖立即离席而去。

汉高祖十二年（前195）四月，汉高祖驾崩，鲁元公主带着女儿张嫣入宫哭祭父皇，哀痛至极，然后亲自送葬到长陵。五月，刘盈继位，是为汉惠帝。十月，齐悼惠王刘肥来京朝见汉惠帝，刘肥担心吕太后害死自己，谋划自我保全之计，就将城阳郡送给鲁元公主做汤沐邑，并尊鲁元公主为齐王太后，吕太后大喜。

汉惠帝二年（前193），匈奴单于要求娶长公主以践前约，使者回答说："长公主早已嫁给张敖，高帝时犹可夺之，如今天子乃公主之弟，岂有夺自己已经出嫁的姐姐再嫁单于的道理？"单于说："那么公主之女可代嫁。"使者将此汇报给汉惠帝，吕太后怜爱外孙女，不忍心让她远嫁匈奴。

汉惠帝三年（前 192）春，汉以宗室女为公主，嫁给匈奴单于，将张嫣许配给汉惠帝，以绝匈奴单于之望。鲁元公主内心并不情愿把女儿嫁给自己的弟弟，认为这是乱了辈分，但吕太后执意要亲上加亲，以外孙女为皇后，公主只好同意。

鲁元公主在长安、大梁等地买了许多美婢，作为张嫣的陪嫁。这时，会稽人朱仲前来进献直径为三寸的大宝珠，吕太后用作聘礼，鲁元公主把七百斤黄金给朱仲，作为大宝珠的价值。朱仲不肯接受黄金，又进献了一颗直径为四寸的大宝珠，晶莹璀璨如月，鲁元公主用这颗宝珠来装饰张嫣的凤冠。

十月，汉惠帝迎娶张嫣，立她为皇后。这年鲁元公主二十六岁，汉惠帝十九岁，张嫣十二岁。

鲁元公主成为皇后之母，理应贵宠，但她总是自我谦抑，从不骄纵，世人纷纷称赞她贤惠。

五、女少守寡　儿废鲁王

汉惠帝七年（前 188），汉惠帝驾崩。吕太后可怜皇后小小年纪守寡，特召鲁元公主入椒房与皇后同睡。皇后每天睡到半夜，必起来坐在溺器上小便，奇怪的是其尿有一股芳香味。有一天夜里，皇后又起来小便。鲁元公主醒来，见皇后睡容初醒，如同春日海棠，一袭素袍，头不戴冠，盘髻如螺旋，前额光亮照人，其美艳与烛光相映。

这时，皇后微咳几声，鲁元公主忙叫皇后说："我儿是不是受寒了？"皇后说："母亲不用担心，我不过是喉咙有些干罢了。"接着，皇后上床。

母女二人絮絮私语。鲁元公主问女儿："你嫁给先帝（惠帝）多年，与他同床共枕过吗？"皇后害羞，不肯回答，鲁元公主再三问她，皇后哭泣了很久，才说："自从我入宫，他已经体弱多病了。"鲁元公主说："以你如此美貌，却终身为处女，每当我想到此便肝肠如割。把你嫁入未央宫，是我不可饶恕的罪过。"鲁元公主搂住女儿，母女二人抱头痛哭了一场。

哭过之后，鲁元公主又问皇后："你的尿为什么有香味？"皇后说："我入宫之初，便天天饮花露，可能是因此之故，然而自己却没有察觉这一点。"鲁元公主怜惜女儿，对待她如同对待婴儿，精心为她调理饮食，照顾她穿衣睡觉。

在宫中陪皇后住了半年，鲁元公主才返回自己的府第，临行悄悄叮嘱皇后说："我听说辟阳侯（即审食其，是吕太后的情夫，常留宿宫中）为人邪僻，如今他以右丞相之职居住在宫中，你应该谨慎守身，告诫侍女不要随便出入。"皇后照母亲之话去做，每日深居简出，别人罕得见其面。

此后，鲁元公主为女儿张嫣少年守寡之事终日心情抑郁，少有开心之时，久而久之便生了病。吕后元年（前 187）四月，鲁元公主病逝。吕太后命皇后张嫣前往为母守丧。当时，皇后年仅十七岁，她想："我本已少年寡居，如今最疼爱自己的母亲又去世。"不禁悲从中来，大哭不止。皇后为母守丧，两旬后，又回到宫中。

又过了六年，宣平侯张敖也去世，赐谥号"鲁元王"，谥公主为"鲁元太后"，封公主子张偃为鲁王。不久，吕后以鲁王张偃年少孤弱，封其兄张侈为信都侯，张寿为乐昌侯，以辅佐鲁王。

吕后去世后，大臣诛杀诸吕，废鲁王张偃，又废皇后张嫣，把她幽禁在北宫。鲁元公主的一儿一女都遭遇不幸，假如公主泉下有知，将死不瞑目。

汉文帝元年（前 179），汉文帝封张偃为南宫侯，以承续张氏侯爵。鲁元公主之墓，在汉惠帝安陵东三十里。

秦王朝二世而亡，在当时看来，郡县制似乎是最大失策。汉初高祖借鉴前车之辙，重拾分封制，大肆分封刘姓宗亲为王，各领藩国，以为汉王朝的藩卫。谁知刘姓诸王，“宗”是刘姓宗室，“亲”却未必，争权夺利，斗起来也是你死我活。而且汉初封国国土辽阔、国权（用人、财赋、军队）极大，中央时而无能为力，藩国之乱频起，最终导致景帝朝的“吴楚七国之乱”。

武哀王刘伯、代顷王刘仲

刘邦同母兄弟三人，在他称帝后，其余两兄弟均封或追封为王。只是由于个人命运、禀赋和对待刘季（即刘邦）态度的不同，情形也大有差别。

一、长兄早逝　子迟不封

刘伯（生卒不详），汉高祖刘邦长兄，沛郡丰邑（今江苏丰县）人。早逝，追封武王，谥号“哀”。

刘伯在世的时候，对弟弟刘邦颇为疼爱照顾。刘邦经常到大哥家常躲清闲、蹭吃喝，而且有时候还带着狐朋狗友一起来蹭饭。

刘伯在儿子刘信出生不久，就去世了。大哥去世后，刘邦一如既往。日子长了，大嫂就有些不耐烦——小叔子游手好闲，不仅自己白吃白喝，还隔三差五带别人来，而自家也不宽裕。有一次，刘邦又带人来蹭饭，大嫂就不停地刮锅底，暗示饭已经吃完。客人走后，刘邦到厨房，见锅里还有些粥，由此而记恨大嫂。

汉王刘邦灭掉西楚霸王项羽的第二个月，即汉五年（前202）春正月，追尊大哥刘伯为武侯，谥号“哀”，故称“武哀侯”。高后八年（前181）五月，又追尊刘伯为武哀王。

刘邦起事后，大哥刘伯的儿子刘信，也追随叔父南征北战。汉高帝六年（前201），高祖刘邦大封刘氏同姓王，但就是不给刘信封侯。刘太公心中惦记此事，就去问刘邦，刘邦却说：“某非敢忘封之也，为其母不长者。”这话是说大嫂没有长者的风度，影响到了她的儿子。

这事一直拖了将近一年，第二年（高帝七年，前200）十月，汉高祖才封刘信为“羹颉侯”。“颉”与“戛”同意，“羹颉侯”的意思，就是“粥锅刮得戛啦戛啦响的侯爵”。

不过，无论如何，刘伯的后代还是实实在在享受到了封王的荣耀和好处——尽管名称不好，封邑不广。

二、二哥弃国　削爵后尊

刘仲（？～前193），汉高祖刘邦次兄。又名刘喜，沛郡丰邑（今江苏丰县）人。封代王，后削爵为合阳侯，去世后复王爵，谥号“顷”。

早年的刘家以种地务农维生。由于大哥早逝，四弟刘交年幼，刘邦自己又游手好闲，因此地里的庄稼主要靠父亲太公和二哥刘仲来种。当时，太公很看不惯小三儿刘邦的做派，曾经要他学着些二哥。这样，也就有了后来称帝后，刘邦借祝寿敬酒问太公，自己和二哥刘仲哪个有出息的事情。

汉高帝七年（前200），刘邦下诏将刘仲和自己的长子刘肥一同封为王。刘仲封代王，统辖今河北、山西一带。

代国为汉朝北方边境重地，是防御匈奴南侵的前沿。高帝八年（前199），匈奴入侵代国，身为代王却毫无军事才能的刘仲，根本无力坚守边疆，最后只好弃国独自逃回洛阳。刘邦对此大为恼怒，便下诏革去刘仲的王位，贬为合阳侯。

此后，刘仲做了六年合阳侯，在汉惠帝二年（前193）抑郁而终。幸运的是，他比三弟刘邦寿数要略微长一些。

刘仲有二子，长子刘濞，为人武勇，在平定淮南王英布叛乱中立有大功，在高帝十一年（前196）被封为吴王，后在景帝年间发动“吴楚七国之乱”；次子刘广，也曾从军，功劳名列第一百二十七位，被封为德侯。

刘仲去世后，因长子刘濞封吴王，才被追谥为“代顷王”。

楚元王刘交

刘交（？～前 179），汉高祖刘邦同父异母弟。字游，泗水郡沛县（今江苏沛县）人。汉高祖六年（前 201）封为楚王，共在王位二十三年。刘交的性格与二哥刘喜不同，与三哥刘邦也不同。他喜好经书，具备多种才能和技艺。刘交少年时代曾经与鲁地的穆生、白生、申公俱学诗于浮丘伯。浮丘伯是历史名人荀况的门人。这位荀况曾担任战国时楚的兰陵令，汉时文人们为避汉宣帝讳，称荀况为孙卿。等到秦统一中国，秦始皇开始焚书时，刘交等人就各回各家，分手而去。

秦二世元年（前 209）九月，刘邦与县吏萧何、曹参等人在沛县起义，称沛公。景驹自立为楚王。刘邦派审食其与二哥刘喜留侍父亲刘太公，自己带领刘交、萧何、曹参等一起去见景驹，遇到项梁，共立楚怀王。刘邦乘机由西进攻南阳，入武关，与秦军战于蓝田。刘邦至霸上，封刘交为文信君。刘交接着跟随刘邦入蜀汉，还定三秦，诛项羽，刘邦即帝位。

刘交与后来封为燕王的卢绾常侍候刘邦，出入卧室，传递机密，刘交和刘贾（刘邦的堂兄）的命运不同，刘邦的这位远房堂兄，挂帅出征，常任为将，而且将名常新。刘交的官职升迁比较迟缓。这其实也不全是遭遇问题，也有个人性格因素。

汉高帝六年（前 201），汉高祖刘邦废楚王韩信，分其地为二国，淮东为荆，淮西为楚，立刘贾为荆王，刘交为楚王。楚地辖有薛郡（今山东大汶河下游及其支流小汶河以南，大运河以东，蒙山、抱犊崮以西地区）、东海（山东费县、临沂、江苏赣榆以南，山东枣庄市、江苏邳县以东和江苏宿迁、灌南以北地区）、彭城（山东邳县西部及安徽濉溪县东部），共计三十六县。这是因为刘交比其兄刘喜先有功，故封楚国。

刘交到了楚国，任用当年一起学《诗》的同窗穆生、白生、申公为楚国中大夫。汉高后称制时，刘交的老师浮丘伯仍在长安，刘交还派儿子刘郢客与申公一起学习，直到学业终了。汉文帝时，听说申公学问于《诗》最精，就将申公任为博士，掌管祭祀礼仪类官职，属太常管辖，秩比六百石。楚元王刘交也好钻研《诗》，自己的诸子也都让读《诗》。申公作的《诗传》，在学术界称作“鲁诗”。元王刘交钻研《诗》也很有体会，比申公晚些时间作《诗传》，被称为“元王诗”。

楚王刘交战功不行，以研修《诗》学，论功汉朝王侯中，他的待遇算较高。汉高后时，即以刘交的儿子刘郢客为宗正（掌管皇族内部事务的最高行政官），封为上邳侯。后来刘郢客因原立楚太子刘辟非早卒，得以嗣楚王位。刘郢客是后来吴楚七国叛乱的楚王刘戊的父亲。汉文帝很尊宠楚元王刘交，刘交生子，爵比皇子。

汉景帝即位，封楚元王刘交的宠子五人为侯：刘礼为平陆侯、刘富为休侯、刘岁为学犹侯、刘执为宛朐侯、刘调为棘乐侯。大约是因为楚元王刘交好《诗》的缘故，他的后代出了两位西汉名人——刘向、刘歆父子，他们都是大学问家。另外，还有阳成侯刘德被提为宗正，在协助皇帝处理皇族事务中，立有大功，是汉宣帝所排列的十一位大功臣之一。

除了楚王刘戊参加吴楚七国谋反之外，刘交的子孙大都生活得比较安定，或者建有功业，在西汉王侯之中，还是不多见的。仅从这一点说，楚元王刘交还是应该受到称誉的一位王侯。他好《诗》、钻研学问的品格，对后世门风还是有一定影响的。所以刘交后代的故事，在西汉王侯中也是独具品位、故事最多的一支宗亲。

荆王刘贾

刘贾（？～前196），汉高祖刘邦的堂兄，泗水郡沛县（今江苏沛县）人。

刘贾在秦朝末年，靠种地为生，生活十分穷苦。他与刘邦是堂兄弟，关系还不错。如果不是刘邦起兵反秦，刘贾的这辈子也就是农民了，他的命运因为参加了刘邦的义军而发生了大转变，竟至封王。

秦二世元年（前209），刘邦起义，在沛县一带攻城略地，刘贾得知，便丢下锄头拿起了刀枪，参加了义军。刘贾随着起义军转战各地，时有军功。

汉王元年（前206），汉王刘邦还定三秦时，刘贾任将军。平定了塞王司马欣的塞地后，又随刘邦东进攻打项羽。

汉王在成皋被项羽击败后，向北渡过黄河，夺得张耳、韩信的军队，将军队驻扎在修武县城。一方面深挖战壕，高筑壁垒；另一方面，派刘贾带兵两万人，骑兵数百，进攻楚国。刘贾率军渡过白马津（今河南滑县东北），进入楚地，焚烧了楚国的粮草，破坏了楚军的军需供给，使其无法供应楚王项羽军队的粮食。楚军粮食供应不上，士兵没有力气作战，刘邦军又占了上风。

不久，楚兵出击，因为楚兵精锐，刘贾估量自己很难取胜，所以总是避开，不与楚兵交战，而与彭越相互依恃，以图自保。

汉王刘邦追击项羽到了固陵，派刘贾带兵南渡淮河包围寿春（今安徽寿县）。刘贾完成任务回来之后，派人去离间并招降了楚国的大司马周殷。周殷反楚归汉，协助刘贾攻取九江，收编了九江王英布的军队。

汉王五年（前 202），刘贾率军与英布一起会战于垓下（今安徽灵璧东南），大败楚军，项羽自刎。因此，汉王又派刘贾率领九江兵，与太尉卢绾一起，往西南方向进攻临江（今湖北江陵）王共尉。共尉死后，临江遂改为南郡。

刘邦称帝后，大封功臣。当时汉高祖刘邦的儿子年龄小，兄弟少，才德又不高，想封同姓的人为王以镇服天下，于是下诏说："将军刘贾有功劳，是子弟中够得上封王条件的人。"大臣们说："立刘贾为荆王（首府吴县，今江苏苏州）吧，管辖淮河以东。"刘贾到了荆地后，大力发展经济，百姓得以安居乐业。

汉高帝十一年（前 196），淮南王英布反叛，向东攻打荆地。刘贾与之交战，未能取胜，向富陵县败逃，被英布的追兵杀死。

燕王刘泽

刘泽（？～前 178），汉高祖刘邦的远房堂弟，即"从祖昆弟"，和刘邦的亲族关系比荆王刘贾远。汉王三年（前 204），刘泽封为郎中。汉高帝十一年（前 196），刘泽任将军击败逆反的将军王黄，封为营陵侯。刘泽在政治上比较投机，他在高后六年（182）晋封为琅玡王，又在文帝元年（前 179）徙为燕王，都和西汉初年的政治局势有着紧密的联系。

一、田生划策　刘泽封王

刘邦起义后，刘泽参加义军，转战南北，参加了不少战役，立下了一定军功。因此，在汉王三年（前 204），他被封为郎中。郎中一官负责管理车、骑、宫殿门户，并内充侍卫，外从作战。可以说，刘泽的工作是很重要的，一身兼数职，深受汉王刘邦信任。

汉高帝十年（前197），代王陈豨叛汉，汉高祖调兵遣将，亲自率军前往平叛。当时，刘泽也随军出征。次年，汉高祖驻扎在邯郸城，陈豨的部将王黄率领一千多名骑兵驻扎在曲逆。汉高祖悬赏千金捉拿王黄，刘泽任将军击败了王黄的军队，活捉了王黄。战后，汉高祖封刘泽为营陵侯。

汉高后吕雉称制时，有齐人田生，字子春。田生当时手中缺少周游各地的资金，就想方设法地想为刘泽谋求王位，以从中得到好处，田生的这个主意当然正中刘泽下怀。刘泽非常宠信田生，想方设法拉拢他，借其过生日之机送去黄金二百斤为田牛祝寿。田生得了这二百金，就回到了自己的故土齐国。

又过了两年，刘泽见田生没有什么举动，就派人对他说："你不和我交朋友啦？"田生明白了其中的含意，就动身前往长安，但是中途并不去见刘泽。而是租了一所大宅子，十分气派，令自己的儿子在吕后十分宠幸的谒者张卿（太监）手下做事。

过了几个月，田生的儿子就请张卿这位上司到自己家中做客。作为父亲的田生，亲自准备接待贵客的器具。张卿到了田生家里一看，见田生家帷帐等布置都和诸侯家一样排场，心中大惊：自己的手下人，生活怎么会有列侯的规模呢？

酒酣兴至，田生屏退左右，游说张卿："臣观诸侯宅第百余所，都是高帝的功臣。现在吕氏本来就是推动高帝成就天下的能人之一，功劳很大，又有吕太后撑腰。吕太后年岁也高了，诸吕的势力很弱，太后想立吕产为吕王，称王代地。但吕太后身处其位，很难亲口说出此话，怕大臣们不能响应。现在您很受吕太后信任，大臣们也很敬重您，何不暗示大臣们拥吕产为吕王，再把这一意思让太后知道。吕太后得知有人拥立吕产为王，一定会很高兴。等到诸吕封了王，万户侯也一定属于您所有。太后心有所欲，而您又是内臣，不立即表示拥立吕氏为王之意，恐怕吕太后就会对您不满，祸及自身。”张卿觉得田生说得太有道理了。

张卿于是就照田生说得那样，暗示大臣们，要封吕产为王，并通过大臣将此意思说给吕太后听。吕太后上朝，乘机会问大臣们有何事上奏，大臣们就提议请立吕产为吕王。事后，吕太后因政务称心如意，赐张卿黄金一千斤。张卿把其中的一半分给田生，田生不肯接受，乘着张卿心存感激，进言说：“吕产虽然已经立为王，但诸大臣们心中未必服气。现在的营陵侯刘泽，在诸刘之中年纪最大，又身为大将军，只是刘泽在封王的事情上还不够满意。现在请您跟太后说一说，裂土十余县封刘泽为王，刘泽得了王位自然喜欢，刘氏宗族的心理也能平衡，对诸吕的地位来说也更加巩固了。”

张卿到朝廷中将此意思说了，恰好吕太后的妹妹吕媭的女儿已嫁与营陵侯刘泽为妻，所以吕太后就立营陵侯刘泽为琅玡王（治所为今山东诸城，辖境相当今山东半岛东南部）。刘泽他们猜到吕太后封完此地之后一定非常舍不得，所以与田生等急急忙忙赶赴封国，中间连停留一下都不敢，一直前行。出关之后，吕太后果然派人追了上来。因为出了关，所以追的人也就回去了。

二、被迫拥齐　因故徙燕

刘泽立琅玡王的第二年（前 180），汉高后吕氏去世，西汉王朝面临着一场政治风雨，谁来继承帝位？

当时，汉高祖刘邦长子刘肥已薨数年，长子刘襄即齐王位。他的弟弟朱虚侯刘章、东牟侯刘兴居，皆在汉朝廷里任宿卫之职。对于朝廷的内情十分了解，因哥哥刘襄是汉宗室的长子之长孙，按理可即帝位。于是这兄弟俩就作为齐王的内应，常常传递消息。齐王刘襄心中也觉得这是合情合理、名正言顺之事，于是齐国上下积极行动。刘襄的舅舅驷钧、郎中令祝午、中尉魏勃都积极支持。齐王封驷钧为国相、魏勃为将军、祝午为内史，悉发国中兵，争夺皇位。

此时用兵，正是韩信用兵“多多益善”的时候，齐王就派内史祝午去向琅玡王刘泽“借兵”。祝午口才挺好，他对琅玡王刘泽说：“吕氏作乱，齐王发兵欲西行诛杀。齐王年纪轻轻，还是一个后生晚辈，不熟悉军队中兵革之事，愿意在西进的同时把国家委托给大王照管。大王您是高帝时的老将军了，熟悉战事。现在齐王不敢离开军队，派使臣我请大王您光临临甾与齐王商议大事，兼领齐军向西，平关中吕氏之乱。”

琅玡王刘泽觉得这话说得可信。齐王刘襄是刘泽这一代儿子辈的人，生活于平安世界，没经过风雨，没受到磕打，更没有见过血腥厮杀的战争场面，向老一辈请教是自然的事。他心中哪里知道，请他的齐王另有所图。刘泽快马加鞭地去见齐王，齐王刘襄与将军魏勃乘机扣留了他，派祝午尽发琅玡国中兵，和齐军一起合并起来统一指挥。

刘泽被齐王刘襄诳骗了一回，军队也让人家“巧借”走了。刘泽被软禁着，不许回国，于是他心生一计，为自己离开齐国找到了合适的借口。刘泽对刘襄说：“您父亲齐悼惠王，是高皇帝的长子，推本言之，齐王您正是高皇帝的嫡长孙，当立为帝。现在诸位大臣正心中狐疑，不知立谁为好，我正好在刘氏宗族中年纪最长，大臣们本来就是在等待我去作决定。现在大王您留我也没有什么用处，不如派我入关计议大事。”刘襄也觉得这话挺在理，于是赠送给刘泽重礼、增加了护送刘泽入关的车辆，浩浩荡荡送琅玡王入京。

但是刘泽入京，并没有帮成刘襄继承帝位。因为齐王刘襄兄弟众多，家族势力很强，而且刘襄的舅舅驷钧被称为“虎而冠者”，十分凶恶，众臣怕重蹈吕氏覆辙，就拥立了当时没有任何政治势力的代王刘恒为帝，是为文帝。而汉文帝对刘襄兄弟积极准备西入京师称帝登基心存耿介，虽然也封在诛诸吕中立有卓越大功、敢当吕太后面斩杀诸吕的朱虚侯刘章为城阳王（治所在今山东莒县，辖境相当山东莒县、沂南和蒙阴县东部地），赐黄金千斤，但封地之小，让人心寒。

刘襄英姿勃勃，却在文帝即位当年就去世了。刘章在其兄死后三年也去世了，年仅二十四岁。也就在这一年，刘章的弟弟刘兴居乘文帝刘恒御驾亲征匈奴，发兵谋反，兵败自杀。刘肥较长的三子自此烟消云散。

等到景帝时，吴楚叛乱，刘肥剩下的封为王者的六子：齐王刘将闾、济北王刘志、济南王刘辟光、甾川王刘贤、胶西王刘卬、胶东王刘雄渠，几乎无一例外地参加叛乱，只是程度轻重不同而已。其中是否有为文帝前三年而死的三位兄长复仇，为长兄刘襄未能即帝位而叛逆，不能不说这些人很难排除当年历史留在心中的阴影。

汉文帝对拥立齐王事心有忌恨，当然也不那么欣赏刘泽，不管怎样，起初他是拥立刘襄的，于是将刘泽徙燕（辖境今河北北部和辽宁西端，即战国时燕全部领土，都蓟，即今北京城西南隅）。

刘泽被封为燕王两年后去世，谥号“敬王”。

齐悼惠王刘肥

刘肥（？～前 189），汉高祖刘邦长子。母曹氏，为刘邦未发迹前的外室。汉高帝六年（前 201）封为齐王。刘肥是刘邦诸子中分封国土最多的一个王，也是两汉历史上封国最为广大的一个王，他的食邑有七十余座县城。

汉高祖刘邦在刚平定天下之后，便以秦王朝孤立无援而亡为鉴，想要大肆分封同姓族人，以镇抚天下。在这次分封中，刘肥作为汉高祖最大的庶子受封为齐王，得到了胶东、胶西、临淄、济北、博阳、城阳郡等地七十三个县。当时，百姓中能讲齐国话的人都归属了齐王刘肥。刘肥所封齐国，与战国时齐国辖境相同，即今山东泰山以北黄河流域及胶东半岛地区，汉时仍沿用为齐。刘肥受封进入齐国，随从赴齐的人声势浩大、人潮滚动。这也是因为战国以后的齐国人本身不少的缘故。

刘肥的身世与汉高祖刘邦其他的子女不同。刘肥的母亲曹夫人，非刘氏正妻。刘邦尚未起义之前，未发迹之时，与曹氏有来往，生下刘肥。刘肥处在这样的人际关系中，七十余城的食邑就显得非常引人注目了。一旦汉高祖去世，汉惠帝即位后，吕太后掌了权，刘肥的政治境遇就发生了相应的变化。

汉惠帝二年（前 193），刘肥入朝。汉惠帝很疼这个兄长，宴饮时吕太后在上座，汉惠帝因刘肥是宾客，又比自己大几岁，便让齐王刘肥也坐上座，就像一家人那样，用的是家礼，汉惠帝自己坐在下位。汉惠帝虽为政欠佳，但对自己的诸兄弟皆十分亲热、友好。可是吕太后心中很不高兴。所谓的座位问题，只是个缘由罢了。吕太后想到的是更深一层。刘肥是刘邦长子，又有封国大邑，政治威势当然不同一般。刘肥的身份，刘肥的土地，在吕太后看来，都是一种严重的威胁。

太后吕雉叫下人准备了两杯鸩酒放在刘肥面前，让他用两杯酒为自己献酒祝寿。吕太后心想两杯毒酒下肚，刘肥是在劫难逃。可是汉惠帝很讲亲情。刘肥起来端起一杯酒准备为太后祝寿，汉惠帝也紧跟着端起另一杯酒，两人想一起给吕太后祝寿。汉惠帝的这一举止，确实是出人意料。吕太后恐惧了，自己灵机一动打翻了两杯酒。刘肥毕竟年长有些人生经验，对此大为惊讶，觉得有些蹊跷。

刘肥为谨慎起见，不敢再饮酒，佯装酒醉，起身告退。

回到馆驿后，刘肥心中总觉得今日敬酒之事是个苗头，便想办法派人打听事情原委，终于从吕太后的下人那里得知，宴席上的那两杯酒是鸩酒。这一下刘肥明白了自己的处境，吕氏的毒辣，他早就有所耳闻。刘肥忧心忡忡，觉得自己这次是不能从长安脱逃回齐国了，就把自己的处境与随从说了。

当时，齐王府内史叫士的人想出一个办法，对刘肥说："太后只有汉惠帝和鲁元公主是亲生的，自然对鲁元公主疼爱非常。现在齐王您拥有七十余座县城，而鲁元公主只有食邑数城。齐王您要想办法讨好鲁元公主，让太后开心。如今齐王您要诚心诚意地把一个郡奉献给太后，请她将这个郡作为鲁元公主的汤沐邑，那太后一定很称心，齐王您也就没有危险了。"刘肥觉得有道理，为了能逃脱长安、保住性命，他不仅奉献了城阳郡，还尊鲁元公主为齐王太后。刘肥的这种奉承和巴结，竟然使阴险毒辣的吕太后很满意。

吕太后终于放心了，因为她摸清了齐王刘肥的政治态度，于是，重新在齐王下榻的官邸，安排了一次酒宴，席中饮酒伴乐，然后遣送齐王刘肥归齐。

过了十余年后，刘肥去世，儿子刘襄继承了王位。

比起赵隐王刘如意、赵幽王刘友、赵共王刘恢，齐王刘肥的命运好多了。他的儿子刘章，是后来讨伐诸吕的真正的大功臣。他另外几个儿子刘贤、刘印、刘雄渠等参加了后来的吴楚七国叛乱。

赵隐王刘如意

刘如意（前 206～前 194），汉高祖刘邦第三子。母戚夫人。他是汉高祖最宠爱的儿子，其母戚夫人也是宠极一时；但在高祖死后，他们均被吕后残酷杀害。这一点，汉高祖生前就已认识到，但无法解决。高祖欲立刘如意为太子，这侵犯了吕氏的利益，他也就成为吕后的眼中钉，自然是必欲去之而后快。

一、张良划计 吕氏得逞

刘如意是汉高祖的宠妃戚夫人所生，他自幼深受父皇喜爱。汉高祖七年（前 200）十二月，汉高祖的二哥代王刘喜因匈奴攻代，弃国而逃，自归洛阳，刘喜因此被废代王王位。过了一段时间，汉高祖立刘如意为代王。汉高帝九年（前 198）十二月，赵王张敖下属贯高等谋逆，事发，贯高等入狱，张敖也被捕。事后，贯高等人虽为张敖澄清事实，张敖确实不知谋逆事，但还是被废为宣平侯。于是汉高祖迁代王刘如意为赵王。

汉高祖晚年，专宠的只有戚夫人，几乎日夜都在跟前。看着太子刘盈羸弱，恐将来不能独自执政，被吕氏专权，刘氏天下易主，他非常想废太子刘盈，立赵王刘如意。当然，赵王刘如意说话办事都很像高祖、高祖很疼爱他，也是其中的原因。

但是大臣们都为刘盈说话，因为吕雉在刘邦起义时就紧紧相随，和诸老臣也比较有感情。不过大臣们的劝解，总是不能使汉高祖心服。汉高祖也没有办法说服大臣，陈明自己的主张。吕后也很担心，不知用什么办法能使汉高祖回心转意。虽然刘盈还是太子，但废与立只在高祖一句话。

有人给吕后出主意，说："留侯张良善长计谋，他说的话皇上也爱听。"吕后觉得这个主意很有道理，遂派建成侯吕泽问计于张良。张良让吕后不惜重金去请"商山四皓"来辅佐太子，吕后依计而行。张良出的计策，从根本上真正阻止了汉高祖想立刘如意为太子的想法。汉高祖当时因"商山四皓"的出现而改变自己的想法是否正确，现在很难评价。但张良对汉高祖了解之深，可见一斑。“商山四皓”终于震动了高祖，使他改变了自己的主意。

汉高祖认为吕氏专权，江山社稷之事已不可挽回了。别的皇子们，他也管不了啦。只有戚夫人和小儿子刘如意，要是能够保全性命才好。汉高祖常常一个人闷闷不乐，还常常唱悲歌，群臣们不知道皇上怎么回事，忧愁什么。

当时，任符玺御史的赵尧年轻聪敏，观察能力敏锐而深刻。有一次，他走到汉高祖面前，小心地问道：“陛下闷闷不乐，是不是担心赵王年少，而戚夫人与吕后有隙，待陛下万岁之后而赵王不能自我保全吗？”汉高祖说：“正是。我自己常常担忧，但不知用什么计策才能保住如意母子的性命。”赵尧说：“陛下可以特地为赵王挑选一位精明能干、坚持主见、尊贵有声望的人为赵相，辅佐赵王。这一位还得是让吕后，太子、群臣们一向敬重而又惧怕的人，才行。”汉高祖说：“是这个道理。我也挺想这样办，但是群臣之中谁是这样的人呢？”赵尧说：“御史大夫周昌就是。他为人坚忍伉直，自吕后、太子及至大臣们，一向尊重惧怕他。只有周昌可以担当此重任。”汉高祖觉得赵尧推荐的挺正确，就派周昌任赵相。

二、奉诏入京　饮鸩而死

汉高祖去世后，刘盈继位，即汉惠帝。吕后痛恨戚夫人，遂将她囚禁在永巷（汉代幽禁嫔妃或宫女的处所），令其每月舂米。戚夫人感伤不已，更加想念远方的儿子，就一边舂米，一边歌唱。歌词是这样的：“子为王，母为虏，终日舂薄暮，常与死为伍！相离三千里，当谁使告汝？”

这也是戚夫人的天真：如果进入京师一旦儿子遇难，母子性命皆不保。这首歌传到吕后耳中，如同火上浇油。吕后大怒说：

"乃欲倚汝子邪?"吕后想斩草除根，剔除戚夫人的依靠。她传旨叫赵王刘如意进宫朝见，赵相周昌托词赵王有病，没有奉旨。二传、三传，周昌还是不让刘如意进京。

吕后用心，周昌看得十分清楚，他对使者说："高帝嘱咐我辅佐赵王。赵王年少，需要人来保护。最近我又从小道消息得知：吕太后因为怨恨戚夫人，已经把她关进永巷。现在吕后召见赵王，是想把赵王召回京师，一块儿诛杀。我不敢叫赵王进京，再说赵王有病，确实不能奉诏前往。"

见周昌不让赵王奉诏入京，吕后就转而派人专门召赵相周昌。周昌到京城，拜谒吕太后，太后大骂："你不知道我对戚氏的怨恨吗？你怎么不让赵王来！"

周昌既已被征京师，吕太后又派使者到赵国，说刘如意的母亲非常想念儿子。赵王刘如意那年只有十二岁，也很想念母亲。自从封为赵王，他很少见到母亲。于是就听从使者的话，到了长安。

汉惠帝刘盈深知吕后为人，怕小弟受到伤害，就从宫外把刘如意直接接到自己身边，同吃同睡，同进同出。惠帝还安慰刘如意，早晚想出办法来让他见戚夫人。有一天汉惠帝起得早，赵王刘如意贪睡没一同起来，惠帝也想让他多睡一会儿，就自己独自去骑马射箭了。过了一会回来，看见刘如意已经七窍流血，死在床上。原来吕后在惠帝走后，立即派了几个人将鸩酒灌进刘如意嘴里，致使他毒发身亡。

赵幽王刘友

刘友（？～前 181），汉高祖刘邦之子。后宫所生，其母不详。汉高帝十一年（前 196），刘友被立为淮阳王。赵王刘如意被毒酒鸩死后，汉惠帝元年（前194），吕太后改封刘友为赵王。

刘友的王后是吕家的女儿，骄悍好妒。刘友不爱这位王后，却喜爱其他的王姬。这位吕王后受到冷落，盛怒之下离开赵国，跑到吕太后面前进谗言，以莫须有的罪名陷害刘友。她在吕太后面前造谣："赵王刘友说：'吕氏怎么能称王？吕太后百年后，我一定消灭他们'。"吕太后一听，勃然大怒，因此在高后七年（前181）召赵王刘友到京师长安来。

刘友到了京师，吕太后让他在馆邸中空等，却不提召见之事。吕太后又命令禁卫军包围了馆邸，断绝了刘友的食物供给。赵国的臣属们有人偷偷地给刘友送进一些食物，吕太后就把这些人逮捕论罪。

赵王刘友此时饥饿难当，事情的前因后果他心中十分清楚，对自己的结局也一目了然。他知道自己将和原赵王刘如意落得一样的下场，只不过死法不同。他作了首歌，来抒发自己幽愤的心情：

诸吕执政呵，刘氏衰落；
迫胁王侯呵，强授我妃。
我妃妒嫉呵，诬我罪恶；
谗女乱国呵，皇上不悟。
我无忠臣呵，何故弃国？
自快中野呵，苍天与直！
长叹一声呵，追悔不及。
既知今日呵，宁早自杀！
为王饿死呵，谁来可怜？
吕代绝理呵，托天报仇！

就这样，赵王刘友在幽禁中慢慢地饿死了。朝廷仅按平民的礼节来安葬他。

赵共王刘恢

刘恢（？～前 181），汉高祖刘邦较小的儿子。母亲是后宫诸姬，姓名不详。高帝十一年（前 196），梁王彭越因谋反被诛，汉高祖立刘恢为梁王。

高后七年（前 181），赵幽王刘友被吕太后幽禁饿死，随后将刘恢封为赵王。这时的赵国，仿佛已是不祥之地——高祖刘邦的两个儿子——赵隐王刘如意、赵幽王刘友，都在承袭赵国王位之后，遭吕太后毒手惨死。因此刘恢改封赵王，心中很不愉快。但也无可奈何，不得不起身就国。

吕太后善于专权，她强制性地把吕产的女儿立为赵国的王后。当时跟随吕王后而来的后宫从官都是诸吕的人，把持后宫大权，暗暗监视赵王。刘恢做什么事情都不能随心所欲，感到很不自由。

刘恢有一位爱姬，引发了吕王后的妒火，就用毒酒将其鸩死。这位吕王后做事，可谓颇有吕太后家风。刘恢心中闷闷不乐，就为自己的爱姬之死写了一首歌词，共四章，令乐人歌唱。高后七年（前 181）六月，心灰意冷的刘恢选择了自杀，与他的哥哥刘友在同一年去世。

吕太后听到这件事，认为刘恢因为妇人的缘故自杀，没有什么道理。没有什么道理的自杀是对祖宗不敬，就不能享受奉宗庙的礼节，于是便废除了赵国的王位继嗣。

羹颉侯刘信

刘信（生卒年不详），汉高祖刘邦侄儿，大哥刘伯之子。他因为母亲早年得罪了刘邦而迟封，刘信作为刘姓王侯，兴修水利，利国利民，算是一个有作为的王侯。

一、战功赫赫　因母迟封

羹颉侯，是一个挺怪的侯爵封号，它是封给刘邦大哥的儿子刘信的。说起来，这个古怪的封号里还有汉高祖年轻时的一段怨气。刘邦年轻时游手好闲，喜欢结交朋友，很少为家中的生活奔忙。那时因为四弟刘交年幼，大哥刘伯在儿子刘信出生后不久就去世了，地里的庄稼只得靠刘邦的父亲太公和二哥刘仲（即刘喜）来种。

刘邦不仅在自己家里吃闲饭，让自己的父亲觉得三儿子不如二儿子能干，而且还经常到已经守寡的大嫂家吃白饭。他爱在人前充老大，自己白吃不算，还常常领着三五个与自己谈得来的朋友，一块儿去白吃。一来二去，大嫂便十分生气，觉得刘邦不懂事。有一次，刘邦又带了几位朋友到大嫂家吃饭，刘邦的大嫂讨厌刘邦又带了朋友来，就装作饭已经吃完，用勺子把锅刮得戛啦戛啦响，客人们以为没饭就都走了。

过了一会儿，刘邦自己到锅跟前看了看，发现锅里居然还剩有不少粥。刘邦从此就有些怨恨大嫂，觉得大嫂太瞧不起自己，慢待了自己的朋友们。

刘邦起事后，刘信追随义军南征北战。汉高帝六年（前201），高祖刘邦大封刘氏同姓王，堂兄刘贾立为荆王，弟弟刘交也立为楚王。高祖后来又封二哥刘仲为代王，连自己的长子刘肥也立为齐王。但就是不给刘信封侯。高祖的父亲太公心中惦记此事，怎么一再不给刘信分封？于是就去问刘邦，是不是把给大哥之子封侯的事忘了。刘邦说：“某非敢忘封之也，为其母不长者。”古时的“长者”，指品德高尚的人。显然，刘邦对当年的事情仍旧耿耿于怀，而实际上并非长嫂无德，而是自己当年有些“不着调”。

高帝七年（前200）十月，汉高祖封刘信为“羹颉侯”。“颉”与“戛”同意，“羹颉侯”意为粥锅刮得戛啦戛啦响的侯爵。汉高祖把对大嫂不招待朋友吃粥的怨恨宣泄到侄儿的封号上了。

二、兴修水利　利国利民

刘信的封邑位于安徽舒城县西北十五公里。刘信在封地兴修水利，阻河筑堰，建七门堰（在舒城西南七门山下），引水东北，大力发展农耕，灌溉农田八万多亩；又在其东面加筑乌羊、槽牍堰，谓之“七门三堰”。

东汉末年，曹操实行屯田，派刘馥为扬州刺史。当时，七门堰年久失修，刘馥大力兴修，灌溉农田一千五百顷。明宣德年间（1426～1435），舒城县令刘显再次进行疏浚，扩大了灌溉面积，并制定用水办法和管理制度。七门堰作为我国古代著名水利工程，充分利用自然陂、荡、塘、沟，形成自然灌溉网，使舒城人民世受其利。为纪念刘信、刘馥、刘显，舒城人修建了“三刘祠”，刻石立碑，赋诗作记，以为纪念。

七门堰不仅具有历史悠久、工程浩繁的特点，而且在水利科学上也积累了极其丰富的经验。它是我国古代劳动人民改造自然的智慧结晶。明吏部尚书秦民悦在《重修七门堰记》一文中写道：“七门、乌羊、槽牍三堰分治为陂为荡为沟凡二百余所，浇灌沐邑之田至二千顷之上，譬之人身脉络自泥丸窍百骸下抵涌泉，无远不届者。”这就是说，刘信在兴建“七门堰”时，就能按照自然界的客观规律，因势利导，利用陂、荡、塘、沟，形成了一个自然灌溉网。这在两千多年前是难能可贵的，体现了刘信的聪明才智。

高后元年（前 187），刘信遭到吕后排挤，借故将他削为关内侯。

刘信去世后，就葬在安徽，其墓俗称舒王墩，位于安徽肥西县花岗镇境内，面积约四千平方米，是经过考古发掘的西汉时期最大的土坑木椁墓，近年出土了一大批有价值的文物，其中有玛瑙器、铜器、陶瓷器、漆器、骨角器等。

淮南厉王刘长

刘长（？～前 174），汉高祖刘邦年龄较小的儿子。汉高帝十一年（前 196）封为淮南王。文帝即位，他骄横不法，藏匿亡命。文帝六年（前 174）阴谋叛乱，事发被拘，谪徙严道（治今四川荥经）邛邮，途中不食而死。他死后，王号还在，只是加了一个能代表他所作所为的“厉”字。

一、赵姬蒙难　吕后母养

汉高帝八年（前 193），汉高祖出征归来，从东垣路过赵国，赵王张敖献给皇帝一位美人。这位美人受到汉高祖宠幸，很快怀孕了。但当时刘邦并没有把她带走，而是留在了赵国。赵王张敖自然不敢把被皇帝宠爱过的美人留在自己宫中，就特地给赵姬在外面建了一座宫殿，供她居住。赵姬，实际上是以赵国为姓，其母家在真定（今河北正定），但史书未载姓氏；姬是皇帝嫔妃的一种称呼。后来汉高祖过赵，待赵王无礼，箕踞殿上，张敖的属员们多有不平，觉得汉高祖实在是太欺负人，就预谋在柏仁县杀掉汉高祖。高祖因柏仁谐音“迫人”，不吉祥，不肯留宿，遂未遇害。

这次谋逆事泄后，不仅贯高等人被捕，赵王、赵王之母与兄弟以及后宫美人等，皆捕系河内郡狱中，赵姬亦未能幸免。但赵姬并非平庸之辈，她明白自己的身份，便对狱吏说：“前些时候，我得到皇上的宠幸，已经怀上龙子。”这当然非同小可，狱吏不敢隐瞒，就把这件事逐级报告，最后上奏皇帝。当时汉高祖正为贯高谋逆事怒火中烧，恨赵王恨得入骨，所以也不关心赵姬的遭遇。

赵姬的弟弟赵廉也在为姐姐入狱的事情奔波。他托人通过辟阳侯审食其，将此情况传给吕后，吕后本身性情刚烈，生性嫉妒，才不肯给自己在后宫添乱，所以也不肯替赵姬在汉高祖面前分辩。辟阳侯审食其也不坚持辩解，替赵姬开脱责任。因此，赵姬当时所处的环境很不好，心情也很压抑。当时赵姬已在狱中生下了刘长，但她怨恨过深，不能自拔，就在狱中自杀了。狱吏捧着刚生下的婴儿向皇帝报告赵姬自杀的事，汉高祖就后悔了。汉高祖给孩子取名曰“长”，令吕后抚养。随后，汉高祖将刘长的母亲赵姬安葬在其母家真定。

汉高帝十一年（前 196），淮南王英布造反，汉高祖亲自率领军队去平叛，同时就立刘长为淮南王。刘长襁褓中丧母，常常依靠吕后、太子刘盈，所以和吕氏有了感情。吕后称制，鸩杀刘邦三子，但是祸患并没有牵扯到刘长身上。

刘长也许在幼年常听人讲起母亲，他很想念自己的母亲，而且总觉得当时母亲有可能不死。所以渐渐长大后，刘长心中常怨恨辟阳侯审食其，心想如果当年他尽力争辩，自己或许还能有亲生母亲。刘长的这种仇恨因为思念母亲而愈来愈强烈，而且随着年龄的增长不断膨胀，只是当时不便发作而已。

二、锤杀食其　自作法令

汉文帝刘恒即位，时代又发生了新的变化，刘长的境遇也发生了变化。汉高祖刘邦诸子杀的杀、死的死，汉文帝即位时只剩下刘恒、刘长兄弟二人。刘长自己觉得是皇帝最亲的人了，做出些什么过头的事情也不打紧。于是他目中无人，骄横傲慢，多次违反法令。文帝刘恒觉得世间只剩一弟，对刘长的不法行为也就都宽赦了。

文帝的宽赦，使弟弟刘长更加横行不法。三年后，刘长入朝，在京师愈加横行。

刘长为人粗放，不讲究礼节，做事没有顾忌。跟随汉文帝入苑打猎，他和皇帝同坐一辆车，受到万分宠遇。他也常常直呼皇帝刘恒曰“大哥”。

刘长力气很大，力能扛鼎。出于对母亲的思念，他难以忘掉审食其。这次入京，刘长就特地去拜见辟阳侯审食其。审食其出面见他，他就从袖中拿出一把小铁锤，飞过去把审食其打死，又命自己的随从直断其首。随后，刘长驰马阙下，面向哥哥刘恒肉袒而谢，说：“臣的母亲不应当受到赵王谋反的牵连，辟阳侯力能说服吕后，他没有尽力，是一条罪。赵隐王刘如意母子无罪，吕后杀之，辟阳侯不加劝谏，是第二条罪。吕后封诸吕为王，残害刘氏，辟阳侯不加劝谏，是第三条罪。”

刘长说的这些话，也都有道理。吕氏专权时，辟阳侯审其食为丞相，身兼重任，而且和吕后之间还有一种非同寻常的暧昧关系。刘长这样指责审食其，并不为过。所以刘长说：“臣谨为天下诛贼，报母之仇。伏阙下请罪。”

刘长说得在理，但并不等于事情合理，杀人须经由廷尉等司法部门处理，或者事先须向朝廷奏准，哪能想杀就杀。可是汉文帝为弟弟自出世就没有母亲感伤，很同情他，就没有按照汉律治他的罪。

因为汉文帝待刘长的特殊礼遇，以及刘长的胆大妄为，朝中诸大臣都惧怕刘长，连薄太后和太子刘启也有几分顾忌。刘长自锤杀审食其，归国之后愈发放纵：他在淮南国内不推行当时汉朝法令，自行其是；他出入都打着天子的旗号，坐着皇帝一样的车驾，仿拟天子出巡时一样禁止通行，令人警戒；此外，他还称自己发布的命令为"制"，自作法令，数次上书不逊。

三、勾结闽越　谋反被谪

当时的淮南国，离京师有千里之遥。刘长归国的所言所行，汉文帝刘恒也听说了。文帝对自己没有管教好弟弟，深深自责。文帝让自己的舅舅、德高望重的将军薄昭给刘长写信，在信中规劝他。薄昭的信写得很认真，其中劝道："大王不察古今之所以安国的事情，却窥视皇位，不可能实现。""祸乱一旦发生，犹如射出的箭矢，不可追及。"淮南王刘长收到信后很不高兴，行为并没有收敛，而且违法犯禁的行为越来越多，越来越放纵，终至走上了谋反之路。

汉文帝六年（前 174），刘长命令叫但的男子等七十人，与棘蒲侯柴武的太子柴奇密谋，想推翻宗庙社稷。他们打算以辇车四十乘，人挽之行，车载兵器，偷越长安北面的各口县，通过多处险阻，勾结闽越、匈奴，进击京师。

事情被发觉后，有司立案处理。朝廷派使者出使，召淮南王刘长进京。当时是由丞相张苍、典客冯敬代理御史大夫职责，参与审案的还有管理皇族事务的宗正，以及廷尉。大家共同奏议，认为淮南王刘长犯有如下罪行：废先帝法，擅为法令；所居房屋不遵法度，比照天子为黄屋盖；不听天子诏；私命其郎中春（人名）为丞相；收聚汉王朝诸侯之人及有罪逃亡者，将其藏匿，为其治家室，赐其财物爵禄田宅，有的爵至关内侯，俸禄高达二千石。

鉴于淮南王刘长的罪行，主持此案的官吏上奏书说："刘长所犯是不轨之罪，应当弃市，臣请求依法治其罪。"此奏上报到汉文帝，文帝下令："朕不忍加刑于王，将其与列侯、吏二千石议。"列侯、二千石官吏等四十三人议定，皆说："应当依法处死。"汉文帝只好下令："赦免刘长死罪，废黜王号。"有司又奏："请流放到蜀郡严道县（今四川荥经）邛邮地。让刘长的子女和生过子女的姬妾随同前往。让县里为他们筑家室，皆给一日三餐，还给薪、菜、盐、炊食器、席褥。"文帝再次下令："多给刘长食物，每日给肉五斤，酒二斗。令原来的美人、才人得幸者十个人和他住在一起。"随后，将其余所有参与谋反者都杀死了。

四、骄不闻过　不食而死

当初淮南王刘长杀审食其之后，极其骄纵。大臣袁盎谏文帝道："诸侯太骄纵必然要生出祸患，应该谪其王位，削除封地。"袁盎的意思是给刘长一个警告，让他不要过于放纵。汉文帝不答应，致使淮南王发展到无法无天的地步。等到谋反事发，文帝仍不忍心处死刘长，而是将他迁蜀地，由囚车押送。袁盎当时身为中郎将，又谏曰："陛下素来骄纵淮南王刘长，不肯稍加禁止，以致刘长如此。现在又以囚车押送，无比屈辱。淮南王为人刚烈，假如途中遇意外身死，陛下竟以天下之大，不能容弟，有杀弟名，怎么办？"文帝说："我这是特地让他受点苦，待刘长悔过之后，再令扶立。"

淮南王刘长在被押送途中，对侍者说："是谁夸你们的王公是位勇者，说我超越凡人，这话对吗？我因为骄傲，不愿听人批评，所以到了这个地步。”于是刘长不食而死。在刘长绝食的时候，传递护送囚车的人不敢揭开车的封条，没有及时阻止他绝食，也没有向上面汇报他的言行。一直到蜀地雍县，雍县的人令揭开车封，知道刘长已死，这才把刘长死去的消息传出去。

汉文帝听说刘长死了，自己也不再进食，哭得非常哀伤。袁盎和贾谊劝慰汉文帝，认为刘长咎由自取，陛下应自宽。汉文帝根据袁盎的意见，马上安排丞相、御史大夫等逮捕诸县押送囚车的吏卒、不开封条看视的侍者，将他们全部杀掉。又以列侯的礼节葬淮南王刘长于雍，安排守冢祭祀人家三十户。汉文帝对刘长的死一直不能自安，后将其四子先封为侯，后又加封为王。贾谊曾对汉文帝分析这一系列分封带来的后果，文帝并未采用，这也为日后汉武帝时淮南王刘安谋反埋下了祸根。

汉文帝十二年（前168），民间作歌歌淮南王刘长之死道：“一尺布，尚可缝；一斗粟，尚可舂。兄弟二人，不能相容。”正如当时处理刘长谋反案时袁盎估计的那样，刘长之死在百姓中造成了较大的影响。

刘长因出世即丧母，为一祸；由吕氏母之，未受吕后之毒杀，为一福；与汉文帝兄弟相亲，受皇帝宠爱，为一福；而后肆无忌惮，妄图里通外族，谋反社稷，为一祸。刘长一生因祸得福，因福及祸。文帝以溺爱弟始，不注重管教，终致存世一弟骄横失度，祸及自身，可见溺爱等于溺杀。

吴王刘濞

刘濞（前216～前154），汉高祖刘邦二哥刘仲之子。汉高帝十一年（前196），封吴王。刘濞颇善治理国家财政，同时野心勃勃。他在西汉历史上扮演过一个重要的角色，即著名的吴楚七国叛乱的首领。其封国地广人多，且有铜盐之利，但他始终未能安分，最后走上谋反的死路。

一、貌有反相　心存乱蘖

刘仲当年在家乡时，以会种地出名。这颇让刘邦的父亲称仲贬季（刘邦行三）。汉高祖刘邦平定天下后，封刘仲为代王。高帝七年（前 200），匈奴攻代，在两军对垒的关键时刻，刘仲临阵脱逃，丢下偌大的封国不管，只身一人抄小道逃归洛阳，汉高祖不忍对其兄依法制裁，只贬其为郃阳侯。

刘濞和乃父大有不同，他性格刚强勇敢。在汉高祖大封刘氏时，他被封为沛侯。

高帝十一年（前 196），刘濞年仅二十岁。淮南王英布反，汉高祖亲自率军前往平叛，刘濞以骑将之职，随从高祖破英布军。荆王刘贾（高祖堂兄）为英布所杀，无后。当时荆国自淮东而南，至丹阳、会稽，共三郡五十三城。治所在会稽（今苏州），辖境相当于今江苏上海长江以南，大茅山以东，浙江长兴、吴兴、天目山以东，与建德以下的钱塘江两岸；安徽长江以南，以及浙江新安江支流武强溪以北地区，以及湖北、湖南、河南、贵州、广东、广西的一部分，城域十分广阔。

汉高祖刘邦担忧吴郡会稽等地人轻率剽悍，十分放心不下。因当时西汉的吴郡与东越等国接壤，而吴郡本身是由秦始皇统一中国后收归中原版图时间不长的化外之民，思想意识与中原文化颇多相异，所以汉高祖想选壮王镇抚吴地，免绝后患。当时刘邦诸子年少，而刘濞从军有功，因此立刘濞于沛（今江苏沛县），为吴王，改当年刘贾所封荆国为吴国，刘濞遂据有三郡五十三城。

等到刘濞封拜受印之后，汉高祖召见，看了一下刘濞的相貌，觉得此人不太可靠，就对刘濞说："你面有反相。"汉高祖自己心中暗暗后悔，不该委此人以重任，但当时刘濞已封拜，所以高祖就拍着刘濞的后背说："汉五十年东南有乱，难道是你吗？希望你能明白天下都是刘姓一家人的，最好不要谋反。"刘濞顿首说："不敢！"

刘濞封王的这一年（前195），汉高祖刘邦驾崩。时值孝惠帝继位、高后称制，天下初定，百废待兴。诸侯郡国各自安定百姓，整顿生产，管理行政，稳定治安，等等。当时的诸侯王掌有财政大权，所以威权赫赫。吴国有豫章郡铜山，刘濞招收天下亡命之徒私下铸钱，临近海边地方又可煮海水为盐。即使吴国国内不征赋税，仅以山海之利，国用就很富饶了。这样，就为后来的吴国谋逆准备了充分的物质条件。但是刘濞有谋反之心，却是由一件事而引发的——吴太子入京师，被当时的汉太子刘启失手打死，遂引发了刘濞的怨恨朝廷之心。

汉文帝刘恒时，吴国太子（诸侯王嗣位者亦称太子），入见汉文帝，吴太子得到与皇太子刘启一起下棋的机会。吴太子师傅都是楚人，因此吴太子为人处世轻率胆大，一向目中无人。当时吴太子与汉太子因下棋时争棋道，吴太子的不恭引得刘启大怒，刘启就拿起棋盘掷向吴太子，结果将吴太子误伤至死。这下惹了麻烦，吴王刘濞见活人入朝、死儿归葬，当然又恨又怒，对前来送吴太子灵柩归吴的汉朝廷送葬使者怒道："天下刘氏是一家，吴太子死在长安即葬在长安，何必归葬！"刘濞又派人将灵柩送还长安。

西汉诸侯王之太子，并非全由长子而立，大多是以父王最宠爱的为嗣位者。所以吴太子薨逝，刘濞心中的怨恨真可以说无以复加。刘濞从此记恨朝廷，渐渐地有失藩臣之礼，称疾不朝，朝廷内也知道他因为丧子之故，不肯朝请。汉文帝派人验问刘濞确实无病，自己又不肯入朝请，也十分恼怒，每次有吴使来京，动辄下狱责治。这样，刘濞更加惊恐，与朝廷的心理距离越来越大。刘濞开始有所谋私，而且反叛的意识愈来愈强烈。

吴国的国力是越来越强盛了。不仅百姓无赋，而且可出钱雇人代己为卒。刘濞还每年向地方官求问茂材（有美材之人），推荐上举，赏赐闾里，遍买人心。如有其他郡国来缉捕逃亡案犯，吴国均收容下来，不予遣返或逮捕。

二、晁错削地　七国谋反

汉文帝时，晁错为太子刘启家令，得到皇太子刘启的宠幸。晁错多次言及吴国过大，国势过甚，应当削地以削势，减少对中央集权的威胁。但汉文帝待属下较宽厚，不忍削罚，因此吴王更加骄横。

等到景帝刘启继位，晁错升为御史大夫，位于三公之列，颇受景帝宠幸。晁错指出："高祖庶子刘肥封为齐王，辖七十二城，高祖庶弟刘交封为楚王，辖四十城，高祖兄子刘濞封为吴王，辖十余城。这三位庶出的王，占了天下的一半。"这些藩国的强大，对中央集权形成极大的威胁，所以晁错认为应该以削地的方式来削弱藩国的实力。对于各国对削地的反应，晁错也有正确的估计，他说："今削之亦反，不削亦反；削之，则反急，祸小；不削，其反迟，祸大。"

晁错的分析经过后来的事实证明是正确的。但晁错认为削地的政治借口即解决的办法，就是因过削地。景帝三年（前 154）冬，楚王之孙刘戊来朝，晁错上奏乘机说刘戊以前为薄太后服丧期间，私与宫女通奸，请皇帝诛杀他。景帝下诏，不诛，但削去楚国的东海郡（治所在郯，辖境在当今山东费县、临沂、江苏赣榆以南、山东枣庄市，江苏邳县以东和江苏宿迁、灌南以北地区）。

晁错又上奏，说此前二年，赵王刘遂有罪，应削其常山郡（治所在元氏，辖境相当今河北唐河以南，京广铁路线以西，除新乐、正定、石家庄，内丘以外地）。再奏胶西王刘印卖关内侯之事，应削其六县。当时朝中又议削去吴国豫章郡（治所在南昌，辖境相当于今江西省地）、会稽郡（治所在苏州，相当于今江苏省长江以南，茅山以东，浙江省大部；仅天目山、淳安县以西小部分地区除外；以及福建全省）。因为削地的时间较为集中，削地地域较为庞大，一下子激增了王者的反叛心理。

这边朝廷方议削吴，吴王刘濞恐怕削地无止境，自己的本十不保，想乘机起事，推翻景帝。刘濞考虑诸侯之中没有能与自己商议者，听说胶西王刘印很勇敢，好兵，诸侯皆畏惧，于是就派中大夫应高去游说胶西王。

应高到胶西国（治所在山东高密西南，辖境约在今山东胶河以西，高密以北地区），见到刘印说："吴王与胶西王，皆是天下知名的诸侯，一旦被朝中纠察，便不得安宁自在。至今我等缩肩累足，犹恐不能开释。我听说诸侯削地，即使有罪也罪不至此。同恶相助，同好相留，同情相求，同欲相趋，同利相死。"应高终于说动了刘印，当然这种同盟，为调动刘印的积极性，吴王是有所允诺的。

刘印派使者约齐（治所在淄博，辖境相当于当今山东淄博和益都、广饶、临朐等县地）、甾川（治所在今寿光南，辖境相当于今山东淄博市区及寿光、益都等县部分地区）、胶东（治所在即墨——今山东平度东南。辖境相当于今山东平度、莱阳、莱西等县及沂南地带）、济南（治所在东平陵——今章丘西，辖境相当于今济南市、章丘、济阳、邹平等县地）等封国相与谋反，这几个藩国之王都答应了。这几个藩国之王，都是齐悼惠王刘肥之子，本为兄弟，是由原齐国七十多座城池裂土而分为五王。他们本就为长兄刘襄未能登基而深深遗憾，这回有两个大国——吴国、楚国做后盾，政治野心重新萌发，于是“同欲相求”，共同叛逆。

等到削吴国的会稽、豫章两郡的朝廷文书到来，刘濞率先起兵，诛杀了朝廷直接派往吴国的中尉、二千石及以下的官员。此时胶东、胶西、甾川、济南、楚、赵等国亦皆反叛，发兵向西。史称“七国之乱”。

不久，齐王刘印后悔，背约守城。济北国都城墙损坏，尚未修复完工，济北的郎中令劫持济北王刘志，不让其发兵。

胶西王刘印、胶东王为大帅，与甾川、济南等国共同围攻临甾（今淄博），即齐国之地。赵王刘遂也偷偷地派使者前往匈奴，暗中联合军队。七国之乱中，吴国调集了全国的军队，刘濞下令国中：“我已经六十二岁，仍亲自率军出征，小儿子才十四岁，也要上战场身先士卒，凡是上自与我年岁相同的人、下到与我小儿子年龄相仿的男子，都要出征。”一共征集了二十余万人。刘濞还派使者往闽、东越结谋，两国亦从谋同意发兵跟从吴国，助吴国谋逆之力。

景帝三年（前 154），刘濞西涉淮水，与楚兵会合。刘濞派使者送给诸侯书信，史称“反书”。刘濞想让更多的诸侯响应，扩大攻势。

三、不听劝谏　坐失战机

当七国的反书遍传于世间时，汉景帝派遣条侯周亚夫率领三十六名将军前往击破吴楚，派遣曲周侯郦寄击赵，将军栾布击齐，大将军窦婴屯兵荥阳监督齐，赵方面的兵马。

周亚夫到达淮阳时，问已故父亲绛侯周勃的门客邓都尉：“进攻叛军的计策该怎么筹划?”邓都尉说：“吴兵士气锐利，难与争锋。楚兵的士气就差多了，在战争中不会坚持长久。如今为将军着想，不如引兵东北，坚壁昌邑（今山东金乡西北），把梁国置于吴兵的面前，吴军必定尽出精锐进攻梁军。周将军深沟高垒，使轻兵绝淮之泗水口，阻塞吴的粮道。吴军在与梁国的相持中消耗军力和粮食，必然走向衰竭。运用这种策略，破吴势在必成。”周亚夫认可邓都尉的策略，用轻兵断绝了吴国的粮道。

吴王刘濞治国有道，在战争中却不能采纳臣属有利的意见，致使自己屡屡坐失战机，在战争中由主动变为被动。

当初发兵时，吴王任用臣属田禄伯为大将军。田禄伯分析军情说：“吴兵屯聚向西，没有奇策，难以立功。臣愿得五万人，另循江淮而上，攻取淮南、长沙，进入武关（今陕西商南县东南），与大王会合，此亦一奇策。”这种分析是正确的，可使吴军免于孤军而战的境地，而且那些地方兵力空虚，易于占领，可以扩大军事影响。当时，吴王太子不同意田禄伯的意见，反而劝父亲说：“父王以反叛为名，这种兵权难以委托给别人。别人得到兵权，反叛父王怎么办？况且派出奇兵单独行动，会遇到很多预想不到的困难，将白白地削弱主力军。”吴王难分是非，因此以亲缘关系作为判断事情的标准，对田禄伯的正确建议反而心怀疑忌，坐失了一次有利的军事行动。

吴国的少将恒将军也劝刘濞说：“吴多步兵，步兵有利的方面是利用险要；汉军多车骑，车骑的长处是利用平地。希望大王经过的城池不要占领，一直向前，快速地占据洛阳的武库，食用敖仓之粟，这样兵备粮足，凭借崤山、黄河之险来号令诸侯。虽未入关，天下固为己有，形势已定。这样以后，大王即使慢慢地推进，留下城邑，即使汉军车骑至，驰入梁国与楚国的城外，败势也已定。”但刘濞听不进去——其实他的所为，不过是为反叛而反叛，表面上是要夺取政权，实际上却南辕北辙。

四、梁军挡吴　东越杀濞

起初，吴王发兵刚刚渡过淮河时，与楚王合军一起打败了敌军，乘胜向前，部队锐气正甚。看到这种局势，梁王刘武很恐慌，派遣将军迎击，吴楚两军又打败梁国派出的两支部队，作战中梁国士卒都恐惧后退。梁王数次派使者前往条侯周亚夫处求救，周亚夫没有同意。周亚夫此时的战略是要使吴楚在与梁的对垒中，消耗吴军的有生力量，尤其是要吴军将身边的军粮用尽，得不到供给，拖垮吴国。

梁王刘武在条侯周亚夫面前讨不得救兵，又向同母哥哥景帝求救。景帝听了弟弟的诉苦，也很为梁王担忧，就派使者告诉周亚夫应前去救梁。周亚夫本着“将在外，君命有所不受”的原则，出于战场作战形势的考虑，没有发兵支援。

梁王刘武在周亚夫那里讨救兵没有希望，只好调动国内的有生力量，与吴楚军队决一死战。刘武平日注意收拢人才，吴国能人不少；窦太后平日多有赏赐，财物超过朝廷。所以这场战斗虽然酷烈，还是大获全胜，吴军只好引军向西。

梁军固守城池，不敢向西追赶，吴军遂接近了周亚夫的军队。两军在下邑（今安徽砀山）交会。吴军急于求战，周亚夫的军队驻扎在军营内，据壁坚守，不肯应战。相持了一段时间，吴军因断粮道，军中粮绝，士兵饿着肚子数次挑战，汉军均未答理。无可奈何，吴军遂设计夜袭周亚夫军营，惊得汉军东南方向一片声响。周亚夫下令只在西北方向守备。果然吴军“声东”之后“击西”，因汉军早有准备，没有能攻进来，反而被打得大败。

此后，吴军士卒中多因饥饿而死，其余的便开始叛逃，逐渐溃散瓦解。吴王刘濞自领麾下壮士千余人连夜逃跑，渡过淮河，走丹徒，驻守东越（在今福建北、浙江南一带）。

当时东越有兵可达万余人，刘濞想借用这支有生力量，同时派人专门收集自己的逃兵散勇。朝廷派人答应给东越以好处，让其杀死刘濞，东越王就骗刘濞，让他出来慰劳士兵。刘濞一出，东越王派人用矛戟将他撞杀，用匣子盛着他的头颅，报告朝廷。吴国太子刘驹逃到了闽越国（与东越相连，今福建北、浙江南一带）。

因为刘濞弃军而逃，军队溃散，吴军陆续投降周亚夫和梁王刘武的军队。楚王刘戊军败，自杀。胶西王刘印自杀，胶西王太后、胶西国太子皆死。胶东、甾川、济南王皆被诛。郦寄率军攻赵，十月占领赵地，赵王刘遂自杀。济北王刘志因为被下属所劫，没有谋反。

齐哀王刘襄

刘襄（？～前 179），汉高祖刘邦之孙，齐悼惠王刘肥长子。谥号“哀”。他先被立为齐国太子，汉惠帝六年（前 189）嗣位。鉴于自己长子长孙的地位，他与两个弟弟图谋诛除诸吕，登上帝位，并起兵欲西进。诸吕被诛、文帝即位之后，他得到了分割给吕氏的齐国原有土地，不久去世。

一、长子长孙　一朝起兵

刘襄是汉高祖刘邦之孙，齐悼惠王刘肥长子。他顺理成章地被立为齐国太子，汉惠帝六年（前 189）刘肥去世后，继承了齐王王位。

刘襄有两个弟弟——刘章和刘兴居，他们也先后被朝廷封侯，一个是朱虚侯，一个是东牟侯。特别的是，刘章和刘兴居先后到京城长安，在禁卫军中供职，日夜护卫皇帝。也正是这个缘故，他们可以得知许多宫廷内部消息，进而为兄长谋取帝位出了不少力。

汉惠帝即位后，太后吕雉执掌朝廷大权，安插吕氏族人，诸吕权倾朝野、气势熏天，刘氏受到极端压制。朝臣对于吕氏十分不满，厌恶情绪十分明显。对于当时的人心向背，刘襄兄弟十分清楚。而刘襄是汉高祖刘邦的长子长孙，不无继承帝位的可能，因而刘章和刘兴居在朝臣中做了不少工作。

有两个弟弟“皆入宿卫”这一特殊条件，当吕太后去世，诸吕“聚兵以威大臣，欲为乱”之时，已经娶了吕禄之女的刘章探得内情，偷偷派人告诉了刘襄，想让刘襄从西边发兵，两兄弟与朝中大臣作为内应，以此诛除诸吕，拥立齐王刘襄为皇帝。

刘襄得知弟弟送来的消息，就和自己的舅舅驷钧、郎中令祝午、中尉魏勃密谋发兵。时任齐相召平，探听到刘襄的动静，率先发兵包围了齐王的王宫。当时，藩国国相由中央政府任命，所有行动直接向中央负责，权力很大。

此时，齐国中尉（藩国最高军事长官）魏勃欺骗召平说：“齐王想发兵，没有朝廷的虎符作为凭证，根本不可能行得通。相君您包围了齐王，这举措确实做得很及时。我魏勃想帮您带领兵马牵制齐王。”魏勃也是朝廷命官，但此时已经成了刘襄的人，但外人浑然不知。召平觉得他说得有道理——自己是文臣，不如武将会用兵，于是就把军队交给魏勃率领。

谁知魏勃有了军队，反过来很快包围了相府。召平十分后悔，可已经来不及，叹息道：“啊呀！有句名言：‘当断不断，反受其乱。’”接着就自杀了。

二、借兵琅玡　图谋帝位

召平自尽，齐王刘襄发兵就没有障碍了。于是，刘襄封自己的舅舅驷钧为相，魏勃为将军，祝午为内史，调遣全齐国的军队，准备讨伐诸吕。当时诸吕握有南、北两大中央集团军的兵权，所以刘襄想西进长安，自然是军队越多越好，大家就想到了“借兵”。

当时因琅玡郡原是齐国的一块属地，琅玡王刘泽离齐国最近，刘襄就派祝午为使者，骗琅玡王说：“吕氏想作乱，齐王想从西面发兵诛杀他们。齐王自认为自己年纪小、经验少，不熟悉军中事务。愿意把自己的国土委托给大王您来照管。大王您从高帝时已能担任将军之职了，自然十分熟悉战争中的事务。齐王刘襄不敢离开军队，派我做使臣请大王前往临淄，与齐王会面商量大事，由您一并率领齐兵向西，平定关中之乱。”刘泽认为齐王刘襄确实是个年轻的“娃娃”，也没料到他有非分之想，就相信了祝午的话。

琅玡王刘泽驰马前去会见齐王，结果被刘襄和魏勃等人扣留了。接着，刘襄又派祝午调集了琅玡国的军队，把两国军队合并统一指挥，力量强大了很多。

琅玡王刘泽被骗到齐国，不能返回本土，就想了一个办法，劝说刘襄：“推本言之，大王您正是高皇帝的嫡长孙，应当立为皇帝。现在各位朝廷大臣一定对谁继承帝位犹疑不决，刘泽我在刘氏皇族中年龄最大，大臣们一定等待我去决定怎样做。”刘泽认为，刘襄当皇帝，对自己也没有什么坏处，就又说：“现在大王您扣留我也没有什么作为，还不如派我为使，入关谋取大事。”刘襄觉得有道理，就在往日礼节的规模上，又增加了些车辆，用隆重的礼节送琅玡王到京师去。

琅玡王刘泽走后，齐国就举兵进攻吕国的济南，准备向京师长安前进。在此之机，齐王刘襄又派使者给其他诸侯王送去书信，上面写道：“高帝平定天下，分封刘氏子弟为诸侯王。当年齐悼惠王薨，惠帝派留侯张良为使，立臣子我为齐王。惠帝崩，高后执政。高后年纪大了，听凭诸吕擅自废帝更立，又先后杀害了三位赵王，灭梁赵、燕国，让诸吕在此称王，分裂齐国，划分成四块国土（即济南、琅玡、城阳与齐）。忠臣进谏，高后被左右迷惑、干扰，不能听从正确的意见。现在高后去世，新帝年纪太小，不能处理国家政务，朝中一定在等待着大臣和诸侯王们的到达。现在诸吕又擅自给自己封官加爵，同时聚集军队威慑别人。诸吕又劫持列侯和忠臣，假托天子之诏以令天下。刘氏的宗庙危在旦夕。寡人将率兵入京城，诛杀不应当为王的人。”

三、诛杀诸吕　改立文帝

朝廷听到齐王发兵西进的事情，相国吕产等派遣大将军、颍阴侯灌婴，率领军队去迎击。灌婴到达荥阳，和亲信商量说：“诸吕举兵关中，想推翻刘氏王朝，自己称帝。现在我们进攻齐军，还报吕氏，不是帮助吕氏增加成功的条件嘛？”大家都认同灌婴的看法，决定停下部队，驻扎在荥阳。灌婴派使者暗暗晓谕齐王及各诸侯王，联合起来，以便等待时机，察看吕氏的动态，共同讨伐乱党。刘襄听到了这个消息，就把军队驻扎在西部边界，等待时机。

吕禄、吕产欲作乱，朱虚侯刘章与太尉周勃、丞相陈平等共同诛杀了诸吕。刘章首先斩了吕产，太尉周勃等尽诛诸吕。

这时，琅玡王刘泽也从齐国到了长安。朝臣们讨论该拥立谁来即帝位，起初大家都认为齐王刘襄比较合适，因为他是汉高祖刘邦的长子长孙。但讨论到家族关系时，有的大臣就觉得不太合适，结果大臣们都认为：“齐王母家驷钧凶恶暴戾，如同戴着人冠的老虎。”有这样凶残的家伙，势必像吕氏那样，又一次导致外戚专权。因此，朝臣们最后决定拥立代王刘恒。

代王刘恒母家薄氏，为人处世有君子风度，诚信忠厚。而且代王是汉高祖的儿子，是当时在世的高祖诸子中年纪最长的。以高祖子辈的人立为帝王，情理上最顺当；以宽厚待人者为人君，朝廷内外的大臣就能安定。于是事情就这样决定下来。

当时力诛诸吕，刘襄拥兵为外应，对拥有中央南北二军兵权的诸吕起到了威慑作用。朝臣们与刘襄兄弟也似乎有约在先，诛除诸吕，然后迎立刘襄为帝。但刘襄“母家强”，舅舅凶恶，确实值得顾虑。

接着，朝臣派刘章把诛杀诸吕的事情和拥立代王为帝的事情，告诉齐王刘襄，命令他罢兵。刘襄兄弟的皇帝梦就此落空。

四、魏勃罢官　刘襄复国

齐王刘襄起兵，虽说是配合朝廷诛除诸吕，但其欲得帝位的心思，可谓无人不晓。擅自发兵，犯了朝廷忌讳，因为有诛除诸吕的意思，也就不好追究；而擅杀朝廷命官（召平），责任人是魏勃，于是鞭子就打到了魏勃的身上。

魏勃出身寒门，但颇有才干。魏勃的父亲魏氏，因为擅长鼓琴，当年曾被秦始皇召见过，但家里始终不富裕。魏勃少年时，很想求见当时的齐相曹参。由于家里贫穷到没有东西去打通关节，无法当面求见，只好想了个特别的主意，以便引人注意。

魏勃用秫秸扎成人的样子，自己站在里面，凌晨时分，等在齐相舍人们住的门外。这样等了几天，也未被人注意到。而每到天亮，魏勃自己不好意思，怕别人笑话，就撤了。有一天，齐相舍人清早起来，天蒙蒙亮，看见似人似鬼一个东西立在那里。走近仔细看，是用秫秸围着的人，那位舍人就抓住了魏勃。魏勃解释道：“我非常想见相君一面，却没有别的机会。所以立个秫秸人，以引起你们的注意，想通过这个办法求你们把我引见给相君。”

舍人把魏勃推荐上去，曹参也因魏勃如此苦心孤诣求见自己，就留他当了自己的舍人。过了一段时间，魏勃被曹参召见。魏勃谈论各种事理时，曹参认为他很有道德和才能，就把魏勃的为人和当时的齐王刘肥说了。齐王刘肥就召见魏勃，拜他为齐国的内史。从悼惠王刘肥那时起，魏勃的官俸就是二千石。等到刘肥去世，刘襄即位，他给予魏勃处理国务的权力超过了国相。

灌婴在荥阳，听说是魏勃坚决鼓动齐王谋反。诸吕受诛，齐兵回撤，灌婴就派使者召魏勃来见。灌婴责问魏勃为何支持齐王发兵，为何不先向朝廷奏请。魏勃回答说：“如果有失火的人家，哪有先向老丈人汇报火情，后来才再去救火的呢!”魏勃说完，觳觫不安。灌婴见了，笑着说：“人们称魏勃英勇，我看是胡说，不过是位庸人而已，有什么能力担当现任之职呢!”于是罢免了魏勃的官职。

齐王刘襄不久就罢兵归齐，接着代王刘恒登基。汉文帝元年（前 179），以高后时所割去的城阳、琅玡、济南郡复归予齐国，把初欲立刘襄的琅玡王刘泽迁到燕国为王。

也就在这一年，刘襄去世，谥号“哀王”。

城阳景王刘章

刘章（前 201～前 177），汉高祖刘邦之孙，齐悼惠王刘肥次子。谥号“景”。刘章为人智勇双全，在诛诸吕的事件中，《汉书》中称“朱虚侯刘章功尤大”，曾立过汗马功劳。但在史书中记载讨伐诸吕的事件中，一笔带过，刘章仿佛是听命于人的小人物。历史并非如此，应还当时真面目。

一、不连诸吕　作“耕田歌”

刘章是汉高祖长子刘肥之子，汉高祖长孙刘襄之弟。刘襄被立为太子，后来继承了王位。刘襄、刘章等，兄弟关系较好，没有发生争权夺利之事。

汉惠帝去世，吕后称制。高后元年（前187），吕太后以其兄子吕台为吕王，分割齐国的济南郡给吕王做俸邑。

吕后称制的第二年（前186），刘章入朝宿卫，吕后封他为朱虚侯，并将吕禄之女与他为妻。又过了四年（前182），刘章的弟弟刘兴居被封为东牟侯，兄弟两人皆宿卫长安。

高后七年（前181），吕后割齐国的琅玡郡，立营陵侯刘泽为琅玡王。吕后立刘泽为王，既是刘泽听计于田生、自我努力的结果，也是吕太后唯恐只封吕氏为王，惹刘氏宗亲怨恨，用封刘泽等为王来化解矛盾的一种计谋。也正是在这一年，赵幽王刘友被吕后幽禁，活活饿死。同年，吕太后又逼封在赵国的赵共王刘恢自杀身死。

这两位赵王，分别娶吕氏为妻，或被吕王后谗而幽禁，或因吕王后（赵王王后）鸩杀爱姬、擅权用事，不能自主，愤而自杀。而此前，赵隐王刘如意被吕后鸩杀，也是封在赵国。在三位赵王先后惨死的阴影里，刘氏皇族的政治压力空前增大。在这种政治环境下，刘章表现出了突出智慧和勇气。

高后七年，刘章年满二十。他常为刘氏不得要职而愤怒、怨恨，对吕氏用权很不满意。有一次，他入侍宴饮，吕后令刘章当酒吏。刘章请示说：“臣乃将门的后代，请得以军法行酒。”吕太后说：“可以。”酒酣，刘章献歌舞以助酒兴。

过了一会儿，刘章又说：“请允许我为太后言耕田之歌。”吕太后对刘章“以儿畜之”，就像对待小孩子一样，就笑着说：“我回想起来，你的祖父才知道怎样耕田；你生下来就是王子，养尊处优，怎么能知道耕田的事情呢?”刘章说：“臣知之。”吕太后就说：“那么试试说一说耕田的意思。”刘章就开始唱道：“深耕概种，立苗欲疏，非其种者，锄而去之。”其中的关键意思，是说不是一个品种的苗要锄去，暗指的当然是诸吕。

过了一会儿，诸吕中有人喝醉，就偷跑了。刘章追出去，拔出剑斩了他，回来报告说：“有逃酒一人，臣谨行军法斩之。”吕太后和左右大臣们听了这事，都大惊失色。吕太后哪里想到，她“以儿畜之”的小孩子，能有这么大胆！吕太后因事前已同意刘章以军法监酒，所以无法论罪，没有惩处他，

这件事之后，诸吕忌惮刘章，身居高位的大臣们也都顺从刘章。刘氏的力量逐渐有所起色。

二、谋立兄长　作为内应

就在刘章为吕后唱“非其种者，锄而去之”的第二年（前180)，吕后去世。

当时赵王吕禄为上将军，执掌军权；吕王吕产为相国，执掌政权，皆居长安城中。诸吕自知违背高祖的约定，担心被大臣、诸侯王诛杀，因此图谋作乱。在长安城中，“聚兵以威大臣”，政治局势十分严峻。刘章因以吕禄之女为妻，知道诸吕的计划，就派使者偷偷地出长安城，告知其兄齐王刘襄，想叫齐王从西面向长安发兵。刘章和刘兴居二人与丞相陈平、太尉周勃为内应，共同诛杀诸吕，乘机立齐王刘襄为帝。

当时共谋诛诸吕之时，大臣们许诺以全部赵国土地封刘章为王，以梁国土地封刘兴居为王。可见对刘章兄弟的倚重。齐王刘襄得到弟弟送来的消息，就发兵起事；又把琅玡王刘泽骗到齐国后扣押，掌握了琅玡国的军队。在诸侯王中分封国土面积最大的

刘襄的军队，再加上刘泽的军队，数量庞大，足以形成对控制南北军的诸吕的威慑。

刘襄起兵，以讨伐诸吕为旗帜，于是吕产派灌婴率大军迎击。但灌婴不肯“益吕氏资”，给他们当帮凶，走到荥阳便按兵不动。大量的军队集结，更形成了对吕氏的威胁，促其自乱。于是丞相陈平与太尉周勃果断诛除诸吕。

在讨伐诸吕的过程中，刘章不仅向丞相陈平、太尉周勃传送过内情，而且被陈平委派去帮助周勃诛诸吕。当时，周勃已经从吕禄手中骗得北军指挥权，但守卫未央宫的南军还没有解决。这时，陈平召刘章辅佐周勃。周勃令刘章监管军门，不让相国吕产进入宫殿的大门。

三、斩杀吕产　天下遂定

吕产不知道吕禄已经交出北军指挥权，想进入未央宫作乱。由于没有办法进入殿门，徘徊在庭院之中。当时周勃担心发生意外，又不敢公开说诛杀吕产，就对刘章说：“赶快进宫保卫皇帝。”刘章从周勃那里请拨兵卒一千人，从未央宫边门进去，见吕产正站在未央宫的院子里。傍晚的时候，刘章向吕产发起了攻击，吕产逃走。

这时，天上刮起了大风。跟随吕产来的官员们一片混乱，没有人敢于向刘章抵抗搏斗，人心已经涣散。刘章追上吕产，把他杀死在郎中府官员房舍的厕所中。在吕太后死后，吕产是诸吕中比较有头脑的一位。吕产一死，诸吕顿时失去了主心骨。

刘章杀了吕产，当时的皇帝刘弘令谒者持节慰问刘章。刘章想夺过符节作为凭证，继续平定叛乱，但谒者不肯。刘章就带着谒者一起，坐着自己的车子，借着符节的信用，飞快跑进长乐宫，斩了卫尉吕更始，从吕氏手中夺回了南军军权。皇宫大内中的吕氏兵权，基本上都夺了回来。

刘章回到北军，再次向周勃汇报了军情：南军军权是由他朱虚侯刘章夺回来的。周勃听完刘章的汇报，起身拜贺刘章，说："我所担心的独有吕产，如今吕产被诛，天下已定!"《汉书》上说："刘章首先斩吕产，太尉周勃等乃尽诛诸吕。"诛吕产，是讨伐诸吕的关键一步。这一步，有周勃的预见、调遣，完成一重任的则是刘章。

讨伐诸吕，群臣有功，刘章兄弟功不可没。但朝臣鉴于刘襄势力强大，其舅舅又十分残暴，并没有尊刘襄为帝，而是迎立了代王刘恒。

代王刘恒即位后，听说刘章、刘兴居当初想立齐王刘襄为帝，所以就不谈论兄弟二人的功劳，也没有按功行赏。

文帝二年（前 178），汉文帝分封诸侯王子，把已经还回齐国的城阳郡，又割给了刘章，立他为城阳王。那时，刘章的兄长刘襄已经去世一年了。

文帝四年（前 176）四月，城阳景王刘章去世，时年二十五岁。谥号"景王"。

异姓诸王多反复

汉高祖在群雄逐鹿、楚汉相争的时候，就封了众多的异姓诸侯王，而且这些诸侯王多是战国时六国的后代。这虽属无奈之举，却也有着不可低估的作用，吸引了一些人为汉王卖力。不过，既然是啖之以利，那么利字当头，权衡轻重，就不免去就取舍，这异姓诸侯王就旋投旋叛、反复无常。他们有的在秦末就已消失，有的在汉初被剿灭，剩下的屈指可数……

韩王韩信

韩王韩信（？～前 196），汉初异姓诸侯王。战国时韩国韩襄王之孙。他在韩国覆灭后成为平民，是因为刘邦的提拔，他才得以封韩王。他的封国紧邻匈奴，在匈奴冒顿单于围困下，又受到汉朝的怀疑，被迫投降匈奴；后在汉朝大军的攻打下，战败被杀。但他的子孙在汉文帝时降汉，封侯者不乏其人。

一、得封韩王　败降匈奴

韩王韩信是韩国韩襄王的庶出孙子，身高八尺五寸，身材魁梧。秦朝末年，项梁拥立楚王的后代芈心为楚怀王的时侯，燕国、齐国、赵国、魏国都早已自己立了国王，只有韩国没有立下后嗣，所以才立了韩国诸公子中的横阳君韩成为韩王，想以此来占据原韩国的土地。项梁在定陶（今山东定陶）战败而死，韩成投奔楚怀王。沛公刘邦带军队进攻阳城（今河南登封东南）时，命张良以韩国司徒的身份降服了韩国原有的地盘，发现了韩信，任命他为韩国将军，带领他的军队随从沛公进入武关（今陕西商南县西南）。

沛公被立为汉王，韩信随从沛公进入汉中，就说服汉王道："项羽把自己的部下都封在中原附近地区，只把您封到这偏远的地方，这是一种贬职的表示啊！您部下士兵都是崤山以东的人，他们都踮起脚尖，急切地盼望返回故乡，趁着他们锐气强盛向东进发，就可以争夺天下。"汉王回师平定三秦时，就答应以后夺得天下，就封韩信为韩王，此时先任命他为韩太尉，带兵去攻取韩国旧地。

项羽所封的诸侯王都到各自的封地去，韩王韩成因不曾跟随项羽征战，没有战功，项羽不派他到封地去，改封他为穰侯，后来又把他杀了。等到听说汉王派韩信攻取韩地，就命令自己游历吴地时的吴县县令郑昌做韩王，以抗拒汉军。汉王二年（前205），韩信平定了韩国的十几座城池。汉王到达河南，韩信在阳城猛攻韩王郑昌，郑昌投降，汉王就立韩信为韩王。此后，韩信常率领韩地军队跟随汉王转战各地。

汉王三年（前204），汉王撤出荥阳（今河南荥阳），韩王韩信和周苛等人奉命守卫荥阳。等到楚军攻破荥阳，韩信投降了楚军，不久得以逃出，又投归汉王，汉王再次立他为韩王。韩信最终跟从汉王击败项羽，平定了天下。汉王五年（前202）春天，汉高祖就和韩信剖符为信，正式封他为韩王，封地在颍川（今河南禹州）。

汉高帝六年（前201）春天，汉高祖认为韩信雄壮勇武，封地在颍川，北靠近巩县、洛阳，南逼近宛县、叶县，东边则是重镇淮阳，这些都是天下的战略要地，十分不放心让韩信占据该地，就下诏命他迁移到太原以北地区，建都晋阳（今山西太原），以防备抵抗匈奴。韩信上书说："我的封国紧靠边界，匈奴多次入侵，晋阳距离边境较远，请允许我建都马邑（今山西朔州）。"汉高祖答应了，韩信就把都城迁到马邑。

这年秋天，匈奴冒顿单于重重包围了韩信，韩信多次派使者到匈奴处求和，汉朝派人带兵前往援救，但怀疑韩信多次私派使者，有背叛汉朝之心，派人责备他。韩信害怕被杀，于是就和匈奴约定好共同攻打汉朝，起兵造反，把国都马邑拿出来投降匈奴，并率军攻打太原。

二、被汉斩杀　子孙封侯

汉高帝七年（前200）冬天，汉高祖亲自率军前往攻打，在铜鞮击败韩信的军队，并将其部将王喜斩杀。韩信逃跑投奔匈奴，他的部将曼丘臣、王黄等人拥立赵王的后代赵利为王，又收集起韩信被击败逃散的军队，并和韩信及匈奴冒顿单于商议一齐攻打汉朝。匈奴派遣左右贤王率领一万多骑兵和王黄等人驻扎在广武以南地区，到达晋阳时，和汉军交战，汉军将他们打得大败，乘胜追至离石（今属山西），又把他们打败。匈奴再次在楼烦西北地区聚集军队，汉高祖命令战车部队和骑兵把匈奴兵打败。匈奴兵败退逃跑，汉军乘胜追击败兵。

这时，汉高祖住在晋阳，听说冒顿单于驻扎在代谷，便派人去侦察。侦察人员回来报告说“可以出击”，汉高祖就率军到达平城。为了亲临前线指挥作战，汉高祖出城登上白登山，没想到被匈奴骑兵团团围住。为了解围，汉高祖派人送给匈奴阏氏（王后）许多贵重的礼物。阏氏便劝冒顿单于说：“现在我们已经攻取了汉朝的土地，但还是不能居住下来；更何况两国君王不该互相围困。”过了七天，匈奴骑兵才逐渐后退了一点。当时天降大雾，汉朝派人在白登山和平城之间往来走动，匈奴一点也没有察觉。护军中尉陈平对汉高祖说：“匈奴人都用长枪弓箭，请命令士兵在每张强弩上搭两支利箭，慢慢地撤出包围圈。”汉高祖依计行事，安全撤出包围圈。撤进平城之后，汉朝的救兵也赶到了，匈奴骑兵这才解围而去。汉朝也收兵而归。

此后，韩信为匈奴人带兵往来边境一带，攻击汉军。

汉高帝十年（前 197），韩信命王黄等人说服代王陈豨叛汉，使其误信而反。

高帝十一年（前 196）春天，韩王韩信又和匈奴骑兵一起侵入参合城（今山西阳高东北），对抗汉朝，汉朝派遣柴将军率兵前去迎击。柴将军先送了一封信给韩信说：“陛下宽厚仁爱，有些诸侯虽然背叛逃亡，但当他们再归顺的时候，总是立即恢复其原有的爵位名号，并不加诛杀。这些都是大王你所知道的。现在您是因为战败才逃归匈奴的，并没有什么大罪，希望您赶快来归顺！”韩王韩信回信道：“陛下把我从里巷平民中提拔上来，使我南面称王，这对我来说是万分荣幸的。在荥阳保卫战中，我不能以死效忠，而被项羽俘虏，这是我的第一条罪状。等到匈奴进犯马邑，我不能坚守住城池，却献城投降，这是我的第二条罪状。现在我已经叛汉，为敌人带兵和将军拼杀争战，这是我的第三条罪状。昔日文种、范蠡没有一条罪状，但在越王勾践成功之后，一个被杀，一个逃亡；现在我对陛下犯下三条罪状，还想在世上求取活命，这正是伍子胥当年得罪了吴王夫差而不知逃离，终于被杀的原因。现在我逃命隐藏在山谷之中，每天都靠向匈奴人乞讨过活，我思归之心非常强烈，就同瘫痪的人希望站立起来行走，盲人渴望重见光明一样，只不过情势不允许我归汉罢了。”于是两军交战，柴将军屠平参合城，将韩王韩信斩杀。

韩信投靠匈奴的时候，韩国太子同行，等到了颓当城（今内蒙古察哈尔右翼后旗西北），韩信生了一个儿子，因而取名叫颓当；韩太子也生了一个儿子，取名为婴。到汉文帝十四年（前 166），韩颓当和韩婴率领部下投归汉朝。汉朝封韩颓当为弓高侯，韩婴为襄城侯。在平定吴楚“七国之乱”时，弓高侯的军功位在众将之首。他的爵位由儿子传到孙子，他的孙子没有后代，侯爵被取消。韩婴的孙子因犯有不敬之罪，侯爵也被取消。韩颓当庶出的孙子韩嫣，地位尊贵，很受汉武帝宠爱，名声和富贵都荣显于当世。他的弟弟韩说，再度被封侯，并多次受命为将军，最后封为按道侯。儿子继承侯爵，一年多之后犯法被处死。又过一年多，韩说的孙子韩曾被封为龙额侯，继承了韩说的爵位。

燕王卢绾

卢绾（前247或前256～前193），汉初异姓诸侯王。丰县（今江苏丰县）人。秦末跟随刘邦起义于沛县（今江苏沛县）。楚汉相争时，官太尉，后被封为燕王。因听信谋士张胜的挑拨，勾结匈奴，举旗反叛。本为有功之臣，却落得个身死异国的悲惨下场。

一、跟随刘邦　立功封王

卢绾和刘邦是同乡。卢绾的父亲和刘邦的父亲非常要好，等到两家生儿子时，刘邦和卢绾又是同日而生。两家非常高兴，乡亲们也抬着羊、酒前往两家祝贺。刘邦、卢绾年少时在一起儿玩耍，终日相伴。长大后，两人又在一起读书，仍然非常要好。乡亲们称赞这两家父辈的长期友好，儿子同日出生，长大后又很要好，便再次抬着羊、酒前去祝贺。

刘邦还是平民百姓的时候，因犯事被官吏通缉而四处躲藏，卢绾总是伴随左右，东奔西走。到刘邦从沛县起兵时，卢绾以宾客的身份跟随在刘邦的身边。到汉中后，卢绾升任将军，经常在内廷陪伴刘邦。楚汉相争时，卢绾跟从汉王刘邦东击项羽，以太尉的身份不离左右，可以在刘邦的卧室内进进出出，吃穿用各方面的赏赐丰厚无比，其他大臣没人敢攀比，就是萧何、曹参等人，也只是因其重要的地位及其功业而受到礼遇，至于说到亲近宠幸，没有能赶得上卢绾的。后来，卢绾被封为长安侯。

汉王五年（前202）的冬天，刘邦击败了项羽，平定了楚地。临江王共尉拒不投降，汉王便派卢绾另带一支军队，和刘贾一起攻打临江王共尉，击败并俘获了临江王。第二年二月，汉王刘邦称帝。七月，燕王臧荼反叛，汉高祖亲自率军征讨，这时卢绾也已凯旋而归，便跟随刘邦攻打燕王臧荼。九月，臧荼投降。

汉高祖平定天下之后，诸侯中不是刘姓而被封王的共有七个人。汉高祖本来想封卢绾为王，但又害怕群臣怨恨不满。等到俘虏臧荼之后，才下诏将相列侯们，在群臣中挑选有功的人封为燕王。文武群臣都知道皇帝想封卢绾为王，不敢有任何意见，就一齐上言道："太尉长安侯卢绾经常跟随皇帝，功劳最多，可以封为燕王。"于是，刘邦下诏封卢绾为燕王。此时的卢绾集皇帝的宠幸于一身，所有诸侯王受到的皇帝宠幸都比不上燕王。

二、听信挑拨　举旗反叛

汉高祖十一年（前196）秋天，陈豨在代地反叛，汉高祖亲自率军到邯郸去攻打陈豨的部队，燕王卢绾也率军攻打陈豨的东北部。当时，陈豨在汉军猛烈攻击下，力不胜支，便派王黄去向匈奴求救。卢绾也派部下张胜出使匈奴，声称陈豨等人的部队已被击败，以阻挠匈奴派兵增援陈豨。

张胜到匈奴以后，遇到逃亡在匈奴的前燕王臧荼的儿子藏衍，臧衍想拉拢张胜，与匈奴勾结，便对张胜说："您之所以在燕国受重用，是因为您熟悉匈奴的事务；燕国之所以能长期存在，是因为内地诸侯屡有反叛，战争连年不断。现在您想为燕国尽快消灭陈豨等人，但陈豨等人一旦灭掉，接着就要轮到燕国，而您这班人也要成为阶下囚了。您为什么不让燕国延缓攻打陈豨而与匈奴修好呢？战争延缓下来，一方面卢绾能够长期为燕王；另一方面如果汉朝有紧急事变，也可以借外援安定国家。"张胜认为他的话很有道理，就暗中让匈奴帮助陈豨攻打燕国。

燕王卢绾不明内情，以为张胜和匈奴勾结，一起反叛，就上书汉高祖请求把张胜满门抄斩。张胜返回燕国后，便把自己所作所为的原因对卢绾和盘托出。卢绾这才醒悟过来，他把罪过推给他人，并处以死罪，开脱了张胜及其家属，使张胜成为匈奴的间谍，又暗中派遣范齐到陈豨的处所，想让他长期叛逃在外，使战祸连年四起。

汉高帝十二年（前 195），汉朝东征反叛的淮南王英布时，陈豨的一员副将投降，说出燕王卢绾曾派范齐到陈豨处互通情报、暗中密谋的事情。于是，汉高祖派使臣召卢绾进京，卢绾称病推辞。汉高祖又派辟阳侯审食其、御史大夫赵尧前去迎燕王，并乘机查问燕王部下有关实情。卢绾更加害怕，闭门躲藏不出，对自己心腹之臣说："不是刘姓而被封为王的，现在只有我和长沙王吴芮了。去年春天，汉朝把淮阴侯韩信斩灭家族，夏天，又处死梁王彭越，这都是吕后的计谋。现在皇帝重病在身，国家大权移交吕后。而吕后这个妇人，心狠手辣，独断专行，总想寻找借口杀掉异姓诸侯王和功高的大臣。"于是卢绾还是称病，不肯动身。卢绾的左右心腹恐怕大祸临头，也都逃跑躲藏起来。

但卢绾的埋怨之辞还是走漏出去，辟阳侯听到了，回朝便把这一切奏报皇上，汉高祖更加愤怒。后来，汉高祖又从一些投降匈奴人口中得知，张胜逃到匈奴中，充作燕王的密使。于是汉高祖愤恨地说："卢绾真的反了！"就派樊哙攻打燕国，并另立皇子刘建为燕王。

卢绾把自己所有的宫人家属以及数千骑兵安顿在长城下驻扎，当时汉高祖因率军进攻英布时，被流箭击中，行军途中病情加重。卢绾想待汉高祖病愈后，亲自进京陈述谢罪。四月，高祖逝世，卢绾深知汉高祖去世后，吕后绝不会放过自己，自己在汉廷已无立足之地，于是横下心来，带领部下逃入匈奴。匈奴封他为东胡卢王。

在匈奴，卢绾经常受到匈奴人的侵凌掠夺，因此身在匈奴心在汉，总是想着有朝一日重返汉朝。可是过了一年多，卢绾就在匈奴逝世了。

卢绾去世后，他的妻子和儿子逃出匈奴，投归汉朝。他们想拜见吕后，这时吕后重病在身不能接见，便让他们在燕公馆住了下来，准备日后设宴召见他们。但是，不久吕后便去世了。后来，卢绾的妻子也病逝了。汉景帝时，卢绾孙子东胡王卢它投归汉廷，被封为恶谷侯。传到曾孙时，因为犯罪，封国终被废除。

代王陈豨

陈豨（？～前195），汉初异姓诸侯王。宛句（今属山东）人。汉初跟随汉高祖南征北战，由郎中被封为列侯，后督统赵、代两国，被任为赵相国。最终举旗反叛，自封为代王，终被斩首。

一、督统赵代　封为相国

陈豨本是汉高祖刘邦的亲信部下，一直跟随着汉高祖。到汉高祖七年（前200）冬天，韩王韩信反叛，逃入匈奴，汉高祖亲自领兵出征攻打韩信。抵达平城后，收兵返回。由于陈豨跟随汉高祖南征北战，便把陈豨由郎中封为列侯。高帝十年（前197），汉高祖任命阳夏侯陈豨为相国，并率领督统赵国、代国的边防部队，这一带边境军队统归他管辖。

陈豨年轻时，常常羡慕魏国的信陵君魏无忌，领兵守卫边塞时，招揽收养食客三千人。他自己做了相国镇守赵国、代国的边境后，身边也收养了许多宾客。一次，陈豨休假回乡，跟随他的宾客们乘坐的车骑就有一千多辆，场面十分壮观。途经赵国时，他的人马大队把整个邯郸的官舍都住满了。

陈豨对待自己身边的宾客恭敬谦卑，交往礼节如同布衣之交。赵相周昌对此十分担心，于是请求入京进见汉高祖。他向汉高祖陈述了陈豨宾客众多、在边境之地专擅兵权数年的实际情况，并说出自己对陈豨会有变故的担心。于是，汉高祖下令审查陈豨，结果审检出陈豨宾客在代国时于财物等方面的种种不法之事，这些事都牵连到陈豨。陈豨听说后非常害怕，坐卧不宁。韩王趁机派王黄、曼丘臣等人前来劝诱陈豨。

二、自立代王　终被斩首

汉高帝十年（前 197）七月，太上皇（刘邦之父太公）驾崩，汉高祖派人召陈豨进京。此时，陈豨已心怀二志，便称说自己有病不能入京。九月，陈豨便与王黄等人公开反叛，自封为代王，并率军劫掠赵、代两国。

汉高祖听说陈豨反叛的消息，先免了被陈豨所牵累、挟制而进行劫掠的赵、代官吏，然后亲自领兵从东面进击陈豨。到达邯郸后，汉高祖针对当时的战局对部下说："陈豨不占据邯郸而去扼守漳水，由此可知他不会有什么大的作为。"

这时赵相国周昌上奏说："常山共有二十五座城池，陈豨反叛，其中二十座失守，请求处死常山的郡守、郡尉。"汉高祖问道："郡守、郡尉反叛了吗?"赵相国回答说："没有。"汉高祖说："之所以失守，是因为他们力量不足，不是他们的罪过。"赦免了他们，同时还恢复了他们的守尉职务。

汉高祖又令周昌从赵国壮士中挑选出可充当将领的，周昌挑出四个人，并让他们进见汉高祖。汉高祖一见这四个人，便开口谩骂道："你们这种小子也能当将军吗?"四个人听了，跪倒在地上，心中很惶惧，然而汉高祖还是封给每人一千户食邑，并任命他们为将。

左右近臣对汉高祖的做法很不理解，劝阻说："曾跟随您进兵蜀郡、汉中，征伐楚军的不少功臣，都没有全部得封赏；今天他们这几个人有什么功劳，就得到封赏?”汉高祖说：“这就不是你们所能了解的！陈豨反叛，赵国、代国一带都被他所占有，我紧急征调各封国的军队，但至今仍未有一支军队到达。现在可以调遣的，只有邯郸城中的这些军队而已。我为什么还要吝惜这四千户的封邑，而不用它来抚慰赵国的人呢?”左右近臣听了都豁然醒悟，连连说：“对。”

汉高祖又问：“陈豨的将领都有谁?”左右回答说：“有王黄、曼丘臣等他们，以前都是商人。”高祖说：“我知道该如何对付他们了。”于是各悬赏千金收买陈豨部将，果然有许多人前来投降。

汉高帝十一年（前 196）冬天，汉军对陈豨叛军发动全面进攻。当时，陈豨的部将侯敞率领万余人对汉军进行游动袭击，王黄率领骑兵千余人屯军曲递（今属河北），张春率领万余人渡过黄河，袭击聊城。汉朝将军郭蒙与齐国将军联合军队，大败陈豨军队。太尉周勃取道太原去平定代郡。陈豨部下赵利固守东垣城，汉高祖亲率军队攻克了垣城。接着高祖又悬赏千金捉拿陈豨的大将王黄、曼丘臣。后来，王黄、曼丘臣的部下捉拿了二将押送至汉高祖处，至此，陈豨的军队被彻底击败了。

汉高祖返回洛阳后对代地的局势颇为忧虑，对群臣说：“代地地处常山的北面，与夷狄接壤，而赵国距代地很遥远。代地常常受到胡人的入侵。应该剥取山南太原之地增属代地，代地云中以西设立云中郡，这样，代地受到边寇的袭击就会减少。现在应从王、相国、通侯二千名官吏中选举一人，立为代王。”于是郡臣一致推举汉高祖的第四子刘恒为代王。

汉高帝十二年（前 195）冬天，汉高祖东征英布时，陈豨经常率军在代地驻扎。周勃平定代郡、雁门、云中等地时，在当城将陈豨活捉，然后斩首。

淮南王英布

英布（？～前195），汉初异姓诸侯王。本姓英，名布；因受秦法被黥（刺面），又称黥布。六县（今安徽六安县）人。初为骊山刑徒，后逃往长江为盗，陈胜起义，他也聚兵反秦，隶属项梁、项羽，号“当阳君”，被封为九江王。后归附刘邦，被封为淮南王。他是汉初著名的三大将（英布、彭越、韩信）之一。项羽坑杀秦降卒二十万，英布实是罪魁祸首。他降汉后，因为功盖诸侯被封为王，然而造孽太多，仍不免身死人手。

一、坐法被黥　举旗反秦

英布出身平民，少时有人给他算命，说他在受刑之后会被封王赐爵。到壮年果然犯秦法遭黥刑，英布认为自己成名的日子不远了，就笑着说：“有人看我的面相，说是受刑之后能称王，看来我不久就称王了。”别人听到这话都嘲笑他，认为他不过是痴人说梦。后来，英布被送往骊山服役。当时在骊山的刑徒有几十万人，英布结交其中豪杰之士，找了一个机会，率领一伙人逃入江泽中做了强盗。

当陈胜、吴广起义风起云涌之时，英布投靠了番君吴芮，并做了他的女婿。集聚数千人，举起了反秦大旗。秦将章邯消灭陈胜、打败吕臣的军队后，英布率军攻打秦左右校尉的军队，在清波（今河南新蔡西南）大获全胜，于是引兵向东。这时的项梁已平定江东、会稽，正渡江向西，队伍不断壮大，众多将领归附项梁，英布也归属了他。在项梁帐下，英布作战是最勇敢的，常常做先锋，号“当阳君”。

项梁立芈心为楚怀王，自己号称“武信君”。不久，项梁在定陶（今山东定陶）被章邯所杀。怀王徙都彭城（今江苏徐州），英布及诸将都聚保彭城。

这时，秦国围攻赵国，赵向楚求救，怀王命项羽、英布、范增等将军悉归宋义指挥，北进救赵。等到项羽杀宋义，军队的领导权落入了项羽之手，英布继属项羽，受命渡河击秦。英布屡次击败章邯之军，切断秦军粮道，项羽遂与英布会合，大破秦军，收降章邯等人。英布军四处告捷，功冠诸侯。而诸侯军都能归属楚的原因，多在英布能以少胜多、震服了诸侯军。

项羽招降了秦将章邯，又害怕秦降卒不服，日后会发生叛乱，就命英布等人率军乘夜击杀秦降卒，总共坑杀二十多万人。项羽率军向秦军进击，到了函谷关外，秦军守关不出，项羽进不去，又派英布等人抄小道先攻破关下军队，因此才得以攻破秦守军，进入咸阳城。英布深得项王器重，总是充当先锋。后项王分封，立英布为九江王，都六安。

汉王元年（前 206），项羽立楚怀王为义帝，迁都长沙，暗中派英布在路上偷袭。八月，英布追到郴县把怀王杀死。

项羽杀死楚怀王，致使诸侯相继背叛他。第二年，齐王田荣叛楚，项羽出兵击齐，向英布征兵，英布也开始动摇了对项羽的忠心，托病不肯亲自前往，只派将领率几千人前往；汉王在彭城击败项羽，英布也托病不救，这就引起了项羽对英布的怨恨。但由于项羽爱才心切，也因担心齐国和汉王的军队，觉得只有九江王英布可以任用，所以没有发兵攻打他。

二、随何说布　归汉为王

汉王三年（前 204），汉王刘邦攻打楚国，大战于彭城，汉军战败，便由梁地退出，到了虞城（今属河南）。汉王对左右人说："像你们这班人，实在不值得共商天下事。"随何问其故，汉王说："有谁能替我出使九江，让九江王发兵背叛楚国，牵制在齐地的项王数月，我便可稳获天下了。"随何请求前往，汉王便打发了二十人跟他一起去淮南。

到九江后，随何通过九江王太宰疏通关节，可三天也没有见到英布。随何于是游说太宰说："英布不见我，定是因为楚国强大而汉国弱小。这也正是我出使的原因。你先让我见他，假如我说得对，那是大王所想听的；假如我说得不对，那我随何甘心在九江受死，以表明贵国背汉而亲楚的决心！"

太宰把这话转告了英布，英布召见随何。随何说："汉王派我送信给大王，我十分诧异您为何与楚那么亲近？"英布说："我一向以臣礼服侍项王。"随何却不这样认为，他说："您同项王都是同列的诸侯，而您却以臣礼服侍他，您定认为楚国强盛，可以依靠。但是项王伐齐，他可以亲负墙板筑杵，为士卒先锋，您就该亲率九江军队，去做楚国的先锋。而现今您却只发兵四千去帮助楚王，一个向北臣侍奉别人的人，难道应当这样做吗？汉王攻打楚国彭城，您就该悉发九江之兵渡淮援助楚王，与汉王日夜作战，一决雌雄。而您虽拥有万人之军，却袖手旁观，不肯派一兵一卒，这是一个依赖他人立国者应当做的吗？您以空名归向楚国，却完全依赖自己，我认为这样做没好处。"

接着，随何分析楚汉形势对比，指出楚国不可依恃："大王之所以不肯背叛楚国，无非是因为汉弱楚强。可是楚兵力虽强，但因项羽违背盟约，杀害义帝，天下人都以不义之名责备他，他还自恃百战百胜、兵强国盛呢。至于汉王，在收降诸侯之后，回守成皋、荥阳，从蜀汉运来粟谷，辟深沟，建营垒，守边地。楚人调回部队，中间隔着梁国，深入敌国八九百里，这时欲战不能，攻城乏力，老弱残兵要从千里之外转运粮食，楚军到达荥阳、成皋时，汉军只要坚守不出，这样，楚军进不能攻，退不能脱身。所以说楚军是靠不住的。假若楚胜汉，诸侯必定自危而相互救援。可见一旦楚国强盛起来，定会招致天下兵力的对抗。所以楚不如汉，这形势是显而易见的。现在您不归附万无一失的汉，却要自托于岌岌可危的楚国，我对大王的做法感到不解。”

最后，随何将自己的建议和盘托出：“我并不认为九江的军队就足以灭楚，大王若发兵背叛楚国，楚项王必会滞留在齐国数月，这样汉取天下就成了十拿九稳的事了。我恳请大王您归附汉王，汉王定会划地分封您为王，何止现在区区的九江之地！所以汉王遣臣向您献计，愿大王考虑考虑。”英布说：“我听从你的指教。”但他只是暗中答应叛楚归汉，不敢泄漏风声。

这时楚使者还在九江传舍中住着，急催英布发兵救楚，随何直入传舍，坐到楚使者的上座，说：“九江王已归附汉王，怎么能叫他发兵救援楚呢？”楚使者大吃一惊，起身要走。随何趁势劝说英布：“大王归汉已成事实，应当立即杀掉楚使者，不让他回楚。同时尽快与汉联结。”英布听从随何的话，杀死了楚使者，起兵攻楚。楚王项羽派项声、龙且进军九江。数月后，龙且攻打九江，大破英布军，英布怕被楚王诛杀，从小路与随何一齐逃往汉地。

英布拜见汉王时，汉王正坐在床上伸着两条腿洗脚，英布见汉王如此轻视、慢待自己，大怒，后悔归汉，甚至想自杀。但当他进了自己的官舍时，见陈设、饮食、随从同汉王的一样，又大喜过望。于是派人复入九江，得知楚已派项伯收编九江部队，杀尽了英布的妻子儿女，英布的使者找到英布不少故旧宠臣，率领几千人投奔汉王。汉王又增拨军队给英布，跟他一路北上，收兵至成皋。汉王四年（前 203）七月，立英布为淮南王。然后，英布与汉王一齐攻打项羽。

汉王五年（前202），英布率兵进军九江，攻下数城。不久，同汉王刘邦的堂兄刘贾一道入九江，诱大司马周殷反楚，同周殷兵联合攻楚，在垓下大破项羽军。项羽自杀，天下归汉。

三、因疑致祸　因叛致死

项羽死后，天下安定了，汉王置酒设宴，竟贬低随何的功劳，说他是腐陋书生，要治天下，怎能用书生？随何跪下来说道："当陛下带兵攻彭城时，楚王还未离开齐国，这时您带五万步兵、五千骑兵，能攻下淮南吗？"汉王说："不能。"随何说："陛下派我带领二十个人出使淮南，我到了那边所办的事都能令人满意。这就表示我的功劳高过五万步兵、五千骑兵了。然而陛下却说我是腐陋书生，治天下何需书生，这究竟是怎么回事呢？"汉王说："我正在盘算你的功劳呢。"于是任随何为护军中尉。分封英布为淮南王，建都六县，统有九江、庐江、衡山、豫章诸郡。

汉高帝十一年（前196），吕后诛杀淮阴侯韩信，引起了英布的惊慌。这年夏天，汉高祖在吕后的煽风点火下，又杀梁王彭越，将他剁成肉酱，分赐给诸侯。当人肉酱送到淮南时，英布正在打猎，见到后大为恐慌，怕祸及自身，于是暗中聚合部队，随时注意邻郡的动静。

英布有一个宠姬病了，送去就医，医生同侍中贲赫对门而居。因宠姬常去就医，贲赫自以为是侍中，向英布的宠姬大献殷勤，厚礼馈赠，并同英布的宠姬在医生家一同饮酒。宠姬回来后向英布提到贲赫，并称赞他是温厚长者。英布责问宠姬何以知道贲赫，宠姬便把相交情形告诉了英布。英布怀疑她与贲赫淫乱，贲赫得知后大为恐慌，称病不出。英布愈怒，想逮捕他。贲赫情急，上书告发英布谋反，并乘专车赶往长安。英布派人追赶，没赶上。

贲赫到了长安，上书称英布已有谋反迹象，建议可在他未发兵前杀掉他。汉高祖看后与丞相萧何商量，萧何认为英布不会如此，恐怕是仇家诬陷，提出先拘捕贲赫，再暗中派人察访验证。英布见贲赫已逃，还上书言变，怀疑他说出了自己暗中布置之事，再加汉朝使者前来查验，便杀了贲赫全家，起兵反叛。消息传到长安，汉高祖赦免贲赫，封他为将军。

汉高祖召集诸侯讨论如何应变，问："英布造反了，该怎么办?"诸将都说："出兵攻打他，活埋了这小子，还能怎么样呢!"汝阴侯滕公夏侯婴请教自己的门客前楚国令尹薛公，薛公却认为这很自然。滕公不解说："皇上割地封王与他，赐爵位给他，让他做万乘之主，既富且贵，他为何还要造反?"薛公道："去年杀了彭越，前年杀了韩信，彭越、韩信、英布这三个人为国家建树的功劳相同，可谓三位一体。而前两个相继被杀，英布自知杀身之祸随时会降到自己头上，所以造反。"滕公于是向汉高祖举荐薛公，说："我有位前楚国令尹薛公，是我的门客，他很善于运筹计谋，可以问问他。"

汉高祖召见薛公，薛公分析说："英布造反是不奇怪的。假使英布使出上计，那么山东一带必被他所占领；如他只使出中计，那么谁胜谁败还很难预料；如果他只使出下计，那么陛下可以高枕而卧不用担忧了。"汉高祖问："你指的上计是什么呢?"薛公回答说："英布如果向东攻取吴地，向西攻取楚地，又兼并齐地，攻取鲁地，再传命给燕、赵两地，要他们坚守，这样一来，山东就会摆脱汉朝的控制了。""中计又是怎样呢?""英布向东攻取吴地，向西攻占楚，兼并韩地，攻取魏地，占领敖仓，堵塞成皋的要道，那么胜败之数就很难预料了。""怎样又是下计呢?""英布向东攻取吴地，向西攻下蔡地，把军力放在南越，自已跑到长沙，这样一来，陛下便可高枕无忧了，汉朝不会受到损害的。”

汉高祖又问：“你看英布将使用什么计策？”薛公回答说：“他会使出下计。”汉高祖有些不解，问道：“他为何不用上计、中计而使出下计呢？”薛公说：“英布原来是出身于骊山的刑徒，他奋力向上，终于得做万乘之主。他的所作所为，都只为一己富贵而努力，并不是为百姓谋福、为后代子民考虑的，所以他这种人只会采用下计。”汉高祖说：“你说得很对。”随即封薛公千户侯，封皇子刘长为淮南王，高祖亲自率领军队讨伐英布。

英布造反之初曾对他的将士说：“皇上老了，已厌倦作战，所以必不能亲自来督战。诸侯中我只担心淮阴侯韩信和彭越，现在他们都已死，其余的将领用不着担心。”英布率军反叛，其计划果然不出薛公所料，出下计：东击荆国，荆王刘贾战死于富陵。英布尽收其兵，渡淮水击楚国。楚国发兵与英布在徐、僮之间大战，楚军想互相救援，出奇制胜，把军队分为三支。有人警告楚将：“英布善用兵，人民一向怕他。再者楚军在本地作战，容易败散。现在把军队分为三军，若一军战败，其余二军定散败，不可能相救。”但楚将不听，英布果然先打败其中一军，其余二军也逃散了。

英布率兵向西推进，与汉军相遇于蕲西（蕲县在今安徽宿县南），会战于甀。英布军队精锐，汉高祖只得固守庸城，看见英布军的列阵如项羽的军队，汉高祖非常厌恶，远远地对英布说：“将军何苦要谋反？”英布说：“想做皇帝罢了。”汉高祖大骂英布，于是发兵大战，英布败走，渡过淮河，屡次停下来与汉军交战皆不利。

英布率一百人逃到长江以南。英布原同番君吴芮通婚，所以长沙哀王（吴回，吴芮之孙）让人欺骗英布，假装同他逃跑，诱使英布逃向南越。英布相信了，同使者去了鄱阳。鄱阳人在兹乡一农户家杀死了英布。

梁王彭越

彭越（？～前 196），汉初异姓诸侯王。字仲，昌邑（今山东金乡西北）人。拜魏相国，又被封为梁王。他出身江洋大盗，却富有军事才能。在楚汉战争中，他助汉击楚，对于汉高祖战胜项羽起了决定性作用。但后因汉高祖征兵他未亲自前往，获罪受责，其部下告发他谋反，又被吕后设下圈套，结果全族被诛杀。

一、草泽起事　严法立威

彭越少年时代在巨野泽（在今山东巨野县北）以捕鱼为生。他很有号召力，许多少年追随于他，也曾集聚一伙人做强盗。当陈胜、项梁起义反秦时，一帮青年鼓动彭越说："很多豪杰都已树起旗号，要推翻秦朝，你可以效仿他们，带领大家一起干。"彭越说："现在两条龙刚开始搏斗，还是再等一等吧。"

过了一年多，泽中的青年聚集了一百多人，他们共同请求彭越做他们的首领，彭越不同意。青年们再三恳求，彭越终于答应了，相约明天早晨日出时会齐，迟到者斩。第二天日出之时，有十多人迟到，最后一名中午才到。于是彭越抱歉地说："我老了，你们再三恳求我做你们的首领。现在我和你们约好了会齐时间而有那么多人迟到，不能都杀了吧？只杀最后迟到的那个人。"命令校尉长杀掉那个人。众人笑着说："何必这样严厉？以后不敢再迟到就是了。"但是，彭越仍然拉出最后迟到的那个人杀了。

接着，一伙人设立土坛，用人头祭祀，正式严明法纪，号令徒众。众人都大为震惊，害怕彭越，不敢仰视。于是彭越率领这支队伍攻城略地，收诸侯散卒，队伍发展到一千多人。

二、归汉拜相　助汉灭楚

秦二世三年（前 207），起兵反秦的沛公刘邦从砀（今安徽砀山）北进击昌邑，彭越曾率队前去援助，希望归附沛公。昌邑最终没有攻下，沛公便带兵西进，彭越仍率领他的部队留在巨野泽中。项羽进入关中，封立诸侯，却对彭越视而不见。当时彭越部队因收编魏国散卒已发展到一万余人。彭越的部队无所归属。

汉王元年（前 206）秋，齐王田荣反叛项羽，他得知彭越所率军队尚无归属，便派人赐给彭越将军印信，让他攻打济北王田安。彭越欣然奉命去攻打田安，大败敌军，田荣乘势兼并了齐、济北、胶东三地。随后，田荣又命彭越南下济阴以攻打楚国。楚国派萧公角率兵攻打彭越，彭越率军勇猛反击，大败楚军。

汉王二年（前 205）春，汉王刘邦率魏王魏豹和诸侯共同攻楚，彭越率三万多人在外黄（今属河南）归附汉王。汉王因为彭越在攻下魏地十多个城邑后，急于立魏国的后代，而魏豹是魏王魏咎的堂弟，是真正的魏国后代，便任命彭越任魏国相国，专掌兵权，平定梁地。

汉王围攻楚都彭城（今江苏徐州）失败后，彭越攻下的城池也得而复失，只得率军退守于黄河北岸。汉王三年（前 204），彭越常率军队往来出没，打游击战以攻楚，在梁地断绝楚的粮草补给。五月，彭越渡过睢水，在下邳（今属江苏）与楚将项声、薛公交战，大败楚军，杀了薛公。项羽大怒，派终公守卫成皋（今河南荥阳汜水镇），自己领兵攻打彭越。汉王乘机北进，击败了终公的防地部队，在成皋驻扎下来。由于寡不敌众，彭越在项羽的追击下，只得退走，楚军又占据成皋。彭越率军夺取了梁地，在那里驻扎下来。

汉王四年（前 203）冬，项羽与汉王在荥阳相持不下，彭越乘机攻下了睢阳、外黄等十七座城邑，扰乱了楚国后方。项羽只得派曹咎坚守成皋，自己亲率军队来收复失地。彭越虽然丢掉了一些城邑，但却打乱了项羽的计划，有利于汉军的整个战局。

汉王五年（前 202）秋，彭越率军队攻下了昌邑四周二十几个城邑，项羽败退到阳夏。彭越得十余万斛谷物，供给汉王做军粮。后来汉王战败，派使者召彭越军前来援助，合力击楚。彭越以魏地初定，恐楚国来报复为由加以拒绝。汉王追击楚军，反在固陵被楚军所败。

汉王为彭越、英布、韩信在关键时刻不肯参战发愁，求教于张良说："诸侯都不肯率军前来参战，该怎么办？"留侯说："当初齐王韩信自立，非您本意，韩信自己也不放心。彭越平定梁地功劳卓著，当初只是因为魏豹的缘故，才拜彭越为魏相国。现在魏豹已死且无后嗣，彭越也想为王，可您却不早作决定。您可以与这两国约定：胜了楚国，睢阳以北至谷城，都用来封彭越为王；从陈县以东沿海的土地划给齐王韩信。韩信的故乡在楚，他有意再得到楚地。您如果能拿出以上地区给他们二人，二人的军队马上就可以来到。倘若不能，事情的发展就不可预料了。"

汉王当即派使者到彭越那里，依照张良的计策行事。彭越便率领所有的军队同汉王会师于垓下，大破楚军，项羽身死。汉王立彭越为梁王，统辖魏国故地，建都定陶（今属山东）。

三、被诬谋反　身遭俎醢

汉高帝六年（前 201），彭越到陈地朝见汉高祖。高帝十年（前 197）秋，赵相国陈豨在代地谋反，汉高祖自往平定，到邯郸，征梁王兵马。彭越称病，派手下将领领兵去邯郸。汉高祖很生气，派人去责备梁王。彭越害怕了，想亲自前往谢罪。他的部将扈辄说："您开始不亲自前往，现在被人家责备了才亲自去，如果你去了就会被捉拿，不如发兵反叛。"彭越不听，只得继续装病。

这时彭越的太仆犯了罪，彭越想杀掉他，太仆逃到了汉高祖那里，告彭越与部将扈辄谋反。于是汉高祖立刻暗地派人去逮捕彭越，彭越没有察觉，被捕，囚于洛阳。经有司审理，认定他已构成谋反罪行，奏请按法施刑。汉高祖赦免了他，降为庶民，流放到蜀郡青衣县。

彭越被押送上路，途经郑县（今属河南）时，路遇从长安来洛阳的吕后，彭越向吕后哭诉自己无罪，愿回故乡昌邑，吕后假意答应了他，同他一起前往洛阳。到达洛阳后，吕后对汉高祖说："彭越是一条猛汉，如果把他流放到蜀地，无异替自己留下了后患，不如索性把他杀了，我已把他带来洛阳。"于是吕后亲自做了手脚，让彭越的家臣告发他再次谋反。廷尉王恬奏请诛灭彭越家族，汉高祖予以批准。彭越全族被杀，彭越被处以醢刑（一种酷刑，即被剁成肉酱），以醢遍赐诸侯。他的封国梁地被废除了。

赵王张耳

张耳（？～前 202），汉初异姓诸侯王，子张敖为汉高祖女婿。大梁（今河南开封）人。战国末年为魏国外黄（今河南民权西北）县令。秦末与陈馀、武臣北定赵地，武臣为赵王，他任丞相。项羽分封诸侯王时，被封为常山王。后投奔刘邦，又改封为赵王。张耳与陈馀本为刎颈之交，贫贱艰难时互相扶持，显贵后却以利相倾、反目成仇。

一、逃亡陈地　参加义军

张耳年轻的时候，是魏公子无忌的门客。后来因为犯了罪，张耳被消除本地名籍，逃亡在外，流浪到外黄。

外黄有一富豪姓朱，他的女儿长得非常美丽，却阴差阳错嫁了一个愚蠢平庸的丈夫，婚后夫妻感情不和，朱氏就离开了她的丈夫，回到娘家。她父亲的一位宾客平素就了解张耳，于是对朱氏说："你一定要嫁个有才能的丈夫，就嫁给张耳吧。"

张耳有了妻子，得以从困窘中摆脱出来，广泛交游。女家给张耳丰厚的钱财，张耳因此能招致千里以外的宾客。因为宾客的推荐，张耳做了魏国外黄的县令，他的名声从此更加大起来。

这时，张耳认识了同乡陈馀，二人结下了生死之交。陈馀爱好儒学，饱读诗书。他曾几次游历赵国的苦陉（今河北定县东南），那儿的富户公乘氏见他气宇轩昂，认为他不是平庸之辈，就把女儿嫁给了他。由于陈馀比张耳年轻许多，遂把张耳当做父辈看待。

刘邦还是平民百姓的时候，曾经与张耳交往，有时在张耳家一住就是几个月。张耳、陈馀广交朋友，在魏国十分知名。秦国灭亡魏国后，听说这两个人是魏国的知名人士，就悬赏拘捕他们，有捉住张耳的人赏给千金，捉住陈馀的人赏给五百金。于是张耳、陈馀改名换姓，一齐逃到陈县（今河南淮阳），充当地位低贱的看门小卒来维持生活，两人在患难中互相扶持，交情更加深厚。有一次里中小吏认为陈馀犯了过失，就鞭打他，陈馀不服，打算起来反抗，张耳忙用脚踩他，示意他不要妄动而接受鞭打。小吏走后，张耳就把陈馀带到桑树下，责备他说："当初我是怎么对你说的？如今受了小小的屈辱，就要和小吏拼命吗？"陈馀认为他说得对。

陈胜在蕲县（今安徽宿州南）起义，打到陈县时，军队已扩充到几万人。张耳、陈馀决心参加起义，于是求见陈胜。陈胜和他的亲信们平时多次听说张耳、陈馀有才能，只是未曾见过面，这次相见非常高兴。

陈县的豪杰劝说陈胜道："将军你身穿坚固的铠甲，手拿锐利的武器，率领着士兵讨伐暴虐的秦国，重建了楚国的社稷，使灭亡的国家得以复存，使断绝的子嗣得以延续，这样的功德，应该称王。况且还要督察、率领天下各路的将领，不称王是不行的，希望将军立为楚王。"

陈胜就此征求陈馀、张耳的看法，他二人回答说："秦国无道，占领了人家的国家，毁灭了人家的社稷，断绝了人家的后代，掠尽百姓的财物。将军你威猛英勇，把自己的生死置之度外，是为了替天下的人除残去暴。如今刚刚打到陈地就称王，在天下人面前暴露出自己的私心。希望将军不要称王，赶快率兵向西挺进，派去拥立六国的后代，作为自己的党羽，给秦国增加敌对势力。给秦国树敌越多，秦国的力量就越分散；我们的党羽越多，兵力就越强大。如果这样，就用不着在辽阔的旷野荒原上互相厮杀，也不存在坚守强攻的县城，铲除暴虐的秦国就轻而易举了。然后，您可以占据咸阳向诸侯发号施令。各诸侯国在灭亡后又得以复立。如今只在陈地称王，恐怕天下的诸侯就会离心离德。"

陈胜没听从张耳、陈馀的意见，于是自立称王。

二、拥立武臣　得任丞相

陈馀又规劝陈王（陈胜）说："大王从梁、楚发动起义，为的是攻入关中，消灭暴秦，无暇攻取黄河以北的地方。我曾经遍游赵国，与赵国的豪杰很熟悉，也清楚那里的地理形势，请让我和张耳带领一支队伍，出其不意地攻占赵国的领地。"陈王答应了他的请求。

陈王陈胜派周章率军西征，攻打关中；任命自己的老朋友、陈地人武臣为将军，邵骚为护军，张耳、陈馀担任左右校尉，拨给三千人的军队，向北夺取赵国的土地。

武臣等人从白马津（今河南滑县北古黄河渡口）渡过黄河，到各县对当地的豪杰说道："秦国的乱政酷刑残害天下百姓，已经几十年了。北部边境有修筑万里长城的苦役，南边广征兵丁戍守五岭，国内国外动荡不安，百姓疲惫不堪，按人头收缴谷物，用簸箕收敛钱财，用来供给军费开支，财尽力竭，民不聊生。加上严重的苛法酷刑，致使天下的父父子子不得安宁。现在陈王振臂而起，首先倡导天下人反秦，在楚地称王，纵横两千里，百姓没有不响应的，家家义愤填膺，人人斗志旺盛，有怨的报怨，有仇的报仇，县里杀了他们的县令县丞，郡里杀了他们的郡守郡尉。如今已经建立了大楚国，在陈县称王，派吴广、周文率领百万大军向西攻击秦军。在这种情形下，不成就封侯大业的，不是人中的豪杰。凭着普天下的力量攻打无道昏君，报父兄的怨仇，而完成割据土地的大业，这是有志之士不可错过的时机啊。"所有的豪杰都认为这话说得很对。

武臣一行人边行军作战、边收编队伍，军队扩充到几万人，武臣自号"武信君"。他们攻克赵国十座城池，其余的都据城坚守、拒不投降。武臣等人带兵朝东北方向攻击范阳（今河北定兴），范阳人蒯通劝武臣封范阳令为侯，以此诱降。武臣听从了这一计策，派遣蒯通赐给范阳令侯印，范阳令投降。赵国人听到这个消息，不战而降的有三十余座城池。

到达邯郸（今河北邯郸）时，张耳、陈馀听说周章的部队已经进入关中，到戏水（今陕西临潼东北）地区又败下阵来；又听说为陈胜攻城略地的各路将领，多被谗言所毁，获罪被杀，又怨恨陈胜不采纳他们的计谋，不能晋升为将军，而让他们做校尉。于是就规劝武臣说："陈王在蕲县起兵，到了陈地就自立称王，不一定要拥立国诸侯的后代。如今，将军用三千人马夺取了赵的几十座城池，独自据有河北广大区域，如不称王，不足以使社会安定下来。况且陈王听信谗言，若是有人回去报告，陈王一定命你回陈，恐怕你难免祸患，还不如自立为王；否则，就拥立赵国的后代。将军不要失掉机会，时机紧迫，不容犹豫。"武臣听从了他们的劝告，自立为赵王。任用陈馀做大将军，张耳做右丞相，邵骚做左丞相。

武臣派人回报陈王陈胜，陈胜听了大发雷霆，要把武臣等人的家族杀尽，发兵攻打赵王。国相房君劝阻说："秦国还没有灭亡而诛杀武臣等人的家族，这等于又树立了一个像秦国一样强大的敌人。不如乘机会向他祝贺，让他火速带领军队向西挺进，攻打秦国。"陈胜认为他说得对，听从了他的计策，把武臣等人的家属迁移到宫里，软禁起来，并封张耳的儿子张敖做了成都君。

陈胜派使者向赵王祝贺，让他火速调动军队向西进入关中。张耳、陈馀规劝武臣说："大王在赵地称王，这并不是楚国的本意，只不过是将计就计来祝贺大王。楚王灭掉秦国之后，一定会加兵于赵。希望大王不要向西进军，要向北发兵夺取燕、代，向南进军收缴河内，扩充自己的势力范围。这样，赵国向南依靠大河，向北拥有燕、代，楚王即使战胜秦国，也一定不敢强制赵国。"赵王认为他们说得对，因而不向西发兵，而是派韩广夺取燕地，李良夺取常山（今河北常山），张黡夺取上党（治今山西长子西南）。

三、被围数月　陈馀不救

韩广的军队到达燕地，燕人趁势拥立韩广做燕王，赵王武臣就和张耳、陈馀向北进攻燕国的边界。赵王武臣有一次外出，不幸被燕军抓获。燕国的将领把他囚禁起来，要瓜分赵国一半土地，才归还赵王。赵国派使者前去交涉，燕军就把他们杀死，要求分割土地。张耳、陈馀为这件事忧心忡忡。

赵军中有一个勤杂兵，对同宿舍的伙伴说："我要替张耳、陈馀去游说燕军，就能和赵王一同坐着车回来。"同住的伙伴们都讥笑他说："使臣派去了十几位，去了就立即被杀死，你有什么办法能救出赵王呢?"谁知这位勤杂兵跑到燕军的大营，碰到燕军的将领，便问他们说："知道我来干什么吗?"燕将回答说："你打算救出赵王。"他又问"您知道张耳、陈馀是什么样的人吗?"燕将说："是贤明的人。"他继续问："您知道他们的意图是什么?"燕将回答说："不过是要救他们的赵王罢了。"勤杂兵却笑着说："您还不了解这两个人的打算。"

接着，这位勤杂兵说出一番似乎令人信服的道理来："武臣、张耳、陈馀手执马鞭，指挥军队攻克了赵国几十座城池，他们各自也都想南面而称王，难道甘心终身做别人的卿相吗？做臣子和做国君，难道可以相提并论吗？只是顾虑到局势初步稳定，还没有敢三分国土各立为王，暂且按年龄的大小为序先立武臣为王，用以维系赵国的民心。如今赵地已经稳定平服，这两个人也要瓜分赵地自立称王，只是时机还没成熟罢了。如今，您囚禁了赵王，这两个人表面上是为救赵王，实际上是想让燕军杀死他，这两个人好瓜分赵国、自立为王。以原来一个赵国的力量就能轻而易举地攻下燕国，何况两位贤王相互支持，以杀害赵王的罪名来讨伐，灭亡燕国是很容易的了。"燕国将领认为他说得有道理，归还了赵王，而勤杂兵就替赵王武臣驾着车子，一同归来。

李良占领常山以后，回来向赵王武臣报告，赵王武臣再派李良夺取太原（今属山西）。李良率军到了石邑，秦国的军队已经严密地封锁了井陉（今河北井陉东），不能向前挺进。秦国的将领谎称二世皇帝派人送给李良一封信，没有封口，信中说："李良曾经跟随我，我很器重他。李良如果能弃赵反正归秦，就饶恕他的罪过，并且使他显贵。"李良接到这封信，深感怀疑。于是率兵回邯郸，请求增加兵力。还没回到邯郸，途中遇到赵王武臣的姐姐外出赴宴而归，跟着一百多随从的人马。李良远远望见如此气魄，认为是赵王，便伏在地上通报姓名，赵王姐姐喝醉了，也不知他是将军，只是让随从的骑士答谢李良。

李良一向显贵，从地上站起来，他觉得自己当着随从官员的面向一个女人下跪很丢面子。随行官中有一个人说："天下人都背叛暴秦，有本领的人便先立为王，况且赵王的地位一向在将军之下，而今，赵王家的一个女人竟不下车向将军行礼，请让我追上去杀了她。"李良已经收到秦王的书信，本来就想反赵，尚未决断，又遇上这件事，因而发怒，派人追赶赵王的姐姐，杀死在道中，接着就率领着他的军队袭击邯郸。邯郸方面丝毫没有防备，武臣、邵骚竟被杀死。

赵人很多是张耳、陈馀的耳目，二人因此能够逃脱。他们收拾武臣的残破军队，得到五万人。有位宾客劝告张耳、陈馀说："你们俩都是外乡人，客居在此，要想让赵国人归附，很困难；只有拥立六国时赵王的后代，以正义扶持他，才可以成就功业。"张耳、陈馀寻访到赵歇，拥立为赵王，让他住在信都（今河北邢台西南）。李良进兵攻打陈馀，陈馀反而打败了李良，李良只好逃回去，投奔秦将章邯。

章邯率军到邯郸，把城里的百姓都迁到河曲河内（今河南黄河以北地区），然后摧毁了城郭，荡平了所有的建筑物。张耳和赵王歇进入巨鹿城（今河北平乡），被秦将王离团团围住。陈馀在北边收集常山的残余部队几万人，驻扎在巨鹿城以北。章邯的军队驻扎在巨鹿城以南的棘原。修筑甬道与黄河接连，给王离运送军粮。王离兵多粮足，急攻巨鹿。巨鹿城内粮食已尽，兵力很弱，张耳多次派人要求陈馀前来救援，陈馀考虑到自己的兵力不足，敌不过秦军，不敢发兵。

邯郸被围困了几个月，不见救兵，张耳大怒，怨恨陈馀，派张黡、陈泽前去责备陈馀说："当初我和您结为生死之交，如今赵王和我性命攸关，而您拥兵数万，却不肯相救，那同生共死的交情在哪儿呢？假如您还信守诺言，为什么不和秦军决一死战？也许这样还有一线获胜的希望。"陈馀说："我估计即使向前进军，不仅救不成赵，还要白白地全军覆没。我不想前往送死，是想将来替赵王、张先生向秦国报仇。如今一定要我去同归于尽，如同把肉送给饥饿的猛虎，有什么好处呢？"张黡、陈泽说："事已迫在眉睫，需要以同归于尽来确立诚信，哪里还顾得上以后的事呢！"陈馀说："我死没什么顾惜的，只是死而无益，但是我一定按照二位的话去做。"就派了五千人马让张黡、陈泽带领着试攻秦军，结果，到了前线便全军覆没了。

四、同功异封　老友反目

正当这时，燕、齐、楚听说赵国危急，都来救援。张敖也向北收聚代地（今山西北部）的兵力一万多人赶来，都在陈馀营旁扎寨，却不敢攻击秦军。项羽的军队多次截断了章邯的甬道，王离缺乏军粮，项羽率领全部军队渡过黄河，打败了章邯。章邯带兵溃退，各国诸侯的军队这才敢攻打巨鹿的秦国军队，于是俘虏了王离。秦将涉间自杀身亡。最终保全巨鹿的，是项羽之力。

赵王歇、张耳出巨鹿城，感谢各国诸侯。张耳和陈馀相见，责备陈馀不肯相救，并追问张黡、陈泽的下落，陈馀恼怒地说："张黡、陈泽以同归于尽责备我，我派他们带领五千人马先尝试着攻打秦军，结果全军覆没，没有一人幸免。"张耳不信，认为是陈馀把他们杀了，多次责问陈馀。陈馀大怒，说："没有料到您对我的怨恨是如此之深！难道您以为我舍不得放弃这将军的职位吗?"就解下印信，推给张耳。张耳也感到惊愕，不肯接受。陈馀说完，便起身上了厕所。有的宾客规劝张耳："我听说'上天赐予不去接受，反而会遭到祸殃'。如今，陈将军把印信交给您，您不接受，违背天意是不吉祥的。赶快接收它吧！"于是，张耳就佩带了陈馀的大印，接收了他的部下。陈馀回来，也怨恨张耳不辞让就收缴了大印，气愤地疾步走了出去。从此，陈馀、张耳的友情破裂。

赵王歇回到信都居住，张耳跟随着项羽和其他诸侯进入关中。汉王元年（前 206）二月，项羽封诸侯为王，张耳向来交游很广，很多人替他说好话，项羽平常也听说张耳有才能，于是分割赵国的土地封张耳做常山（治河北元氏县西北）王，设立信都，并把信都改名为襄国。陈馀因为没随项羽入关，只被封为侯，项羽把南皮（治河北南皮）周围的三个县封给他，把赵王歇迁都代县（今河北蔚县），改封为代王。

张耳来到自己的封国，陈馀更加恼怒，认为自己和张耳功劳相等，封赏却不同，是项羽分封不公平。待到齐王田荣背叛楚国，陈馀趁机调动所属三个县的全部军队袭击常山王张耳。张耳败逃，想到各诸侯之中没有可以投奔的，说："汉王虽然和我有老交情，可是项羽的势力强大，又是他分封的我，我想投奔楚国。"甘公说："汉王入关，五星会聚于井宿天区。井宿天区是秦国的分星。先到的，一定功成霸业，即使现在楚国强大，今后一定归属于汉。"所以，张耳决定奔汉。汉王也回师平定了三秦，正在废丘（今陕西兴平）围攻章邯的军队。张耳晋见汉王，汉王以优厚的礼遇接待了他。

陈馀打败张耳以后，全部收复了赵国的土地，把赵王从代县接回来，又做了赵国的国君。赵王对陈馀感恩戴德，分封陈馀为代王。陈馀因为赵王软弱，国内局势刚刚稳定，不到封国去，留下来辅佐赵王，而派夏说以国相的身份驻守代国。

汉王二年（前 205），汉王向东进击楚国，派使者通知赵国，要和赵国共同伐楚。陈馀说："只要汉王杀掉张耳，赵国就从命。"于是汉王找到一个和张耳长得相像的人斩首，派人拿着人头送给陈馀，陈馀才发兵助汉。汉王在彭城（今江苏徐州）以西打了败仗，陈馀听说张耳假死之事，就背叛了汉王。

汉王三年（前 204），韩信平定魏地不久，就派张耳和韩信打破了赵国的井陉（今河北井陉东），在泜水河畔杀死了陈馀，在襄国追杀了赵王歇。汉王四年（前 203），汉王封张耳为赵王。汉王五年（前 202），张耳逝世，谥号"景王"。

司马迁在《史记·张耳陈馀列传》中评论说：张耳、陈馀是世人公认的贤者，他们的宾客、仆役都是天下豪杰，无论在哪一国，没有不取得卿相地位的。但是张耳、陈馀起初贫贱时相互信任，为生死之交，难道还有什么让人怀疑的吗！到了他们拥有高位、争权夺利的时候，终于相互残杀。为什么过去是那样的倾慕信任，现在却相互背叛呢？势利之交，古人就以此为羞耻，大概讲的就是这种情形吧。

宣平侯张敖

张敖（？～前 182），汉初异姓诸侯王，汉高祖刘邦的女婿。祖籍大梁（今河南开封）。父张耳，封赵王；母朱氏，是富豪之女。张敖娶汉高祖的女儿鲁元公主为妻；张耳死后，张敖嗣位赵王。他对待汉高祖十分尊敬，与鲁元公主伉俪情深，却受属下谋反牵连，被降为宣平侯。

一、少年英才　得娶公主

张敖出生时，他的父亲张耳任魏国的外黄县令。县令官小卑微，收入菲薄。但张敖生活条件一直很优越，因为他的母亲朱氏是富豪之女，有强大的经济后盾。张敖在母亲朱氏的教育下，读书习武。他善于射箭，练就了百步穿杨的本领。由于母亲朱氏美貌非常，张敖遗传其母基因，也十分英俊。

陈胜起义后，张耳参加了义军，被封为校尉，受命北上夺取赵国土地。张敖与母亲朱氏不便前往，仍住在外黄。不久，张耳在赵国拥立武臣为赵王，被封为丞相。陈胜得知大怒，本想发兵攻打武臣、张耳等人，但被人劝阻。为了笼络张耳，陈胜封张敖为成都君。就这样，张敖年纪轻轻便做了官。

后来，武臣被属将赵良所杀，张耳击走赵良，拥立赵歇为赵王。赵良投奔秦军，引章邯反攻张耳，包围巨鹿。张耳与赵王歇在巨鹿城被围困了几个月，粮食吃尽，却无援军相救，情况危急万分。张敖得知此情，心急如焚，于是他北上代地，征集了一万多兵士赶往巨鹿，希望能救出父亲。但秦军强盛，张敖所征集兵士都未经过战阵，也没受过军事训练，因此不敢与秦军作战。这时，项羽率军前来，击败了章邯军，解了巨鹿之围，张耳这才得救。张敖与张耳相见，抱头痛哭。随后，张敖便追随在父亲身旁。

汉王三年（前 203），张敖因为相貌英俊、善于射箭，被汉王刘邦长女鲁元公主看中，成为公主之夫。次年，汉王刘邦封张耳为赵王。

汉王五年（前 202），张耳去世，张敖接续他父亲做了赵王，鲁元公主成为赵王王后。

张敖与鲁元公主十分恩爱，伉俪情深，他对公主体贴入微，公主生病，他亲自侍候，为公主按摩肢体，抱她上厕所。张敖对待属下和众宾客都很厚道，深受他们的尊敬。

汉高帝七年（前200），汉高祖从平城（今山西大同）经过赵国，赵王张敖脱去外衣，戴上袖套，从早到晚亲自侍奉饮食，态度很谦卑，颇有子婿的礼节。高祖却席地而坐，像簸箕一样伸开两只脚责骂张敖，对他非常傲慢。

赵国国相贯高、赵午等人都已六十多岁了，原是张耳的宾客，他们性格豪爽、易于冲动，就愤怒地说："我们的国王是懦弱的国王啊！"就规劝张敖说："当初天下豪杰并起，有才能的先立为王。如今您侍奉皇上那样恭敬，而皇上对您却粗暴无礼，请让我们替您杀掉他！"张敖听了，便把手指咬出血来，说："你们怎么能说出这样的话！况且先父亡了国，是依赖皇上才能够复国（张耳曾被陈馀击败，被迫逃离赵国投奔汉，汉高祖厚待他，并封他为赵王），恩德泽及子孙，所有一丝一毫都是皇上出的力啊，希望你们不要胡说八道。"贯高、赵午等十多人都相互议论说："都是我们的不对。我们的王有仁厚长者的风范，不肯背负恩德。但我们不能忍受侮辱，如今怨恨皇上侮辱我王，所以要杀掉他，何必要牵连我们的王呢？假使事情成功，功劳归王所有；如果事情失败了，我们自己承担罪责！"

高帝八年（前199），汉高祖从东垣回来，路过赵国，贯高等人在柏人县（今河北隆尧西）馆舍的夹壁墙中隐藏武士，打算伺机拦截杀死他。汉高祖经过柏人时想要留宿，忽然心有所动，就问道："这个县叫什么？"侍从回答说："柏人。""柏人，是被别人迫害啊！"于是没有留宿就离开了。贯高等人的谋杀计划失败了。

二、祸起萧墙　劫后余生

汉高帝九年（今前198），贯高的仇人知道了他阴谋杀害皇帝之事，就向汉高祖秘密报告贯高谋反。汉高祖大怒，下令把赵王张敖、贯高等人同时逮捕，十多人都争着要刎颈自杀，只有贯高愤怒地骂道："谁让你们自杀？如今这件事，大王确实没有参与，却被一齐逮捕；你们都死了，谁来证明大王没有反叛的意思呢！"于是他们被囚禁在栅栏密布而又坚固的囚车里，与赵王一起押送到长安。

汉高祖派官员审判张敖的罪行，向赵国发布文告说赵国群臣和宾客有追随赵王的全部灭族。宾客孟舒等十多人，都自己剃掉头发，用铁圈锁住脖子，装作赵王的家奴跟着赵王来京。贯高在受审时说："只有我们这些人参与了谋反，赵王确实不知。"官吏不相信，把他鞭打了几千下，又用烧红的铁条去刺，贯高虽然体无完肤，但始终不肯改口说赵王参与了谋反。

廷尉把审理贯高的情形和供词报告汉高祖，高祖说："真是位壮士啊！谁了解贯高，可以私下里问问他。"中大夫泄公说："我和他是同乡，一向了解他。他本来就是讲究名誉信誉、不肯背弃自己诺言的人。"汉高祖派泄公拿着符节到狱中问他。奄奄一息的贯高仰起头看看说："是泄公吗？"泄公慰问、寒暄了一番，像平常一样和他交谈，问张敖到底有没有参与这个计谋。贯高说："人之常情，哪有谁不爱自己的父母妻子呢？如今我家三族都因为这件事而被判处死罪，难道会用我亲人的性命去换赵王吗！但是赵王确实没有谋反，只有我们这些人在谋划刺杀皇上。"他详细地说出了所以要谋杀皇上的本意，和赵王不知内情的情状。于是泄公进宫，把了解的情况详细地作了报告，汉高祖便赦免了张敖。

汉高祖赞赏贯高是讲信义的人，就派泄公把赦免张敖的事告诉他，说："赵王已被释放出来。"因此也赦免贯高。贯高喜悦地问："我们赵王确实被释放了吗？"泄公说："是。"又说："皇上称赞您，所以也赦免了您。”贯高说：“我被打得体无完肤而不死的原因，是为了辩白赵王确实没有谋反。如今赵王已被释放，我的责任已尽到，死了也不遗憾啦。况且为人臣子有了篡杀的名声，还有什么脸面再侍奉皇上呢！纵然是皇上不杀我，我的内心能不惭愧吗?”于是仰起头来掐断咽喉而死。因为他的义气，他死后闻名天下。

张敖出狱不久，以娶鲁元公主的缘故，没有治罪，仅被降为宣平侯。汉高祖称赞张敖的宾客，凡是以家奴身份跟随张敖入关的宾客，没有不做到诸侯、卿相、郡守的。一直到孝惠、高后、文帝、孝景时，张敖宾客的子孙们都做到二千石俸禄的高官。

张敖劫后余生，更加尊重鲁元公主。汉惠帝继位后，张敖与鲁元公主之女张嫣成为皇后。作为皇帝的岳父，张敖更受尊崇，但他一如既往地谦虚待人，从不骄纵。

张敖在高后六年（前 182）逝世。张敖的儿子张偃封为鲁元王。因张偃的母亲是吕后女儿鲁元公主的缘故。吕后见鲁元王弱、兄弟小，就分封张敖其他姬妾生的两个儿子：张寿为乐昌侯，张侈为信都侯。吕后逝世后，吕氏族人意欲谋反，被大臣们诛杀了，而且废掉了鲁元王以及乐昌侯、信都侯。汉文帝即位后，又封原来鲁元王张偃为南宫侯，延续张氏的后代。

长沙王吴芮

吴芮（前 241～前 201)，汉初异姓诸侯王。番邑（今江西鄱阳县）人，一说余干县人。为春秋时代吴国国王夫差的七世孙，父吴申曾任楚国大司马。吴芮初为秦番阳令，得民心，尊为番君。秦末，率百越起兵，响应陈胜起义。攻打咸阳时，吴芮因入关有功受封为衡山王。楚汉争霸，吴芮助刘邦称帝。汉王五年（前 202）二月，徙封长沙王。次年，奉命率军定闽，病逝。谥号“文王”。汉初刘邦共封八位异姓王，七王皆反，旋被翦灭，唯吴氏忠于汉室，共历五代，无嗣而终。

一、志存高远　尊为番君

吴王夫差不恤民力，“视民如仇”，穷兵黩武，国内凋敝不堪。吴王沉湎声色，扰乱农工，违背时令，相信谗言，喜欢倡优，疏远了拾遗补缺、劝善规过的大臣，所以通达贤人隐居不出，忠臣背叛；周围人曲意逢迎，苟且偷安。

公元前 473 年，吴国被越国灭亡，夫差被杀。之后，越王勾践命人斩草除根，杀戮吴王夫差后人，但其子女早就四散分开向南方避难去了。夫差的长子友很早就发现父亲的政权不稳，国家面临灭亡的残酷命运，在自己无力回天的情况下，太子友与族弟暨（时任谏议大夫）带着母亲（皇后，已失宠）和妻子儿女到浮梁瑶里一带生活；另一个兄弟王子徽，带另一部分家眷到江西婺源鄣公山周围生存下来。

吴芮是生活在瑶里这一脉的第五代人。吴芮的祖父厥由擅长治病救人，父亲申会酿酒、也会看病，在当地人民中很受尊重。吴芮少年时候十分聪颖，很受祖父疼爱，祖父经常对他讲祖上的故事，回忆吴国的辉煌和富饶，讲解历史上的种种教训。从医学角度讲解易学的辩证道理；从棋艺中讲解当年祖先里著名军事家吴起的兵法、阵法。与此同时，祖父还教他练习拳脚武艺。

少年吴芮经常和祖父做伴爬山采药，他最喜欢登上高峰时一览众山小的感觉，听爷爷讲当年祖先泰伯开国爱民如子的故事。他还积极参加农业劳动、打猎捕鱼、饲养家禽、训狗等活动。

青年时代的吴芮，喜欢研究兵书，取其精华，带着吴氏族人子弟和当年跟随一起南下军士的后代，演练阵法。

秦朝末年，因兵荒马乱，游兵四处抢劫。吴芮不忍乡亲受到损害，于是号召大家团结起来一致保护家乡。在乡亲们的支持下，吴芮收容散兵游勇，附近的青壮年也纷纷前来投奔，兵员不断扩大，声势日益大起来。吴芮十八岁时就统治兵马一万七千多人，分布在通向浮梁的各处要道，并四处扩散影响。吴芮不准任何人欺压百姓，其部队军纪严明，很受百姓拥戴。他的母亲梅氏为人十分贤惠，教他要藏兵于民，要能打仗、能种田。梅氏带的一批女兵能生产、能织衣、会护理病伤员（后来这支女兵由吴芮的女儿管辖，成了华夏历史上第一支女兵团）。所以，吴芮的部队无论吃的穿的都不缺。

当时，浮梁还是一个没有地方官管理的地方。吴芮派出吴家军的得力骨干到四方发展，其势力范围北到安徽祁门，东到赣浙边界，南到福建，西到鄱阳。

秦二世元年（前 209）二月，秦朝面临各地义军即将分裂的局面。为稳定南方形势，阻止百越地区背叛秦朝，朝廷采纳左相李斯谏言，封吴芮为番（音“波”）君，即给吴芮管理整个番地区的最高行政长官职权的封号。朝廷不给任何财政支持，也不征税，意在让吴芮安抚百越。吴芮的父亲并不看重官位，只希望吴芮爱护百姓，另一个希望就是彻底解决吴越之争。但吴芮理想远大，他想找一个合适的地方发展事业，为此，祖父给他一张“太衍水”（古代对昌江河的旧称）流域图，让他借朝廷给予的合法身份出去打天下。

吴芮牢记祖父、父亲的嘱咐，带着吴家军告别乡亲、离开瑶里。他还从家中带出一批人，多是好友和父辈的医术高手。从此以后，吴芮开始了新的征途。

二、聚众反秦　因功封王

到达鄱阳湖后，吴芮感觉到这里地形复杂、易守难攻，是一个好所在，于是在那里建城，立为据点，就是今日的鄱阳县（民间说“先有浮梁，后有鄱阳”，是由此而出）。后来清人蒋士铨有七言古诗，咏道：“暴虐当时苦秦政，独有番君重民命。抚字能仁杀贼勇，汉家名将秦时令。……丈夫功业立天下，生王死神宁苟且？江湖民心亦易得，在尔鄱阳后来者。”

在鄱阳一年间，吴芮首先率兵平定当地的盗匪势力，积极发展经济，抓住航运，开发渔产，致力农业副业。由于秦二世横征暴敛，民不聊生，各地人都投奔到吴芮帐下。陈胜、吴广农民起义爆发后，英布前来投靠吴芮，吴芮见英布本领高强，认为他是个人才，遂把女儿许配给他。吴芮听从手下人的意见，响应起义，举起了反秦大旗。他出兵横扫赣、湘、桂一带，势力范围扩大了数倍。接着，吴芮又派部将梅鋗和女婿英布北上攻城略地。

沛公刘邦进攻南阳郡时，与梅鋗相遇，双方合兵一处，一起进攻南阳郡的析县和郦县，两县相继投降。随后，吴芮率领部属和百越之兵配合诸侯与秦军交战，跟着一起进入关中，推翻了秦朝的残暴统治。在项羽大封诸侯时，吴芮被封为衡山王，建都邾（今湖北黄冈）。他的将领梅鋗功劳较多，项羽封给他十万户，成为列侯。英布在作战中常为先锋，深得项羽器重，被封为九江王。

汉王三年（前204），在楚汉相争的紧急关头，英布背叛项羽，归附汉王刘邦，反被封为淮南王。项羽大怒，派军队攻占了九江，收编九江部队，杀尽了英布的妻子儿女。吴芮因为是英布的岳父，其封地也被项羽夺走。

吴芮在洞庭湖一带巡视时结识了刘邦的谋士张良，在其劝导下，拥戴刘邦，并送吴氏祖上的军事家吴起的兵书一部给刘邦。

项羽失败后，吴芮公开了自己为吴王后代的身份，和韩信等人拥立刘邦为帝，一起上表书说：“楚王韩信、韩王韩信、淮南王英布、梁王彭越、衡山王吴芮、赵王张敖、燕王臧荼昧死再拜言大王陛下：从前，秦帝无道，天下诛之。大王先得秦王，定关中，于天下功最多。存亡定危，救败继绝，以安万民，功盛德厚。又加惠于诸侯王有功者，使得立社稷。地分已定，而位号比拟，无上下之分，大王功德之著，于后世不宣。昧死再拜上皇帝尊号。”这份出自张良手笔的请愿书，被史书记载了下来。

刘邦称帝后，封吴芮为长沙王，诏书曰：“故衡山王吴芮，率领百越之兵，佐助诸侯，诛灭暴秦，立有大功；诸侯立以为王，项羽侵夺其地，谓之番君。现封吴芮为长沙王。”吴芮成为长沙王后，建都临湘（今湖南临湘）。

汉高祖一共封了八个异姓王，吴芮对封王并不感兴趣，他第一个不主张汉王分封诸侯，他也知道，汉高祖封王在战争年代是为了收买人心，根据历史教训，他第一个开始低调行事。他把自己的大部分地区领地让给汉高祖封的子女，因此，高祖下诏书说：“长沙王芮忠诚，要记载在史书中。”

汉高祖六年（前 201），吴芮奉命率军定闽，行至赣南金精翠微峰（今江西宁都县西北石鼓山）病逝。谥号“文”。

吴芮共有五个儿子，他死后，长子吴臣袭长沙王位。吴臣死后，其子哀王吴回嗣位。吴回死后，其子共王吴右嗣位。吴右死后，其子靖王吴差嗣位。汉文帝后元七年（前 157 年），吴差去世，无子，国除。

王朝开国，大多少不了征战——建国之前的群雄逐鹿、争霸定鼎，建国之后的剿灭割据、平息叛乱。汉王朝建立前后，战争格外漫长，其间涌现出了许多杰出的将领，从而打下汉家江山。他们之中，有将兵多多益善的韩信，有鸿门救驾的樊哙，有车战著称的夏侯婴，有骑战著称的灌婴……他们有勇有谋，功勋卓著，裂土封侯，最后却逃不脱“兔死狗烹”的下场。

淮阴侯韩信

韩信（？～前196），汉初异姓诸侯王，著名将领。先后封齐王、楚王、淮阴侯。淮阴（今江苏淮阴西南）人。他出身平民，但胸怀大志。他先投项羽，又投刘邦，皆不为重用。是萧何慧眼识英，劝说刘邦重用，遂使韩信大展其才。韩信总是根据实际情况，安排作战布置，让敌方作出错误的判断，以智取胜，为汉朝的建立立下了汗马功劳。但终因功高震主又不自检束，被吕后害死、夷灭宗族。他曾与张良一道整理兵家著述，著有兵法三篇，已佚。

一、寄食漂母　受辱胯下

韩信出身平民，家境贫寒。他很早就一个人生活了，品行也不怎么好。大概正是这些原因吧，人们也不推举他出来做个小官。韩信又没有经商谋生的本领，常常寄居在别人家吃闲饭，所以许多人都讨厌他。

韩信曾经在下乡南昌亭长家寄食，吃了几个月闲饭后，引起亭长妻子的不满，便想赶他走。有一天，亭长妻子一大早就烧好饭，在床上就把饭吃了。等到了吃饭时间，韩信去了，亭长妻子当然不会再准备饭食。韩信看出了他们的用意，一怒之下同亭长绝了交。

韩信虽然有些游手好闲、不务正业，但却有着很大的志向、抱负。他的母亲死了，穷得没钱办丧事，然而他却寻找又高又宽敞的坟地，要让那坟地四周可安顿得下一万户人家。由此可以看出，韩信相信自己总有出头的日子。

在韩信出道的早期生涯中，有两段著名的史事，颇能反映出韩信的成长经历。

一次，韩信在城下钓鱼，有许多老婆婆在河里冲洗丝絮。其中一位见韩信饿得可怜，就给他饭吃，一连几十天都是这样。对于这位老婆婆的善待，韩信又是高兴、又是感激，他表示自己以后一定会重重报答她的。听了韩信的话，这位老婆婆很生气地斥责说："男子汉大丈夫应该自食其力，我只是可怜你才给你吃食，难道是希图报答吗?"

淮阴屠户中有个年轻人想侮辱韩信，说："你虽然高大魁梧，好带刀剑，可内心却是胆怯的。"他当众对韩信挑衅说："你不怕死，就用剑来捅了我；怕死，就从我胯下爬过去。"韩信听了这话，怒气冲天，恨不得杀了这个恶徒，但转念想了想，忍了下来。他注视了对方好久，慢慢低下身来，从他的胯下爬了出去。街上的人见了，都耻笑韩信，认为他是个怯懦之人。谁知韩信甘受胯下之辱，是为了不影响他的远大抱负；等到韩信衣锦还乡的时候，人们才明白了这一点。

二、弃项投汉　登坛拜将

其实，四处寄食的韩信并非无所事事，他在兵法谋略方面颇下了一番工夫。楚霸王项羽的叔父项梁渡过淮河北上时，韩信带着宝剑投奔了项梁，但初到之时，默默无闻。项梁败死后，又归属项羽，项羽让他做郎中。韩信曾多次给项羽献计，项羽不予采纳。就这样待了一段时间，韩信感到再在项家的部队待下去不会受到重用，就萌生了离开的念头。

刘邦入蜀，韩信离楚归汉。但初到之时，刘邦的手下只让韩信做了个管理仓库的小官，依然不被人所知。后来韩信犯法当斩，同案的十三人都已处斩，就要轮到韩信了，韩信举目仰视，看到了滕公夏侯婴，说："汉王不是想得天下吗？为什么斩杀壮士？"夏侯婴觉得此人话语不同凡响，又见他相貌威武，就放了他。两人经过交谈，夏侯婴发现韩信是个人才，就推荐给了刘邦。不过，刘邦此时还没有发现韩信的与众不同之处，给他封了一个管理粮饷的官职——治粟都尉。韩信虽然仍未得到用武之地，但官阶不算低，能接触到上层了。也正因此，他得到了刘邦谋士萧何的了解和赏识。

刘邦被项羽封为汉王（实为排挤到汉中），从长安（今陕西西安西北）到达南郑（今陕西西南部），就有数十位将领逃亡。韩信估计萧何等人多次在刘邦面前举荐过自己而汉王不用，怕是难受重用，也逃走了。萧何听说韩信逃走，来不及向汉王报告便去追赶韩信。军中有人向汉王报告丞相萧何逃走了，汉王刘邦非常生气。

过了一两天，萧何前来进见，刘邦怒斥萧何为何逃亡。萧何说他不敢逃跑，他只是去追逃亡的韩信。刘邦说："诸将领中逃亡的数十人你不去追，却偏偏去追一个无名小卒韩信，是在欺骗我吧？"萧何说："那些将领容易求得，至于韩信，他是人中英杰，普天下不会找到第二个了。您如果只想长期在汉中称王，那您可以不用韩信；如果想夺取天下，只有韩信是与您共商大计的人。这就看您的主意了。"汉王表示自己也想向东发展，绝非甘居汉中，定要夺取天下。萧何说："如果大王决意东进而夺取天下，能够任用韩信，韩信就会留下；不能用，韩信终归会逃去。"

汉王刘邦看在萧何的情面上，答应任韩信为将。萧何坚持要更加重用，汉王表示可以让他做大将。于是刘邦想把韩信召来任命了事。萧何说："您一向对人傲慢，现在拜大将如同招呼小孩，这就是韩信离去的原因。如果您想真心任用韩信，就应选择吉日，沐浴斋戒，设立坛场，举行拜将仪式，这样才行。"汉王同意了萧何的要求。

众将听说汉王要拜将，都很高兴，觉得自己有机会被选拜为大将了。等到拜大将时，拜的竟是韩信，全军上下没有人不感到惊讶的。

三、纵论天下　受到宠信

韩信拜将以后，汉王刘邦想了解一下韩信的真才实学，而自己当时也确实需要高明的人出谋划策，于是就对他说："萧丞相多次称赞你的才能，请问将军有什么定国安邦的良策？"韩信问："同您东向而争天下的不是项羽吗？那大王自己估计一下，论兵力的英勇、强悍、精良，同项羽比，谁高谁下？"刘邦沉默良久，不得不承认自己不如项羽。韩信认为这正是展示才华、实现抱负的机会，于是就滔滔不绝地说出一番宏论来。

韩信说："不仅大王，就连我也觉得您不如项王。可是我曾经侍奉过项王，请让我谈谈项王的为人。项王一声怒喝，一千多人会吓得胆战腿软；可是他不能放手任用贤将，这只算匹夫之勇。项王待人恭敬慈爱，语言温和，人有疾病，同情落泪，把自己的饮食分给他们；可是等到部下有功应当封爵时，他把官印的棱角都磨光滑了也舍不得给人家，这是妇道人家之仁。项王虽然独霸天下而使诸侯称臣，可是却不居关中而定都彭城（今江苏徐州），又违背了当初与义帝的约定，把自己亲信和偏爱的人封为王，诸侯对此愤愤不平。诸侯见项王在江南驱逐义帝，也都回去驱逐他们原来的君王而自立为王了。凡是项羽军队经过的地方，无不遭蹂躏残害，所以天下人怨恨他，百姓只是在他的淫威下勉强屈服。项王名义上虽然是天下的领袖，实质上已经失去民心，所以他的强大会很快变成衰弱的。"

韩信分析了汉王刘邦的主要对手之后，又给刘邦出谋划策，他说："现在大王如能反其道而行之，任用天下武勇之人，何愁敌人不被诛灭！把天下的土地分封给功臣，何愁他们不臣服！率领英勇的一心想打回老家去的士兵，何愁敌人不被打散！况且三秦的封王章邯、董翳、司马欣本来是秦将，率领秦国弟子已有数年，战死和逃亡的人不计其数，又欺骗他们的部下和将领投降了项羽，到了新安，项羽用欺诈的手段坑杀秦降卒二十余万人，唯独章邯、董翳、司马欣没被坑杀，秦人对这三人恨之入骨。现在项羽以武力强封这三人为王，秦国百姓都不拥戴他们。您入武关时秋毫不犯，废除秦的苛酷刑法，与秦民约法三章，秦国百姓无不想拥戴你在关中为王。根据当初诸侯的约定，大王理当在关中称王，关中的百姓都知道。可大王失掉应有的封爵而被安排在汉中做王，秦地百姓无不怨恨项王。现在大王起兵东向，攻取三秦的属地，只要号令一声即可收服。"

汉王刘邦听了韩信的一席话，非常高兴，认为得到韩信太迟了。韩信的这番议论，实际上为刘邦制定了东征以夺取天下的方略。

四、还定三秦　出奇破魏

秦王朝覆灭以后，经过连年混战，各种势力逐渐为汉、楚两家收服或歼灭，楚汉之争成为当时最突出的战事。汉王刘邦得到韩信之后，就依其谋划开始了与楚王的决战。

汉王元年（前206）八月，汉王刘邦举兵东出，用韩信的计谋，明修栈道、暗度陈仓，平定三秦之地。汉王二年（前205）出关，收服魏王豹、河南王申阳、韩王郑昌，殷王司马卬降汉。韩信又联合齐王田荣、赵王歇共同攻打楚国。四月到了彭城，汉军兵败而还。韩信收复溃败之军，与汉王刘邦在荥阳会师，阻击楚国追兵，大败楚军于京、索之间，使汉军得以重整旗鼓。

当时，楚汉两家可以说是势均力敌，所以小股势力朝三暮四，摇摆不定。汉王刘邦兵败彭城的时候，塞王司马欣、翟王董翳叛汉降楚，齐王田荣和赵王歇也反叛并与楚媾和。

汉王二年（前 205）六月，魏王魏豹以探母病为由回到封国后，就封锁了河关，切断汉军退路，叛汉与楚约和。汉王派郦生说服魏豹不成，八月任命韩信为左丞相率兵击魏。魏王把重兵布守在蒲坂，封锁河关（黄河渡口临晋关，后改名蒲津关）。韩信故意多设疑兵，陈列船只，假意要渡河关，而伏兵却从夏阳（治今陕西韩城南）以木盆、木桶代船渡河，袭击魏都安邑（治今山西夏县西北）。魏豹大惊，率兵迎击韩信，韩信大胜，俘虏了魏豹，平定了魏国，改魏为河东郡。

汉王刘邦派张耳与韩信一起引兵向东，攻击赵王歇，向北攻击代王，活捉代国丞相夏说，攻破了代国。

就这样，韩信在东征中一步一步地建立起了自己的功勋，刘邦自然欣喜有余了。

五、背水设阵　勇破赵军

韩信、张耳统兵数万，想翻过太行山井陉口，进攻赵国。赵王与成安君陈馀陈兵二十万，在井陉口抗击汉军。

这时，广武君李左车对成安君陈馀献策说："韩信渡西河、掳魏王、擒夏说、血洗阏与。现又有张耳加盟，想乘胜攻下赵国，军队锐不可当。可是我听说：'千里运粮，士卒就有挨饿的危险；到吃饭时才去打柴做饭，军队就不会餐餐吃饱。这井陉口，车不可并行，骑兵不可列队，行军数百里，其粮草必落在后面。希望您暂时拨给我三万奇兵，我从小路截断汉军辎重粮草；您深挖护营壕沟，加高兵营围墙，严阵以待。这样，汉军前不得战、退不得回，我的部队断绝汉军后路，荒野无食可掠，不出十日，韩信、张耳的头颅就可以悬在您的旗下了。希望您考虑采纳我的计谋，否则肯定会被他俩擒获。”

陈馀是书生，认为正义之师不用阴谋诡计，所以很不赞同李左车的做法，他说：“兵法上讲，十倍于敌人的兵力就包围它，一倍于敌人的兵力就与之交战。韩信虽然号称数万人，其实不过数千人，千里迢迢来奔袭我们，士兵早已疲惫之极，我们却避而不击，如果更强大的敌人前来，我们又将如何对付？诸侯一定会认为我们胆怯，会轻易地攻打我们的。”陈馀最终还是没有听从李左车的计策。

韩信派人暗中探听，得知李左车的计策没被采纳，非常高兴。他大胆引兵前进，离井陉口三十里驻扎下来。这天半夜，韩信选了两千名轻骑兵，让他们各持一面红旗，从小路来到山坡上伪装隐蔽起来，窥视赵军。韩信告诫将士说：“赵军见我军出击，一定倾巢而出，你们就乘机迅速冲入赵军营地，拔掉赵国旗帜，插上汉军红旗。”同时命令副将传令大家：“今天打败赵军之后会餐。”将士们谁都不相信，只好假意称是。

韩信又召开将领会议，分析军情。韩信认为，赵军已先占据了有利的地势，他们在未见到汉军大将的旗鼓之前，一定会担心我军遇到阻险而退兵，是不肯轻易发兵攻打我军的。于是韩信派一万人为先头部队，背靠河水摆开阵势。赵军见汉军摆出不留退路的绝阵，都大笑不已。

第二天天刚亮，韩信打起了大将军的旗号和仪仗鼓吹，击鼓进军井陉口。赵军果出营迎击，大战良久，韩信、张耳抛弃鼓旗，佯装战败，退到河边的军阵之中。赵军见状，果然倾巢而出，追逐韩信、张耳，争夺汉军丢下的旗鼓。韩信、张耳退入河边阵地，全军个个拼死作战，赵军根本无法取胜。正在此时，韩信所派的两千名轻骑兵冲入赵军营垒，拔掉赵军旗帜，竖起两千面汉军的红旗。赵军久战不胜，想退回营垒，却见营中插遍汉军红旗，大惊失色，认为汉军已经把赵王及其将领全部俘虏了，于是阵势大乱，四散逃跑。赵将虽然斩杀了数人，竭力阻止，却不见成效。这时汉军两面夹击，大破赵军，在泜水（今河北魏河）斩了成安君陈馀，活捉了赵王歇。

韩信大获全胜，诸将前来祝贺，有人乘机问道："兵法上说，布阵应是'右背山陵，前左水泽'，如今将军却背水为阵，还说打败赵军之后会餐，当时我们不服。现在取胜了，我们想知道将军用的是什么战术?"韩信说："这在兵法上也是有的，只是诸将没有注意到罢了。兵法不是说：'陷之死地而后生，置之亡地而后存'吗？况且带领没有经过我训练而听我指挥的将士，这就是所谓'驱赶街市平民去作战'，因此只有把他们放在绝境，使他们都为自己的生存作战，才会取胜，否则他们都会逃走，我还能用他们作战制敌吗?"诸将听了都自叹不如，更加佩服韩信的用兵之术了。

韩信置之死地使人自为战的决策，是"知己"而用兵的典范。而这一战，充分体现了韩信作为军事统帅的天才。

六、兵不血刃　以威降燕

破赵之战虽然取得了胜利，但韩信深知，如果成安君陈馀采纳了广武君李左车的建议，汉军并无十分的胜算。因此，破赵之后，韩信下令不准杀害广武君李左车，能生擒者赏千金。

不久，广武君李左车被擒获，韩信亲自上前松绑，请李左车面东而坐，自己执弟子之礼，请教攻燕（燕王臧荼，都蓟，今北京西南）、伐齐之事。李左车推辞说："我听说，败军之将不可言勇，亡国之臣不敢语政。现在我是败军之将，亡国的俘虏，哪里有资格同你谈论国家大事?"韩信说："我听说百里奚在虞国时虞国灭亡，在秦国而秦国称霸，这不是因为他在虞国时愚蠢，在秦国时聪敏，而在于国君是否重用他，是否采纳他的意见。假使成安君陈馀听了你的计策，那我韩信现在已成了阶下囚了。我是诚心向你求教，请你不要推辞。”

李左车确信韩信是虚心求教，因此把自己的观点和盘托出。他说：“成安君虽有百战百胜之计，可一招失算，军败鄗下，身死泜水。现在将军涉西河，虏魏王豹，擒夏说于阏与，一举攻下井陉口，在不到一上午的时间就打垮赵二十万大军，诛杀成安君，名闻海内，威震天下。使敌国百姓放下农具，停止工作，吃好的、穿好的，专心倾听您下令进军的消息，这些是将军的长处。然而将士疲惫，实际情形是难以用兵。现在将军要率领疲惫劳苦的士卒，停顿在燕国坚守着的城池之下，想战又恐怕拖得太久，力量耗尽而不能攻克，实情暴露，而弱燕不肯降服，齐国也必然固守边境以图自强。燕、齐相持不下，那么汉王和楚王（项羽）的胜负也就分不出来。这是将军的短处。”

在分析了韩信的长处和短处之后，李左车进一步说：“我认为‘北攻燕、东伐齐’的计策是失策。善于用兵的人常用己之长击他人之短。将军不如按兵不动，休整士卒，安定赵地，抚恤遗孤，日日以牛酒犒赏将士，摆出攻打燕国的态势。而后遣辩士去游说燕国，把自己的优势充分显示在燕国面前，燕一定不敢不听从您。燕降服后，再派辩士以燕已降汉说齐，齐必顺风而降。用兵之道，本来就有先声夺人、再动实际的策略。”

李左车的分析十分透彻，韩信深为赞成。他依从李左车的计策，派使者去燕。燕君听到消息，立即投降了。

韩信在战争实践中锤炼自己，又虚心向高明者求教，不断积累着经验教训。

七、潍水之战　壅水破敌

楚国多次派兵渡黄河击赵，赵王、张耳和韩信往来救援，行军中安定了许多赵国城池，并发兵支援汉王。当时楚国正在荥阳围困汉王，汉王逃跑到宛、叶间，收服英布同入成皋，楚又急忙围攻成皋。

汉王三年（前204）六月，汉王出成皋向东渡过黄河，单独与夏侯婴跑到了修武的张耳军中，一大早自称汉使入赵军营。张耳、韩信还没起床，刘邦径直进其卧室，夺取了他们的印信兵符，召集诸侯，调动了诸侯的位置。等张耳、韩信起床后，才得知汉王来过，不禁大惊失色。汉王夺了两人的军队，命令张耳备守赵地，任命韩信为赵相国，收集没有调到荥阳的赵兵去攻打齐国。

按照广武君李左车的谋划，韩信说服燕国之后，又进一步说服齐国。不料，汉王刘邦私下里派了说客郦食其，说服了齐国归汉。

此时，韩信正按刘邦的命令进攻齐国，还未到平原渡口。得知郦食其已说齐归汉的消息，韩信想停下来。范阳辩士蒯通劝韩信说："将军奉诏攻打齐国，而汉王只不过派密使说服齐国归顺，难道有诏令叫您停止进攻吗？况且郦生不过是个说客，凭三寸之舌就降服齐国七十多个城邑，将军统率几万人马，一年多时间才攻占赵国五十多个城邑，一个将军反倒不如一个儒生的功劳吗？"

韩信听从蒯通的说法，率兵渡河击齐。这时齐国已决计降汉，对汉军戒备松懈，韩信乘机袭击了齐驻守历下（今山东济南西）的军队，一直打到临淄（今山东淄博东北）。齐王惊慌之下，逃到了高密（今山东高密一带），派人向楚求救。

当韩信袭破临淄时，项羽闻讯派遣龙且率二十万兵马，与齐王田广合力抗汉。有人前来向龙且献计：汉军远征作战，所向披靡，而齐、楚本土作战，兵易涣散，不如深沟高垒，以守为攻。招抚已沦陷的城邑，让他们知道齐王尚在、楚国来援，这必定使汉军无法得到粮食，会不战自败。龙且轻视韩信，又急求战功，不用此计，率兵与韩信的军队隔潍水（今山东境内的潍河）摆开阵势。

韩信连夜派人做了一万多条袋子，盛满沙土，壅塞潍河上游，然后率一半军队涉水进击龙且之阵。龙且出兵迎击，韩信佯装败退，龙且以为韩信怯弱，率军渡河进击。这时韩信命人决开壅塞潍河的沙袋，河水奔流而下，龙且的军队大半没有渡过去，被淹死者众多。韩信挥军猛烈截杀，杀死了龙且。东岸齐、楚联军见西岸军被歼，四处逃散。韩信率军渡河紧追，追至城阳，楚兵都被俘虏。齐王田广逃走，不久被人杀死。

就这样，在降服燕国之后，汉王四年（前 203）齐地全部平定。

八、请王招忌　被夺兵权

韩信一连灭魏、徇赵、胁燕、定齐，齐国平定之后，他派人向汉王刘邦上书说："齐国狡诈多变，是个反复无常的国家，南边又与楚国相邻，如果不设立一个临时的代理王（假王）来统治，局势将不会安定。我希望做代理齐王，这样对形势有利。"

当时，楚王项羽正把汉王刘邦紧紧围困在荥阳（今河南荥阳东北），情势危急。看了韩信上书内容，汉王十分恼怒，大骂韩信不救荥阳之急，竟想自立为王。张良、陈平暗中踩汉王的脚，凑近他的耳朵悄悄说："汉军处境不利，怎么能禁止韩信称王呢？不如就此机会立他为王，好好善待他，使他自守一方，否则可能发生变乱。"汉王经提醒也明白了过来，改口骂道："大丈夫平定了诸侯，要做就做真王罢了，做什么代理王!”于是派张良前去立韩信为齐王，征调他的部队攻打楚军。

齐国失利，龙且战死，使楚霸王项羽非常恐慌。他派盱眙人武涉前去游说韩信反汉联楚，三分天下，称王齐地。韩信谢绝说：“我奉侍项王多年，官不过是个郎中，位不过执戟之士。我的话没人听，我的计谋没人用，所以才离楚归汉。汉王刘邦授我上将军印，让我率数万之众，脱衣给我穿，分饮食给我吃，而且对我言听计从，所以我才有今天的成就。汉王如此亲近、信任我，我背叛他不会有好结果的。我至死不会叛汉。请替我辞谢项王的美意。”

武涉的游说失败后，齐人蒯通知道天下大局举足轻重的关键在韩信手中，于是用相人术劝说韩信，认为他虽居臣子之位，却有震主之功，名高天下，所以很危险。韩信认为蒯通的看法不差，但他犹犹豫豫，不忍背叛汉王；又自以为功劳大，汉王不会来夺取自己的齐国，于是没听蒯通的计谋。

汉王五年（前202)，汉王刘邦在固陵（今河南太康南）兵败，用张良的计谋，把陈以东至傅海（靠近大海）之地割给韩信，睢阳以北至穀城之地封给彭越，征召韩信、彭越率兵会师垓下，与项羽决战。韩信指挥这场会战，统率三十万大军独当正面，孔将军居右翼，曹将军居左翼。汉王领兵随后，绛侯周勃、将军刘武跟在汉王后面。韩信首先交锋，不利，向后退却，孔将军、曹将军纵兵夹击，楚军招架不住，韩信乘势反攻，楚军大败，十万军队都被聚歼，项羽逃至乌江自刭。

这时，汉王刘邦还至定陶（今山东定陶），驰入韩信军中，收夺了他的兵权。刘邦正式称帝后，改封韩信为楚王，都下邳(今江苏邳县东)。

九、兔死狗烹 惨遭诛戮

韩信到了楚国，召见当年给他饭吃的漂母，赏赐千金。轮到下乡南昌亭长时，只赏一百钱，并说："你是个小人，做好事有始无终。"又召见曾经侮辱自己从胯下爬过去的少年。那个人十分恐惧，以为韩信要报当年的胯下之辱而杀了他，结果，韩信却封他为中尉，并且告诉诸将说："这是位壮士，他侮辱我时，我难道不能杀了他吗？杀了他也不会扬名，所以就忍了下来，这才有了今天的成就。"

项羽兵败后，他的逃亡将领钟离眛因素来与韩信关系很好，就投奔了韩信。汉王刘邦记恨钟离眛，听说他在楚国，就下令楚王韩信逮捕他。那时韩信初到楚国，到各县乡邑巡察进出都派军队戒严。汉高祖六年（前 201）有人告韩信谋反。汉高祖用陈平的计策，说天子要出外巡视会见诸侯，通知诸侯到陈地相会；其实是想要袭击韩信，韩信却不知道。

汉高祖将到楚国时，韩信打算起兵谋反，但又认为自己无罪；想去谒见汉高祖，又怕被擒。这时有人向韩信建议："杀了钟离眛去谒见皇上，皇上必定高兴，也就不用担心祸患了。"于是韩信把此事与钟离眛商议，钟离眛说："皇上之所以不攻打楚国，是因为我在你这里，如果想逮捕我去讨好皇上，我今天死，随后亡的定是你韩信。看来你也不是位德行高尚的人。"结果钟离眛自杀而亡。

韩信拿着钟离眛的首级去陈地谒见汉高祖。汉高祖令武士把韩信捆绑起来，放在随从皇帝后面的副车上。这时，韩信深有感慨地说："果然如人们所说，'狡猾的兔子死了，出色的猎狗也该烹杀了；高飞的鸟射完了，那张良弓也该收起了；敌人被消灭了，谋臣也就要灭亡。'现在天下已经平定了，我当然该被烹杀!”汉高祖说：“有人告你谋反。”这样，又给韩信戴上了械具。不过，回到洛阳以后，汉高祖还是赦免了韩信的罪过，改封他为淮阴侯。

韩信被贬为淮阴侯之后，深知汉高祖嫉妒他的才能，所以常常装病不参加朝见或跟随出行。这期间，韩信日益怨恨，在家中闷闷不乐。对于和绛侯周勃、颍阳侯灌婴等处在同等地位，韩信感到羞耻。一次，韩信去拜访樊哙，樊哙行跪拜礼恭迎恭送，并说：“大王竟肯光临臣下家门，真是臣下的光耀。”韩信出门后，笑道：“我这辈子居然同樊哙等人同列!”言下之意，大以为不然。

汉高祖高兴时常同韩信闲谈将领们才能的高下。一次，汉高祖问：“像我能带多少兵?”韩信说：“您最多能率十万大军!”高祖问：“如果是你，又怎么样?”韩信说：“我是多多益善。”高祖笑着说：“既然是多多益善，为何被我抓住呢?”韩信说：“您不善于带兵，但却善于驾驭将领，这是我为什么被您抓住的原因。况且您的这种才能是上天授予的，不是人力可以做到的。”

大将陈豨被封为巨鹿郡郡守，前来向韩信辞行。韩信辞去左右，拉着陈豨的手仰天长叹道：“你可以同我说知心话吗？我有话想同你讲。”陈豨不知所以，只好表示一切听从将军的命令。韩信说：“你所管辖的地方，是屯聚天下精兵的地方，而你又是陛下亲信宠爱的臣子，如果有人说你谋反，陛下一定不相信；如果再有人告你谋反，陛下就会产生怀疑；如果第三次有人告你谋反，陛下定会大怒而亲自率军队征讨。我为你在京城做内应，就可图谋天下了。”陈豨平素就了解韩信的才能，相信他的计谋，说：“一切听从您的指示。”

汉高帝十年（前197），陈豨果然谋反。汉高祖亲自率兵前去征讨，韩信称病不随高祖出征，暗地里派人到陈豨处联络，要陈豨只管起兵，自己一定从京城策应。韩信与家臣谋划在夜里假传诏旨，赦放那些在官府中的囚徒和官奴，然后率领他们去袭击吕后和太子。部署已定，只等陈豨方面的消息。

这时，韩信的一位门客得罪了韩信，韩信囚禁了他，而且准备杀掉。那位门客的弟弟向吕后密告了韩信要谋反的情况。吕后打算把韩信召来，又恐怕韩信的党羽不肯就范，于是与相国萧何商议，假装有人从皇上那里来，说陈豨已被杀死，诸侯群臣都前来进宫朝贺。萧何欺骗韩信道："虽然您有病，还是要勉强朝贺一下。"

韩信入朝进贺，吕后派武士把韩信捆缚起来，随后在长乐宫中的钟室里杀了。韩信临斩时说："我后悔当初没有用蒯通之计，如今反而被妇人、小人所欺骗，这岂不是天意吗?"韩信被杀之后，他的三族也被吕后诛灭。

韩信被拘、被杀之时，汉高祖不在国都。等他回来，韩信已经被吕后杀了。对于韩信的死，汉高祖又高兴、又悲伤。这说明，汉高祖也巴不得早些杀掉韩信；但韩信毕竟是为汉王朝打天下立过汗马功劳的，不容抹杀。

舞阳侯樊哙

樊哙（? ～前 144），汉初将领。沛县（今江苏沛县）人。封舞阳侯，谥"武侯"。他是汉初开国功臣，汉高祖刘邦的心腹之将，以勇著称。樊哙转战南北，开拓疆土，楚汉相争，平定叛乱，无不由他出战。他身先士卒，总是率先登城，立下了赫赫战功。他在鸿门宴上指责项羽，救刘邦脱险，立下了大功。但到汉高祖晚年，竟然听信谗言而派陈平诛杀樊哙，幸亏陈平机智，没有就地正法，樊哙才保住性命。

一、战功显赫　鸿门救驾

樊哙出身寒微，早年曾以屠狗为业。他与刘邦交往甚密，为了避祸，曾与刘邦一起隐藏在芒砀山泽间（今安徽砀山西南）。秦二世元年（前 209），樊哙与萧何、曹参共同推戴刘邦起兵反秦。待刘邦做了沛公，便让樊哙做了他的舍人（随从副官），跟随刘邦左右南征北战。先是攻打胡陵、方与，在丰县（今江苏丰县）一带打败了泗水郡监和郡守的军队，后又平定了沛县。在砀县（今安徽砀山）东面与敌军作战时，他表现英勇，斩十五首级，打退了敌人，被封为国大夫。

樊哙经常跟随在沛公刘邦身边，沛公在濮阳（今河南濮阳）抵抗章邯军队时，樊哙率先登城，斩二十三人首级，被赐爵为列大夫。此后他经常跟随刘邦出征，常立战功。

在沛公攻打城阳（在今山东菏泽东北）时，樊哙接着又攻下了户牖。在雍丘（今河南杞县），沛公军与秦军展开激战，大破李由（李斯之子）军，樊哙共斩杀十六人首级，被赐上间爵。在围攻东郡守尉的战斗中，打退敌人，斩首十四级，俘获十一人，得封赐五大夫。之后又破秦朝河间守军，赵贲、杨熊等的军队。屡次率先登城陷阵，捕斩有功，被赐爵为卿，并赐“贤成君”的封号。又跟着沛公进攻长社，锁黄河渡口，东攻秦军于尸乡，又南攻秦军于犨邑。在阳城败南阳郡守。东攻宛城，又率先登城。向西到郡县，因击退敌人，斩敌人首级二十四个，俘虏四十人，沛公给他再加封赐。攻武关至霸上，樊哙率军斩杀都尉一人，首级十个，俘获一百四十人，收降卒二千九百人，可谓战功赫赫。

刘邦率军入关，灭秦封关自守，欲依楚怀王“先入定关中者王之”旧约，称王于关中。这引起了项羽的不满。项羽挥兵破关而入，屯军于新丰鸿门（今陕西临潼东北），欲击灭刘邦军。

樊哙早在刘邦入咸阳后，就力劝刘邦还军霸上（今西安东南），勿贪秦宫奢丽的享受。待项羽兵临城下，刘邦自度势单力薄，乃率一百多随从赴鸿门谢罪，樊哙随往。项羽在鸿门设宴，酒酣之时，亚父范增阴谋杀害沛公，授意项庄拔剑在席上献舞，想乘机刺杀沛公。项羽的叔父项伯已与刘邦结成儿女亲家，此时他看局面紧张，也拔剑同舞，常以自己的身体蔽护沛公。

席间只有刘邦和张良，身在营外的樊哙听说情况紧急，撞倒阻挡他进帐的卫士，持剑盾闯入项羽营帐。项羽盯着他问："此人是谁？"张良说："他是沛公的参乘樊哙。"项羽欣赏道："是位壮士。"于是赐酒一杯和一条猪腿。樊哙一饮而尽，拔剑切肉而食，不一会儿就把肉吃光了。项羽问："樊将军还能再喝吗？"樊哙面斥项羽道："我死都不怕，难道还怕喝酒！再说沛公先入咸阳，屯军霸上，等待大王的到来，大王却听信小人的挑唆，不信任沛公。我担心天下会从此分崩离析，人们心里会怀疑大王呢。"项羽沉默不语。

这时，刘邦借故去厕所，把樊哙召了去。出了营帐，刘邦独骑一匹马，樊哙等四人步行护驾，从山下小路偷偷回到了霸上营中，而让张良向项羽谢罪。项羽因为已经顺心遂意，也就没有诛杀刘邦的念头了。

刘邦被项羽封为汉王后，赐樊哙为列侯，号武侯，升为郎中，随汉王入汉中。

二、攻城平叛　屡建功勋

刘邦在汉中站稳脚跟后，展开了大规模的还定三秦的战争。樊哙或者单独，或者跟随汉王，与西县县丞、雍王章邯、章邯的儿子章平，以及赵贲等人的军队作战，英勇异常，常率先登城陷阵，斩杀、俘虏众多。樊哙另带兵在白水北面攻打西县县丞的军队，在雍县南面攻打章邯的轻骑部队，都打胜了。又跟随汉王攻雍、斄二城，首先登城。在好畤攻打章平的军队，攻城时也率先登城冲进敌阵，斩了县令、县丞各一人，还有十一个首级，俘虏二十人，于是被提升为郎中、骑将。又跟随汉王在壤乡东面攻打秦军的车骑部队，击退敌军，被提升为将军。进攻赵贲，占领郿县、槐里、柳中、咸阳，引水灌废丘，他功劳最大。到了栎阳，汉王赐杜陵的樊乡为他的食邑。

随后，樊哙又参加对楚作战，屠煮枣，击破王武及程处军，攻取邹、鲁、瑕丘、薛等地。项羽在彭城打败汉王之后，樊哙屯守荥阳的户武，增加二千户为他的食邑。一年后，又随高祖追击项羽，取阳夏，虏获楚将周将军的士卒四千人，把项羽包围在陈县，大胜而归。

项羽死后，刘邦做了皇帝，因樊哙坚守城池及作战有功，再增加食邑八百户。

汉初，异姓诸侯王反叛不断，樊哙成为征讨叛军的主将。先攻打反叛的燕王臧荼，俘虏了臧荼，平定了燕地；楚王韩信谋反，樊哙随汉高祖刘邦到陈县，活捉了韩信，平定楚地。汉高祖刘邦更赐他为列侯，以舞阳为食邑，号“舞阳侯”，爵位世代相传。

樊哙又以将军名义跟随汉高祖刘邦讨伐了韩王韩信，斩韩信，与绛侯周勃等共同平定了代地，又增加食邑一千五百户；击退陈豨、曼丘臣的叛军，共收取赵地二十七县，被提升为左丞相。所部败陈豨的胡人骑兵于横谷，斩将军赵既，虏获代丞相冯梁、郡守孙奋、大将王黄等十人。与诸将共同平定代地乡邑七十三个。

汉高帝十二年（前 195），燕王卢绾谋反，樊哙以相国职率兵击卢绾，平定燕地十八县，五十一个乡邑。高帝把他的封邑增至五千四百户。

总计樊哙战功：跟随高祖作战，斩首一百七十六个首级，俘虏二百八十八人；自己单独领兵作战，打败七支军队，攻下五个城邑，平定六个郡，五十二县；虏获丞相一人，将军十二人，二千石以下至三百石的官员十一人。樊哙不愧为汉朝从创立到稳定的中坚骨干。

三、强谏高祖　遭谮幸脱

樊哙一直跟随汉高祖左右，是汉高祖志同道合的爱将。后娶吕后妹吕媭为妻，生有一子樊伉。这样一来，与皇帝的关系就更加密切了。可他因是吕后妹夫，也险些被诛。

樊哙曾依仗自己的忠心、勇气以及与高祖的亲密关系，冒天下之大不韪。当初英布（黥布）反叛时，汉高祖病重，讨厌见人，诏令守宫侍卫，不准大臣入见，群臣中就连周勃、灌婴都不敢入内。

十几天过去了，樊哙终于忍不住带领群臣“排闼直入”——推门径直闯进宫中。汉高祖这时正枕着一个宦官睡卧。樊哙见到汉高祖，痛哭流涕地说：“当初陛下和微臣等在沛起兵，平定天下，那是何等的壮举啊！如今天下已定，陛下又是何等疲惫啊！陛下您病情严重，大臣都惶恐不安，您又不肯接见我们商议国事，反倒跟一个宦官独处，难道要绝天下之人吗？况且陛下难道没看到赵高（秦朝宦官，谋杀了秦二世）的事吗？”说得汉高祖笑着起来了。接着，汉高祖重新振作精神，带病出征，平定了英布的叛乱。

樊哙对汉高祖刘邦可谓一片赤诚，他一生攻城野战，率先登城，又在鸿门救驾，他对汉高祖开创帝业所起的作用是巨大的。

但汉高祖晚年，竟然听信谗言，要杀掉樊哙。

原来，在燕王卢绾反叛时，汉高祖派樊哙攻打卢绾。这时汉高祖病重，有人诋毁樊哙是吕氏的党羽，皇上如果哪天驾崩，樊哙就会举兵诛杀戚夫人和赵王刘如意这些人。汉高祖听到这话大怒，派陈平乘车送绛侯周勃替代樊哙统率军队，还要求在军中就把樊哙就地正法。陈平惧怕吕后，所以决定把樊哙押解长安，让高祖亲自处决。陈平、樊哙到长安时，汉高祖已死，吕后就释放了樊哙，并恢复了他的爵位和封邑。

汉惠帝六年（前 144），樊哙去世，谥为“武侯”。儿子樊伉嗣继侯位，樊伉的母亲吕媭也被封为临光侯。樊伉继侯位九年时，吕后去世，朝臣周勃等诛杀吕氏家族和吕媭的亲属，因此也杀了樊伉。

颍阴侯灌婴

灌婴（？～前 176），汉初将领，杰出骑将。睢阳（今河南商丘南）人。历任车骑将军、御史大夫、太尉、丞相，封颍阴侯。原为布贩，投汉为战将，以力战骁勇著称。在楚汉相争关键时刻，灌婴作为最年轻的大将，在垓下带领骑兵追击楚军，打垮楚军并使穷途末路的项羽自刎。刘邦称帝后，多次率军平定叛乱；刘邦、吕后死后，又诛除诸吕，拥立汉文帝。他对汉朝的开国、巩固，可谓大有功劳。

一、扶汉立业　拜将封侯

灌婴在投奔刘邦之前，是一个贩卖丝缯的小商人，在社会最底层，过着朝不保夕的生活。因为出身卑微，所以日后他才忠心耿耿地追随刘邦转战南北，无论环境如何险恶，处境如何艰难，他都毫不动摇。

秦二世二年（前208），沛公刘邦率领起义军攻城略地来到雍丘（今河南杞县）时，秦将章邯打败并杀死楚军首领项梁，沛公见势不妙，就回师到砀县（今安徽砀山）。当时，灌婴得知沛公驻扎在砀县，就从睢阳徒步来到砀县，投奔了沛公刘邦。随后，灌婴以中涓身份随其征战。在进击东郡及杜里的战斗中，因为他斗志顽强、多立战功，被赐爵七大夫。灌婴跟随沛公在亳南、开封、曲遇攻打秦军，急攻力战，赐爵执帛，号“宣陵君”。攻打阳武、洛阳，封锁黄河渡口，打败南阳郡守的军队，平定南阳郡。西进武关，战于蓝田，赐爵执圭，称为“昌文君”。

刘邦被封为汉王，入汉中，拜灌婴为郎中、中谒者。灌婴帮助汉王平定三秦之地，攻下栎阳，降服塞王司马欣、殷王董翳，平定殷王封地；接着，他又围困章邯军。在与项羽的作战中，灌婴打败了龙且、项它的军队，因此被赐为列侯，称“昌文侯”。

接着，灌婴以中谒者的身份跟随汉王攻占砀县以至彭城。但不久便被项羽打得大败，汉王向西逃跑，灌婴随之在雍丘驻扎。王武、魏公申徒反叛，灌婴跟随汉王去讨伐他们，攻下外黄，向西收募兵士，驻军荥阳。

这时楚军骑兵来了很多，汉王想在军中选可以充当骑兵将领的人，大家推举原来秦国骑士重泉人李必和骆甲，说他们熟习骑兵，可以担任骑兵将领。汉王想以李必和骆甲为将领，但他们说：“我们原是秦朝人，恐怕士兵信不过我们，所以我们愿意辅佐大王左右善于骑射的人。”灌婴虽然年轻，但经历了不少战役，所以被任命为中大夫，由李必、骆甲担任左右校尉，率领郎中骑兵在荥阳以东袭击楚骑兵，打了大胜仗。

接着，灌婴奉命单独率军袭击楚军的后路，截断楚兵从阳武到襄邑的粮食补给路线，在鲁县一带击败项羽的将军项冠的军队，所统率的将士斩杀敌人右司马和骑将各一人。又击败柘公王武的军队，军队驻扎在燕地的西边，所统率的将士斩杀楼烦骑将五人。在白马一带又击败王武的别将桓婴的军队，帐下将士斩杀敌人都尉一人。率领骑兵南渡黄河，护送汉王到洛阳，并受命北上到邯郸迎接大将韩信的军队。回到敖仓，灌婴升为御史大夫。

汉王三年（前 204），灌婴以列侯爵位得到杜县的平乡为食邑，又以御史大夫的身份奉命率领郎中骑兵向东隶属韩信，在历下打败齐国的军队，他所率的将士俘虏了齐国车骑将军华无伤和将吏四十六人。降服临淄，俘获齐国代理丞相田光，追击齐国丞相田横到博邑，打败齐国骑兵。所率将士诛杀齐国骑将一人，俘虏骑将四人，攻下博邑，在千乘击败齐将军田吸，所率将士斩杀了田吸。之后，灌婴随韩信在高密东攻龙且和留公旋的军队，终于斩杀了龙且，活捉右司马和连道各一人，楼烦骑将十人，亲自活捉了副将周兰。

齐国平定后，韩信自立为齐王，派灌婴领兵到鲁北攻打楚将公杲的军队。打败公杲之后，灌婴向南转战，打败薛郡守的军队，亲自俘虏了骑将一人。攻打傅阳，前进到下相东南的僮县、取虑和徐县。渡过淮河，到达广陵，所有城邑全部降服。项羽派项声、薛公、郯公收复淮北。灌婴北渡淮河，在下邳击败项声和郯公的军队，斩杀薛公，攻取下邳，在平阳打败楚国骑兵。接着降服彭城，俘虏了楚相国项他，降服了留、薛、沛、酂、萧，相等县。进攻苦县，再次活捉副将周兰。灌婴跟随汉王在陈县一带攻打项籍的军队，打了胜仗，所率的将士斩杀了楼烦骑将二人，俘虏骑将八人，于是加封食邑二千五百户。

汉王五年（前 202）冬，灌婴与刘邦会师于颐乡（今河南鹿邑东），参加垓下会战。项羽兵败垓下逃走时，灌婴受诏率五千骑兵穷追项羽至东城。迫使项羽自杀，其帐下士卒五人共斩项羽，俘虏士兵一万二千人，大获全胜。之后又攻下东城，历阳，渡江平定吴地、豫章和会稽等五十二县。

二、平定叛乱　诛吕安刘

刘邦做了皇帝后，给灌婴加封食邑三千户。这时，当初所分封的异姓王，乘汉初立，反叛不断。作为汉高祖刘邦爱将的灌婴，无疑成为他手中的得力王牌。灌婴以车骑将军之职，首先平燕王臧荼之乱，第二年又回到京城，剖符定封，世代相传，以颍阴二千五百户作食邑，号称“颍阴侯”。

灌婴以车骑将军身份，跟随汉高祖讨伐谋反的韩王韩信于代国，到达马邑，奉命单独领兵降服楼烦以北六县，斩杀代国的左丞相，在武泉以北打败匈奴骑兵。又跟随汉高祖在晋阳一带打败韩王韩信的匈奴骑兵，所率将士斩匈奴将领一人。又奉命统率燕、赵、齐、梁、楚的车骑部队，打垮了匈奴骑兵。到平城（今山西大同），被匈奴人包围在白登山，突围后跟随汉高祖回到东垣。

灌婴随汉高祖攻讨反叛的代王陈豨，他奉命单独率兵在曲遂一带攻打陈豨的丞相侯敞的军队，杀了侯敞和特将五人，降服了曲逆、卢奴、上曲阳、安国、安平，攻下东垣。

淮南王英布谋反，灌婴以车骑将军身份做先遣部队，在相县打败英布的别部将领，斩杀副将和楼烦骑将三人。又进军打败了淮南国上柱国的军队，灌婴亲自活捉敌人的左司马一人，所率的将士斩了敌人小将十人，追击败军直到淮河沿岸。于是增加食邑二千五百户。英布之乱已平定，汉高祖凯旋回朝，确定灌婴以颍阴五千户作食邑，撤销以前所封的食邑。

灌婴随汉高祖征战，共擒获二千石的将吏二人，自己领兵击败敌军十六次，降服四十六个城邑，平定一个诸侯国、两个郡、五十二个县，俘获将军二人，柱国、相国各一人，二千石的官吏十人。

灌婴平英布之乱后，汉高祖驾崩，灌婴以列侯身份侍奉汉惠帝和吕后。吕后去世，赵王吕禄等人乘机在长安谋反，齐哀王刘襄（刘肥之子）举兵西进讨逆。吕禄等听到这一消息，立即派灌婴为将前去迎敌。作为汉朝开国元勋之一的灌婴早有反诸吕之心，行至荥阳即屯兵不进，同绛侯周勃、丞相陈平等人通谋诛除诸吕，并把此事微露于齐哀王，齐哀王止兵。待绛侯等人诛杀诸吕之后，齐哀王引兵回去，灌婴军亦从荥阳还朝，同周勃、陈平共立代王刘恒为汉文帝。汉文帝封灌婴为太尉。加封三千户的食邑，并赏赐一千斤黄金。

三年后，绛侯周勃被免除相位，由灌婴继任丞相之职。这年匈奴大举入侵北地、上郡，灌婴率骑兵八万五千人前去讨伐，打退了匈奴兵。

汉文帝四年（前 176），灌婴在相位上去世，谥号“懿侯”。

曲周侯郦商

郦商（？～前 180），汉初将领。陈留高阳乡（今河南杞县）人。他是汉高祖刘邦的得力战将，身先士卒，骁勇无比，有攻城野战之功，封为曲周侯。

在陈胜起兵反秦的时候，郦商聚集了一伙年轻人，四处招兵买马，得到好几千人。沛公刘邦攻城略地来到陈留时，郦商的哥哥郦食其投奔刘邦，成为一名谋士。过了六个多月，在郦食其的推荐下，郦商带领将士四千多人投归沛公。

郦商跟随沛公攻打长社（今属河南），他率先登城，沛公为嘉奖他的勇敢，赐爵封他为信成君。接着跟随沛公攻打緱氏，封锁黄河渡口，在洛阳东面大破秦军。又跟着沛公攻取宛、穰两地，另外又平定了十七个县。郦商自己也曾单独率军作战，平定了汉中。

在攻克咸阳、灭秦之后，项羽大封诸侯，立沛公为汉王。汉王赐给郦商信成君的爵位，并以将军的职位担任陇西（治所在狄道，今甘肃临洮南）都尉。郦商自己单独率领军队平定了北地（治所在义渠，今甘肃宁县北）和上郡（治所在肤施，今陕西榆林东南）。在焉氏打败了雍王章邯部下所率领的秦军，在栒邑打败了周类所率领的秦军，在泥阳打败了苏驵所率领的秦军。于是汉王把武成县的六千户赐给郦商，作为他的食邑。

接着，郦商以陇西都尉的职位跟随沛公攻打项羽的军队达五个月之久，他出兵巨野（今河北平乡），和钟离昧作战，因激战获胜有功，沛公授予他梁国相印，又增封食邑四千户。此后，郦商以梁国相国的身份跟随汉王与项羽作战达两年又三个月，攻取胡陵。

项羽死后，刘邦称帝。汉高祖六年（前201）的秋天，燕王臧荼谋反，郦商以将军的身份随从汉高祖刘邦攻打臧荼。在龙脱大战时，郦商冲锋陷阵，率先登城，在易下击败臧荼的军队，因杀敌有功被升任右丞相，赐给列侯的爵位，和其他诸侯一样剖符为信，世世代代永不断绝，以涿邑五千户作为他的食邑，封号叫涿侯。

不久，郦商又以右丞相之职单独带兵平定上谷，接着又攻打代地（今山西北部），汉高祖授予他赵国的相国之印。郦商遂以右丞相加赵国相国的身份，带兵和绛侯周勃等人一起平定了代国和雁门，活捉了代国丞相程纵、守相郭同、将军以下到六百石的官员共十九人。凯旋之后，郦商以将军的身份担任太上皇（刘邦之父）的护卫一年零七个月。汉高祖十一年（前 196），郦商又以右丞相之职攻打反叛的代王陈豨，捣毁东垣（今河北石家庄东北）城墙。

平定陈豨叛乱后，郦商又以右丞相之职跟随汉高祖讨伐反叛的淮南王英布。郦商领兵向敌人前沿阵地猛攻，夺取了两个阵地，从而使汉军能够打垮英布的军队。汉高祖把他的封邑改在曲周（在河北省南部），食邑增加到五千一百户，收回以前所封的食邑。

总计郦商一共击垮三支敌军，降服平定六个郡、七十三个县，俘获丞相、守相、大将各一人，小将二人、俸禄二千石以下到六百石的官员十九人。

郦商在汉惠帝、吕后执政时，因身体不好，不能料理政事。他的儿子郦寄，字况，与吕禄很要好。

吕后八年（前 180），吕后去世，大臣们想诛杀吕氏家族，但是吕禄身为将军，统领北军，太尉周勃因此进不了北军的大营。于是就派人威胁郦商，让他的儿子郦寄去欺骗吕禄。郦寄为了救父亲于危难，就去见吕禄，邀他一起外出游玩。吕禄相信了他，就和他一起出去游玩，使太尉周勃得以进入军营，控制了北军。这样，才顺利灭掉了吕氏家族。

也就在这一年，郦商去世，谥号为“景侯”。郦寄继承了他的侯位。当时，天下人都指责郦寄出卖朋友。出卖朋友的人都是见到好处而忘了道义之人，但郦寄之所以出卖吕禄，是为了安定国家、保护君亲，从这个角度来说，郦寄并非见利忘义之人，而是为了大义。

汉景帝三年（前 154），吴、楚、齐、赵等七个诸侯国联合起兵造反，汉景帝任命郦寄为将军，围攻赵城，但十个月都没有攻克。等到鄃侯栾布平定了齐国前来助战，这才拿下了赵城，扫平了赵国。赵王刘遂自杀，封国被废除。

景帝中元二年（前 148），郦寄打算娶景帝王皇后的母亲平原君为妻。景帝大怒，把郦寄交给司法官吏去审理，判定他有罪，剥夺了侯爵爵位。景帝把郦商的另外一个儿子郦坚封为缪侯，承袭郦商的侯爵。郦坚去世之后，他的儿子康侯郦遂成继位。郦遂成死后，他的儿子怀侯郦世宗继位。郦世宗去世之后，他的儿子郦终根继承侯位，任太常，后来因为犯法，封国被撤销。

汝阴侯夏侯婴

夏侯婴（? ～前 172），汉初将领。沛县（今江苏沛县）人。少年时与刘邦友善，随从他起兵，转战各地，升任太仆。后封汝阴侯。汉惠帝、汉文帝时，继任太仆。以其曾任滕令，楚人称令为公，故称滕公。他作为刘邦手下能征惯战的将领，率领战车部队，南征北战，横扫千里，长驱直入，攻破咸阳。他对刘邦事业的成功，起到了巨大的作用。

一、开脱刘邦　搭救惠帝

夏侯婴起初在沛县府的马房里掌管养马驾车。每当他驾车送完使者或客人返回，经过沛县泗水亭（在沛县东）时，都要找时任亭长的刘邦去聊天，而且一聊就是大半天。后来，夏侯婴担任了试用的县吏，与刘邦更加亲密无间。

有一次，刘邦因为开玩笑而误伤了夏侯婴，被别人告发到官府。当时，刘邦身为亭长，伤了人要从严惩罚，因此刘邦申诉根本没有伤害夏侯婴，夏侯婴也证明自己没有被伤害。后来这个案子又翻了过来，夏侯婴因为犯了伪证罪被关押了一年多，挨了几百大板，但终归因此使刘邦免于刑罚。

秦二世元年（前209），刘邦起兵反秦，在准备攻打沛县的时候，夏侯婴以县令属官的身份与刘邦去联络。在降服沛县的那天，刘邦被众人推举为沛公，赐给夏侯婴七大夫的爵位，并任命他为太仆。

随后，夏侯婴便随刘邦转战南北。在跟随刘邦攻打胡陵时，夏侯婴和萧何一起招降了泗水郡郡监平（名平，姓氏不详），平交出胡陵投降，刘邦赐给夏侯婴五大夫的爵位。接着，他跟随刘邦在砀县以东袭击秦军，攻打济阳，拿下户牖，在雍丘一带击败李由的军队。他在战斗中总是驾兵车快速进攻，作战勇猛，因此大破秦军，刘邦为此赐给他执圭的爵位。夏侯婴又曾经以太仆之职指挥兵车跟从刘邦在东阿、濮阳一带袭击章邯，他又曾指挥兵车跟从刘邦在开封袭击赵贲的军队，在曲遇袭击杨熊的军队。在战斗中，夏侯婴俘虏六十八人，收降士兵八百五十人，并缴获金印一匣。接着又曾经指挥兵车跟从刘邦在洛阳以东袭击秦军。他驾车冲锋陷阵，奋力拼杀，刘邦赐予他滕公的封爵。接着又指挥兵车跟从刘邦攻打南阳，在蓝田、芷阳大战，他驾兵车奋力冲杀，英勇作战，一直打到了霸上。

项羽进关之后，灭掉了秦朝，封沛公为汉王。汉王刘邦赐予夏侯婴列侯爵位，号为“昭平侯”。接下来，夏侯婴以太仆之职，跟随汉王进军蜀、汉地区。

后来汉王回军平定了三秦，夏侯婴随从汉王攻击项羽的军队。进军彭城（今江苏徐州），汉军被项羽打得大败。汉王见兵败不利，忙乘车马急速逃去。在半路上，夏侯婴遇到了汉王的儿子刘盈（即后来的汉惠帝）、女儿鲁元公主在逃命，就把他们收上车来。

此时，马已跑得十分疲乏，敌人又紧追在后，汉王特别着急，有好几次用脚把两个孩子踢下车去，想抛弃他们，减轻马车的负担；但每次都是夏侯婴下车把他们抱起，放在车上。汉王却坚持不让两个孩子上车，夏侯婴只好把他们放在自己的马上。夏侯婴赶着车，先是慢慢行走，等到两个吓坏了的孩子抱紧了自己的脖子之后，才驾车奔驰。汉王为此非常生气，有十多次想要杀死夏侯婴，但最终在下邑（今安徽砀山）的密林中躲过了楚军的追击，逃出了险境，把刘盈、鲁元公主安然无恙地救了出来。

二、封侯赐邑　尊宠一生

汉王刘邦到了荥阳之后，收集被击溃的军队，军威又振作起来，并将沂阳赐给夏侯婴作为食邑。在此之后，夏侯婴指挥兵车跟从汉王攻打项羽，从下邑一直追击到陈县（今河南淮阳），最后终于平定了楚地。行至鲁地，汉王又给他增加了兹氏一县作为食邑。

汉王六年（前 201）刘邦称帝，这一年秋天，燕王臧荼起兵造反，夏侯婴以太仆之职跟随汉高祖刘邦攻打臧荼。第二年，又跟随汉高祖到陈县，逮捕了楚王韩信。汉高祖把夏侯婴的食邑改封在汝阴（治今安徽阜阳），剖符为信，使爵位世世代代传下去。

汉高帝七年（前 200），夏侯婴以太仆之职跟从汉高祖攻打代地，一直打到武泉、云中，汉高祖给他增加食邑一千户。接着，他又跟随汉高祖到晋阳附近，把隶属于韩王韩信的匈奴骑兵打得大败。当汉军追击败军到平城（今山西大同）时，被匈奴骑兵团团围住，困了整整七天不能解脱。后来汉高祖派人送给匈奴单于阏氏好多礼物，匈奴单于冒顿这才把包围圈打开一角。汉高祖脱围后想驱车快跑，夏侯婴为了不惊动敌人，坚决止住车马慢慢行走，命令弓箭手都拉满弓向外，最后终于脱离险境。以此功，汉高祖把细阳一千户作为食邑加封给夏侯婴。接着，夏侯婴又以太仆之职跟随汉高祖在句注山（在今山西代县西北）以北地区攻打匈奴骑兵，获得大胜。夏侯婴又在平城南边攻击匈奴骑兵，多次攻破敌阵，功劳最多，汉高祖就把夺来的城邑中的五百户赐给他作为食邑。

汉高帝十一年（前 196），夏侯婴率军攻打代王陈豨、淮南王英布的反叛军队，冲锋陷阵，击退敌军，又加封食邑一千户。最后，汉高祖把夏侯婴的食邑定在汝阴，共六千九百户，撤销以前所封的其他食邑。

夏侯婴自从随刘邦在沛县起兵，长期担任太仆一职，一直到汉高祖去世。

汉惠帝时，夏侯婴继续担任太仆。汉惠帝和吕后非常感激夏侯婴在下邑的路上救了惠帝和鲁元公主，就把紧靠在皇宫北面的一等宅第赐给他，吕后题名为“近我”，意思是说“这样可以离我最近”，以此表示对夏侯婴的格外尊宠。

汉惠帝去世后，夏侯婴又以太仆之职侍奉吕后。等到吕后去世，代王刘恒来到京城，夏侯婴又以太仆的身份和东牟侯刘兴居一起入皇宫清理宫室，废去了吕后所立的少帝刘弘，按照天子的车驾仪式到代王府第里去迎接代王，和大臣们拥立代王为帝，是为汉文帝，夏侯婴仍然担任太仆。

八年之后（前 172），夏侯婴去世，谥号为“文侯”。他的儿子夷侯夏侯灶继承侯位。

起初，夏侯婴因作滕县县令而号滕公，到他的曾孙夏颇时，因娶了平阳公主，平阳公主随外公家的孙姓，号孙公主，所以夏侯氏的后代从此都改姓为孙氏。

阳陵侯傅宽

傅宽（？～前 190），汉初将领。魏国人。他随刘邦征战各地，是刘邦的近卫侍从，深受信任，封为阳陵侯。

傅宽以魏国五大夫爵位的骑将军官身份跟随沛公刘邦，曾做过家臣，起事于横阳。他随沛公进攻安阳、杠里，在开封攻打秦将赵贲的军队，又在曲遇、阳武击溃秦将杨熊的军队，曾斩获敌人十二个首级，沛公赐给他卿的爵位。

傅宽随从沛公进军到霸上，沛公立为汉王后，赐给傅宽“共德君”的封号。随即跟着汉王进入汉中地区，升为右骑将。不久，傅宽跟随汉王平定了三秦，汉王赐给他雕阴作为食邑。楚汉相争时，傅宽随着汉王进击西楚霸王项羽，奉命在怀县接应汉王，汉王赐给他通德侯的爵位。在随汉王打击项羽部将项冠、周兰、龙且时，傅宽率领的士兵在敖仓山下斩获敌骑将一人，因而增加食邑。

傅宽曾隶属于淮阴侯韩信的指挥，击败了齐国在历下（今山东济南历城区）的驻军，击垮了齐国守将田解。后来归属相国曹参指挥，攻破博县，又增加了食邑。因为傅宽平定齐地有功，汉王将表示凭证的符分成两半，交给他一半，以示信用，使他的爵位世代相传，封他为阳陵侯，食邑二千六百户，撤销先前受封的食邑。后来，傅宽担任齐国右丞相，屯兵驻守防备田横作乱。在齐国任国相五年。

汉高帝十一年（前 196）四月，傅宽率军攻打叛汉自立为代王的陈豨，归属太尉周勃指挥，以相国的身份代替汉丞相樊哙击败陈豨。第二年一月，调任代国相国，带兵驻守边郡。两年后，他担任代国丞相，继续带兵守边郡。

汉惠帝五年（前190），傅宽去世，谥号为“景侯”。

信武侯靳歙

靳歙（？～前183），汉初将领。他是刘邦的近卫侍从，随刘邦转战各地，立下了许多战功，封为信武侯。

靳歙以中涓（侍从官员）身份跟随沛公刘邦，他是从宛朐参加义军的。曾进攻济阳，击败过秦将李由的军队。又在亳县南和开封东北攻打秦军，斩杀一名骑兵将领，斩获五十七个首级，俘虏七十三个人，受赐爵位，封号为“临平君”。后来又在蓝田（今属陕西）北进行战斗，斩秦军车司马二人，骑兵将领一人，斩获二十八个首级，俘虏五十七个人。又率军到达霸上。不久，沛公立为汉王，赐封靳歙建武侯爵位，并升他为骑都尉。

汉王元年（前206），靳歙随从汉王平定了三秦。另外他带领部队挥师西进，在陇西攻打秦将章平军队，大败秦军，平定了陇西六县，他所率领的士兵斩杀秦军车司马、军候各四人，骑兵长官十二人。随后，跟着汉王东进攻打楚军，到达彭城，结果汉军战败。靳歙力守雍丘，后离开雍丘去攻打叛汉的王武等人。夺取梁地后，靳歙又率领部队攻打驻守菑南的楚将邢说军队，大败邢说，并亲自活捉了邢说的都尉二人，司马、军候十二人，招降了敌军四千一百八十人。另外在荥阳东大败楚军。汉王三年（前204），赐给靳歙食邑四千二百户。

靳歙还曾率领部队抵达河内，攻打驻守在朝歌的赵将贲郝，大败贲郝，所率士兵活捉骑将二人，缴获战马二百五十四。他随从汉王进攻安阳以东地区，直达棘蒲，占领了七个县，并单独率兵击溃赵军，活捉赵将的司马二人，军侯四人，招降赵军官兵两千四百人。靳歙又随从汉王攻克邯郸。独自率兵攻占了平阳，亲自斩杀驻平阳的赵国代理相国，所率士兵斩杀带兵郡守和郡守各一人，迫使鄴城投降。这次征战，他随从汉王进攻朝歌、邯郸，击败赵军，迫使邯郸的六个县投降。

靳歙率军返回敖仓后，旋即在成皋南击败项羽的军队，击毁断绝了从荥阳至襄邑的输送粮饷的通道。在鲁城之下，他指挥士兵作战，大败项冠军队，夺取了东至缯、郯、下邳，南至蕲、竹邑的大片土地。又在济阳城下击败项悍军队。然后挥军返回，在陈县城下攻击项羽部队，大败项羽。此外，还平定了江陵，招降了在江陵的临江王的柱国、大司马及其部下八人，亲自活捉了临江王共尉，并把他押送到雒阳，于是平定了南郡。此后随从汉王到陈县，逮捕了图谋不轨的楚王韩信，汉王把表示凭证的符分成两半，交给靳歙一半，以示信用，使他的爵位世代相传，规定食邑四千六百户，封为信武侯。

后来，靳歙以骑都尉的身份随从汉高祖攻打代王，在平城下击败韩王韩信，随即率军返回东垣。因为此功，提升为车骑将军，接着，靳歙率领梁、赵、齐、燕、楚几个诸侯王的部队，分路进攻陈豨的丞相侯敞，把他打得大败，迫使曲逆城投降。汉高帝十一年（前 196），又随汉高祖攻打反叛的淮南王英布，立下了功劳，增加食邑五千三百户。

在几次重要战役中，靳歙共斩敌九十首级，俘虏一百三十二人；另大败敌军十四次，攻克城邑五十九座，平定郡、国各一个，县城二十三个；活捉诸侯王、柱国各一人，二千石以下至五百石的不同等级官员三十九人。

高后五年（前 183），靳歙去世，谥号“肃侯”。他的儿子靳亭继承侯爵。二十一年后（前 162），靳亭因驱役百姓超过了律令规定，在汉文帝后元三年（前 161），被剥夺了爵位，同时免除了封地。

蒯成侯周緤

周緤（? ～前 175），汉初将领。沛县（今江苏沛县）人。他始终忠于刘邦，随刘邦起兵反秦，参加了许多战役，封为蒯成侯。

周緤开始任沛公刘邦的警卫，是以家臣的身份跟随刘邦起事的。他曾陪刘邦到霸上，又西去进入蜀、汉地区，后随刘邦返回平定了三秦。刘邦为了奖赏他，将池阳作为他的食邑。

在楚汉战争中，周緤奉命率兵切断了敌人的运输通道，随后跟着汉王出征渡过平阴渡口向东进发，在襄国与韩信部队会合。当时作战时而获胜时而战败，情势严峻，但周緤始终没有背离汉王的意思。汉王赐封他为信武侯，食邑三千三百户。汉高祖十二年（前 195），又赐封周緤为蒯成侯，同时撤销原先的食邑。

汉高祖曾经要亲自攻打反叛的代王陈豨，周緤流着泪劝阻道："从前秦王（指秦始皇）攻打天下，不曾亲自出征，现在您经常亲自出征，这难道是国内没有可派遣的人吗?"汉高祖认为周緤是由衷地爱护自己，破例恩准他上殿不趋（碎步快走），杀了人不定死罪。

汉文帝五年（前 175），周緤年老病故，谥号"贞侯"。

汉承秦制，以丞相总领百官，辅佐皇帝治理国政；郡国亦设相国，职责一如中央政府。西汉初年，丞相多为开国功臣，承上启下，位尊权高；同时国家初立，百废待兴，事务繁剧。汉高祖任用萧何为丞相，设百官、定律令，振经济、兴文教；曹参继任，萧规曹随，传为千古佳话。郡国相国，也不乏佼佼者。当然，也有丞相庸庸碌碌，不过尸位素餐而已……

相国萧何

萧何（？～前193），汉高祖刘邦谋士、辅臣，封相国，与韩信、张良一起被誉为“汉初三杰”，谥号“文终侯”。泗水沛（今江苏沛县）人。他从起兵之初即追随刘邦，为汉王朝的建立和政权的巩固作出了重大贡献。在刘邦率军入咸阳后，将领们忙于争夺财物，萧何却收取秦王朝的文献档案，由此详尽掌握了全国的地理、户籍等情况；在楚汉相争中，萧何任相，坚守后方，为前方提供兵员粮草，使汉军多次转危为安，被刘邦认为功劳第一；高帝十一年（前196），定计助吕后诛淮阴侯韩信，巩固了汉政权。晚年为保身免死，做了一些违心的事。

一、慧眼识人　深谋断事

萧何为人，通达文理，谨慎而有计谋。因为他通晓法令，善于处理繁杂的事务，曾任沛县的功曹椽（县令手下的属官）。

汉高祖刘邦还是平民时，萧何慧眼识人，多次利用职权袒护他。后来，刘邦当了亭长，萧何又经常帮助他。秦二世元年（前209）九月，刘邦因事去咸阳，临行时，诸吏都出钱为刘邦送行。别人都资送三百，只有萧何送的是五百。刘邦深深感念萧何对他的情谊。

秦朝有一个御史，奉命来监督郡政。萧何被长官派遣前去协助他。无论什么事，萧何都办得有理有据、有条不紊，充分显示了自己的办事能力。由此，这位御史便迁升萧何为泗水郡官吏，主管文书等方面的工作。在考核时，萧何的考绩名列第一。秦御史便想在朝廷提议征召萧何，加以重用，萧何一再推辞，这才得以免行。

就在这时，陈胜、吴广在大泽乡首揭义旗，起兵反秦。沛县县令与之遥相呼应。于是，萧何、曹参建议召来已经起兵的刘邦。然而事情总有意外，等到刘邦来了，沛县令却不守诺言，背弃前约，闭门不纳，并且要诛杀萧何、曹参。萧、曹二人惶然无措，急忙逃出。刘邦大怒，用箭把信射入城内，告谕城中父老，陈说事情利害。城中吏民便共杀沛令，开门迎接刘邦。刘邦依仗萧、曹，收聚沛县子弟三千人，响应陈胜、吴广。等到刘邦做了沛公，萧何便做了县丞，督办诸种事务。从此，萧何便跟定刘邦，为之出谋划策，用自己的远见卓识辅弼刘邦建功立业。

沛公刘邦军势日益浩盛，终于攻占了秦朝的都城咸阳。一入城，将领们都忙着赶往秦朝府库，分掠金银宝物，纷纷乱乱。而在这混乱之际，萧何却直入官府，搜罗收聚秦朝丞相、御史的法律、图画、书籍，并认真加以收藏保管。刘邦后来能够熟知天下的险关要隘、郡县的户口多寡以及民生疾苦、社会状况，在争夺天下的过程中顺时应变，都得力于萧何所收藏保护的图书典籍。

秦帝国灭亡，项羽听信谋臣之言，违背“先入定关中者王之”的前约，不肯封刘邦为王，还摆设鸿门宴欲杀刘邦。后来，还是刘邦通过项伯说情，项羽才封刘邦为汉王，令其建都南郑；又将关中之地分为三份，封给秦的三位降将，命他们驻此，以阻挡刘邦东归。刘邦非常生气，打算率军与项羽硬拼。萧何与张良等人认真分析了当时两军实力，认为不能与项羽发生正面冲突，因为敌势太大。应该先保存实力，以俟时机，再与项羽争雄。他们提出应该据汉中，招贤人，养百姓，收巴蜀，攻占三秦，然后统一天下。事实证明，萧何等人的见解是可行的，也真的成了刘邦夺取天下的总方针。

二、追韩月下　转漕关中

刘邦做了汉王，萧何成为汉王丞相。在接下来的争战中，刘邦在前线作战，萧何在后方供应兵员、粮草。汉王刘邦之所以在楚汉之争中，一次次将领逃跑、军队溃散，濒临覆灭而又起死回生，靠的就是萧何在后方坚定有力的支持。

萧何慧眼识人，总是把自己发现的人才及时推荐给刘邦，而其中最为典型的代表，就是大将韩信。

韩信投奔刘邦之初，寸功未建，刘邦给他连敖（管理仓库）之职，官卑职小，无用武之地。这时，夏侯婴与萧何发现了他，知他有大志，是奇才，堪重用。后来韩信有过，刘邦欲斩之，萧何救了他。萧何先后三次向刘邦推荐韩信，说他确有才能，应当委以重任。刘邦听了，未予重视，只给了他一个治粟都尉（主管粮饷）的官职。

当时，汉军生活艰苦，加之前途未卜，军心动荡，多有逃亡者。韩信虽经萧何推荐，官职有所上升，但仍未获重用，于是也乘夜出逃。萧何听说韩信逃走，大惊，来不及禀告刘邦，便自己去追赶挽留韩信。有人不知情实，仓促中竟然向刘邦报告，说丞相萧何也逃跑了，刘邦大怒不已。

其实，萧何那日快马加鞭，趁着朦胧的月色，猛追韩信。一直追到褒河畔，才得赶上。韩信对萧何说："本想在汉军中干一番事业，辅佐汉王统一天下，可汉王不肯用我，视我犹如草芥一般。丞相几次秉公推荐，汉王只是不听，反疑丞相有私。我韩信既读诗书，又习武艺，却徒怀壮志，报国无门，所以决心离汉，从此弃甲归田，永不从戎。"萧何说："伍子胥当年七荐孙武，孙武方被重用。我推荐您，才不过三次罢了！请您不必犹疑，可随我速回军营。倘大王这次仍不能重用您，我陪同您一起弃甲归田！”萧何说服了韩信，二人便乘马归营。

此时，刘邦正在焦虑之中。他一向倚重萧何、张良为左右手。张良归家探母，尚未返回，如今萧何居然又不辞而别。这真令他如坐针毡，难于举措。正当焦虑不安之际，萧何归来，刘邦且怒且喜，便追问萧何为何弃汉叛逃。萧何说：“实未叛逃，不过是月下追韩信罢了！”刘邦说道：“这些日子，将领们逃跑者已不下数十人，也没见你追过哪一个，你说是追韩信，是在骗我！”萧何凛然正色，说：“一般将领，便逃离一些，也无足轻重。唯独这韩信，国士无双，一代英雄，岂可让他离去！”说到这里，萧何加重了语气：“如果我们能重用韩信，韩信就留下来；如果不能重用韩信，韩信还会逃走的！”

刘邦见萧何言辞恳切，便说：“可以任用韩信为将。”萧何说：“只封为将，韩信不会留下来。”到了这份儿上，刘邦只好同意任韩信为大将，并让萧何去召来韩信，当面封之。萧何说：“汉王您素来有一缺点，就是不能礼贤下士，对人往往轻慢无理。如今你要任命大将军了，却如同呼唤役使小儿一般，这正是韩信离你而去的原因之一。您如果真想重用韩信，就该选择好日子，沐浴斋戒，修筑拜将坛，然后用隆重的礼节来任命他。”

刘邦采纳了萧何的建议，筑坛拜将，一军皆惊，传为千古美谈。韩信被封为大将军后，不久便明修栈道、暗度陈仓，给三秦守军来了个猝不及防。汉军很快便占据了关中之地。

此时，萧何留守关中。留守期间，萧何竭诚尽智，克勤克俭，把关中建成了稳固的后方和人力物力的供应基地。他默默地做着后勤工作，不断通过水路漕运，为前方输送士卒粮饷。他身居关中、心系天下，为治理关中、辅佐刘邦创建帝业，劳心伤神，日夜操劳。

为保证三军将士的粮草供应，萧何从基本建设抓起：在长安的未央宫设立武库以藏兵器，建造太仓以储军粮；采取缓和政策，几次颁布有利于经济生产的法令。另外，为保证兵员供应，他有计划地征发兵员。汉王几次战败弃军逃跑，都是萧何征发关中兵，补充兵员，才得以东山再起的。

总之，萧何发挥最大的能量，在尽可能的范围内全面支援了刘邦、张良、韩信等人在前方的战争，为汉王逐鹿中原立下了不朽之功勋。

但君王对臣下总是怀有戒心，不论你何等忠诚。汉王三年（前204），荥阳之战，汉军与楚军在京、索之间对峙。战局之危，千钧一发。萧何独掌关中，稍有二心，便可置刘邦于死地。刘邦此时屡次派人慰劳萧何，其实慰劳是假，窥伺探看是真。萧何的门客鲍先生献策说："大王亲临战阵，赴汤蹈火，还不断派人来慰劳您。这是对您不放心啊！为今之计，莫如把您的子侄辈都送上前线，随大王征战，这样，大王的疑虑自然会消除的！"萧何依议而行，动员萧平等子孙昆弟十余人上了前线。果然，刘邦大为高兴，对萧何也更加信任、更加钦佩了。其实，萧何此举不但消除了汉王的疑心，同时也安定、鼓舞了全军的士气。

三、论功最巨　序位第一

刘邦灭亡了项羽的楚军，平定了天下，于是便论功行赏。大臣们此刻争爵夺位，气氛紧张，实不下于战场风云。讨论了一年多，一直讨论不出一致的意见来。

汉高祖刘邦自有主见。他认为尽管萧何并未到战场上冲锋陷阵，当然也就没有攻城野战之功，但他居守关中，功劳最大，于是先封萧何为酂侯，食邑八千户。手下将领大哗，他们都说："我们身披铠甲，手中拿着锐利的兵器，多的身经百战，少的交锋数十回合，攻取城池，占领土地，功劳大大小小各不相等。现在萧何没有汗马的功劳，仅仅靠着舞文弄墨、议论政事，不曾实地参加作战，封赏反倒在我们之上，为什么?”

汉高祖闻听此言，不慌不忙地讲出了一番道理来，他说：“拿打猎来说吧。在打猎过程中，追杀野兽的是狗，而发现踪迹、指示野兽所在的是人。现在，你们不过是多捕得几只野兽，有如立功之狗；至于萧何，他能够发现踪迹并且指出野兽所在的地方，功劳如同猎人。况且，你们都是孤身随从我南征北战，最多三两个亲人一起。而萧何全宗族几十人跟随我冒矢石、洒热血，此功不可忘记啊!”群臣面面相觑，无言以对。

等到所有侯爵赐封完毕，要排定名次时，大家都说：“平阳侯曹参作战勇敢，身受七十余处创伤，攻城略地，功劳最多，应该列为第一。”汉高祖已经说服了功臣，多封萧何土地，现在虽想把萧何排在第一位，但不好再以己意强制诸臣，但内心却想把萧何排在第一位。

这时，关内侯鄂千秋侦知圣意，进言说：“群臣的议论是有偏颇的。曹参虽然攻城略地，但那只是一时的事情，而陛下与楚国对抗五年，常常损兵折将，弃军逃跑。萧何能不断从关中地方派遣军队到皇上所在之地，补充皇帝的军备，不用皇帝下诏催促，多次聚兵支援前方。汉军与楚军在荥阳对峙多年，军队缺乏粮饷，萧何在关中征收民粮，利用水路辗转运到前线，保证了汉军的粮食不匮乏。陛下您几次丢城弃地，屡次无法在山东立足，萧何却始终保全关中，作为您的根据地，这些都是不朽的大功，群臣无法与之相比。应当以萧何居功臣第一位，曹参应占第二位。”汉高祖正中下怀，于是仍命萧何位在诸功臣之前，并且特许他带剑着履上殿，进入朝廷时，也准许他不必奔趋。

汉高祖因为鄂千秋的推荐合于己意，便又对大臣们解释说：“推荐贤才之人，理应得到高的奖赏。萧何的功劳虽高，没有鄂千秋，也不能如此显扬。鄂千秋当受上赏。”于是在鄂千秋原来的关内侯食邑的基础上，封他为安平侯。这一天，汉高祖对萧何的父母兄弟都予封赏，都给了封邑，一共十几个人。另外，高祖又特别加封萧何食邑两千户，说：“姑且用来报答您当年送我时，比别人多给的那二百钱吧！”

四、厘定律令　整顿秩序

萧何为汉王朝制定了一系列律令制度，这些对于汉王朝走向强盛，有着重要的推动作用。

刘邦入关，曾与关中父老约法三章，但三章内容过于疏简。于是，萧何便在此基础上制定新法，收到了很好的效果。

楚汉之争结束，刘邦称帝，经济破败，民生凋敝，人们盼望有清明廉洁的政治与宽仁有序的律令。基于此，从刘邦称帝咸阳开始，萧何制定了一系列措施，请皇帝诏令发布。主要有以下几种措施。

其一，组织军队复员。萧何提议，组织军队官兵复员为民，根据他们的功绩大小，按照军功爵位的高低，赐给数量不等的土地；同时还规定，这些复员的官兵愿留在关中者，免除十二年的徭役；回归原籍的，免除六年徭役。这就使不少人热心从事农业生产，对汉代经济的复苏与发展大有助益。

其二，赐军吏卒以爵位。萧何所制定的法律规定，凡军吏卒爵在大夫以下或无爵者，皆赐爵为大夫；位在大夫以上者，晋爵一级；爵在七大夫以下者，免除全家赋役；七大夫以上者，分给食邑，是为高爵，其地位与县公、丞相等，应先给予田宅。这就提高了政权的凝聚力，稳定了政权的阶级基础。

其三，招抚流亡。令战争期间流亡山泽、不著户籍的人口，各归原籍，“复故爵田宅”。这在某种程度上安定了人民生活，恢复、发展了农业生产。

其四，释放奴婢。诏令规定：因饥饿而自卖为人奴婢者，皆免为平民。

这些措施是萧何根据当时的特殊情况，为了使地主阶级适应农民战争后阶级关系发生的变化而采取的。这些措施的实施，客观上缓和了阶级矛盾，安定了当时的社会秩序，对生产的恢复也有较大作用。

总之，萧何总结秦亡之教训，积极革除秦弊，改统更张，采取与民休息的政策，实行“黄老无为”之政治，以民为本，轻刑薄敛，大得人民拥护。直到他去世，还有人在积极推行其措施法令。所谓“萧规曹随”，说的就是这一点。

五、陪侍君王　身不由己

萧何身为丞相，是国家股肱重臣。但高祖刘邦多疑善妒，喜怒无常，实在不好侍奉。萧何陪侍君王，做事往往身不由己，处于难以举措的地步。

汉高帝十一年（前 196），陈豨反叛朝廷，汉高祖亲率部队征讨。但一波未平、一波又起，韩信府中的舍人密报吕后，说淮阴侯韩信也有反叛的企图。于是，吕后便采用萧何的计谋，谎称刘邦已消灭陈豨，令朝臣前来祝贺，并让萧何去请韩信前来。萧何一来不愿因自己再加深吕后与淮阴侯之间的猜忌，二来谅吕后也不敢违背汉高祖的约言（当年，韩信立下十大功劳，刘邦亲口许诺韩信三不死：见天不死，见地不死，见兵器不死），便遵令去请韩信。谁知吕后早有预谋，竟然把韩信闭入铺着地毯的钟室中，不见天日，不踏地面，用菜刀砍死。

韩信被杀，汉高祖封丞相萧何为相国，加封地五千户，使役士兵五百人，并且专派一名都尉负责保护相国的安全。看起来，礼遇优隆，其实内藏不测。大家都向萧何道贺，唯独召平却来致吊。召平对萧何说："您将从此遭祸了。陛下连年征战，风餐露宿，您却安居都中，不被兵革。如今又被加封食邑，又被人服侍保护，表面上是尊您崇您，实际上是猜疑您呢！"萧何原不曾想到这一层，至此愤然。他意识到韩信被诛之后，自己功高压主，已成了皇帝疑忌的首要对象，非常惶恐，不能自解。召平建议，不要接受封地，倾家中之财移作军需，自可免祸。萧何依言而行，汉高祖甚为欢喜，暂时消除了对萧何的疑忌。

汉高帝十二年（前195），淮南王英布被逼反汉，高祖亲自率兵征讨。但他身在前方，仍心系宫阙，生怕萧何有异常举动，因此屡屡派人打听了解萧何的所作所为。此时萧何一如既往，因为皇上出征，他便教化百姓，勉励耕作，并把自家钱粮运到前方军队中。汉高祖了解到这些，竟又猜疑起来。

还好，有人及时警告萧何："照这样下去，您马上就要面临灭族之祸了，您现在的地位、功劳，已经是位极人臣，无以复加了！自您到关中以来，老百姓便十分拥护您，到现在也十余年了。现在您做的这些，又是在提高自己的声望，争取百姓的拥戴。您这样下去，怎么得了？主上屡次询问您的所作所为，怕的就是您久居关中，深得民心，倘若乘虚号召，岂不危及社稷？皇上怎会不疑忌您呢？"萧何惶恐，请教办法。那人说："您何不多买田地，且胁迫百姓，以贱价出售，在百姓中留些坏的声名，来使主上放心呢？"萧何为保性命，只好采用了这"自污"的办法。

汉高祖灭了英布，班师回朝。不少老百姓拦路喊冤，上书高祖，说萧相国用低贱的价钱强行购买百姓的田地住宅达数千万之多。汉高祖见此，放下心来。当萧何来拜见时，汉高祖便把老百姓的奏章发给他，笑着说："你这相国，向称利民，原来你就是这样利民的啊！现在你自己去向百姓请罪吧！"萧何勤于民事，但为求自保，只好自污，这真是莫大的悲剧。

汉高祖对大臣的猜忌，内在而深刻，一遇机会，便会显出其本来面目。当时，皇家的上林苑中有好多空地，而长安城中居民日益增多，耕地却越来越少。于是萧何为民请命："长安土地狭窄，上林苑中却有好多空地，白白地在那儿，没有有效利用。希望能准许百姓进入上林苑耕种，让老百姓收获庄稼，把蒿草留在苑中给禽兽吃。"萧何的这条建议上下赞同，但汉高祖却怀疑他讨好百姓，勃然大怒："你自己收受商人们的财物，却来算计我的上林苑！"当即下令把萧何交付廷尉，给他戴上刑具关押起来。

萧何被关押好几天了，有一个姓王的卫尉陪侍汉高祖，乘空问皇上："萧相国究竟犯了什么大罪，您为什么突然把他加上刑具关押起来呢？"汉高祖回答说："李斯当年做秦始皇的丞相，有了好事，归功于君主，有了坏事，归咎于自身。现在可好，我们的萧大相国自己接受商人的财物贿赂，却想用我的上林苑收买人心！"王卫尉说："如果职分内的事，对老百姓有好处，就不避嫌疑为民请命，这是好宰相该做的事！您怎么怀疑他收受贿赂呢？您想，当年楚汉对抗，陈豨造反，英布叛乱，您都远在前线，而萧相国独守关中。当时，萧相国若有异图，只要稍一动作，这函谷关西便不是您的天下了。萧相国那时尚且不顾自身利益，使子弟从军，出家财助饷，难道现在会贪图商人所送的区区财物吗？况且，您用李斯来打比方，也不恰当。秦灭亡正是因为皇帝不知自己的过错。李斯分担君主过失，不足效法。陛下，您不该把萧相国想得那么浅薄啊！"汉高祖听后，心中不快，但又觉得王卫尉的话有道理，踌躇了半天，派使者持符节释放了萧何。

当时萧何已经上了年纪，平日又恭敬谨慎，释放后，光着脚入朝向皇帝谢罪。汉高祖说："算了吧，萧相国。你替人民请开放上林苑，我没有答应，我不过是个夏桀、商纣一样的昏君，您却是一位贤相啊！我是故意关押您的！我不过是想让百姓知道我的过失罢了！”

后来，汉高祖驾崩，萧何以老迈衰残之身扶立太子刘盈即位，是为汉惠帝。

惠帝二年（前193），萧何卧病在床。病危之际，惠帝亲往探视，并趁机咨询国事：“您百年之后，哪一个可代替您的职位呢？”萧何回答：“了解我的没有超过君主的。”惠帝又问：“曹参这个人怎样？”萧何挣扎着叩头下拜说：“陛下所见甚是，曹参继任相国，我便死而无憾了！”

其实，萧何平日不太佩服曹参的能力，两个人还有一些隔阂。但此时，萧何推荐曹参，且声言死无遗恨，正可见出萧何胸襟之广阔，也可见出他以国事为重的品格。

萧何治家，素以节俭出名。平时置田宅，必选偏僻之地，家里也从不修建高大的围墙。他说：“我这样做，后世子孙如贤惠，可以从这里学习我节俭的德行；如果不贤惠，也不会被豪家夺走。”

惠帝二年七月，萧何去世，谥号为“文终侯”。

萧何的后代子孙因为犯罪而失去侯爵的有四世。每次断绝了继承人，汉朝的天子往往再去寻找萧何的后代，继续封为酂侯。所有汉朝的功臣没有人能比得上他。

丞相曹参

曹参（？～前190），汉高祖刘邦辅臣，汉初丞相。封平阳侯，谥“懿侯”。沛县（今属江苏）人。他早年与萧何一起追随刘邦，后长期担任属国丞相。汉惠帝二年（前193）继萧何之后为相。在相位期间，他遵循萧何制定的各项法律制度，不随意修订改变，使国家统治政策有了连续性，从而维持了汉初的繁荣稳定。此被后世誉为“萧规曹随”。曹参出将入相，在汉初是难得的人才。

一、攻城野战　册封为侯

曹参在秦朝时，任沛县的狱椽，执掌刑狱事；而当时，萧何任沛县主吏。两人都是沛县吏员中颇有影响的人物。

秦二世元年（前 209），曹参与萧何一起帮助刘邦起兵反秦。等到刘邦为沛公时，曹参以中涓的身份跟随。他率军攻击胡陵、方与，攻打秦朝郡监的军队，并大败敌军。然后东下薛地，在薛城的西面攻击泗水守军，又攻打胡陵，占领了它。转守方与，而方与已经反叛投降了魏王，曹参就带兵攻击方与。丰邑也反叛降魏，曹参又带兵攻打丰邑，沛公因此赐给曹参七大夫的爵位。

在砀地的东边，曹参率军攻击秦国军队，打败他们，夺取砀地、狐父和祁县。又攻下了下邑以西一直到虞城的地方，攻击章邯的车队骑兵，攻打爰戚和亢父的时候，曹参最先登上城楼，被升为五大夫。曹参带兵往北进击章邯的军队，攻陷陈县（今河南淮阳），追到濮阳。又攻下定陶，夺取临济。他往南救助雍丘，攻击李由的军队，击败他们，杀了李由，俘虏了秦军的一个军侯。

这时秦国将领章邯攻杀了项梁，沛公跟项羽领军东归，楚怀王任命沛公为砀郡（治今安徽砀山）长，统率砀郡的军队，沛公便封曹参为“建成君”。又提升曹参为戚县县令，隶属砀郡。

后来，曹参跟从沛公攻打东郡尉的军队在成武的南方打败了他们。攻击王离的军队，大败王离军队，向西追赶败军，直到开封。攻击赵贲的军队，击败他们，把赵贲围困在开封城中。向西攻击杨熊的军队，在曲遇将他们击溃，俘虏秦国的司马和御史各一人，曹参升为执珪。他随从沛公攻阳武城，攻下轘辕、缑氏，封锁黄河渡口，回军在尸乡的北面攻击赵贲的军队，打败了他们。曹参还率军夺取宛地，俘虏了南阳郡守，把南阳郡完全平定下来。从西面攻打武关、峣关，夺取了它们。向前推进，在蓝田的南面攻打秦军，又在夜里袭击蓝田北面，于是大败秦军。终于到达咸阳城，灭了秦朝。

这样，在萧何、曹参等人的帮助下，刘邦率先进入了关中，按他和项羽的约定，应该做关中王。可是项羽到了以后，违背约言，不肯封刘邦为王。最后刘邦转托项伯，才被封了个汉王。汉王刘邦论功行赏，册封曹参为建成侯。

二、开疆平叛　担任齐相

汉王元年（前 206）八月，曹参随汉王入汉中，升任将军。接着，追随汉王，平定三秦。先是攻下辩、故道（在今陕西宝鸡西南秦岭山地中）、雍等地，在好畤（治今陕西乾县东）城南攻章平部队，围好畤，取壤乡。在壤乡东和高栎一带攻击三秦部队，大败敌军。又围困章平部队，章平从好畤城逃走，于是顺势攻打赵贲和内史保的部队，把他们击溃。向东攻取咸阳，更其名叫新城。

曹参率军守护景陵，前后二十天。三秦派章平等率部攻打曹参。曹参迎击，大获全胜。汉王即将宁秦赐给曹参为封地。

此后，曹参以将军身份领兵把章邯围困在废丘，又以中尉身份随汉王出临晋关。后转战河内，攻修武，渡围津。又挥师东向，在定陶打败龙且、项它，接着攻占砀、萧、彭城。后来直接与项羽部队对阵，项羽部队兵强，汉军大败逃窜。但曹参以中尉身份包围雍丘，并攻占了雍丘，独尝胜果。

本来，楚、汉两国的力量对比，就是楚强汉弱，现在汉军被楚军打得大败，自然有些人要背汉投楚了。曹参与萧何一样，都是刘邦坚定的追随者，不仅忠心不贰，而且为平叛做了不少工作。当时，王武在外黄反叛，程处在燕地反叛，曹参率部讨伐，尽破王、程叛军。柱天侯在衍氏地造反，也被曹参所平息。曹参还从昆阳攻击羽婴，一直追赶到叶地。随即挥师攻武强，乘势进驻荥阳。

曹参自从在汉中当了将军、中尉，跟从汉王刘邦攻打诸侯，直到回转荥阳，历时两年左右。汉王二年（前 205），曹参被任命为代理左丞相，驻守关中。过了一个月，魏王魏豹造反，曹参又与韩信一起平定齐地，攻占五十二城，汉王赐平阳为曹参的食邑。

此后，曹参又跟随韩信在邬县（今属山西太原辖境）之东攻击赵相国夏说的部队，斩杀夏说，大获全胜。韩信和张耳领兵到井陉，攻成安君陈馀，命曹参回军在邬城包围赵国别将戚公。戚公出走，曹参俘获戚公，并把他杀了。

这以后的一段时间里，曹参和齐国关系密切，一直担任齐国的官吏。起初是担任韩信的部属攻打齐国。齐地平定，韩信被封齐王，曹参任齐丞相。曹参留在齐地收服那些没有归顺的人。汉王刘邦称帝，韩信转封楚王，曹参也归还了丞相的印绶。高祖任命长子刘肥为齐王，任命曹参为齐相国，后改称齐丞相。

汉高帝六年（前 201），高祖与诸侯剖符。赐曹参为列侯，食邑平阳一万零六百三十户。从此，曹参进入了列侯的行列。

此后，曹参又以齐相的身份攻打在代地反叛的陈豨的将领张春，大破其军。英布造反，曹参跟着悼惠王刘肥率领车骑十二万，与高祖会击英布军。往南一直到蕲，回师平定了竹邑、相、萧、留等地。在作战中，曹参总是身先士卒，亲冒矢石，果敢威猛，因而屡建大功。

汉高祖刘邦排定功臣位次时，大家都说曹参屡经战阵，身受七十余创，攻城略地，所向披靡，立功最多，应该排在第一位。但是刘邦认为萧何功在万世，而曹参"虽有野战略地之功，此特一时之事耳"。把萧何排在第一位，而把曹参放在第二位，曹参对此颇有不满。

累计曹参之功，一共攻下两国，一百二十二个县；擒获两个诸侯王、三个诸侯国丞相、六个将军；此外还擒获大莫敖（楚国卿号）、郡守、司马、侯、御史各一人。

曹参任齐相前后共达九年。他初任齐相时，齐国有七十城，天下刚刚安定，悼惠王刘肥年纪很大。曹参把齐国的长老诸生全部召集来，向他们征求安定、聚集百姓的办法。当时，齐国故旧的儒者有数百人，各持己见，莫衷一是，曹参一时也无法定夺。后来，他得知胶西有一个叫盖公的，精通黄老之言，便派人去请盖公。盖公向他讲了好多道理，诸如治道清静而民自定之类，讲得周详细致，头头是道。曹参为了表示对盖公的尊敬，自己便搬出正堂，让盖公住在正堂之内。

总括看来，曹参用于治齐者就是黄老的清静无为、与民休息的办法。由于这些办法符合当时社会实际和人民的心理愿望，所以齐地大治，社会安定，经济繁荣。大家都夸曹参是贤相。

三、清静无为　萧规曹随

汉惠帝二年（前 193），萧何逝世。曹参闻知消息，吩咐家人赶快整治行装。他对家人说："我马上就该入朝为相国了！"过了不久，朝廷果然派使者来召曹参。曹参临别，嘱咐接任齐国丞相的人说："我走之后，请你留意狱市，慎勿轻扰为要。"接任者问道："一国政治，难道除此之外，再无重要之事了吗？"曹参说："不能这么说。不过，狱市是善恶并容的处所。如果一定要一一查究，坏人无所容身，定会滋生事端。这就是我谆谆告托的原因所在。"

曹参当年微贱时，与萧何同为沛吏出身，交情很好。后因曹参战功卓著，而封赏却每次都在萧何之后，所以两人之间产生了隔阂。然而，萧何将死，向皇上荐贤代己时，却只举了曹参。这一方面是萧何以国事为重，一方面也见出他的胸襟开阔。

曹参继萧何为相国之后，为政全遵萧何旧制，凡事无所变更。他择选郡国官吏中年龄较大、不善言辞、谨厚老实的人，任命为丞相史，而斥去那些说话行文苛刻深求、一意追求虚名的官吏。然后便整天饮酒，不理政务。卿大夫以下的官吏和一般宾客，见曹参日在醉乡，不理丞相政务，都来求见他，并想有所劝谏。但一有客来，曹参便请他同饮美酒。一杯未了，又复一杯，使来者根本没有机会说话。来时清清醒醒，去时昏昏沉沉，便有千句言词也无济于事了。后来渐渐成了习惯，大家都习以为常了。

上有行者，下必效尤。相国喜饮贪杯，属吏也乐得仿效。这些属吏们居住在相府后园附近的寓所中，常常聚坐快饮，谈天说地。饮到半醉，便开始唱歌、喊叫，声达户外，连相府中也能听得清清楚楚。曹参属下的其他官吏对此很不满，但也无可奈何。于是便请曹参到后园游览，希望他听到属吏的歌呼叫嚣后，能出面禁止。谁知曹参听了之后，不仅没有追究禁止，反倒唤人取来酒菜，在园中择地坐下，且饮且歌，与属吏之声迭相应和。

曹参为人宽缓能容忍。见人有小过失，便替他掩饰遮盖。相府中，上下相亲，安然无事。

惠帝见曹参如此情形，疑心他是看自己年轻，才如此疏放。便对曹参的儿子中大夫曹窋说："你回去，悄悄问问你的父亲，就说：‘高帝刚刚去世，皇帝继位不久，全仗相国维持，现在相国却只知饮酒，无所事事，怎能挂虑天下安危呢？’不过，你要记住，千万不要说是我让你问的！”曹窋趁休假之日回家，找了个闲空，如惠帝所教，进问曹参。曹参闻言大怒，打了曹窋二百余下，说：“赶快回宫去尽你的职分吧！天下大事，也是你可以乱说的吗？”

后来上朝时，惠帝责备曹参：“曹窋为什么挨打？他说的话，都是我的意思，是我让他去劝谏你的！”曹参谢罪之后问：“陛下自思，您的才德能不能比得上高帝？”惠帝回答：“我怎敢与高帝相比！”曹参又问：“您看我的才能能比得上萧相国吗？”惠帝摇头：“我看你比不上。”曹参揭出主题：“陛下所见甚明。从前高帝与萧何平定天下，明订法律，备具规模。如今只要您垂拱在朝，臣等守职奉法，遵循勿失，便算是能继先人了。难道还想胜过一筹吗？”惠帝听后，对这看法颇为赞同。

曹参为相三年，谨守萧何之法度，推动社会生产的进一步发展，也使汉政权得到了进一步巩固。

当时人用“萧何为法，讲若画一；曹参代之，守而勿失。载其清静，民以宁壹”的赞词歌颂萧曹的政治。后人把这称为“萧规曹随”。

惠帝五年（前 190），曹参病逝，谥号是“懿侯”。

绛侯周勃

周勃（？～前 169），汉初名臣，出将入相。封绛侯，谥号“武侯”。秦末泗水沛（今江苏沛县）人。他跟随刘邦一起发动反秦起义，东征西讨，多次立有大功。特别是刘邦死后，周勃作为主要决策者和组织者，为保持刘氏江山而诛灭诸吕，更是功不可没。他几度为相，为人为政，笃厚持重。汉高祖刘邦器重并信任周勃，但一朝天子一朝臣，到了汉文帝时，周勃被诬谋反而入狱，受尽凌辱。

一、南征北战　重厚少文

周勃祖上，原是河南卷县（今河南原阳旧原武西北）人，后来才迁移到沛县居住。周勃早年，曾以编织制作养蚕用的器具维持生活。乡里有了丧事，周勃又去吹箫管奏挽歌，协助人办理丧事。后来，周勃还曾担任过能引强弓的武卒。

沛公刘邦起兵反秦，周勃担任中涓（侍从的臣子），随刘邦南征北战，在反秦和楚汉战争中功勋卓著。进攻胡陵，攻下方与。不久，方与降卒反叛，周勃与他们作战，击退了敌人。周勃又进攻丰县（今江苏丰县），在砀郡（治今安徽砀山）东面攻击秦军。又率军回驻留县、萧县。再次攻打砀郡，攻破了砀郡。汉军攻占下邑的时候，周勃第一个登上城墙。汉王赐他五大夫的爵位。他又率军进入蒙、虞二县，都占领了。在汉军袭击秦将章邯军队的时候，周勃率军殿后。接着平定了魏地，进攻爰戚、东缗二县，直到栗县，都一个个攻克下来。在进攻啮桑的战役中，周勃最先登城。又袭击秦军，于东阿城下打败秦军。周勃率军追赶秦兵到濮阳，攻下甄城。又进攻都关、定陶二县，袭取宛朐，俘虏了单父县的县令。他利用夜间袭取临济，进攻寿张县，往前攻到卷县，并且攻破了卷县。在雍丘城下攻击李由的军队。

进攻开封的时候，周勃的士卒先到城下的人数最多。后来章邯的军队攻破了项梁率领的楚军，杀了项梁，沛公与项羽带领军队向东回到砀郡。自从汉高祖从沛县起兵到回军砀郡，一共经过一年两个月。这时候楚怀王封沛公为安武侯，担任砀郡的郡长。

沛公任命周勃为虎贲令，以虎贲令的身份随沛公平定魏地。在城武进攻东郡尉的部队，大破敌军。袭击王离的军队，也打败他。攻打长社时，周勃率先登城。又进攻颍阳、缑氏，切断黄河渡口平阴津，在尸乡北面袭击赵贲的军队。向南进攻南阳郡的守将吕齮，并攻破武关、峣关。最后在蓝田大破秦军，军队长驱直入，到达咸阳。

项羽到了咸阳，封沛公刘邦做汉王。汉王赐给周勃威武侯的爵位。接着周勃随从汉王到汉中，汉王任命他为将军。在汉中过了没多长时间，周勃便随汉工刘邦回军平定三秦。到达陕西，汉王把怀德县赐给周勃，作为他的食邑。进攻槐里、好畤等县，周勃功劳最高。在咸阳攻打赵贲及内史保，他功劳最大。周勃率军向北进攻漆县，攻打章平、姚卬的军队，向西平定汧县。再回军攻占郡城与频阳，把章邯的军队包围在废丘，打败了西县县丞的守军。攻打上邽县，向东固守峣关。转而攻打项羽。攻占曲逆时，周勃功勋最大。接着，周勃还兵守护敖仓，追杀项羽。

等到项羽死后，周勃乘势向东平定楚国的土地——泗水郡与东海郡，总共获取二十二县。还军守护雒阳与栎阳，汉王把钟离县赐周勃作为食邑。接着，周勃以将军的身份随从已经称帝的汉高祖攻打反叛汉朝的燕王臧荼，在易水城下击破了臧荼的军队。周勃所率领的士兵在阻击叛军中，建功最多。汉高祖赐给周勃列侯的爵位，并且剖分符竹为信，让周勃爵位代代相传、永不断绝。把绛县作为他的食邑，享受绛县八千一百八十户的租税，号称“绛侯”。

绛侯周勃曾经以将军的身份随从汉高祖在代地攻打反叛朝廷的韩王韩信，使当地的人民归降汉朝。他的军队为前锋攻到武泉县，攻打了胡人的骑兵，在武泉的北边把匈奴的骑兵打败。接下来，他转移兵力在铜鞮县进攻韩王信的军队，并且打败了韩王信的军队。回军降服了太原六座城池。在晋阳城下攻击韩王信及匈奴的骑兵，打垮了他们，占领了晋阳城。后来又攻破碧石城，大败韩王信的部队，追赶韩王信的败兵往北退后八十里。回头进攻楼烦三座城池，在平城县下乘势攻打匈奴的骑兵。周勃所率领的士兵在阻击匈奴骑兵中建功最多，汉高祖升任他为太尉。

周勃率军攻打代王陈豨的军队，毁灭了马邑城，斩杀了陈豨的部将。又在楼烦攻打韩王信、陈豨、赵利的军队，大败敌人，掳获了陈豨的部将宋最以及雁门郡的守将圂。乘势转攻云中郡，活捉云中郡守、丞相等人。总共平定了雁门郡的十七县、云中郡的十二县。周勃乘势又攻打陈豨，在灵丘大败陈豨的军队，斩杀了陈豨，掳获陈豨的丞相程纵、将军陈武、都尉高肆等人。平定了代郡九县的地方。

燕王卢绾反叛的时候，周勃以相国的身份代替樊哙率领大军，攻下蓟县，掳获了卢绾的大将、丞相、郡守、太尉、御史大夫，夷平了浑都县。周勃率领的部队又大败卢绾的军队，最终击溃了叛军，一直追击到达了长城，平定了上谷郡十二个县、右北平郡十六个县、辽西郡和辽东郡二十九个县、渔阳郡二十二个县。

总计周勃随刘邦征战以来，虏获敌人的相国一人、将军与二千石各三人，破敌两军，占领了三座城，平定了五个郡、七十九个县，获丞相、大将各一人。可谓屡立殊勋，战功卓著。

周勃为人，笃实厚道，质朴刚毅。汉高祖刘邦很了解他，说他是可以委托重大事务的人选。但周勃不喜文学，不重儒者，自己也缺乏文采。他从不肯用宾主之礼来对待儒生。每当召见儒生说客，他都大模大样地坐在尊位，并且明明白白地告诉他们："有话快说，直截了当，不必诌文，不必引经据典。"他的质朴无文于此可见一斑。

高祖攻打英布时，被箭射伤，路上病重。吕后问他："您一旦去世，萧相国也死了，谁可以代为相国呢?”高祖说：“可用曹参。”吕后又问：“曹参之后呢?”“王陵可以代任。但王陵有点过于粗直，陈平可以帮助他。陈平智谋有余，但难以独任。周勃持重笃厚而少文采，但将来能安刘氏天下的人，一定是周勃。”

二、周陈合力　诛吕安刘

惠帝七年（前 188），汉惠帝去世，吕后临朝称制，吕氏专权。陈平深患诸吕危害社稷，但自己力量微薄，无法控制。陆贾劝陈平结交周勃，于是陈平、周勃二人深相结纳。

高后八年（前 180）七月，吕后去世，遗诏以吕产为相国，吕禄女儿为少帝皇后，审食其为太傅，吕禄为上将军。诸吕把持朝廷，谋夺刘氏天下。此时，周勃虽然位居太尉，却不能进入汉军的大门；陈平虽然是汉朝的丞相，也不能担任国家的大事。

八月，汉高祖的长孙齐王刘襄发兵讨伐诸吕。吕产派灌婴率兵出击刘襄。灌婴留军不发，屯驻荥阳，与齐王联合，欲待吕氏变乱而共同诛伐之。周勃与陈平见齐王发难，有机可乘，便互相谋划，想为内应。他们知道郦商之子郦寄与吕禄素有交谊，情好亲密，于是借故邀请郦商过来作为人质，然后再召来郦寄，嘱他诱劝吕禄，令其交出兵权，归其封国。

郦寄无可奈何，只好去骗吕禄说：“高祖与吕后共定天下，刘氏立九王，吕氏立三王，都经大臣商议决定，且布告诸侯。现在太后已崩逝，皇帝还年轻。您既已受封为赵王，就该归国守藩。您如今仍统兵京中，为上将军，当然会增加别人的疑窦。如今齐王起事，各国也都伺机而动，倘若引起响应，祸患不小。您何不让还将印，归兵权于太尉，归国守藩。这样，齐兵自然退去。您据地千里，南面而王，岂不快哉!”吕禄认为郦寄言之有理，便想归还将印，把兵权交与太尉。但当他派人把这情况通报诸吕时，吕氏父老有人说可行，有人说不可行。吕禄犹豫不决。

八月的一天，御史大夫平阳侯曹窋（曹参之子）正在和吕产商议事情，郎中令贾寿的使者从齐国来，指责吕产说："你不早归国守藩，现在就是想回去，还能吗?"接着，把灌婴与齐楚联合要除诸吕的事全部告诉吕产，要他赶快入宫，寻找妥善处理办法。这话被曹窋听了个一清二楚，并迅速报告了丞相陈平与太尉周勃。

周勃想入北军，却无法进入。当时襄平侯纪通主符节之事，周勃就令他拿着符节，矫称圣命，使自己将北军。周勃又让郦寄和典客刘揭去说服吕禄，迫令其尽快就国，并且说："否则，祸在目前。"吕禄以为郦商不会欺骗自己，于是解下印绶交付典客，把兵权交给周勃。周勃进入北军，立即下令："拥护吕氏者右袒，拥护刘氏者左袒。"军士们都左袒，以示拥护刘氏。太尉周勃遂统率了北军。

但是，还有吕产统率的南军。陈平召来齐王刘襄之弟朱虚侯刘章辅助周勃，周勃令朱虚侯监守营门，又令卫尉不准放吕产进入宫门。吕产此时还不知吕禄已被解除北军的兵权，想进入未央宫作乱，但却无法进入殿门。周勃得知此事后，命朱虚侯带兵一千人入宫保护皇帝，其实是对付吕产。后来，朱虚侯终于在郎中府吏厕所中把吕产杀死了。

此后，太尉周勃便命令分别追捕吕氏男女，不分老少，全部斩杀。捕杀吕禄，鞭杀吕媭。又派人杀死燕王吕通，废掉鲁王吕偃。

诸吕既已诛灭，太尉周勃便和大臣一起拥立代王刘恒，这就是汉文帝。

三、沉浮宦海　"狱吏为尊"

汉文帝即位后，表彰功臣。右丞相陈平请求退位，他说：

“在高祖时，周勃功不及我；平定诸吕，我的功劳不及周勃，愿把右丞相让给周勃。”于是，文帝就任命周勃为右丞相，赐千金，食邑万户。陈平改任左丞相，位次在周勃之后。

过了没多长时间，有人劝告周勃说：“您平息了诸吕的祸乱，拥立代王为帝，威武显扬于天下。现在又居功不谦，受最高的赏赐，处尊贵的位置。我担心祸患就要降临了。”周勃听了这番话，自己也确实感到了处境的危险，于是向汉文帝辞谢，归还了相印。左丞相陈平专为丞相。时在汉文帝元年（前179）八月。

汉文帝二年（前178）十月，丞相陈平去世。十一月，周勃复任丞相。这时，朝廷下了诏书，命诸侯都回自己的封国，那些有职事的和特许留下的，可先遣太子归国。过了一段时日，到汉文帝三年（前177）十一月，汉文帝免除了周勃丞相之职，让他到封国去。诏书中说：“前一段时间我下诏命令列侯各回封地，有些人百计拖延，不肯成行。您一向是我敬重的人，应该先回封国去，给其他人做个榜样。”

周勃免相就国之后，约有一年多，每遇河东守尉巡视各县，往往心不自安，披甲相见，而且两旁护着家丁，各持兵械，以防不测。有人上书告发，说周勃有谋反之迹。汉文帝早就对周勃有所猜忌，如今见了告变密书，立即命令廷尉处理。廷尉把此事交托长安狱官处理，狱官逮捕了周勃，究治他的罪过。周勃心中害怕，回答狱官讯问时，竟不知所措，结舌张口。狱吏渐渐对他无理，欺凌他，侮辱他。他无可奈何，便拿出千金，贿赂狱吏。狱吏既受人钱财，便与人消灾，悄悄在文牍后面写了几个字，提示周勃。周勃仔细观看，写的是“以公主为证”，这才恍然大悟。

原来，周勃的长子娶汉文帝女儿为妻，狱吏提醒他以公主做人证。公主果然入宫向薄太后求情。而薄太后之弟薄昭，因感念周勃让与封邑之恩，也进宫向太后求情，为周勃诉冤。薄太后听了公主的申说，再加薄昭的面诉，便召文帝入见。汉文帝进谒，太后非常生气，拿起头上覆巾，劈面向汉文帝掷去，一面掷一面骂："绛侯当年平息诸吕叛乱时，手握皇帝印玺，统率北军，没有造反；难道他现在管理一个小小的绛县，反而要造反吗？你听了谁的谗言，如此冤枉忠良！"汉文帝慌忙谢罪，并且说经审判，周勃确实无罪，马上就释放他。太后之怒稍解。汉文帝便派使者赦免了周勃，恢复了他的爵位和食邑。

绛侯周勃在战场上所向无敌，威风八面，此次却受了狱吏很多闲气。他深有感慨地说："我曾统兵百万，但怎么也想不到狱吏竟如此尊贵！"

周勃出狱之后，凡事愈加谨慎小心。汉文帝十一年（前169）去世。谥号是"武侯"。

周勃的儿子周胜之继承了绛侯爵位。过了六年，周胜之娶了公主，但彼此感情不合。后来周胜之因为杀人的缘故，被废除了爵位、封邑。一年之后，汉文帝才又选择绛侯周勃儿子中最贤明的人来继承爵位，选中了河内郡郡守周亚夫，封他为条侯，继承绛侯的爵位。

周亚夫是平定"七国之乱"的汉军统帅，为巩固汉王朝立了大功，晚年也因被诬谋反而入狱。他入狱后五日不食，呕血而死。周勃、周亚夫父子二人的遭遇如此相似，令人感叹。

右丞相王陵

王陵（？～前181），汉初丞相。泗水沛（今江苏沛县）人。汉惠帝六年（前189）为右丞相，同左丞相陈平一起辅政。

王陵原是沛县的豪士。刘邦未起义前，曾经侍奉王陵，有如对待兄长。等到后来刘邦起兵沛县，攻入咸阳，王陵也聚集数千人，占据南阳，不肯依附刘邦。等到刘邦受封汉王，率军进击项羽，王陵才引兵归附。

项羽把王陵的母亲抓起来，放在军营里。当王陵的使者入见时，项羽预先让王陵的母亲面向东坐在那里，想用此法招伏王陵。不料王陵老母甚为刚烈，并不畏死。她找机会私下对使者说："拜托你替我告诉王陵，让他好好地在汉王手下任职。汉王是有长者之风的人，叫王陵不要因为我的缘故三心二意。我现在以死来送您。"遂拔剑自杀。项羽得知大怒，遂烹王陵之母。王陵不负母亲的嘱托，此后一心一意跟随汉王，南征北讨，平定了天下。

在汉高祖论功行赏、裂土封侯时，王陵比别人晚一点。原因有二，第一是王陵原来没有从汉王的意思，第二是与雍齿交好，而雍齿是汉高祖的对头。但后来，汉高祖还是封他为安国侯。

惠帝六年（前189），因相国曹参已逝世，朝廷分置左右丞相，任命安国侯王陵为右丞相，陈平为左丞相。当时，以右为上。

王陵为人任侠使气，缺少文采，喜欢直来直去，不会曲意阿从。他担任右丞相后，惠帝病逝。高后吕雉提出欲立诸吕为王，先问王陵的意见。王陵直言拒绝，毫无商量余地，他说："当年高皇帝杀白马立盟约：'非刘氏而王者，天下共击之。'如今您要封吕姓为王，是违背高帝的盟誓！"吕雉当然不高兴。但她不甘心，又就立诸吕为王之事问左丞相陈平以及绛侯周勃等人，大家都说："高帝平定天下，封其子弟为王。现在您临朝称制，要封吕姓兄弟为王，十分合情合理。"太后听了这番话，非常喜悦。

罢朝后，王陵责备陈平、周勃，说："当年与高皇帝立盟约，你们不也都在场吗？如今高皇帝驾崩，太后女主，弄权擅柄，要封吕姓为王。你们阿从吕后之意，谋自己之私利，背高皇帝之约言，将来有何面目见高皇帝于地下?”陈平说:“您不要发火。说实话，面折廷争，凛然持正，我确实比不上您；但说到保全社稷，安汉扶刘，您恐怕就不一定赶得上我了!”王陵无语，悻悻自去。

高后吕雉因王陵忤旨，想废掉他的官职，于是采取了明升暗降的办法，表面上升任王陵为太傅，实则夺走了他的相权。王陵愤怒无比，上书称病，请求免官。高后便升陈平为右丞相，而以审食其为左丞相。

王陵抑郁之情难以纾解，闭门居家，十年不朝。后来病逝于家中。

左丞相审食其

审食其（? ～前 177），汉初丞相。泗水沛（今江苏沛县）人。

审食其是刘邦的同乡，为人没有什么才干，不过口齿伶俐、巧于逢迎、眉目清秀而已。

刘邦起兵反秦，审食其为舍人，随从刘邦。刘邦带兵离开沛县时，留下自己的哥哥刘仲和审食其一起照料自己的父亲和妻子儿女。楚汉战争期间，刘邦在彭城之战中兵败，审食其与吕后、刘太公一起被楚军俘虏，结下深厚感情。

审食其与吕后两人自刘邦离开沛县后，大概有五六年的时间朝夕在一起。特别是审食其与吕后同在楚军为俘虏的三年期间，虽然没有史书详细记载，但吕后多蒙审食其忠诚相伴，两人可以说在战乱岁月里产生了生死与共的感情。

楚汉鸿沟之议定约，审食其和刘邦家属都脱囚归汉。

项羽兵败，楚国破灭，刘邦称帝，对有功诸人均加封赏。因为吕后大力吹枕边风，审食其也因保护家眷有功，被刘邦封为辟阳侯。

汉惠帝时，刘邦已死，吕后与审食其二人更无顾忌，互相往来，审食其经常留宿在吕后宫中。惠帝发现了母后与审食其的私情，大为不满，遂找借口把审食期逮捕入狱。平原君朱建曾受过审食其馈金葬母之恩，此时他找到惠帝的男宠，让他在惠帝面前求情，审食其才得以出狱。

三年后，惠帝驾崩，审食其与吕后关系更加密切。

高后元年（前 187），右丞相王陵病免，左丞相陈平升任右丞相，审食其任左丞相。

审食其根本没有为相之材，只会在宫中趋奉高后吕雉。然而由于高后宠眷特隆，廷臣们奏事，往往由他处分决断，势焰熏天。右丞相陈平，此时却日饮美酒，不太过问政治了。

等到高后去世，审食其冰山已倒，无所依恃。但是因为他未雨绸缪，得到陆贾、朱建等人的帮助，所以在诛杀诸吕后，侥幸不死，仅被免除左丞相之职。

事情原有起因。当年，赵王张敖献美人给刘邦，人称赵姬。刘邦宠幸赵姬，已有身孕。等到后来有人告发张敖部下贯高谋反，赵姬被株连入狱。赵姬之弟请托审食其向吕后求情，但吕后不肯帮忙，审食其也未强争。赵姬愤而自杀。当时赵姬已生子，刘邦后悔，给孩子起名刘长，令吕后抚育。后来，刘长受封为淮南王。

随着年龄的增长，刘长渐明事理，心中怨恨审食其，认为是他没有在吕后面前强争，才导致母亲的惨死。本欲报仇，但审食其在位有宠，未便动手。文帝即位，审食其失势。汉文帝三年

（前 177），刘长请求入朝，趁机去见审食其，用铁椎将审食其击杀。然后自赴朝廷，陈明审食其之罪。文帝没有追究刘长的过失。

赵国国相周昌

周昌（？～约前 190），汉初文臣。沛县（今江苏沛县）人。他本为秦朝泗水（今江苏沛县东）卒史，后随刘邦入关，推翻秦朝，相继任中尉、御史大夫、赵国国相，封汾阴侯。谥号“悼侯”。他性格耿直、刚强，不屈不挠，敢于直言不讳。在汉高祖欲废太子改立赵王刘如意时，他面折廷争，太子因此没有被废。

一、直言不讳　力保太子

周昌青年时代，和堂兄周苛都在秦朝担任泗水卒史。等到沛公刘邦在沛县起兵的时候，打败了泗水郡守、郡监，这样，周昌、周苛兄弟二人也就以卒史的资历追随沛公，沛公命周昌担任管旗帜的旗手，周苛暂时在帐下当宾客。后来他们都跟从沛公入关，推翻强秦统治，沛公被封为汉王。汉王任命周苛为御史大夫，周昌为中尉。

汉王四年（前 203），项羽指挥楚军在荥阳（今河南郑州西）把汉王团团围住，情况危急万分，汉王悄悄逃出包围圈，命令周苛留守荥阳城。楚军攻破了荥阳，打算任命周苛为将领，周苛痛斥道：“你们这些人应该赶快投降汉王，不然的话，很快就要做俘虏了！”项羽听罢大怒，立刻就烹杀了周苛。于是，汉王就拜周昌为御史大夫。

在楚汉战争中，周昌经常跟随汉王出征，并且多次击败项羽军。汉高帝六年（前201），汉高祖刘邦大封功臣，周昌和萧何、曹参一起受封，周昌被封为汾阴侯，周苛的儿子周成因父亲为国捐躯的原因，也被封为高景侯。

周昌为人坚忍刚强，敢于直言不讳。自萧何、曹参以下官员对周昌都非常敬畏，在他面前谨小慎微、言辞卑下。

周昌有一次曾经在汉高祖休息时间进宫奏事，当时，汉高祖正和戚姬拥抱在一起。周昌入内，本应"非礼勿视"，现在却看到了这种情景，所以深感不安，只好回头便跑。偏偏遇上刘邦这个颇不检点的皇帝，连忙上前追赶，追上之后，还骑在周昌的脖子上问道："你认为我是什么样的皇帝。"周昌挺直脖子、昂起头说："陛下就是夏桀、商纣一样的皇帝。"古代臣子对皇帝讲话应该低头垂手，恭恭敬敬，但周昌却挺直了脖子、昂起头，当面骂汉高祖是桀纣。如果换了别的皇帝，周昌可能被杀头，但汉高祖听了却哈哈大笑。此后，汉高祖十分敬畏周昌。

等到汉高祖想废掉太子刘盈，立戚姬之子刘如意为太子时，许多大臣都坚决反对，但是都未奏效。周昌在朝廷中和汉高祖极力争辩，高祖问他理由何在，因为周昌本来就有口吃的毛病，再加上是在非常气愤的时候，口吃得更加厉害了，他说："我的口才虽然不太好，但是我期……期……知道这样做是不行的（期期以为不可）。陛下您虽然想废掉太子，但是我期……期……坚决不能接受您的诏令。"汉高祖看到周昌面红耳赤的样子，不禁笑了，停止了废太子之事。

事过之后，吕后因为在朝廷东厢侧耳听到了上述对话，所以十分感激周昌。过了几天，她见到周昌，就跪在地上向他道谢说："若不是您据理力争的话，太子几乎就被废掉了。"周昌却说："我是为了国家考虑，不是为了您。"

后来，幸好张良为吕后定下计策，请出当时著名的贤人"商山四皓”来辅佐太子，使汉高祖暂时把此事放下。

二、辅佐赵王　违抗吕后

此后，戚姬的儿子刘如意封为赵王，年仅十岁。汉高祖担心自己死后，赵王会被吕后杀掉。

当时有一个名叫赵尧的人，年纪轻轻，他的官职是掌管符玺的御史，赵国人方与公对御史大夫周昌说：“您的御史赵尧，年纪虽轻，但他却是一个奇才，您对他一定要另眼相待，予以特别关照，他将来要代替您的职位。”周昌笑着说：“赵尧年轻，只不过是一个刀笔小吏罢了，您为何这样抬举他？”过了不久，赵尧真的去侍奉汉高祖了。

有一天，汉高祖独自闷闷不乐，慷慨悲歌，满朝文武不知道皇帝为什么如此。赵尧入宫请安时问道：“皇帝您闷闷不乐的原因，是不是因为赵王年轻不能保全自己？”汉高祖说：“对。我私下里非常担心这个问题，但是却想不出什么办法来。”赵尧说：“您如果能为赵王安排一个地位高贵而又坚强有力的相国，这个人还得是吕后、太子和群臣平素都敬畏的人，赵王便可保全了。”汉高祖说道：“对。我反复考虑此事，只能这样做，但是满朝群臣谁能担此重任呢？”赵尧说道：“御史大夫周昌，这个人坚强耿直，况且从吕后、太子到满朝文武，人人对他一直都敬畏有加，只有他才能够担此重任。”汉高祖一听，大声说：“好。”

汉高祖就召见周昌，对他说：“我必须劳烦您的大驾，您无论如何也要为我去辅佐赵王，我希望您去担任他的相国。”周昌哭着回答说：“我从一开始起兵就跟随陛下，您为什么单单要在半路上把我抛弃到诸侯王国去呢？”汉高祖说：“我非常清楚这是降职，但是我私下里又实在为赵王担心，经过再三考虑，除去您之外，其他人谁也不能胜任此职。我真是迫不得已，您就为我勉强走一遭吧!”于是御史大夫周昌就被调任赵国国相。

周昌走了以后，过了很长时间，汉高祖手拿着御史大夫的官印，轻轻地抚摸着说:“谁才是御史大夫最合适的人选呢?”然后仔细地看了看赵尧，说道:“没有人比赵尧更合适了!”于是，就任命赵尧为御史大夫。赵尧在以前也有军功和食邑，等到他以御史大夫身份跟随大军攻打陈豨立了功，又被封为江邑侯。

汉高祖去世之后，吕太后派使臣召赵王刘如意入朝，想杀了他。相国周昌让赵王推说身体不好，不能前往。使者往返三次，周昌都一直坚持不送赵王进京。他说:“先帝把赵王交给臣来保护，赵王年纪小，听说太后怨恨戚夫人，想杀掉赵王，因此臣不敢送赵王入京。况且，赵王又有病在身，不能接受诏命前往。”使者回朝，把这话告诉了吕太后。吕太后一听大怒，就派使者召周昌进京。

周昌进京之后，拜见吕太后，吕太后非常生气地骂他:“难道你还不知道我非常恨戚夫人吗?而你却不让赵王进京，这是为什么?”周昌说:“臣一心要保全赵王的性命，以不辜负先帝所托。况且，赵王年少，他是无辜的，希望您能放过他。”

吕后心狠手辣，必欲除掉赵王而后快。周昌被召进京城之后，吕后又派使者召赵王，不久，赵王果然来到了京城。他到长安一个多月，就被迫喝下毒药死去了。周昌因此也称病引退，不再上朝拜见太后。三年之后，他也去世了。谥号“悼侯”。

周昌的侯爵由子传到孙，因为其孙周意犯了罪，被除去侯国。汉景帝时，又封周昌另一个孙子周左车为安阳侯，后因为犯罪，也除去侯国。

高后元年(前187)的时候，吕后说御史大夫江邑侯赵尧在高祖时曾参与保全赵王刘如意的计策，就除去他江邑侯爵位以抵其罪，并让广阿侯任敖担任了御史大夫。

鲁国国相田叔

田叔（生卒年不详），汉初文臣。赵国陉城（在今河北定县一带）人。齐国田氏的后代。汉高祖时为汉中郡（治今陕西南郑）太守，景帝时为鲁国国相。田叔一生重仁义而有贤德，他廉洁自重，为官尽忠。

一、忠于国君　力举贤才

田叔自幼喜爱舞剑，崇尚侠客，因而具有一种行侠仗义的风范。他为人耿直廉洁，自爱自重。田叔曾在乐巨公门下学习黄老之术，因此，道家思想对他有一定的影响。田叔常常喜欢与地方上一些有名望的人交往，有人便把他推荐给赵国丞相赵午。赵丞相认为田叔是个人才，便把他引见给当时的赵王张敖。于是赵王便把田叔留在宫中，任命为郎中。在赵国任职几年中，田叔为官刚直清廉，颇得赵王的赏识。

汉高祖七年（前 200），代王陈豨在代地谋反，汉高祖前往讨伐。途经赵国时，赵王张敖以女婿的礼节毕恭毕敬地迎接高祖，亲端食盘为之献食，极其谦卑恭敬。汉高祖却伸开两条腿坐着，十分傲慢，还无礼地责骂张敖。当时相国赵午、贯高等几十人都看不下去，不禁义愤填膺。他们认为赵王太懦弱了，便对赵王张敖说："你侍奉皇上礼节完备周全，现在皇帝竟如此待您，我们想替您杀了他。"赵王不同意，并怒斥了他们。

贯高、赵午知道赵王一向仁义忠厚，不肯做出背弃恩德的事情，于是他们决定自己刺杀皇上。一旦事情败露，也不连累赵王。后来，贯高派手下行刺皇上，却没有成功。不料，这事被人告发了，于是汉高祖便下令逮捕赵王和谋反的群臣。汉高祖为此事件颁发了诏书："赵王群臣及宾客有敢跟随赵王的，满门抄斩。"

此时，田叔无所畏惧，为了保护赵王，毅然剃去头发，穿起赤褐色的囚衣，带着束颈刑具，与孟舒作为赵王的家奴跟随赵王到了长安。待到谋反事件查清之后，汉高祖下令赦免了赵王，废黜为宣平侯。赵王向汉高祖荐举田叔等人，汉高祖对田叔、孟舒的胆识、为人非常赞赏，下令召见田叔、孟舒。在与田叔等人的交谈中，汉高祖认为他们的才干超过了汉朝的大臣，便任命二人为郡守、诸侯国相。

汉文帝即位后，有一天召见田叔，闲谈中问他："先生知道谁是天下忠厚长者吗？"田叔谦逊地回答说："臣哪里能够知道！"汉文帝说："先生是长者啊，应该能够知道。"田叔叩头说："从前的云中郡太守孟舒是长者。"

当时孟舒已经被免职。因为当匈奴大举入侵边境大肆劫掠时，孟舒因坚守不力，致使云中郡遭匈奴侵犯抢劫十分严重。在田叔眼里，孟舒是一位忠诚敦厚的贤者。

汉文帝说："先帝安置孟舒任云中郡太守十多年了，匈奴犯边，孟舒不能坚守，还让士兵死掉几百人。难道长者就该杀人吗？先生怎么说孟舒是长者呢？"

田叔对文帝的质问并不畏惧，为孟舒力辩道："这就是孟舒为长者的原因。当年贯高等人刺杀天子，皇上明令下达诏书，赵国有敢跟随赵王的人诛杀三族。然而孟舒自己剃掉头发、颈带刑具，跟随赵王到达京城。孟舒一心想保护赵王以死效之，自己哪里料到要做云中郡太守呢！由于汉和楚长期对峙，士兵疲惫困苦。当匈奴冒顿单于侵犯边塞时，孟舒体谅士兵的疲惫不堪，便不忍心命令他们再与匈奴作战，而士兵们却登城拼死作战，犹如儿子为父亲、弟弟为兄长出力效劳一样，正因如此，士兵们战死者多达几百人。孟舒哪里是故意驱使他们作战呢！所以我说孟舒是长者。”

汉文帝听了田叔的一番话，感慨地说：“孟舒真是贤德啊！”于是又召回了孟舒，让他重新做了云中郡太守。

自汉高祖任命其为汉中太守，田叔在此任上一待便是十年。后来，田叔因犯法而被免去了郡守的职务。

二、办事周密　恪尽职守

文帝后元七年（前157），汉文帝病逝，皇太子刘启即位，这就是汉景帝。一次，汉景帝酒后戏言，要立其弟梁孝王刘武为皇位的继承人。不料窦太后与梁孝王都信以为真。窦太后本来就一直喜爱次子梁孝王，于是，就逼迫景帝履行诺言。袁盎等公卿大臣都坚决反对此事，认为有违古制。后来，汉景帝立儿子刘彻为太子。

梁孝王上书汉景帝，希望皇上能让自己派士兵修筑甬道，以便朝见太后，袁盎等大臣向景帝建议不批准梁孝王的请求。几次三番，袁盎都从中作梗，梁王便暗中派人刺杀了袁盎。此时汉景帝想到田叔忠诚可靠，便召回了田叔，让他前往梁国审查此案。此时，窦太后因为担心梁孝王，不吃不喝，哭泣不止。

田叔到了梁国，查清了案件的全部事实，掌握了重要的证据。但是，在返回长安的途中，田叔却亲手把自己所掌握的证词全部付之一炬。当田叔回到朝廷面见景帝时，景帝问他：“梁王真的有罪吗？”田叔回答说：“梁王的确犯了死罪。”景帝又追问道：“有罪证吗？”田叔劝景帝不要过问梁孝王的事了，景帝不解地问道：“这又是为什么呢？”田叔为景帝分析道：“梁孝王如今有罪却不能伏法，这就使汉朝的法律不能实行，等于废弃了汉朝的刑法；如果依法治梁孝王死罪，那么就会使太后寝食难安，而这又会给陛下带来忧虑呀。”田叔在审理梁孝王一案时，权衡利弊，思虑周全，既维护了国家法律的尊严，又免除了皇帝的忧虑，因而，得到了汉景帝的赞赏。

汉景帝又让田叔等人谒见窦太后。田叔对窦太后说："梁王对此事不知情，主持此事的，只有梁孝王的心腹羊胜、公孙诡之流，这些人已经按国法处治了，梁王并没有受到伤害。"窦太后听了田叔的话，这才心里踏实了许多，景帝认为田叔此案处理得非常得体，显示了他非凡的才能，便任命田叔为鲁国的丞相。

鲁王是汉景帝的儿子，名叫刘馀。田叔任相鲁国时，尽心辅佐鲁王。田叔刚刚上任时，百余位百姓因鲁王派人夺取他们财物的事情，纷纷找上门来向田叔诉苦。田叔经过一番思索，决定采取苦肉计来为百姓夺回财物。首先，他抓了为首的二十人，每人鞭打五十下，其余的各打手心二十下。然后田叔对这些人怒斥道："难道鲁王不是你们的国君吗？怎么胆敢诽谤你们的君主呢？"其实，田叔的这番话是有意说给鲁王听的。鲁王听说后，果然十分惭愧，便从国库取出钱财，让田叔偿还给百姓。田叔为了让鲁王在百姓中树立威望，便对鲁王说："还是鲁王自己偿还吧，要不然，鲁王您成了恶人而我反倒成了善人。"于是，鲁王把钱财如数偿还给了百姓。

鲁王喜欢打猎，常常大举出外游猎。为此田叔经常跟随进入狩猎的苑囿。为了让鲁王勤于政务，田叔想出一个应对策略，田叔伴随鲁王打猎时，鲁王总是要他到馆舍中休息。田叔却常常走出馆舍，在露天地里坐着等待鲁王。鲁王多次派人请田叔去馆舍休息，他始终不肯，并说："我们鲁王暴露在苑囿中，我怎能独自待在馆舍中呢！"鲁王为此果然不再大举出外游猎了。

几年后，田叔逝世。鲁王为失去田叔这位忠诚的国相而深感悲痛，便用一百斤黄金给他作祭礼。田叔的小儿子田仁却不肯接受，说："不能因为一百斤黄金损害先父名誉。"

军国大事，战略第一。战胜靠战将，也更靠谋士，何况即使夺取天下，也非仅仅武力所能奏效。汉高祖刘邦夺得天下，约法三章、还定三秦、还军霸上、借箸销印、蹑足就封……正是这一个个谋略，引导汉家军走向了完胜。谋士之外，秦末接战国余绪，辩士也是竭心智、骋口辩，以谋求生存和地位。胸怀韬略的辩士，近于谋士；徒骋口辩的辩士，则等而下之。

留侯张良

张良（？～前 186），汉高祖刘邦首席谋士，汉初丞相。字子房，传为城父（今安徽亳县东南）人。在楚汉相争中，张良给刘邦出了许多计谋，刘邦对张良的评价“运筹帷幄之中，决胜千里之外”，成了古今高明军师的共同赞语；汉统一后，张良又为刘邦解决了分封、定都及太子废立等许多棘手问题。他与萧何、韩信同被称为“汉初三杰”，被封留侯。张良才干超群，更难能可贵的是在功成名就之后不争权夺利，从而保全了自己的身家性命。

一、狙击秦帝　纳履圯桥

张良的祖先是韩国人，祖父、父亲是韩五代侯王的国相。祖父名叫开地，做过韩昭侯、宣惠王、襄哀王的相国；父亲名平，做过庄王、悼惠王的相国。在悼惠王二十三年，张平去世。在他父亲去世后二十年，秦就灭了韩国。当时，因为张良年纪轻，不曾在韩国做官。韩国灭亡之后，张良家有奴仆三百人，他放着全部家财不要，弟弟死了也顾不得好好埋葬，而是把整个家产拿出来收买刺客，为韩报仇。

张良曾经在淮阳（今河南淮阳）学习礼制，到东方会见了当时的一位贤者仓海君。后来，张良找到一位大力士，给他特制了一柄重一百二十斤的大铁锤。始皇二十九年（前 218），秦始皇巡游东方，张良和这个大力士暗中埋伏，在博浪沙（在今河南原阳东南）袭击秦始皇，可惜没打中而误中了随行副车。秦始皇大为震怒，命令全国各地大举搜捕，捉拿刺客，全国闹得沸沸扬扬。因为出了这件事，张良于是改名换姓，逃亡到下邳（今江苏睢宁西北）躲藏了起来。

从这件事情看，张良本是一位富于豪侠气质的人物，是一位意气激昂如燕太子丹一流的贵公子。这与他后来作为刘邦的谋士，“运筹帷幄之中，决胜千里之外”的谋士形象和沉练淡泊的性格，简直判若两人。

张良隐藏于下邳时，曾经到下邳的桥上随意散步，遇到一个穿粗布短衣的老者。那老走到张良面前，故意让鞋子掉到桥下，对张良说：“小子，下去把鞋给我拾起来!”张良感到惊讶，想揍他一顿，因为见他年老，勉强忍住怒气，把鞋子拾了起来。老者又说：“替我穿上!”张良更是气愤，但想到既然已经给他拾了起来，又何妨穿上，便跪下给他穿鞋。老者大大方方伸出脚让张良给穿上，便笑着扬长而去。张良特别惊讶，看着老人的去向愣在那里。老人离开约摸一里路光景，又返回来，说道：“你这小子可以教导（孺子可教）。五天后拂晓，跟我在这里相会。”张良很感惊异，跪下怔怔地答应了个“是”。

五天后天刚亮，张良就去了。可老者已经先在那里，他生气地说：“跟老年人约会，反而后到，为什么?”便要离开，并说：“过五天再早来。”过了五天，鸡刚刚叫，张良就去了，老者又已先在那里，生气地问他为什么后到，离开时嘱他“过五天再早来”。

又过了五天，张良不到半夜就去了。过了一会老者也来了，高兴地说：“应当这样。”随即拿出一编书，说道：“你读了这编书，就能做帝王的老师了，十年后会发迹的。十三年后你可以在济北会见我，谷城山下的一堆黄石就是我了。”说完就走了。此后，张良再也没见到这位老人。天亮后看那编书，是《太公兵法》，张良因为觉得它不寻常，经常诵读、温习它。

圯上老人命张良取履纳履，意在销挫他的刚锐之气，培养他“大勇能忍”的性格；遇圯上老人，是张良性格转变的一个契机。

二、劝还霸上　因友脱险

在张良留居下邳时，曾仗义行侠。项羽的叔父项伯曾经杀了人，在张良的掩护下才躲过仇家的追杀。此后，二人结为好友。

十年后，陈胜、吴广举起反秦义旗，张良也聚集百余青年起事，在下邳西面与已被推为沛公的刘邦起义军相遇，便归附了他。张良多次用《太公兵法》的道理向刘邦献策，刘邦很赏识，常采用他的计策。而张良对别人讲《太公兵法》，那些人却不能领悟，因此张良说：“沛公大概是天赐的聪明。”

刘邦在薛邑（今山东滕县南）与项梁会见时，项梁拥立楚怀王，张良趁机劝说项梁道：“您已经拥立了楚国的后人，韩王室的一位公子横阳君韩成，十分贤能，可以立他为韩王，增建盟友。”项梁就派张良去找韩成，立他做韩王，派张良做韩国的司徒。张良随韩王率领一千多人，向西去收复韩国旧有领土。攻下过好几座城镇，但又常常被秦军夺回去，韩兵就在颍川一带来回打游击。

沛公从洛阳南出兵西向攻秦，张良带着兵跟随沛公，攻克韩地十余座城邑，打垮了秦将杨熊的部队。沛公就叫韩王韩成留守在阳翟；带着张良一同向南进攻，攻下宛城，向西进入武关。

刘邦想用两万兵力进击秦峣关（今陕西商县西北）下的军队，张良献计说：“秦军现在还很强大，不可轻视。我听说峣关里的守将是屠户的儿子，这种市侩之人，很容易用钱财打动，希望您暂且留下坚守营垒，派人先行一步，给五万人准备粮食，并在各个山头上多多张挂旗帜，作为疑兵，同时派郦食其携带贵重财宝收买秦将。”秦将果然背叛秦朝，愿意跟刘邦联合，一道进击咸阳。刘邦打算听从秦将的要求，张良说："现在只是秦将想要反叛罢了，恐怕士兵不一定服从；士卒不服从，必然给我们带来危害。不如乘着敌人麻痹时袭击他们。"于是刘邦率军进击秦军，大败敌人，追击直到蓝田，再次交战，秦军终于崩溃。刘邦进入咸阳，秦王子婴投降。

刘邦到咸阳进入秦的宫廷，看到宫室里帷帐、犬马以及贵重宝物应有尽有，美丽宫女数以千计，他"好酒及色"的老毛病又犯了，想留下住在那里美美享受一番。樊哙看出了其中的危险，立刻找到刘邦，劈头便问他："沛公是想拥有天下呢，还是想做富家翁呢?"开始刘邦听了很不入耳，回答说："我自然是想拥有天下，这还用问!"樊哙又一针见血地指出：像这样的奢靡享乐，"此皆秦所以亡天下也"。强烈反对刘邦"止宫休舍"，力促他"还军霸上"。可刘邦还是不听。

这时，张良站出来支持樊哙，并且从道理上讲明樊哙谏言的正确，说："秦朝因为暴虐无道，所以沛公您才得以来到这里。替天下人铲除凶残逆乱，您应以崇尚俭朴为政治资本。现在刚刚进入秦朝国都，就要沉迷于享乐，这就是人们所说的'助纣为虐'。况且'忠言逆耳利于行，良药苦口利于病'，希望沛公听樊哙的话。"刘邦这才领军队回到霸上，避免了部队的变质。

刘邦顺利入关的时候，项羽正与秦将章邯的军队在巨鹿鏖战，等到项羽消灭秦军主力要入关时，刘邦已经派人把守函谷关。项羽闻之大怒，即派英布等攻打关口，很快破关进至戏西(今陕西临潼东)。又听刘邦手下的左司马将曹无伤报告说："沛公欲王关中，使子婴为相，珍宝尽有之。"更是大为震怒，决定第二天一早就犒赏士卒，奋全力击破汉军。

这时，张良的好友、项羽的叔父、楚左尹项伯，为报张良在他杀人后曾仗义掩护他的大恩，连夜来到刘邦军营，私下会见张良，想把他拉走，说：“别跟刘邦一起死。”张良心向刘邦，认为现在事有急难，自己就这样偷偷逃走是不义气的，便把项伯的话仔仔细细告诉了刘邦。刘邦听后大惊，问张良：“这该怎么办?”张良问：“您果真想背叛项羽吗?”刘邦说：“是有人教我把守函谷关，不让诸侯军进来，说这样可以在关中称王，所以我听从了他的意见。”张良问：“您自己估量，有力量抵挡项羽吗?”刘邦沉默了好一会，说道：“本来就不能，如今该怎么办?”张良知道这时项羽有兵四十万，而刘邦不过十万，力量对比悬殊，就出主意让刘邦采取以屈求伸的策略，说：“让我去告诉项伯，说沛公是不敢背叛项王的。”

于是，张良坚决邀请项伯会见刘邦，刘邦把项伯当兄长接待，举酒向项伯祝福，又攀结婚姻，让项伯在项羽面前详细地说明自己不敢背叛，之所以派兵把守函谷关，是为了防备其他豪强。项伯嘱咐：“明天您一定早些来，亲自向项王道歉。”第二天，刘邦到鸿门会见项羽，婉言卑辞对项羽表示臣服，表示忠心。项羽设宴招待，范增授意项庄舞剑，想趁机杀掉刘邦，也赖项伯“以身翼蔽”而脱险。

三、烧绝栈道　劝连布越

汉王元年（前 206），项羽主持分封，刘邦被封为汉王，领属巴、蜀。汉王赐给张良黄金百斤、珍珠两斗，张良全部献给项伯。汉王也请张良送份厚礼给项伯，请项伯代他向项羽要求汉中地区，项羽也就答应了，于是得到了汉中地区。在刘邦要到封国去的时候，张良送到褒中，刘邦让张良返回韩国。张良劝告刘邦说：“大王您为什么不烧掉所经过的栈道呢？这样就可以向天下表示您没有东返的意图，用以稳定项王，免去他的疑心。”刘邦依计而行，一边行进，一边把所经过的栈道统统烧掉了。

张良到了韩国，韩王韩成因为张良跟随刘邦的缘故，项羽不派他到封国去，让他跟自己一道东归。张良告诉项羽："汉王烧绝了栈道，已经没有东归的心意了。"张良又把齐王田荣反叛的文告报告给项羽，项羽由此不再担忧西边的刘邦，而是起兵北上攻击齐国。正是因此，刘邦才得以乘隙回夺三秦（即关中地区，因项羽三分秦故地给章邯、司马欣、董翳，故名）。项羽终究不肯派韩王韩成到封国去，改封韩成为侯，又把他杀死在彭城。张良逃走，抄小路投奔刘邦，刘邦这时已经回军平定三秦了。

张良回到刘邦身边以后，刘邦封其为成信侯，让他跟随自己东进攻打楚国。到了彭城，刘邦被项羽打得大败而回。行至下邑，刘邦下马靠着马鞍问道："我愿意舍弃函谷关以东的地方作为封赏，看谁可以与我共建功业？"张良进言说："九江王英布是楚国的猛将，同项王有隔阂；彭越与齐王正在梁地反楚。这两人可以使用。汉王您手下的将领只有韩信可以托付大事，独当一面。如果要送，就送给这三个人，那么楚国就可以打败了。"

刘邦于是派随何游说英布，派另外的人去联合彭越。等到魏王魏豹反汉，刘邦便派韩信带兵去攻打魏王，乘势攻占了燕、代、齐、赵之地。这样，张良实际上就为刘邦制定了取天下的基本方略。而汉军最后打败楚国，正是靠了英布、彭越、韩信这三个人的力量。

张良由于体弱多病，不曾独自领兵作战，但时时跟在刘邦身边，为他出谋划策。

四、借箸销印　蹑足就封

汉王三年（前 204），项羽紧紧地把汉军包围在荥阳（今河南荥阳东北），刘邦恐慌忧愁，和郦食其一起谋划削弱楚国力量的办法。

郦食其献计说："从前商汤讨伐夏桀，封夏朝的子孙于杞国；周武王伐商纣，封商朝的子孙于宋国。如今秦丧失德性，抛弃道义，侵伐诸侯各国，灭掉六国之后，使他们的后代没有立锥之地。陛下如果能够重新立起六国后代，使他们都接受陛下的印信，各国的君臣百姓一定会感戴陛下的恩德，钦慕陛下的德义，而甘愿做陛下的臣民。随着德义的施行，陛下就可以南面而称霸天下，楚王也会毕恭毕敬地前来朝拜的。"刘邦听了很高兴，说："好极了，赶快去刻印，先生就可以带着它们出发了。"

郦食其还没起程，恰好张良从外面回来拜见刘邦，刘邦正在吃饭，招呼说："子房！你靠前边点来。有个客人为我出了个削弱楚国力量的主意。"接着把郦食其的话全告诉了张良，然后问："子房，你看怎样？"张良说："谁替您筹划这个计策的？您的大事完了！"刘邦问："为什么？"张良说："我请借您面前的筷子，替您筹算这件事。"

于是，张良一条一条比划着说明："当年商汤伐夏桀，所以封夏朝的子孙于杞国，那是估量自己能置夏桀于死地，现在您能置项王于死地吗？"刘邦说："还不行！""这是不可以的第一个原因。武王伐殷纣，又封殷的后人于宋，那是估计自己能得到殷纣的脑袋，现在大王能得到项王的脑袋吗？"刘邦说："不行！""这是不可以的第二个原因。武王攻入殷的都城，曾在商容的里门表彰他的德行；把箕子从监狱中释放出来；整修比干的坟墓。现在大王能够用整修圣人的坟墓，在贤者的里门表彰他的德行，到智者的门前去致敬吗？"刘邦说："不行！""这是不可以的第三个原因。武王把殷纣存积在巨桥仓的粮食，储积在鹿台府库的钱货，拿出来赏赐给贫穷的百姓。现在大王能把您府库里粮食、钱财，散给穷人吗？"刘邦说："不行！""这是不可以的第四个原因。商朝灭亡后周武王把战车改为乘车；把兵器倒转头来，放在仓中，盖上虎皮，告示天下，不再使用兵器。现在大王可以偃息武事实行文治，不再使用兵器吗？”刘邦说：“不行！”“这是不可以的第五个原因。周武王把战马放到华山的南坡下，告诉天下人再不乘马打仗了。现在大王能让战马休息不再使用它们吗？”刘邦说：“不行！”“这是不可以的第六个原因。把拉运输车的牛，放到桃林塞的北边，告诉天下人不再运输辎重，现在大王能够让牛休息，不再运输辎重吗？”刘邦说：“不行！”“这是不可以的第七个原因！而且天下的谋臣说客，抛弃妻儿，离开祖坟，告别朋友，来追随您奔走；日夜只是想获得一小块土地。现在您恢复六国，立韩、魏、燕、赵、齐、楚六国的后人，而各方来的谋士说客，各自回国去侍奉他们的君主，跟他们亲戚家人团聚，回到他们的老家，谁帮您来夺取天下呢？这是不可以的第八个原因！而且楚国目前是无敌于天下的，您立的六国后代又去追随楚国，大王又怎能使他们臣服呢？假如您真用了那人的计谋，您的大事就完了！”

这样一条一条地，共说出八条不可以的理由。刘邦饭也不吃了，吐出嘴里的食物，骂道：“这个书呆子，几乎坏了老子的大事！”立即销毁了那些刻好的印信。张良的这一计策，使刘邦避免了授人以柄、踏入复辟老路的危险。

汉王四年（前 203），韩信降服和平定了整个齐国，派人向刘邦上书说：“齐国狡诈多变，是个反复无常的国家，南边又靠近楚国，如果不设立一个代理国王来治理它，那局势就不会稳定，我希望代理齐王，这会对形势有利。”当时，楚军正把刘邦重重包围在荥阳，韩信的使节来了，刘邦看了书信，大发雷霆，骂道：“我被围困在这里，日夜盼望你来救援我，你竟想自立为王！”张良、陈平忙暗中踩刘邦的脚，凑近他的耳朵说：“汉军正处在不利的形势，怎么能够禁止韩信称王呢？不如趁机立他为王，好好对待他，让他自己镇守齐国。如果不这样，就可能发生变乱。”刘邦醒悟过来，转口骂道：“大丈夫平定了诸侯，就做真王罢了，为什么做代理国王！”于是派张良前去齐国，带着齐王的印信，就地封韩信为齐王，征调他的部队前去攻打楚军。由此，战胜项羽、取得天下的大局得以稳定下来。

五、筹谋立功　终得天下

楚汉以鸿沟为界，中分天下之后，项羽引兵解甲东归，以为可以太太平平当他的霸王了。刘邦也想西行回国，张良、陈平建议说：“汉国已经有了大半个天下，诸侯又都归附。楚军兵疲粮尽，这是上天让灭亡楚国的绝好时机，千万不能错过，应当趁此机会径直夺取楚地。如今放走项羽不攻，这就叫‘养虎自遗患’!”刘邦听从了他们的建议。

汉王五年（前 202），刘邦追击项羽到达阳夏（今河南太康），把军队驻扎下来，和韩信、彭越约期合击楚军。到达固陵（村落名，在今河南太康南），而韩信、彭越的军队没来会合。刘邦对张良说：“诸侯不遵守约言，怎么办呢?”张良回答说：“楚军将被粉碎，而韩信、彭越没有确定的领地，他们不来是当然的。大王如果能够与他们共分天下，就立即可以把他们招来。如果不能，事态就难以预料了。君王如果能够把陈县以东直到海滨的地区全给韩信，把从睢阳以北到榖城的地区给彭越，让他们各为自己的利益而战，那楚国就容易打败了。”刘邦依计而行，韩信、彭越等诸侯兵都痛快地会师垓下（今安徽灵璧南）。经过垓下决战，全歼楚军，结束了楚汉之争，刘邦取得了争天下的最终胜利。

汉朝统一天下之后，张良还有过一些重要谋略，虽然不再是军事方面，然而却对汉朝天下的长治久安关系重大，影响深远。

汉王五年（前 202）正月，大封功臣，张良从未有过冲锋陷阵的战功，汉高祖却说："运谋定计在营帐中，决定胜利在千里之外（运筹帷幄之中，决胜千里之外），这是子房的功劳。你自己选择齐地三万户作为封邑！"张良说："当初臣从下邳起兵，跟陛下在留相会，这是上天把臣交给陛下。陛下采用了臣的计策，侥幸地偶然料中，臣希望受封留地就足够了，不敢接受三万户。"于是就封张良为留侯，是跟萧何他们一起受封的。

汉高祖封赏了大功臣二十多人，其余的人，日夜争功，一时决定不下，不能进行封赏。汉高祖在洛阳的南宫，从阁道上看见许多将领三三两两，坐在地上议论。高祖问："他们在说些什么？"留侯张良回答："陛下不知道吗？这是在图谋造反呢！"高祖说："天下刚刚安定下来，为什么要造反呢？"张良说："陛下以一个普通平民，靠这群人夺取天下，现在陛下贵为天子，然而您所封的，都是您所亲近喜爱的人，如萧何、曹参等人；而您所诛罚的都是陛下平常怨恨的人。现在军吏计算功劳，认为天下之地不够封赏，这些人怕陛下不能全部分封到，又怕被怀疑到往日的过失而被诛杀，所以聚在一起讨论如何造反呢！"

汉高祖很担忧，问道："该怎么办呢？"留侯张良说："您往日憎恨的，而大家全都晓得的人之中，哪个最为厉害？"高祖说："雍齿和我有旧怨，曾经多次使我受窘受辱，我一直想杀了他，但因为他的功劳多，所以不忍心。"张良说："现在您赶快先封雍齿，来昭示群臣，让群臣看到雍齿都被封了，那么人人都有了坚定的信心。"于是高祖便摆上酒席，欢宴群臣，当席就封雍齿为什邡侯，并且紧催丞相、御史们评功行封。群臣们赴宴归来，都十分欢喜地说："雍齿尚且封为侯，我们这些人不必担忧了！"

当时，娄敬劝汉高祖说："陛下应建都关中。"高祖主意不定。但身边这些大臣，都是殽山以东的人，所以很多人劝皇帝定都在洛阳，他们说："洛阳东有成皋，西有殽山渑池，背靠黄河，面向伊、洛二水，它的地理形势十分坚固易守。"张良说："洛阳虽然有这些天然的险要，但它的腹地太小，方圆不过几百里，田地贫瘠，四面受敌，这不是可以用武打仗的地方。至于关中，东面有殽、函的险要，西面有陇、蜀的大山区，中心地区沃野千里，加上南面有巴蜀的丰富资源，北边有牛马牧畜的大草原，有北、西、南三面的险要可以固守；只用东向一面来控制诸侯。如果诸侯安定，可通过黄河、渭水转运天下的粮食，西供京师所需；如果诸侯反叛，可以顺流而下，足以转运军队和军需物资。这正是我们常说的金城千里、天府之国呀！娄敬的建议是对的！"

于是汉高祖当天起驾动身，向西定都关中。张良也跟着车驾，西入关中。张良体质多病，到达长安后就静居行气，辟谷静修，一年多都足不出户。

六、计保太子　求仙避世

汉高祖想要废掉太子，立戚夫人的儿子赵王刘如意。很多大臣出来劝阻，都未能得到高祖的肯定。吕后十分恐慌，不晓得该怎么办。有人向吕后建议道："留侯张良最善于筹谋划策，皇上相信他。"吕后就派建成侯吕释之，去胁迫张良道："您曾经是皇上的谋臣，言听计从。现在皇上要更换太子，您怎么能高枕无忧、置身事外呢？"张良说："从前，皇上好几次都是因为在困难危急之中，幸而听从了臣的计谋。现在天下太平，因为个人的偏爱而要更换太子，这是至亲骨肉间的事，即使我们一百多人劝谏又有什么用？"

吕释之不依不饶，竭力要求说："您一定要替我想出一条计策。"张良说："这是难于用言辞来争辩的！但是皇上曾有他罗致不到的人，天下共有四位。这四人都年纪很老了，都有'皇上对人轻蔑侮辱’不礼貌的看法，所以躲避在深山里，坚决不做汉家的臣子。然而皇上对这四位老人，却十分尊敬。现在您真能不吝惜金玉财宝布帛，要太子写封信，言辞要谦恭有礼，准备座车，派说客去敦请，他们应该会来的。如果请来了，就待为上宾，请他们时常跟着太子去上朝，使皇上看到他们，那么皇上一定会惊异地询问。皇上知道这四位是贤者，这对太子是一大帮助！”于是吕后叫吕释之派人捧着太子的亲笔信，用最谦恭的言辞和丰厚的礼品，去迎请这四位老人。这四位老人人称“商山四皓”，四人来到京师，就在建成侯府中作客。

汉高帝十一年（前196），淮南王英布反叛，汉高祖正有病，不能带兵出征，想要派太子为将，前去打英布。四位老人互相商量道：“我们之所以来京师，是要保全太子的，现在太子去带兵打仗，事情可就危险了！”于是就劝建成侯吕释之道：“太子去带兵打仗，如果有战功，那么权位也不能超过太子；如果无功而回，那从此太子就会倒霉了！而且太子所率领的那群将领，都是曾经跟着皇上打天下的猛将，现在让太子来统率他们，这无异于让羊统率狼？他们都不肯替太子卖力，那太子一定不能建立战功。我们常听人说：‘母亲被宠爱，则儿子就常被抱。’现在戚夫人日夜侍候着皇帝，赵王如意又常被抱在皇帝跟前，皇上又常说：‘终究不能让那个不肖的儿子爬到我爱儿的头上！’很明显赵王如意他一定会代替太子之位，您为何不赶快请吕皇后，找个机会到皇上面前流着眼泪说：英布是天下有名的猛将，善于用兵，现在所有将领都是陛下从前的同辈人，您叫太子统率他们，无异于羊统率狼，一定不肯听指挥，而且如果被英布知道了这个消息，他就会大张旗鼓地向西进犯！皇上您虽身体不好，也可勉强乘坐卧车，那些老将们不敢不尽力，皇上虽然辛苦一场，但是为了您的妻子儿女，您就勉为其难吧！”

吕释之连夜进见吕后，吕后找了个机会，一把鼻涕，一把眼泪，把四人所说的意思，对汉高祖说了一遍。高祖听了说道："我想这小子本来就派不上用场，好吧，老子自己去走一趟吧！"于是高祖亲自率领军队东征，那些留守的大臣们，都送行到霸上。张良正在病中，勉强起来，送到曲邮，拜见高祖说："臣应该随驾同去，实在病得太厉害了。楚军行动快捷、勇悍，希望皇上不要和楚人争一时的高低。"乘机又劝高祖道："派太子作将军，叫他监督关中戍守部队。"高祖说："子房，您虽在病中，希望您卧病中仍要勉力辅助太子。"这时，叔孙通为太子太傅，张良就兼代太子少傅的职位。

汉高帝十二年（前194），汉高祖打败了英布，从军中回到长安，病更重了，更想赶快更换太子。张良出面劝阻，高祖不听，张良便称病不理事。太傅叔孙通拿古今历史上换太子不利的史实来劝汉高祖，并且用自杀来阻止换太子，高祖假装应允，但暗中还是要换太子。有一天，宫中举行宴会，摆出酒席，太子侍候在父亲身边。商山四皓跟着太子，年龄都在八十以上，须发雪白了，衣冠打扮也很奇特。汉高祖觉得很奇怪，问道："那四人是谁?"四人一起向前回答，各人报上了自己的名姓，说是：东园公、甪里先生、绮里季、夏黄公。汉高祖大惊，认为太子刘盈有自己所不如的长处，最后决定不更换太子。

张良常说："我家几代为韩国相，等到秦灭了韩国，我不惜万金，替韩国向强秦报仇，天下震动。现在用这三寸不烂之舌，做帝王的军师，封赏万户，位列诸侯，这是老百姓的最高地位，对我张良来说，已经很满足了。我希望放弃一切人间杂事，很想跟仙人赤松子去四处云游。"于是学习道家的辟谷法，不吃粮食，奉行导引，静居运气轻身术。恰逢汉高祖去世，吕后感激留侯的恩德，于是强迫他饮食，说道："人生活了一辈子，正如白驹过隙，何必自寻烦恼到如此地步!”张良执拗不过，便勉强听从进食了。

八年之后，留侯张良去世，谥号为“文成侯”。他的儿子张不疑，继承了他的侯位。

张良当初在下邳圯上所见给他《太公兵书》的那位老翁，十三年后，他随从高祖经过济北，果然看到谷城山下有块黄石，他就取来作为圣物供奉起来并加以祭祀。张良死后，把黄石同他一起下葬。每次家人上坟，节令祭扫，祭张良也祭黄石。

据正史记载，张良曾经与韩信一同整理过兵家著述，可惜不传。

曲逆侯陈平

陈平（？～前178），汉高祖刘邦谋士，汉初丞相。初封户牖侯，改封曲逆侯，谥“献侯”。阳武（今河南原阳东南）人。陈平频出奇计，在楚汉对峙时期，陈平施用反间计，削弱楚军力量；韩信自立为齐王，陈平暗示刘邦封立韩信；设伪游云梦之计使韩信束手就擒；平城之围，陈平设计脱险。汉惠帝时，历任左、右丞相。文帝时，以右丞相位让周勃，任左丞相。周勃罢相后，专任丞相。陈平既具谋国才华，又有谋身之术，因此官高爵显，又能寿终正寝。

一、违俗成婚　愿宰天下

陈平家在阳武户牖乡。少时家贫，但好读书，有大志，精研黄帝、老子的治术，颇费苦心。

陈平与兄长陈伯在一起生活。他们家中有薄田三十亩，地里的活儿都是陈伯一个人干，不让陈平为家事分心，而是让他游学在外，结交俊彦。陈平的嫂子心中气不过，但又不敢违背丈夫的意愿。

陈平身材高大，姿容秀美，风度翩翩。有人问陈平："你家里贫穷，你吃什么，长得这样丰美?"陈平的嫂子平日就对陈平不劳而食气愤不过，这时便回答说："也不过吃糠咽菜罢了！这样一位只吃饭不干活的小叔，有不如无!"陈伯听到妻子如此说话，便将她逐出了家门。

陈平到了该成婚的年龄，高不成、低不就。富有的人家，谁愿把姑娘嫁给陈平这样的穷小子？贫家的女儿，陈平又不愿娶，因此一直耽搁着。户牖地方有一富翁，名叫张负。张负有个孙女，姿色美艳。这姑娘曾经出嫁五次，但每次刚嫁过去，丈夫就莫名其妙地去世了，所以还守在娘家，没有人敢娶她为妻。陈平看中了这位张家的姑娘，想娶她为妻。

当时，乡里有大丧事，陈平前去帮忙。陈平家贫，所能做的，不过是早来晚走，格外尽心尽力罢了。正巧张负也到丧家吊唁，发现陈平风采出众，心知是个人才，非久居人下者。于是，待陈平回家时，张负就随到陈家看视。但见陈家地处鄙陋，房屋也颇破旧，但门外却有好多贵人长者的车辙印。张负回到家中，对他的儿子张仲说："我想把孙女嫁给陈平。"张仲闻言，愕然不解："陈平家境贫寒，不事生产，满县的人都笑他寒酸，为什么偏要把我的女儿嫁给这样一个穷汉呢?"张负笑道："世上难道有像陈平这样内外兼美的人却会长久贫贱的吗?"

张负知道陈平家贫，无力备办婚事，就悄悄给了陈平一笔钱，让他当聘礼，备喜筵。陈平成婚时，张负训诫孙女，说："不要因为陈家贫困，就待人不恭敬。你嫁到陈家，侍奉长兄陈伯应该像侍奉父亲，侍奉嫂嫂应待像侍奉母亲，千万不要倚富压贫，贻羞门户！”陈平娶妻之后，资财方面宽裕多了，与朋友交游来往也更为频繁广泛。

此时的陈平，今非昔比，乡里人都另眼相看了。适逢社祭，乡民公推陈平为社宰。陈平认真从事，分肉时特别公平均匀。父老们赞叹说：“好一个陈平！当社宰如此称职！”陈平喟然叹息：“当个社宰算什么？给我个机会，让我主宰天下，也如割此肉一般，公正无私呢！”

二、漂流魏楚　终择良主

秦二世元年（前209），陈胜起义，并在河南陈州称王。陈胜命周市攻取魏地，并立魏咎为魏王，在河南临济与秦军会战。陈平辞别兄长陈伯，与一伙青年同到临济投效魏王咎。魏王咎见他有能力，任命他当了太仆。陈平便想将胸中韬略和已所揣摩的天下大计，全部献给魏王。无奈魏王不用陈平之计，而且有人在魏王面前诋毁他，陈平只好另谋高就。

过了一段时间，项羽攻城略地到了河上郡，陈平前往归附，并且追随项羽入关灭秦，获得赏赐爵邑。

汉王元年（前206），项羽违“先入关中者王之”之约，分封诸将，自封为西楚霸王，定都于彭城，而封刘邦为汉王。不久，汉王在汉中起兵，先平定关中，然后向东进军。此时，殷王叛楚，项羽封陈平为信武军，前去征讨。陈平用计降服了殷王，凯旋归来，项羽便拜陈平为都尉，赐金二十镒。不料陈平刚平定殷地不久，刘邦便攻下了殷地，俘虏了殷王。项羽闻讯大怒，他恼恨殷王，以致迁怒于陈平等灭殷的将领。

陈平料知项羽定会迁怒于己，且知项羽刚愎自用，难成大业，便封还项王所赠黄金与印绶，持剑遁逃，准备去投奔刘邦。陈平逃到黄河边，呼船渡河。船夫见陈平衣冠楚楚、丰仪魁伟，又是孤身一人，便怀疑他是逃亡的将领，有珠玉在身，于是就想杀害他，以谋财货。陈平看出苗头，灵机一动，解脱衣服，帮船夫撑船。船夫发现陈平一无所有，才没有杀他。从这件小事也可见出，陈平智算的确大过常人。

陈平终于逃到河南修武，并凭着魏无知的关系而进见汉王刘邦。当时，与陈平一起进见的有七个人。汉王赐给他们酒饭，饭后说："吃完饭了，且去休息！"陈平说："我为要事而来，要说的话很重要，不能拖到明天。"刘邦便与他交谈，很是投机，在很多事情上，两人的见解不谋而合。于是刘邦问陈平："你在楚营任何官职？"陈平回答："做都尉。"汉王说："我现在马上就任命你为都尉，而且再让你为参乘，典护军。"

命令一出，诸将哗然，都说刘邦不公："大王偶然得到一个楚国的逃兵，也不知道他到底有何德能，就与他坐一辆车，而且让他监护军中的资深将领。真是咄咄怪事！"古人乘车，御车人居中，尊者居左，另一人居右，谓之参乘。这参乘是最亲近者方能获得的美差。陈平刚刚降汉，便得汉王如此礼遇，也难怪将吏们心怀不满。但刘邦不管别人如何议论，仍然重用陈平。

后来，刘邦领陈平一起东伐项羽，至彭城，被项羽击败，退驻荥阳。刘邦又任命陈平为亚将，隶属于韩王信，驻军于河南广武。绛侯周勃与中大夫令灌婴心不能平，便向刘邦进言，劝刘邦不要盲目宠信陈平。他们说："陈平虽然俊美伟丽，超凡脱俗，但那只是长相，内心未必有真才实学，可能只是个绣花枕头罢了！人们都说，陈平在家时，与嫂子私通；投魏，不为魏所容。后逃归于楚，又不合己意。最后，才跑到我们这里来。您现在给他高官，命他典护军。可他却接受诸将贿赂，送黄金多的，便给一个好位置，送黄金少的，就给一个不好的位置。陈平实在是一个反复无常的乱臣，请大王详察。"

刘邦纵然相信陈平，听了这些话也有了三分疑惑。于是便召问陈平的推荐人魏无知。魏无知说：“我推荐的是他的才能，陛下您所问的却是他的品行。这两者是不同的。现在正是用人之际，一个像尾生那样光会讲信义的君子与一个像孝己那样光会讲孝道的孝子，对我们争夺天下是没有什么大用处的。试问，君子、孝子能帮您打败项羽吗？我推荐陈平，是因为他有奇谋，如果好好驱遣运用，一定会有利于国家。至于他跟他嫂子的关系如何，受了别人多少金子，实在不必深究。”

刘邦听了，觉得有道理，但转而一想，还是把陈平唤了进来：“你原来在魏王手下，后来又跑到霸王手下，如今又追随我。你说说，你是怎么想的，难道不怕人们说你反复无常吗？”陈平回答：“我离开魏王，是因为他不能采纳我的建议；我离开项羽，是因为他不相信别人，除了项家的人和他妻子的兄弟外，即使是超群的奇才，他也不肯重用；我投奔您，是听说您能任用贤者。我逃离楚军，身无分文，不接受黄金，便无以维持生活。如果我的计划谋略确实可用，请您放心地任用我；倘若我的才能不足任用，我所受的黄金还在，我愿意把这些交还，并请大王允许我归老林泉。”刘邦听了这番话，疑虑顿消，重赏了陈平，任命他为护军中尉，监护所有的将军。诸将也就无话可说了。

陈平两次出逃，一逃魏奔楚，一逃楚奔汉。三次择主，一择魏咎，二择楚霸王，三择汉王。这反映了陈平的大智慧与坚定的用世精神，其实，这里面也包含有对自身能力、自我价值的高扬与肯定。

三、能为国谋　六出奇计

刘邦信任陈平，给了他重要的位置和很大的权力。陈平发扬才气，运筹帷幄，奇计迭出，为汉王朝立下了震古烁今的殊勋。

人们说到陈平，都喜欢说他“六出奇计”。“六出奇计”，指的是：（一）请捐金行反间；（二）以恶草具进楚使；（三）出女子解荥阳围；（四）蹑足封齐王韩信；（五）请伪游云梦；（六）解白登之围。

（一）请捐金行反间

汉王三年（前 204），汉军被围于荥阳，楚军断汉军粮道，汉军既无粮草、又无救兵，处境十分艰难。刘邦请求割让荥阳以西的地盘与楚求和，项羽不肯答应。

刘邦问计于陈平。陈平说：“项王为人，恭敬有礼而仁爱，一些廉洁有节操而且谦恭好礼的才士，大多归顺他。至于论功行赏、授官爵、封食邑的时候，却看得太重，有点舍不得，天下的才士也因此又不愿归附他。现在大王傲慢而不大讲究礼节，以致廉洁有节操的才士不来归顺；不过大王能慷慨地把爵位封邑赏赐有功的人，使一些贪利无耻、品行不正、没有气节的人又多归顺汉王。假使能各自除去其缺点，吸收两者的优点，就可以指挥平定天下了。然而大王喜欢任意侮辱人，也不能得到廉洁有节操的才士。不过楚国也有可以扰乱它的地方，项羽手下正直有节之臣，不过亚父、钟离眛、龙且、周殷等几个人而已。大王你如果肯拿出黄金来，施行反间计，一定有效果。因为项羽为人猜忌，易信谣言，听到谣言，一定会自相残杀。这样一来，我们乘楚国内乱，举兵攻打，定会消灭楚国。”刘邦同意陈平的计划，拨出四万斤黄金交付陈平，由他自由支配，不加过问。

陈平派兵卒怀金出城，混入楚营，贿赂将士，散布流言。一时楚营流言四起，无非说钟离眛等将领为项王带兵多年，出生入死，功劳至巨，如今却不能裂土封王，所以心存怨望，要联汉灭楚等等。项羽本无谋略，又无主见，加上平素性好猜忌，竟将流言信以为真，把钟离眛等人视作贰臣，无形中削弱了自己的势力。项羽部队的领导核心受到了影响。

（二）以恶草具进楚使

项王听了流言，怀疑范增等人心存贰志，于是便派使者到汉军探听虚实。不料，又落入陈平的圈套之中。

听说楚使要来，陈平命人准备了最丰盛的酒席（太牢具）。听到楚使一到，马上摆好。但陈平一见楚使，又故作吃惊，自语说："搞错了！我还以为是亚父范增的使者呢，原来是项王的使者。"接着，命人撤掉丰盛的酒宴，另以粗劣的馔食（恶草具）招待楚使。

楚使回营，向项王报告，项王果然开始猜忌亚父范增。范增提出要加紧攻势，攻下荥阳城，项王不听他的意见。范增知道项王怀疑自己，便说："天下大局已定，您好自为之吧！希望您能让我带这把老骨头归老田园。"亚父范增离开项王，心中忧愤，还未走到彭城，背部毒疮发作而死，时年七十五岁。范增死后，项羽才知中计，但悔之晚矣。

（三）出女子解荥阳围

范增虽死，项羽攻城兵势未减，韩信援兵迟迟不到，荥阳朝不保夕。陈平决定，先救刘邦出荥阳城，入关收集兵众，留别的将领死守荥阳，然后徐图发展。于是，陈平又出奇计。他组织两千多女子，乘夜从荥阳东门出城。楚军以为汉军出战，便从四面包抄过来。陈平乘乱，保护汉王从西门冲了出去。

（四）蹑足封齐王韩信

汉王四年（前 203），刘邦处于特别困难的境地，而韩信却攻破齐地，取得了重大胜利。韩信自恃功大，自立为代理齐王，并且派人通知刘邦。刘邦当时困守广武，见了使者，破口便骂："我困于此，日夜盼你来帮助我，你却要自立为王！"

陈平知韩信是举足轻重的人，他倾斜到哪一边，哪一边就会取得胜利。于是他和张良急忙踩了刘邦的脚一下，对他附耳低语：“我们现在正处于逆境，怎能阻止韩信自立为王呢？不如顺水推舟，好好礼遇他，使他自为守备。否则，我怕祸害马上就来呢！”刘邦马上反应过来，改口骂道：“大丈夫能平定诸侯，就该当个真王，要假王（代理王）干什么？”说罢，命厚待来使，派张良赴齐，立韩信为齐王，并命韩信攻打楚军。

当时，韩信确实举足轻重。刘邦用陈平之计，封韩信为齐王，并且厚待他，这为楚汉之争在自己方面加上了一个重要的砝码。为了表彰陈平之功，刘邦把户牖乡封给陈平。

在韩信的打击之下，项羽不能支持，于是跟刘邦相约，以鸿沟为界，中分天下，东属楚，西属汉。项羽把原来俘虏而软禁于军中的刘邦的家属还给刘邦，引兵东归。刘邦也打算引兵西归，但陈平力主追击。他说：“汉有天下大半，而诸侯皆附。楚国兵士疲劳，粮食匮乏。这正是灭亡楚国之时，急追勿失！”刘邦依其计，终于与韩信合力围困项羽于垓下，逼项羽自杀，灭掉了楚国。

（五）请伪游云梦

刘邦称帝后封赏功臣，封韩信为楚王。但他总担心韩信尾大不掉。韩信有几件事也确实处理不当，引起汉高祖心中不快。一是收留楚将钟离昧，一是为母亲迁坟墓，大兴土木。

收留钟离昧，汉高祖本已颇不满。而为母迁坟，偏偏又被人告发，说他是有意向皇上示威。汉高祖征求诸将的意见，大家都说：“赶紧发兵，活埋了这个忘恩负义的家伙！”汉高祖转问陈平，陈平一再推辞。待到汉高祖说出诸将的意见后，陈平才说出自己的看法：不能出兵讨伐。陈平先问高祖：“有人告韩信造反的事，别人知道吗？”汉高祖说：“不知道。”“韩信自己知道吗？”“也不知道。”陈平又问汉高祖：“您现在的精兵和楚国的部队相比如何？”汉高祖回答：“不如楚国。”“陛下的将领中，有能超过韩信的人吗?”“没有。”陈平接着说:“您现在兵不如韩信的精,将不如韩信的勇。如果发兵攻韩信,等于是自取其败。”

汉高祖露出无可奈何的样子:“那么,这事怎么办呢?”陈平又出奇计:“古时候,天子常常巡行天下,会合诸侯。南方有一云梦泽,您可以装成出游云梦泽的样子,而通知在陈州会合诸侯。韩信听说您不过是正常出游,而且陈州又在楚国境内,一定会放松警惕,出郊欢迎,并且谒见您。您可乘机拘捕他。这,只要有一个力士就行了。”

汉高祖依计而行,韩信果然中计被擒。韩信大叫:“天下平定,不用我了,我就该杀了吗?”汉高祖说:“你反象已明,不要喊了,喊也没有用!”不过,汉高祖并没有杀韩信,而是把他降了封爵,改封为淮阴侯。不过,韩信失去凭借,再也难以有所作为了。

(六)解白登之围

汉高祖六年(前 201),陈平受封为户牖侯。第二年,随高祖征讨在代地反叛的韩王韩信,最后到了平城,被匈奴冒顿单于围困在平城东南的白登山,七日七夜,没食物可吃,军心惶恐。陈平献秘计,居然解开了白登之围。《史记》中说陈平这次“计谋很为神秘,世人很少听说过的”。据桓谭《新论》记载,原来是陈平让画工画了一个极美的女子,派人送给冒顿单于的妻子阏氏,说:“汉朝有一女子,长得一如图画。如今我们皇上被围,愿献此女,以求解围。”并且用厚礼贿赂阏氏。阏氏既贪汉之厚礼,又怕自己失宠,便极力怂恿冒顿单于网开一面。单于宠爱阏氏,依言解围,汉高祖君臣得以脱险。

四、谋身有术　平步青云

陈平不但善谋国事,也善谋身。他会做人,心思细密,因而始终未受大的挫折。

陈平出计擒获韩信后，被封为户牖侯。他推辞说：“这不是我的功劳。”汉高祖说：“我用先生您的计谋，克敌制胜，这不是功劳是什么？”陈平说：“倘若没有魏无知，我怎么能有今天呢？”高祖称赞他说：“您这样的人，可以说是不忘本的人了！”于是，厚赏魏无知。

陈平出计解白登之围后，汉高祖南过河北曲逆，登城见城中房屋建筑高大，赞叹说：“好壮观的县城啊！我走遍天下，发现只有洛阳和这曲逆而已！”于是便问御史：“曲逆共有多少户口？”御史回答：“秦始皇时有三万户。后来由于战乱，许多人都逃亡在外，现存五千余户。”高祖马上命御史改封陈平为曲逆侯，享用封邑的全部赋税。汉初县侯尽食一县赋税的，只有陈平一人。

而最能表现陈平谋身之术的，则是以下几件事。

一是关于樊哙的事。

汉高帝十二年（前 195），汉高祖刘邦病危。有人说舞阳侯樊哙结党于吕氏，欲诛杀赵王如意。刘邦大怒。当时樊哙正率兵讨伐燕王卢绾，刘邦下令：“陈平快用驿传马车载周勃到前线代替樊哙将兵，陈平一去，马上斩下樊哙的头！”

陈平、周勃二人在途中计议说：“樊哙是皇上故人，建有大功。另外，他还是吕后的妹妹吕媭的丈夫，有亲且贵。皇上要杀他，不过是一时发火，万一皇上后悔起来，怎么办？不如我们把他装入囚车送给皇上，让皇上自己去斩吧！”于是便将樊哙擒获，押往长安。还没等陈平他们到京师，汉高祖刘邦就去世了。陈平害怕吕后和吕媭生自己的气，就驾车先行回朝，路上遇到使者命令陈平与灌婴屯驻于荥阳。陈平接受诏令，但立即又快速驰入宫中，在汉高祖灵前哭泣，十分动情，并乘机在灵前奏事，说明情况。吕太后悲伤地说：“您很辛苦，还是先回去休息吧！”陈平却坚持宿卫宫中，他担心的是自己一离开，马上会有人说坏话。吕太后见陈平一片真诚，便任命他为郎中令，还让他辅佐教导汉惠帝刘盈。从此之后，吕媭再也没有机会和心思进谗言了。樊哙也被赦免，并且恢复了爵邑。

二是关于诸吕封王与交结周勃、诛吕安刘的事。

汉惠帝六年（前189），因相国曹参已去世，朝廷分置左右丞相，以安国侯王陵为右丞相，陈平为左丞相。当时以右为上。等到惠帝去世，吕后专权，欲封诸吕为王。右丞相王陵坚决反对，而陈平则表示同意。因为陈平审时度势，发现不能以硬碰硬。王陵对陈平不满，责备陈平。陈平说："您不要发火。说实话，面折廷争，我确实比不上您；但说到保全社稷，安汉扶刘，您恐怕就比不上我了。"王陵悻悻自去。吕后不满王陵所为，于是，用调任官职的做法夺去了王陵右丞相之位，升任陈平为右丞相。

陈平继为右丞相，而审食其为左丞相。审食其得宠于吕后，倚势弄权。陈平便不治事，整天沉迷于酒色之中，以掩吕氏耳目。吕媭对陈平谋执樊哙一事，始终不满，多次对吕后说："陈平任右丞相，根本不称职，只会饮醇酒，戏妇人。"陈平听到这说法后，更甚于前。吕后得知陈平的所作所为，暗暗欢喜不尽，竟把吕媭与陈平都叫来，当面说："俗话说，'儿妇人口不可用'（小孩和女子的话不能听），不过要看您对我如何罢了。您不要怕吕媭的谗言。"

陈平表面上应付吕后，言听计从，实际上在心中常暗思诛吕安刘之计。太中大夫陆贾对他说："天下安，得意相；天下危，得意将。"劝他结交周勃。陈平依从陆贾之计，先是以五百金送给周勃，后又备办酒肴，与周勃共饮，输心相交。周勃也如此回报。

等到吕后去世，诸吕欲为乱，陈平便与太尉周勃合谋，终于诛杀诸吕，迎立代王刘恒即位。代王是刘邦第五子，就是后来与民休息的汉文帝。

三是关于相位的予夺。

汉文帝即位，陈平请求病免，其实是想让位于周勃。他对文帝说："高祖时，周勃的功劳不如我；这次诛灭诸吕，复安社稷，我的功劳就远不如周勃了。我请求把右丞相之位让给周勃。"当时，审食其已经免相。文帝便听陈平之言，令周勃为右丞相，而令陈平为左丞相，居第二位。

过了不久，汉文帝在朝会时问右丞相周勃："天下一年判决的讼案有多少件？"周勃谢罪说："臣实不知。"又问："天下一年金钱与谷物的收支各有多少？"周勃又谢罪说不知道，紧张惭愧，汗流浃背。

汉文帝用同样的问题问陈平，陈平回答说："这些事都有主管的官吏。"汉文帝问："主管官吏是谁？"陈平说："诉讼决狱的事，有廷尉；钱粮收支的事，有治粟内史。"汉文帝又问："各种事都有主管，那么，你主管什么？"陈平回答："臣主管官吏。陛下重用我为丞相。丞相对上辅佐天子，顺四时，理阴阳；对下则化育万物，使各得其宜；对外镇抚四夷，统辖诸侯；对内则应使百姓归附，使卿大夫各司其职，各尽其责。"

汉文帝听后，连连称善。周勃愈加惭愧。散朝后便责备陈平，怪他不早教自己。陈平笑着说："您任丞相，难道还不知自己的职责吗？如果皇上问您长安城中共有多少个盗贼，您也想勉强回答吗？"周勃知道自己的才能远不如陈平，于是请求病免。文帝答应了他的请求。从此，陈平便得专任丞相之职。

汉文帝二年（前 178），陈平病逝。谥号"献侯"。

当初，陈平曾说："我多用阴谋，为道家所禁忌。我的继承者如果被废，也就完了，终究不能再被起用，因为我暗中种下了很多祸根。”此许不幸言中。

广野君郦食其

郦食其（？～前203），汉初谋士、辩士。陈留高阳乡（今河南杞县）人。本为看门吏。秦末归附刘邦的起义军，献计不战而攻克陈留，封广野君。楚汉战争中，说服齐王田广归汉，在齐王一心议和毫无防备时，韩信乘机袭齐，齐王认为被郦食其出卖，遂把他烹死。他能言善辩，大有战国时代纵横家的遗风。他为刘邦详细分析天下形势，在刘邦统一全国过程中起了很大作用。

一、号称“狂生”　献计沛公

郦食其非常喜欢读书，但家境贫寒，穷困潦倒得连自己穿衣吃饭都成问题，只得当了一名看管里门的下贱小吏，靠微薄的薪俸活命。但是尽管如此，郦食其仍自命不凡，县中的贤士和豪强也不敢随便役使他。县里的人们都称他为“狂生”。

秦二世元年（前209），陈胜、项梁等人起兵反秦，各路将领攻城略地经过高阳的有数十人，但郦食其听说这些将领都是一些斤斤计较、喜欢烦琐礼节、刚愎自用、不听别人劝谏的人，他认为这些人不是自己所想追随的明主，因此就深居简出，隐藏起来，不去逢迎这些人。后来，他听说沛公刘邦带兵攻城略地来到陈留郊外，沛公部下的一个骑士恰恰是郦食其邻居的儿子，沛公时常向他打听他家乡的豪士俊杰。

一天，骑士回家，郦食其看到他，对他说道：“我听说沛公傲慢而看不起人，但他有许多远大的谋略，这才是我真正想要追随的人，只是苦于没人替我介绍。你见到沛公，可以这样对他说，‘我的家乡有位郦先生，年纪已有六十多岁，身高八尺，人们都称他为狂生，但是他自己说并非狂生’。”骑士回答说：“沛公并不喜欢儒生，许多人头戴儒生的帽子来见他，他就立刻把他们的帽子摘下来，往里边撒尿。在和儒生谈话的时候，动不动就破口大骂。所以您最好不要以儒生的身份去向他游说。”郦食其说：“你只管照我教你的这样说就行了。”骑士回去之后，就按郦食其嘱咐的话告诉了沛公。

沛公到达高阳，在旅舍住下，派人去召郦食其前来拜见。郦食其来到旅舍，先递进自己的名帖说：“高阳的卑贱百姓郦食其，私下里听说沛公奔波在外，露天而处，不辞劳苦，带领人马帮助楚军来征讨暴虐无道的秦朝，敬请劳驾诸位随从人员，进去通禀一声，说我想见到沛公，和他谈论天下大事。”使者进去禀告，沛公一边洗脚一边问使者：“来者是什么样的人？”使者回答说：“看他的相貌好像是一个有学问的大儒，身穿读书人的衣服，头戴巍峨的高冠。”沛公说：“请替我谢绝他，说我正忙于讨平天下的大事，没有时间见儒生。”使者出来道歉说：“沛公敬谢先生，他正忙于讨平天下的大事，没有时间见儒生。”

郦食其听罢，瞪圆了眼睛，手持宝剑，斥责使者说：“快点！再去告诉沛公一声，我是高阳酒徒，并不是儒生。”使者见此，惊慌失措，竟吓得把名帖掉在了地上，然后又跪下捡起，飞快地转身跑了进去，再次向沛公通报：“外边这个客人，是真正的天下壮士，他大声斥责我，我很是害怕，吓得我把名帖掉在了地上，他说：‘你快滚回去，再次通报，你家老子是个高阳酒徒’。”沛公立刻说道：“请客人进来！”

郦食其进去之后，以平等的礼节——长揖，来和沛公见面，开口问道：“足下是打算帮助秦国攻打各国呢？还是率领各国攻打秦国呢？”沛公骂道：“你这个腐儒！天下人痛苦秦国的暴政已经很久了，所以各国相继起兵攻秦，说什么帮助秦国攻打各国?”郦食其说：“既然一定要聚集民众兴起义兵诛灭无道的秦国，就不应该用这种倨傲的态度接见长者。”沛公于是立即停下洗脚，起身穿戴整齐，请郦食其先生上座，然后表示歉意。

郦食其说道：“沛公您长年累月暴衣露冠地在外奔波劳碌，很是辛苦，带领人马征讨暴虐无道的秦朝，但是沛公您为什么一点儿也不自重自爱呢？我想以讨论天下大事为由见到您，而您却说什么‘我正忙于讨平天下，没有时间见儒生’。您想平定天下，成就天下最大的功业，但却从外貌来看人，这样恐怕就要失去天下那些有本事的人。况且我想您的聪明才智不如我，能干坚强又不如我，您如果想成就平定天下的大业而不想见我的话，我认为您就失去了一个人才。”沛公连忙向他歉说：“刚才只听说了你的外貌，现在我才真正了解了您的意图。”

接着，沛公请郦食其到位子上就座，问定天下的妙计良策。郦食其说：“沛公您若想成就统一天下的大业，不如先占据陈留。陈留这个地方是一个可以据守的四通八达的交通要冲，同时也是兵家必争之地。在城里贮藏着几千万石粮食，城墙守卫工事非常牢固。而我和陈留的守令一向非常好，我想为您前去说服他，让他向您投降。若是他不听我的，请允许我替您把他杀掉，然后拿下陈留。沛公您率领陈留的兵将，占据坚固的陈留城，吃陈留的存粮，召集天下各地想投靠您的人马；等到兵力强大以后，您就可以所向无敌，横行天下，那也就没有任何人能对您构成威胁了。”沛公说：“我完全听从您的教诲。”

二、招降陈留　纵论天下

郦食其在一天夜里去见陈留守令，向他游说道：“秦朝暴虐无道而天下的人都反对它，现如今您和天下人一起造反就能成大功，而您却独自一人为将要灭亡的秦朝拥城固守，我私下里为您的危险处境深深担忧。”陈留守令说道：“秦朝的法令严酷，不能够随便胡说，反叛秦朝并不是我的意图，请您不要再说了。”

这天夜里，郦食其就在城中留下来休息，到了夜半时分，沛公带领人马，攻打城池，郦食其把县令的头挂在旗杆上给城里的人说：“赶快投降吧，你们守令的脑袋已被我们砍下来了！谁后投降，就一定要先杀他！”这时陈留人见守令已死，便相继投降了沛公。沛公进城之后，封郦食其“广野君”的称号。然后，汉军住在陈留的南城城门楼上，用的是陈留武库里的兵器，吃的是城里的存粮，在这里进进出出地逗留了三个月，召募的军队已达几万人。

过了几个月，郦食其又荐举他的弟弟郦商，让他带领几千人跟随沛公到西南攻城略地。而郦食其自己常常担任说客，以使臣的身份奔走于诸侯之间。

在汉王三年（前 204）的秋天，项羽攻打汉王刘邦，攻克了荥阳城（今河南荥阳东北），汉兵逃走，退保巩县、洛阳。不久，项羽听说韩信已经攻破赵国，彭越又在梁地造反，就分出一部分兵力前去营救。韩信正在东方攻打齐国，汉王又多次在荥阳、成皋被项羽围困，因此想放弃成皋以东的地盘，屯兵巩、洛，以与楚军对抗。

这时，郦食其便进言说：“我听说要知道天上有天的道理，才能使王业成功。治理天下的君主把民众当做天，而民众把粮食当做天。敖仓（秦代在荥阳东北的敖山上建立的大粮仓）长期以来就是天下转运粮米集中的地方，我听说那里储藏了丰足的粮米，楚军攻占了荥阳，却不派重兵坚守敖仓，竟然领兵向东去了，只是留下一些被谪罚的戍卒守卫成皋，这是上天在帮助汉王啊！当前楚国的防线轻易就可以攻破，大王反而打算退却，自己放弃了便利的条件，我私下认为这是失策。况且两雄是不能并存的，楚、汉之间的战争已经相持了很久，天下的民众不堪忍受战乱之苦，已经骚动起来，农夫放弃了农具不再耕种，妇女下了织机不再纺织，人心恐慌不安，不知将归向谁。但愿大王能急速进兵，收复荥阳，占据敖仓的粮食，扼守成皋的险要，堵塞太行道（在今河南沁阳西北），断绝飞狐口（在今河北涞源县和蔚县之间），派重兵坚守白马津（在今河南滑县东北），向天下展示大王的军事形势和地利条件，这样一来，天下的民众就知道归向谁了。”汉王接受了他的意见，又谋求夺回敖仓。

郦食其又向汉王提议：“当前燕国和赵国已经平定了，只有齐国还不归附，田氏宗族强大，背靠大海、泰山，凭借济水、黄河为阻隔，南面又接近楚国，那里的民情善变多诈谋，最容易发生事变。大王即使派遣数万大军也不是一年数月可以征服的。我请求带着大王的诏令，去说服齐王，让他们成为汉国的东边异藩。”汉王说：“这样太好了！”

三、说降齐王　终被烹杀

郦食其到了齐国，游说齐王田广说：“大王知道天下将归向谁吗？”齐王回答说：“不知道，你认为将归向谁？”郦食其肯定地说：“归向汉王。”齐王问：“先生根据什么这样说呢？”

郦食其振振词地回答说：“汉王最先攻进咸阳，项王背弃了当初的约言，把汉王驱赶到汉中，又大逆不道地把义帝（芈心）迁到了江南，并派人谋杀了他。汉王闻讯后立即率领蜀、汉大军进攻平定了三秦，东出函谷关，责问义帝在何处，并集中天下的重兵，封立六国的后裔，凡是投诚的守将立即封侯，得到的馈赠全部分给士卒，与天下的民众共享福利，天下的英雄豪杰俊秀贤才都愿为他效劳，而项王有违背约言的罪名，谋杀义帝的罪行，对于别人的功劳早已忘在脑后，对于别人的过失却时刻牢记在心上，为他战胜了也得不到赏赐，为他攻下了城池也得不到爵位，不是项氏家族的人得不到权柄，天下的民众都背叛他，天下的贤才都怨恨他，不愿意为他效劳。所以天下将归向汉王是很容易推测出来的。

接着，郦食其劝说田广："汉王统率蜀、汉的重兵，平定了三秦，渡过了黄河，攻灭了魏国（魏豹），穿过了井陉，诛杀了成安君，这一切都不是人力能办到的，完全是上天赐予的福分。现在汉王已经据有了敖仓的粮食，扼守住成皋的险要，固守着白马津渡，堵塞了太行道，断绝了飞狐口。现在的形势是谁最后屈服，谁就最先灭亡。大王应该争先归附汉王，齐国尚可保存，不然的话，齐国的危亡将随时发生。"

在这之前，齐国听说韩信将要向东进军，特派大将华无伤和田解率领重兵驻扎在历下（在今山东济南历城区）严密防守。后来郦食其前来游说，齐王田广听信了他的话，派遣使者去见汉王要求归附，便撤除了历下的军事防备，每天与郦食其饮酒作乐。

这时，韩信正率领大军东征齐国，还未到达平原（今山东平原县南），就听说郦食其已经说服了齐国，打算停止前进。后来，韩信接受了谋士蒯通的意见，率领大军渡过了黄河向前挺进，袭击齐国。

齐王田广听说汉兵已到，认为是郦食其出卖了自己，便对他说："如果你能阻止汉军进攻的话，我就让你活着，若不然的话，我就要烹杀了你！"郦食其说："干大事业的人不拘小节，有大德的人也不怕受人责备。你老子不会替你再去游说韩信！"这样，齐王便烹杀了郦食其，带兵向东逃跑。

汉高帝十二年（前 195），曲周侯郦商以丞相的身份带兵攻打反叛的淮南王英布有功。汉高祖在分封列侯功臣时，很是思念郦食其。郦食其的儿子郦疥多次带兵打仗，但立下的军功没有达到封侯的程度，高祖因为他父亲的缘故，封郦疥为梁侯。后来又改食邑在武遂。侯爵传了三代，在元狩元年（前 122）的时候，武遂侯郦平因伪称皇帝的命令骗取了衡山王一百斤黄金，犯下的罪过应该在街头处死（弃市），但恰在此时，他因病去世，封邑也被撤销。

太中大夫陆贾

陆贾（约前 240～前 170），汉初文臣。楚国人。汉高祖时被封为太中大夫；汉惠帝时，吕后掌权，陆贾辞职，隐退在家。他能言善辩，在汉高祖统一天下、汉朝征服南粤、平定诸吕的过程中起了很大作用。

一、能言善辩　征服南越

陆贾生就一副伶牙俐齿。当汉高祖刘邦平定天下时，陆贾便以幕僚宾客的身份跟随在刘邦的身边。陆贾常常出使诸侯国，以能言善辩闻名，时人称他为有口才的说客。

汉高祖刘邦统一天下后，赵佗也平定了南越。赵佗在秦二世时，任龙川县令。当时南海郡郡尉任嚣病重，他担心在当时混乱的政局下，盗匪军队会侵入南海，情急之下，便召来赵佗，请他代理南海尉的政事，并委以平定南赵的重任。任嚣病逝后，赵佗便断绝了通往内地的通道，聚兵把守。随后又逐步诛杀秦朝在南海所设置的官员，代之以自己的同党。

秦朝灭亡后，赵佗立即发兵进攻并吞并了桂林、象郡，自立为南越王。当时文武将相都请求汉高祖派兵征剿赵佗，但高祖考虑老百姓苦于兵燹，罹难日久，现在天下刚刚安定下来，应该让百姓休养生息，因此决定休兵罢战，对赵佗暂不征伐，于是，汉高祖下诏立原秦朝南海尉赵佗为南越王，在汉高帝十一年（前196），派陆贾前往授予印信绶带，颁符节，互通使者，并让赵佗安抚百越，不要为患南方边境。

陆贾来到南越，赵佗并没有亲自到郊外去迎接。他接见陆贾时头上梳着南越流行的锥子一样的发髻，两腿像簸箕似伸开，傲慢无礼。

陆贾对赵佗说："您本是中原人，亲戚、兄弟和祖先的坟墓都在真定。而现在您却一反中原人的习俗，把华夏的衣冠巾带弃置一边。现在您想用弹丸之地的南越来和天子抗衡，成为敌国，那您大祸也就要临头了。首先，南越的实力是根本敌不过强大汉朝的。当时，秦朝暴虐无道，诸侯豪杰都纷纷而起，只有汉王首先入关，占据咸阳。楚汉相争时，西楚霸王项羽称得上是强大无比。但是汉王从巴蜀出兵之后，征服天下，平定诸侯，杀死项羽，灭掉楚国。而您的南越刚刚建立，人众并没有完全收拢起来，政权还没有巩固，如此弱小的南越，怎么能够与强大的汉朝相对呢！现在高祖是因为爱惜百姓，才没有对南越出兵，并派遣我来授予你南越王之印。今天你却对汉朝的使臣如此无礼。倘若让朝廷知道了此事，挖掘烧毁您祖先的坟墓，诛灭您的宗族，再派一名偏将带领十万人压境，那么南越人就会杀死您投降汉朝，这简直易如反掌。"

赵佗听罢，大惊失色，立刻站起身来，连忙向陆贾道歉说："我在蛮夷中居住得时间长了，所以太失礼仪了。"接着，他又问陆贾："我和萧何、曹参、韩信相比，谁更有德有才呢？"陆贾说道："您似乎比他们强一点。"赵佗又问："那我和汉朝皇帝相比呢？"陆贾回答：说"皇帝从丰县（今江苏丰县）、沛县（今江苏沛县）起兵，继承三皇、五帝的伟业。讨伐暴虐的秦朝，扫平强大的楚国，统理整个中国，而中国的人口以亿来计算，土地方圆万里，地域富饶，人多车众，物产丰富，政权统一，这种盛况是从开天辟地以来从未有过的。而现在您的人众不过十几万，而且都是未开化的蛮夷，又居住在这崎岖的山地海隅之间，只不过如同汉朝的一个郡罢了。您怎么竟敢同汉朝皇帝相提并论呢！”

赵佗听了陆贾的一席话，深感与汉朝皇帝比起来，自己微不足道。但他又想在陆贾面前掩饰自己，于是他哈哈大笑，对陆贾说道：“我没有兴起于中原，所以在此称王。如果我占据了中原，我怎么就比不上汉朝皇帝呢！”说完便设宴款待了陆贾。

赵佗与陆贾谈话很投机，他非常喜欢陆贾，所以就热情地挽留陆贾，天天与陆贾饮酒作乐，一连数日。陆贾的机智、善辩，最终说服了赵佗，使赵佗心悦诚服地接受了汉朝封他为南越王的印信，并向汉朝称臣。陆贾临行时，赵佗还送给陆贾一袋价值千金的珠宝，还有不少其他的礼品。他恋恋不舍地对陆贾说：“在南越，我没有一个能够谈得来的人，直到你来了之后，使我听到一些以前从未听说过的事情。”

就这样，陆贾终于完成了出使南越的使命。陆贾还朝后，汉高祖听了陆贾的回报，非常高兴，封他为太中大夫。

二、勇于诤谏　善于谋策

陆贾认为汉高祖在夺取天下后，首先应考虑的是如何治理天下，应该总结前朝的得失。于是，他有意在汉高祖面前时常谈论《诗经》、《尚书》等儒家经典。

汉高祖对此心中不悦，对陆贾斥责道：“你老子是在马上打下的天下，哪里用得着《诗经》、《尚书》！”陆贾毫无惧色，直言相驳道：“在马上得天下，难道也可以在马上治天下吗？况且商代汤王、周代武王都是以武力征服天下，然后以仁义治理天下，只有顺势怀柔才能保守天下，文治武功并用，这才是使国家长治久安的最好办法。从前吴王夫差、智伯是因穷兵黩武而致使国家灭亡的。秦王朝要是统一天下之后，实行仁义之道，效法先圣，那么，陛下怎么能取得天下呢？”

汉高祖听完这一番有力的驳斥后，有所醒悟，就对陆贾说：“那你就尝试着总结一下秦朝失去天下、我得到天下的原因，以及古代各王朝成功和失败的原因所在。”这样，陆贾就奉旨大略地论述了国家兴衰存亡的征兆和原因，一共写了十二篇。每写完一篇就上奏给皇帝，汉高祖看后，称赞不已，左右群臣也是齐呼万岁，把他这部书称为《新语》。

汉高帝十二年（前 195），汉高祖刘邦辞世，惠帝刘盈继位。

汉惠帝时，吕太后掌握了国家大权，想封吕氏诸人为王，又害怕大臣中那些能言善辩的人劝谏。陆贾迫于吕太后炙手可热的权势，深知自己无力抗衡，遂称病辞职，赋闲家中。在土地肥沃的好畤一带定居下来。

陆贾有五个儿子，于是他把出使南越所得的金银财产卖了千金，分给儿子们，每人二百金，让他们从事生产。陆贾自己则时常坐着四匹马拉的车子，带领着歌舞和弹琴鼓瑟的侍从十个人，佩带着价值百金的宝剑四处游玩。他还对儿子们说：“我和你们约定好，当我出游经过你们家时，要以好酒好菜款待我的人，要尽量满足大家的要求。每十天更换一家。我在谁家去世，谁家就会得到我的宝剑、车骑以及侍从人员。我还要到其他的朋友家做客，所以每家大概只轮流两三次，你们用不着厌烦我。”

吕太后掌权时期，封诸吕为王，极力培植吕氏集团势力。吕氏家族专揽大权，想劫持幼主、篡夺刘姓的天下。当时右丞相陈平对此很是担忧，他担心刘氏政权被颠覆，但是自己力量有限，不能与太后强争，又害怕祸及自己，为此他深居简出，反复思考，顾虑重重。

对于吕氏集团的专权，陆贾心中也很忧虑。他认为铲除吕氏集团，朝中的文武大臣应该齐心合力联合起来。于是，陆贾便前往陈平府中请安，径直走到陈平身边坐下；但这时陈平正在凝神思索，竟然没有立刻发觉到陆贾到来。

陆贾问陈平："您的忧虑为什么如此深重呢?"陈平这才回过神来，回答说："你猜猜看我在想什么?"陆贾说："您老先生位居右丞相之职，是有三万户食邑的列侯，可以说富贵无比，应该说是没有这方面的欲望了。然而若是说您老有忧愁的话，那只不过是担忧诸吕和幼主而已。"

陈平的心思被陆贾看透了，他便向陆贾询问自己眼下该如何行事。陆贾说："天下平安无事的时候，要注意丞相；天下动乱不安的时息，要注意大将。如果大将和丞相配合默契，关系谐调，那么士人就会归附；士人归附，那么天下即使有什么变故，国家的大权也不会被瓜分。因此，安定国家的根本大计，就掌握在您和太尉周勃的手中。我常常想对太尉周勃讲明白这其中的利害关系，但是他总和我开玩笑，对我的话不太重视。您现在为什么不和太尉交好，密切联合起来呢?"

接着，陆贾又为陈平筹划出几种对付吕氏的办法。陈平认为陆贾说得在理，便采用他的计策，拿出五百金来给绛侯周勃祝寿，并且准备了盛大的宴席款待他；而太尉周勃也以同样的礼节来回报陈平。这样，陈平、周勃二人就建立起非常密切的联系，而吕氏篡权的阴谋也就更加难以实现了。陈平为了答谢陆贾，送给他一百个奴婢、五十辆车马、五百万钱。陆贾就用这些费用在朝廷公卿大臣中游说。直到诸吕被消灭，文帝即位，在此期间陆贾功劳不小。

南越王赵佗自汉高祖封为南越王以来，一直保持与汉廷的使节往来，互相贸易。吕太后掌握政权后，视南越为蛮夷之国，禁绝汉廷与南越的贸易交流，削去南越国的封号。赵佗怀疑这一切都是长沙王的阴谋，想侍仗朝廷的势力统治长沙和南越两国。于是赵佗便于汉高后五年（前 183）宣布脱离朝廷，发兵进攻长沙国。高后八年（前 180），吕太后派遣隆虑侯周灶领兵进攻南越国。周灶领兵向南越进军时，正值暑热潮湿，士卒中开始流行瘟疫，军队无法翻山越岭，过了一年多，吕太后去世，周灶便撤了兵。赵佗乘机自称皇帝，称制与汉朝相同，出入乘坐专供天子用的车驾。

汉文帝即位后，决定改善与南越的关系，派遣陆贾出使南越，说服赵佗，并让陆贾带去致赵佗的一封信。于是陆贾再次出使南越。陆贾见到赵佗后，对赵佗申明大义，晓之以理。最终赵佗顿首谢罪，表示愿意尊奉汉朝皇帝的明诏，作为藩国臣属。这样，陆贾又一次成功地完成了出使南越的使命，汉文帝对陆贾非常满意。

汉文帝前元十年（前 170），陆贾寿终正寝。

御史大夫任敖

任敖（？～前 179），汉初文臣。沛县（今江苏沛县）人。他年轻时为狱卒，当时刘邦任泗水（今江苏沛县东）亭长。任敖结识刘邦后，认为刘邦不是凡人，将来肯定会有大作为，所以非常敬重他，两个人交情很好。

秦二世元年（前 209），秦廷下诏，命令各郡县遣送罪犯到骊山为秦始皇修建陵墓。沛县令接到诏书，便派刘邦押送几十名犯人前往骊山。刘邦押着犯人西行，一出沛县境，便逃走了好几名；走了数十里，又有几个犯人不见了；到了夜里投宿旅店，早晨起来，又逃走了十几名犯人。刘邦不便追赶，深感无计可施。

刘邦一路走、一路想，担心这样下去，犯人迟早要逃得一干二净，因此，他一不做、二不休，索性对剩下的十几名犯人说："你们如果到了骊山，必定充当苦役，最终难免累死，不得还乡。我如今将你们全部释放，给你们一条生路如何？"众人对刘邦感激涕零，但也担心他不能回县交差。刘邦说："我释放了你们，自己也只好避走他乡，不会再回县等死了。"于是刘邦便与他们一起躲藏到芒砀（今安徽砀山西南）山间避祸。

沛县令得知刘邦释放罪犯后逃走了，立即派衙役搜查刘邦家，将其妻吕氏拘押入狱。秦朝的狱吏本就苛刻，再加上吕氏手头无钱，不能贿赂，狱吏遂倚势作威，任意凌辱她。当时，吕氏风韵犹存，狱吏乘机调笑她。吕氏举目无亲，只好耐着性子，忍垢蒙羞。

任敖听说刘邦妻吕氏入狱，便暗中留心，想加以照顾。但吕氏不归他看管，他便常去探视，为吕氏送些食物、衣服。一天晚上，任敖又去探望吕氏，刚到狱门，便听见吕氏的哭泣声。他停步细听，只听见狱吏的吆喝声、调笑声，语言污秽下流，一时间忍无可忍，便大踏步跨入门内，抡起拳头，向那名调戏吕氏的狱吏打去。狱吏猝不及防，竟被任敖打了几拳，打得目青脸肿。于是两个人扭打起来，到县令那里说理。

县令登堂审问，任敖与狱吏各执一词。任敖说狱吏无礼，调戏妇女；狱吏说任敖可恶，无缘无故殴打他。县令见二人各有理由，不好作判定，就召入功曹萧何，让他断案。萧何认为狱吏调戏妇女，知法犯法，应该加以惩罚；任敖虽然行为鲁莽，但情实可原，宜宽大处理。县令同意了萧何的意见，把狱吏打了一顿板子。萧何又为吕氏开脱，说她身为女流，不知其夫之事，不应受连坐。县令便释放了吕氏。吕氏出狱后，十分感激任敖。

等到刘邦正式起兵时，任敖就前去投奔，以宾客的身份追随其左右，刘邦攻克丰邑（今江苏丰县）后，任命任敖为御史，驻守丰邑。任敖在丰邑驻守了两年，其间他高筑城墙，训练士兵，使丰邑城焕然一新。

刘邦攻破秦都咸阳后，被立为汉王，向东进击项羽，此时，任敖升为上党郡守。汉高祖十年（前 197），代王陈豨造反，任敖坚守上党城，反击叛军，最终没被叛军攻陷，因为此功，他被封为广阿侯，食邑一千八百户。

汉高祖刘邦对任敖一直很信任，这得益于吕后的枕边风。吕后常在高祖面前夸任敖有才干，讲义气，她念念不忘任敖当年相救之恩。

高后元年（前 187），吕氏执掌朝政，遂提拔任敖为御史大夫。任敖任御史大夫三年后，因为体弱多病而被免职。

汉文帝元年（前 179），任敖去世，谥号“懿侯”。任敖的侯爵传到曾孙任越人时，因任越人犯了太常庙祭祀用的酒味酸不敬之罪，被除去侯国。

平原君朱建

朱建（？～前 177），汉初谋士。楚国人。起初任淮南王英布国相，逃走后复归，被封平原君。英布叛乱时，他曾竭力反对，因此未受朝廷惩罚。他能言善辩，机智多谋，曾为别人脱困，也以死为全家留下平安。

朱建最初在淮南过担任淮南王英布的国相，但因有罪而逃走。

后来他又重新回到英布手下干事，被封为平原君。英布打算造反的时候，问朱建的看法如何，朱建极力反对。但英布没有听从他的意见。等到汉高祖平定叛乱、杀死英布以后，听说朱建曾经劝英布不要造反，同时也没有参与造反的阴谋活动，就没有诛杀他。

朱建能言善辩，口才很好，同时他又刚正不阿，恪守廉洁无私的节操，不愿随意附和权贵。他说话做事常坚持道义原则，不肯曲从讨好、取悦别人。因此，他在仕途上总是很失意，虽然家住在长安但却一贫如洗。

辟阳侯审食其品行不端，靠阿谀奉承深得吕后的宠爱，成为吕后的情夫。当时审食其很想和平原君朱建交好，但朱建鄙视他的为人，就是不肯见他。在朱建的母亲去世的时候，和朱建一直很要好的朋友陆贾前去吊唁。朱建家境贫寒，连给母亲出殡送丧的钱都没有，正要去借钱来置办殡葬用品，陆贾却让他只管发丧，不必去借钱。

陆贾来到辟阳侯审食其家中，向他祝贺说："平原君的母亲去世了。"审食其不解地说："平原君的母亲死了，你为什么祝贺我?"陆贾说道："以前你一直想和平原君结交，但是他讲究道义不和你往来，这是因为他母亲的缘故。现在他母亲已经去世，您若是赠送厚礼为他母亲送丧，那么他一定愿意为您拼死效劳。"于是审食其就给朱建送去价值一百金的厚礼。而当时的不少达官贵人见辟阳侯送了重礼，也不甘落后，怕得罪了吕后的宠儿，纷纷送给朱建重礼。朱建收到了总值五百金的钱物，非常体面地为母亲出了殡，他内心里十分感激审食其。

汉高祖去世后，辟阳侯审食其更加受吕后的宠爱，常留宿宫中。有的人就在汉惠帝面前说他的坏话，汉惠帝大怒，就把他逮捕交给官吏审讯，并想借此机会杀掉他。吕太后感到惭愧，又无法亲自替情夫说情；而大臣们大都痛恨审食其的丑行，更想借此机会杀掉他。

审食其又着急又害怕，就派人给平原君朱建传话，说自己想见见他。但朱建却推辞说：“您的案子正在紧急关头，我不敢会见您。”然后，朱建请求会见汉惠帝的男宠闳籍孺，说服他道：“皇帝宠爱您的原因，天下的人谁都知道。现在辟阳侯受宠于太后，却被逮捕入狱，满城人都说是您向皇帝说了辟阳侯的坏话，于是皇帝才想杀掉他。如果今天辟阳侯被皇上杀了，那么明天早上太后发了火，也会杀掉您。您为什么还不脱了上衣、光着膀子替辟阳侯到皇帝那里求个情呢？如果皇帝听了您的话，放出辟阳侯，太后一定会非常高兴。而太后、皇帝两人都宠爱您，那么您也就会加倍富贵了。”

闳籍孺闻言非常惊恐，就听从了朱建的主意，向汉惠帝进言，给辟阳侯说情，汉惠帝果然放出了审食其。

审食其在被囚禁的时候，很想会见朱建，但是朱建却不肯见。审食其认为朱建忘恩负义，对他很是恼恨。等到出狱后，得知是朱建救了自己，才感到特别吃惊。

吕太后去世之后，大臣们诛杀了诸吕。审食其和诸吕关系极深，但最终没有被杀。他的生命之所以得以保全，都是陆贾和朱建的力量。

汉文帝三年（前 177），淮南厉王刘长杀死了辟阳侯审食其。汉文帝听说辟阳侯的许多事情都是门客平原君朱建出谋策划的，就派遣官吏去逮捕他，要治他的罪。听到官吏已到自己家门口，朱建就准备自杀。他的几个儿子都说：“事情的结果究竟如何，现在还不清楚，你为什么要这样老早地自杀呢?”朱建对儿子们说：“我一个人死了之后，可以免除我们一家的灾祸，也就不会使你们受到牵连。”就这样，朱建拔剑自刎而死。

汉文帝听到此事，非常惋惜，说：“我并没有杀他的意思。”

为了表示对其家属的抚慰，汉文帝就把他的儿子召进朝廷，任命为太中大夫。派他出使匈奴，由于单于傲慢无礼，他就大骂单于，结果被杀死在匈奴。

建信侯娄敬

娄敬（生卒不详），汉初谋士。本姓娄，赐刘姓，故亦称“刘敬”。齐国人。他因建议汉高祖刘邦入都关中有功，赐刘姓并封关内侯。高祖白登被围后，他提出“和亲”政策，并出使匈奴订立和亲盟约；又曾建议并执行迁徙六国诸侯后裔及豪强大族充实关中，以削弱六国旧贵族势力。他直言敢谏，秉公持正，为巩固汉朝政权作出了贡献。

一、说服高祖　迁都关中

娄敬是齐国人，读了很多书，见识不凡。汉王五年（前202）二月，刘邦正式称帝，定都洛阳。作为齐国戍卒，数敬被发往陇西戍守边塞，路过洛阳，当时汉高祖正住在那里。于是娄敬决定进见高祖，谈谈对建都的看法。

娄敬进城后就停下车子，穿着羊皮袄，去拜见齐人虞将军说：“我希望见到皇帝，谈谈有关国家的大事。”虞将军给他一件鲜洁的好衣服，让他换上，娄敬说：“我穿着丝绸衣服来，就穿着丝绸衣服去拜见；穿着粗布短衣来，就穿着粗布短衣去拜见：我决不会换衣服的。”于是，虞将军进宫把娄敬的请求报告给汉高祖。汉高祖召娄敬进宫来见，并赐给他饭吃。

等了一会儿，汉高祖就问娄敬要谈什么大事，娄敬便劝说汉高祖道：“陛下建都洛阳，难道是要跟周朝比试一下王业的兴隆吗?”汉高祖说:“是的。”娄敬说:“陛下取得天下的方式与周朝是不同的。周朝的先祖从后稷开始,尧封他于邰,积累德政善事十几代。公刘为避开夏桀的暴政而到豳居住。太公(古公亶父)因为狄族侵扰的缘故,离开豳,拄着马鞭只身移居到岐山,国内的人都争相跟着他去岐山。周文王担任西方诸侯之长时,他曾妥善地解决了虞国和芮国的争端,从此才成了禀受天命统治天下的人,贤能之士吕望、伯夷自海边前来归附于他。周武王讨伐殷纣时,不相约而自动到孟津会盟的有八百多位诸侯,大家都说殷纣可以讨伐了,于是就灭掉了殷。周成王即位,周公等人辅佐他,就在洛邑营造周城,把它作为天下的中心,四方各地的诸侯来缴纳贡物赋税,道路远近均等。这样君主有德行就容易靠它称王统治天下,没德行就容易因此灭亡。

在指出汉、周得到天下的不同之后,娄敬进一步指出:“凡是建都于洛阳的,都想要像周朝一样务必用德政来感召人民,而不想依靠险要的自然形势,让后代君主骄奢淫逸来虐待百姓。在周朝鼎盛时期,天下和睦,四方各族心向洛邑,归附周朝,仰慕周君的道义,感念他的恩德,依附而且一起奉事周天子,不驻一兵防守,不用一卒出战,八方大国的百姓没有不归顺臣服的,都进献贡物和赋税。到了周朝衰败的时候,分为西周和东周两个小国,天下没谁再来朝拜,周室已经不能控制天下,不是它的恩德太少,而是因为力量太弱了。如今陛下从丰邑沛县起事,招集三千士卒,带着他们直接投入战斗,席卷蜀、汉地区,平定三秦,与项羽在荥阳交战,争夺成皋之险,大战七十次,小战四十次,使天下百姓血流大地,父子枯骨暴露于荒郊之中,横尸遍野不可胜数,悲惨的哭声不绝于耳。战争的创伤还没有痊愈,却要同周朝成王、康王的兴盛时期相比,我私下认为这是不能相提并论的。

接着,娄敬指出,从地理优势上看,应当建都关中:“秦地有高山被覆，黄河环绕，地形险要，四面边塞可以作为坚固的防线，即使突然有危急情况，百万之众的雄兵聚集起来，是可备一战的。借着秦国原来经营的底子，又以肥沃的土地为依托，这就是所说的形势险要、物产丰饶的‘天府’之地啊。陛下进入函谷关把国都建在那里，山（殽山）东地区即使有祸乱，秦国原有的地方是可以保全并占有的。与别人搏斗，不掐住他的咽喉，击打他的后背，是不能完全获胜的。如果陛下进入函谷关内建都，控制着秦国原有的地区，这也就相当于掐住了天下的咽喉而击打它的背啊。”

汉高祖征求大臣们的意见，大臣们都是殽山以东地区的人，争先恐后地说周朝建都在洛阳，称王天下几百年；秦朝建都在关中，不过二世就灭亡了，不如建都洛阳。汉高祖犹疑不决。直到留侯张良明确地阐述了入关建都的有利条件，汉高祖才决定定都长安，当日就乘车西行到关中建都。

当时，汉高祖说：“本来主张建都在秦地的是娄敬，‘娄’就是‘刘’啊。”于是赐娄敬改姓刘，授给他郎中官职，封号叫“奉春君”。

二、建议和亲　迁徙豪强

汉高帝七年（前200），韩王韩信叛汉，汉高祖亲自率军讨伐。到达晋阳时，得知韩王韩信与匈奴勾结要共同进攻汉朝的消息，汉高祖大为震怒，就派使者出使匈奴摸清底细。匈奴把他们强壮能战的士兵和肥壮的马匹都藏了起来，使者只看见年老弱小的士兵和瘦弱的马匹。派去的十余批使者回来，都说匈奴很容易打败。

汉高祖派刘敬再出使匈奴，他回来报告说：“两国交兵，这时该夸耀显示自己的长处才是。现在我到了匈奴，只看到瘦弱的马匹和老弱的士兵，这一定是故意显露自己的短处，而埋伏奇兵以争取胜利。我认为匈奴是不能攻打的。”这时汉朝军队已经越过了句注山（在今山西代县西北），二十万大军已经全部出征。汉高祖听了刘敬的话非常恼怒，大骂刘敬道：“齐国的孬种！凭着两片嘴唇捞得官做，现在竟敢故言乱语阻止我出兵。”就用镣铐把刘敬拘禁起来，押在广武县。

汉高祖亲自率军北进，到了平城，匈奴果然出奇兵把汉高祖围困在白登山（在今山西大同东）上，被围困了七天后才得以解围。汉高祖回到广武县，便赦免了刘敬，对他说：“我不听您的话，因而在平城遭到围困。我已经把前面那十来批谎报军情的使者都斩首了。”于是赏赐刘敬食邑二千户，封为关内侯，称作“建信侯”。

汉高祖撤出平城返回朝廷，韩王韩信逃入匈奴。这时冒顿是匈奴的单于，军队强大，勇士有三十万，屡次侵扰北部边境。汉高祖对这种情况很忧虑，就问刘敬对策。刘敬说：“汉朝刚刚平定天下，士兵们已被战争搞得疲惫不堪，不能再用武力制服匈奴了。冒顿杀了他的父亲自己做了单于，又把他父亲的许多姬妾当做自己的妻子，他凭武力树立威势，对于这种人，是不能用仁义道德说服的。只能够从长计议，让他的子孙后代臣服汉朝了，然而我担心陛下不能办到。”

汉高祖有些不解，说：“果真可行的话，为什么不能办！只是该怎么办呢？”刘敬回答说：“陛下如果能把皇后生的大公主嫁给冒顿做妻子，给他送去丰厚的礼物，他知道是汉帝皇后生的女儿，又看见汉朝送来丰厚的礼物，一定爱慕而把大公主作正妻，生下的儿子必定是太子，将来接替君位。为什么要这样办？因为匈奴贪图汉朝的丰厚财礼，陛下拿一年四季汉朝多余而匈奴少有的东西多次赠送慰劳他们，顺便派能言善辩的人用礼节来开导启发他。冒顿在位，当然是汉朝的女婿；他死了，就由陛下的外孙即位为单于。从未曾听说外孙子敢同外祖父分庭抗礼的！这样一来，军队可以不出战便使匈奴逐渐臣服了。如果陛下不能派大公主去，而让皇族女子或是宫女假冒公主，他一旦发现真相，就不肯敬她、亲近她，那样就失去了作用。”

汉高祖听后，觉得这个策略很好，便要送鲁元公主去匈奴。吕后得知后日夜哭哭啼啼，对汉高祖说：“我只有一个儿子和一个女儿，怎么忍心把她远嫁到匈奴去！”汉高祖终究不能嫁出大公主，便找了个宗室之女冒充大公主嫁给冒顿单于做妻子，同时，派遣刘敬前往与匈奴订立联姻盟约。

刘敬从匈奴回来，见到汉高祖，首先指出：“匈奴在河南的白羊（住在黄河河套以南）、楼烦（住在陕北及内蒙古南部）两个部落，离长安最近的只有七百里路，轻装骑兵一天一夜就可到达关中地区。关中地区刚刚经过战争破坏还很凋敝，人丁稀少，但土地肥沃，可以大大加以充实。

接着，刘敬提出了充实关中的设想：“当初各地诸侯起兵发难时，若不是有齐国的田氏各族以及楚国的昭、屈、景三大宗族参加，是不能兴盛起来的。如今陛下虽然把都城建在关中，但实际缺少人口。北边靠近匈奴敌寇，东边有六国的旧贵族，宗族势力很强，一旦有什么变故，陛下是不能高枕无忧的。我希望陛下把齐国的田氏各族，楚国的昭、屈、景三大宗族，燕、赵、韩、魏等国的后裔，以及豪门名家，都迁移到关中居住。如果国内平安无事，就可以防备匈奴；若所封诸侯王发生叛乱，也能率领他们东进讨伐。这是加强中央权力而削弱地方势力的方略啊。”

这一次，汉高祖仍然赞同刘敬的意见说：“你的建议好得很。”随即派刘敬负责，把计划中六国贵族及豪门名家共计十万多的人口迁到了关中。

娄敬晚年隐居永寿（今属陕西咸阳）境内的明月山，以仙术种黄金，因而那里至今地名种金坪、晒金场。后人为纪念娄敬，明月山便易名娄敬山，并在山腰修筑娄公祠，后又增修药王庙、菩萨庙。传说娄敬在此羽化升仙，脱骨于石洞。

齐国辩士蒯通

蒯通（生卒不详），汉初谋士、辩士。原名彻，史学家因避汉武帝刘彻名讳改为“通”。范阳（今河北定兴北）人。陈胜起义后，派武臣进取赵地，他说服范阳令徐公归降，武臣不战而得赵地三十余城。后又说服韩信攻打齐国，劝韩信叛汉自立。汉惠帝时，为丞相曹参宾客。著有《隽永》八十一篇，《汉书·艺文志》纵横家有《蒯子》五篇，今不传。

一、游说徐公　降城三十

蒯通自幼熟读战国纵横家苏秦、张仪的著作，很羡慕他们。长大后，他继承了战国游说之士的传统，精于审时度势，长于权变游说，因此自命不凡。

秦帝国时期，蒯通同众多英雄豪杰一样，默默潜伏于乡里，读书著作，韬晦隐忍，密切关注天下形势。《汉书·艺文志》中有《蒯子》五篇，就是蒯通的大作，归类于纵横家书，与战国著名游士苏秦、张仪的著作并列，都是考究外交谋略的论述，出使游说、权事制宜的言论。

秦二世元年（前 209），陈胜起义后，派武臣进攻赵地。武臣到了赵地，接连占领了十多座城镇，但其他的大城都在坚守。武臣军抵达范阳时，蒯通自感出山的机会来临。他径直来到秦范阳县廷，求见县令徐公。见到徐公后，蒯通自我介绍：“在下是范阳百姓蒯通。听说足下将不久于人世，特来凭吊。不过，也预料足下将因为蒯通而免于不幸，又特来祝贺。”

徐公是明白人，一听此言，知道来者非常人，遂屏去左右，欠身施礼问道：“在下愚钝，望先生不吝赐教，凭吊的事，从何谈起？祝贺的话，又怎么讲？”蒯通说：“秦法苛重，足下任范阳县令已经十年，杀人之父，孤人之子，断人之足，黥人之首，不可胜数。慈父孝子之所以没有手刃公腹，是因为畏惧秦法。当今天下大乱，秦法已废，百姓手刃公腹，为其亲人报仇，正好成就他们慈父孝子的名声。这就是在下所以前来凭吊公的原因。况且，如今武臣大军即将兵临城下。足下若为秦坚守范阳，范阳父老少年将杀足下以响应武臣。足下若信得过我，就派我为使者，前往武臣处交涉，则可以因祸为福、转危为安，这就是我前来祝贺的缘由。”

徐公同秦帝国所有的郡县主要官僚一样，不是本地人，受秦廷任命，到范阳做县令。多年以来，他乘秦军胜利的威势，严格遵照帝国的法令，冷酷地镇压一切违法不轨之徒，有效地统治着范阳地区，为帝国政权尽心竭力。然而，如今天下大乱，朝廷陷于瘫痪，各地政府群龙无首，被迫各自为战。在这种形势下，徐公陷于进退两难的困境之中。民心思乱，自己兵力单薄，为秦坚守几乎没有生还的可能；开城投降，张楚军对秦吏诛杀无赦，也是死路一条。蒯通是明察的术士，他是看准了形势、有备而来的。他的出现，对徐公而言，仿佛是一线光亮，指明了夹缝求生的活路。于是徐公起身再拜，施礼奉蒯通为上宾，一切听从蒯通的安排，准备车马行装，派遣蒯通作为自己的使者正式出使武臣军，交涉投降议和事项。

蒯通面见武臣说：“将军入赵以来，奉行战胜然后略地、攻取然后下城的方针，在下以为并非良策。如果将军愿意听从在下的策划，可以不攻而降城，不战而略地，传檄而定千里。”武臣问：“此话怎讲?”蒯通说：“将军兵临城下，范阳令徐公整顿士卒，以备守战。徐公其人，贪生怕死，贪婪而重富贵，想投降将军，又担心被将军诛杀，正彷徨于进退之间。另一方面，范阳城内的年少暴徒，闻风蠢蠢欲动，欲乘机起事杀掉徐公，占领范阳，独立兴国，抗拒将军。审度此局势，将军何不授在下以列侯之印，使在下持侯印封赏徐公。徐公受封赏开城归顺将军，年少暴徒也不敢轻举妄动。降下范阳以后，将军再令徐公为使者，佩列侯玺印，乘朱轮华车，驱驰燕、赵各地游说劝降。各地官员见了徐公，宛若看见了自己的未来，喜讯传闻，必将不战而降于将军。这就是在下所说的传檄而定千里之事。”

武臣听了蒯通的一番话，兴奋地说：“好极了!”于是，派出一百辆车、二百名骑士，命蒯通持侯印封赐徐公。一切如蒯通所预料，原赵国各地的秦郡县官吏纷纷停止抵抗，和平归顺武臣军的城池有三十多座，大量的秦军将士由此加入到武臣军中来，成为武臣政权和赵国军队的重要组成部分。

不久，武臣自称赵王。此后，蒯通便在武臣帐下做谋士。但次年武臣被杀，蒯通只好又回到范阳。

蒯通再一次出现在历史舞台上的时候，已经是汉王四年（前203）十月，也就是五年后。五年的光阴一晃而去，楚汉相争的历史大剧已经接近尾声。令人迷惑不解的是这五年间风云起伏、波澜壮阔，而蒯通却没有任何事迹显示他参与到这段历史进程中去。当时，蒯通与齐人安其生关系很好，安其生曾经为项羽出谋划策，而项羽都不能采纳。项羽想给蒯通、安其生爵位和封邑，这两个人始终不愿接受。

太史公在《乐毅列传》曾言：“始齐之蒯通及主父偃读乐毅之报燕王书，未尝不废书而泣也。”从侧面反映其不遇明主赏识，满腹经纶无处施展而借古悲已的心态。

二、两劝韩信　一成一败

汉王四年（前 203），汉将韩信俘虏魏王，攻破赵、代，使燕国降服，接连平定三国，然后率兵向东将要攻打齐国。军队还没有过平原县，韩信听说汉王刘邦已派郦食其劝降了齐国，便想停止进军。

此时，蒯通游说韩信说："将军您接受汉王的命令攻打齐国，而汉王又另外派兼有暗探身份的使者独身前去劝齐国，难道有诏书命令您停止进攻吗？为什么不进军？况且郦先生以一个士人的身份，乘车前往，凭三寸不烂之舌而劝降齐国七十余城，将军您率领几万兵众，到现在才攻下赵国五十多座城。当了好几年将军，反而不如区区一个儒生的功劳大。"

韩信认为蒯通说得有道理，遂采纳了他的建议，渡过黄河，偷袭齐国。齐王听从了郦食其的劝说，就把他留下，一起饮酒作乐，撤除了对汉的防御。韩信因而顺利袭击历下的齐军，率军来到临淄城下。齐王认为郦食其欺骗了自己，就把他用沸水煮死，随后兵败逃走。韩信最终平定了齐国，自立为齐国的代理国王。当时汉王刘邦正在荥阳受围困，就派张良前往，立韩信为正式齐王，以便安抚他，使他坚定地站在汉王一边。楚王项羽也派武涉去劝说韩信，想要和他联合。

蒯通知道天下局势的变化取决于韩信，想劝韩信背叛汉王，就先用隐语暗示韩信说："我曾经学过相面术，观察您的面相，最多不过被封为侯爵，又总是处于危险之中；而看您的背形，则非常尊贵，难以言表。"韩信问："您这话是什么意思？"

蒯通请求让别人离开，然后单独对韩信进言。他首先分析天下形势："天下刚刚起来发难的时候，英雄豪杰之士自立为侯、王，振臂一呼，天下有志之士像云雾一样会合，像鱼鳞一样错杂积聚，像疾风一样迅速兴起。当时人们只为推翻秦朝而忧虑。现在刘邦、项羽两虎相争，使人肝脑涂地、流离失所，数不胜数。汉王率领几十万兵众，据守巩、洛，凭借殽山、黄河之险，一日数战，毫无功效，战败而逃，不能援救，在荥阳败退，在成皋负伤，逃到宛县、叶城之间，这就是所说的智谋、勇力都陷入困境之人。项羽起兵于彭城，辗转争斗，所向无敌，进兵到荥阳，乘胜利之势，威震天下，然而在京、索之间受阻，临近西山却不能前进，如今已经三年了。锐气在险峻的关塞受挫，国库的粮食耗尽，百姓苦不堪言，不知归顺于谁。

接着，蒯通对韩信提出建议："以我之见，除非有天下圣贤，否则势必不能消除天下的灾祸。现在刘邦、项羽两人的命运就掌握在您的手里。您帮助汉王，汉王就会取胜；与楚王联合，楚王就会成功。我愿意推心置腹地向您表达愚陋的诚意，就怕您不能采纳我的建议。现在为您着想，不如让他们两方都得到好处，共同存在下去，三分天下，鼎足而立，势必无人敢先发难。凭您的贤达圣明，又有众多身穿铠甲的军队，占据强大齐国，联合燕、赵两国，出兵到空虚之地控制他们的后方，顺应民心，西向制止楚、汉间的争斗，使士卒免于死亡，天下之人，谁敢不听从！您按照原来齐国的版图，拥有淮、泗之间的土地，以恩德安抚诸侯，拱手安居，礼让贤士，那么天下诸侯都将竞相朝拜齐国。我听说'上天赐予而不接受，反而会受到罪责；时机到来而不行动，反而会得到灾祸'。希望您深思熟虑。"

韩信反诘说："汉王待我不薄，我怎能见利忘义、背恩忘德呢?"蒯通则指出所谓情谊不可靠，他说："当初常山王张耳和成安君陈馀结下生死之交，等到为张黡、陈泽的事而争吵，常山王抱头鼠窜，归附汉王，借兵东下，战于鄗北，成安君死于泜水南岸，身首分家。这两人结交之时，亲密无间，天下没有人能与他们相比，而最后却自相残杀，以至于灭亡，这是为什么呢？祸患产生于欲望太多，人心难测。现在您忠心耿耿地与汉王交好，不会比那两位关系更紧密，而所争论的事情又往往比张黡、陈泽的事情重要，所以我认为您坚信汉王不会危害您是错误的。大夫文种使即将灭亡的越国生存下来，使勾践称霸于中原，功成名立而身遭杀害。俗话说：'野兔捕尽，猎狗就会被烹杀；敌国破灭，谋臣就将死亡。'所以从交友这方面说，没有人能超过张耳和陈馀；从忠臣这方面说，没有人比得上大夫文种。这两个事例，应该说足以作为借鉴了，希望您好好想想。

接着，蒯通以"功高震主"劝说韩信："我听说勇力和谋略使君主感到畏忌的人将难保性命，功业压倒当世的人将得不到奖赏。您渡过西河，俘获魏王，活捉夏说，攻下井陉，讨伐成安君的罪过并把他杀死，而得以在赵国发号施令，威胁燕国，平定齐国，向南挫败楚国的几十万兵众，终于斩杀龙且，派人西行向汉王报功。这就是所说的功业天下无双、谋略世间少有之人。现在您功高难以奖赏，威重使君主畏忌，归附楚国，楚人不信任您；归附汉国，汉人害怕您。您想带着这些功业和威望归附谁呢？处在人臣的地位，而有高于天下的名望，我实在为您担心。"

韩信听了蒯通的话，没有立刻作答，而是说："先生暂去休息，我要考虑一下。"

过了几天，蒯通又劝说道："能否听从忠告，是做事成败的征兆；谋划是否得当，是存亡得失的关键。从事奴仆的差役，就会失去万乘君主的权柄；保守低微的俸禄，就会丧失成为公卿、宰相的机会。心里明明知道这个道理，而不敢作出决断并付诸行动，将会成为百事之祸。所以猛虎如果犹豫，还不如蜂、蝎以毒刺刺人更有杀伤力；孟贲（勇士）如果迟疑，还不如儿童坚决去做有力。这是说贵在能实际行动。功业很难做成却容易失败，机会很难遇到却容易丧失。‘时机啊时机，不会第二次来临。’希望您不要怀疑我的计策。”

韩信犹豫不决，不忍心背叛汉王，又自以为功多，汉王不会夺回他统治的齐国，于是婉言谢绝了蒯通的建议。蒯通因游说而不受信用，非常害怕，就假装疯癫而做了巫师。

三、险被烹杀　巧荐二贤

汉王刘邦消灭项羽、平定天下之后，正式称帝。韩信先被封为楚王，后因罪被贬为淮阴侯，又因谋反而被吕后处死，韩信临死的时候叹息着说：“我真后悔不听蒯通的话，以至于死在女人手中！”高祖刘邦得知韩信临死所说的话，就说：“我知道蒯通，他是齐国的辩士。”于是下诏书命令齐国把蒯通召来。

蒯通来到朝廷，汉高祖要将他处以烹刑，说：“你为什么教唆韩信反叛？”蒯通说：“我的确教过他，可是那小子不采纳我的计策，所以落得自取灭亡的下场。假如那小子采纳我的计策，陛下怎能够灭掉他呢？”汉高祖生气地说：“赶快烹杀了他。”蒯通说：“烹杀我，冤枉啊！”汉高祖说：“你唆使韩信造反，有什么冤枉？”蒯通说：“狗总是要对自己主人以外的人狂吠。那时候，我只知道有齐王韩信，并不知道有您。况且秦朝丧失帝位，天下之人共同去抢，有才能的人首先得到。天下纷乱，人们都争先恐后地要去做您所做的事，只是能力不够，您能把他们都杀尽吗？”汉高祖觉得蒯通说得也有道理，赦免了他。

齐悼惠王刘肥是汉高祖的长子，他的封国是齐国。当时曹参做齐国的国相，礼贤下士，他听说蒯通足智多谋，便请他做宾客。

当初，齐王田荣怨恨项羽不封自己为王，谋划起兵背叛他，胁迫齐国的士人，不服从就杀死。齐国不愿做官的士人东郭先生和梁石君也在被胁迫之列，勉强服从。等到田荣失败，两个人都感到很耻辱，就相随进入深山隐居起来。有人对蒯通说："先生您对曹相国指陈疏漏过失，荐举贤能之士，齐国没有人能比得上您。您知道梁石君和东郭先生是世俗平庸之人无法与之相比的贤人，为什么不把他们推荐给曹相国？"

蒯通说："好的。我的里中有一个妇人，与里中的老太婆关系很好。妇人家里晚上丢了肉，她婆婆认为是妇人偷走了，就生气地把她赶走。妇人早晨走的时候，拜访了与她很要好的老太婆，把这件事告诉她，并向她告辞。老太婆说：'请你慢慢地走，我现在就去让你家里的人把你追回来。'立即捆起一捆乱麻到丢肉的那家去借火，说：'昨晚上一群狗得到一块肉，互相争夺残杀，我来借火烧水给死狗煺毛。'丢肉的那家忙去追赶儿媳妇。所以，尽管老太婆不是能言善辩的人，捆乱麻借火也不是召回妇人的方法，那么就让我去向曹相国'借火'。"

于是，蒯通去见相国曹参说："有的妇人丈夫刚死三天就改嫁，有的妇人却宁愿深居简出，闭门守寡，您如果想娶媳妇，会选择哪个？"曹参说："我将娶那个不愿出嫁的。"蒯通说："那么，寻求臣下也应该这样。那东郭先生和梁石君，是齐国的贤俊之士，隐居于山林之中，不愿'出嫁'，未曾卑躬屈膝地出来求官。希望您派人以礼相待。"曹参说："我愿意听从您的建议。"于是曹参派人请来东郭先生和梁石君，把这两人都作为上等宾客。

太子太傅叔孙通

叔孙通（生卒不详），汉初文臣。薛县（今山东滕县东南）人。曾为秦博士。秦末，先为项羽部属，后归刘邦，任博士，称稷嗣君。他精通朝廷礼仪制度，汉朝初建，他与儒生订立朝仪制度，又制定宗庙仪法。在辅佐汉高祖刘邦建设西汉政权中，他发挥了重要作用。后任太子太傅，极力反对高祖废太子刘盈。

一、专事阿谀　看风使舵

叔孙通在秦朝时以长于文章、知识渊博被征召入宫，成为待诏博士。

秦二世元年（前209），陈胜起兵反秦，使者把这个情况报告给朝廷，秦二世召来各位博士、儒生问道："楚地戍边的士卒（指陈胜起义军）攻下蕲县、进入陈县，对这件事各位怎么看？"博士以及儒生们三十多人走向前去说："做臣子的不能聚众作乱，聚众作乱就是造反，这是死罪，不能宽赦，希望陛下赶快发兵攻打他们。"秦二世一听就发了火，脸色顿变。

这时，叔孙通走向前来说："各位儒生的话都不对。当今天下已合为一个大家，毁掉了郡县城池，销熔了各种兵器，向天下人昭示不再用它。何况有贤明的君主君临天下，给下面制定了完备的法令，使人人遵法守职，四面八方都归附朝廷，哪有敢造反的！这只是一伙盗贼行窃罢了，何足挂齿。郡尉正搜捕他们治罪论处，不值得忧虑。"秦二世高兴地说："好啊。"又就此向每个儒生问了一遍，儒生们有的说是造反，有的说是盗贼。

秦二世命令监察官记录下每个儒生说的话，凡说是造反的都交给官吏治罪，秦二世认为他们不该说这样的话；那些说是盗贼的都免掉职务。却赐给叔孙通二十四帛、一套服装，并正式授给他博士职位。

叔孙通走出宫来，回到学馆，一些儒生问道："先生为何说话那样阿谀逢迎呢？"叔孙通说："各位不知道啊，我几乎逃不出虎口！"于是逃离都城，回到家乡薛县，当时薛县已经投降楚军。

等项梁率军到了薛县，叔孙通便投靠了他。后来项梁在定陶战死，叔孙通就跟随了楚怀王芈心。怀王被项羽封为义帝，迁往长沙去了，叔孙通便留下追随项羽。汉王二年（前 205），汉王刘邦带领五个诸侯王攻进彭城（今江苏徐州），叔孙通又投归了汉王。汉王战败西去，叔孙通也跟了去，终于投靠了汉王。

叔孙通总是穿着一身儒生服装，汉王讨厌儒生，见他身穿儒生服装，就非常厌恶他。为了讨好汉王，叔孙通换掉儒生服装，穿上短袄，而且是按楚地习俗裁制的，汉王见了很是高兴。

当初，叔孙通投降汉王时，跟随他的儒生弟子有一百多人，可是叔孙通从来不引荐他们，而专门引荐那些曾经聚众偷盗的勇士。儒生弟子们的都暗地骂他道："奉侍先生几年，有幸跟他投降汉王，如今不能引荐我们，却专门称道特别奸猾的人，有什么道理?"叔孙通听到骂他的话，就对儒生们说："汉王正以武力争夺天下，各位儒生难道能搏斗吗？所以我先要称道斩将夺旗能冒死厮杀的勇士。各位姑且等等我，我不会忘记你们的。"

不久，汉王任命叔孙通做博士，称为"稷嗣君"。

二、博采古今　制定朝仪

汉王五年（前 202），天下已经统一，诸侯们在定陶共同尊推刘邦为皇帝，叔孙通负责拟订朝廷仪式礼节。

当时汉高祖刘邦把秦朝的那些严苛的仪礼法规全部取消，只是拟订了一些简单易行的规矩。可是群臣在朝廷饮酒作乐、争论功劳，有的人醉了就狂呼乱叫，甚至拔出剑来击削宫廷中立柱，汉高祖为这事感到头疼。

叔孙通察言观色，知道皇帝十分讨厌这类事体，就劝说道："那些儒生不能为您攻城夺地，可是能够帮您保守成果，我愿意征召鲁地的一些儒生，跟我的弟子们一起制定朝廷仪礼。"汉高祖说："只怕会像过去那样烦琐难以推行吧?"叔孙通说："五帝有不同的乐礼，三王有不同的礼节。礼仪就是按照当时的形势、人情风俗给人们制定出节制或修饰的法则。从夏、殷、周三代的礼节有所沿袭、删减和增加的情况看，就可以明白这一点；也就是说，各朝代的礼节是不相重复的。我愿意把古代礼节与秦朝的礼仪糅合起来，制定新礼节。"汉高祖说："可以试着制定，但要让它容易通晓，要考虑我能够切实做到。"

于是，叔孙通奉命征召了鲁地儒生三十多人。鲁地有两个儒生不愿前往，说："您所辅佐的将近有十位主人，都是靠当面阿谀奉承取得亲近而显贵的。如今天下刚刚平定，死去的人还来不及埋葬，伤残的人还欲动不能，又要制定礼仪法规。从礼乐兴办的根由看，只有积累功德百年以后，才能时兴起来。我们不愿意违心替您办这种事。您办的事不合古法，我们不去。您还是快走吧，不要玷辱了我们的品格!"叔孙通笑着说："你们真是迂腐鄙陋的儒生啊，一点也不懂时世的变化。"

叔孙通与征来的三十人一起来到都城，他们和汉高祖左右有学问的侍从以及叔孙通的弟子一百多人，在郊外拉起绳子表示施礼的处所，立上茅草代表位次的尊卑进行演练。演习了一个多月，叔孙通觉得比较满意了，就对汉高祖说："皇帝可以试着来视察一下。"高祖视察后，让他们向自己行礼，然后说："我能做到这些。"于是命令群臣都来练习。这时正巧是十月，能进行岁首（汉以十月为岁首）朝会的实际排练。

汉高帝七年（前200)，长乐宫已经建成，各诸侯王及朝廷群臣都来参加岁首大典，朝拜皇帝。那礼仪是——

先在天刚亮时，谒者开始主持礼仪，引导着诸侯群臣、文武百官依次进入殿门，宫廷中排列着战车、骑兵、步兵和宫廷侍卫军士，摆设着各种兵器，树立着各式旌旗。谒者传呼"趋"（小步快走），于是所有官员都急行进入其位。大殿下面郎中官员站在台阶两侧，台阶上有几百人之多。凡是功臣、列侯、各级将军军官都按次序排列在西边，面向东；凡文职官员从丞相起依次排列在东边，面向西。

接着，大行令安排的九个礼宾官，从上到下地传呼。于是汉高祖乘坐“龙辇”从宫中出来，百官举起旗帜传呼警备。然后引导着诸侯王以至六百石以上的各级官员依次毕恭毕敬地向汉高祖施礼道贺。诸侯王以下的所有官员没有一个不因这威严仪式而惊惧肃敬的。

等到仪式完毕，再摆设酒宴大礼。诸侯百官等坐在殿上都敛声屏气地低着头，按照尊卑次序站起来向汉高祖祝颂敬酒。斟酒九巡，谒者宣布“宴会结束”。

最后，监察官员执行礼仪法规，找出那些不符合礼仪规定的人，把他们带走。从朝见到宴会的全部过程，没有一个人敢喧哗违礼。

大典之后，汉高祖非常得意地说：“我今天才知道当皇帝的尊贵啊。”于是授给叔孙通太常的官职，赏赐黄金五百斤。

叔孙通向汉高祖进言说：“这些儒生弟子跟随我时间很久了，和我一起制定朝廷仪礼，希望陛下授给他们官职。”汉高祖正在兴奋中，一高兴，将他们全都封为郎官。叔孙通出宫后，把五百斤黄金都分赠给各个儒生。这些儒生都高兴地说：“叔孙先生真是大圣人，通晓当代的紧要事务。”

三、制定宗法　儒家宗师

汉高帝九年（前 198），汉高祖调叔孙通任太子太傅。高帝十二年（前 195），汉高祖打算废掉太子刘盈，立赵王刘如意为太子。叔孙通向汉高祖进谏规劝说：“从前，晋献公因为宠幸骊姬的缘故废掉太子，立了奚齐，使晋国大乱几十年，被天下人耻笑。秦始皇因为不早早确定扶苏当太子，让赵高能够用欺诈伎俩立了胡亥，结果自取灭亡，这是陛下亲眼见到的事实。现在太子仁义忠孝，是天下所共知的；吕后与陛下同经艰难困苦，同吃粗茶淡饭，是患难与共的结发之妻，怎么可以背弃她呢！陛下一定要废掉嫡子而扶立小儿子，我宁愿先被杀死，让我的一腔鲜血染红大地。"

汉高祖一看叔孙通如此强烈反对，就说："您算了吧，我只不过是随便说说罢了。"叔孙通说："太子是天下根基，根基一动摇，天下就会震荡起来，怎么能拿天下的根基之事作为戏言来说呢？"汉高祖只好敷衍说："我听从您的意见。"等到汉高祖设置酒宴款待宾客时，看到张良招来的四位年长高士（即商山四皓）都随从太子进宫拜见，终于放弃了更换太子的想法。

汉高祖去世，汉惠帝刘盈继位，他把叔孙通又调任太常。叔孙通制定了宗庙的仪礼法规，此后又陆续地制定了汉朝诸多仪礼制度。这些，都是叔孙通任太常时论定著录下来的。

汉惠帝到东边的长乐宫去朝拜吕太后，以及平时谒见，每次出行都要开路清道，禁止老百姓通行，很是烦扰别人，于是就修了一座天桥，正好建在未央宫武库的南面。叔孙通向汉惠帝请示工作，乘机请求秘密地谈话，他问汉惠帝："陛下怎么能把天桥修建在每月从寝宫送衣冠出游到高庙的通道上面呢？高庙是汉朝始祖的所在，怎么能让后代子孙登到宗庙通道的上面行走呢？"汉惠帝听了大为惊恐，说："那……那，赶快毁掉它。"叔孙通说："皇上不能有错误的举动。现在天桥已经建成了，百姓全知道这件事，如果又要毁掉这座天桥，那就是显露出您有错误的举动。希望陛下在渭水北面另建一座原样的祠庙，这是大孝的根本措施。"汉惠帝就下诏令让有关官吏另立了一座祠庙。

汉惠帝在春天到离宫出游，叔孙通说："古时候有春天给宗庙进献樱桃果的仪礼，现在正当樱桃成熟的季节，可以进献，希望陛下出游时，顺便采一些樱桃来献给宗庙。"汉惠帝同意这样做。后世向宗庙进献各种果品的仪礼，正是自此兴盛起来的。

司马迁在《史记》中说："有道是价值千金的皮裘衣，不是一只狐狸的腋皮；楼台亭榭的椽子，不是一棵树上的枝条；夏、商、周三代的业绩，也不是一个贤士的才智。确实如此呀！汉高祖以平民起事，平定了天下，谋划大计，用兵作战，可以说极尽能事了。叔孙通善于看风使舵，度量事务，制定礼仪法规或取或舍，能够随着时世来变化，最终成了汉代儒家的宗师。'最正直的好似变曲，事理本来就是曲折向前的'，大概说的就是这类事情吧？"

秦末群雄，楚汉为首。西楚霸王项羽一代人杰，有万夫不当之勇，却缺少谋略、吝惜赏赐，以致众叛亲离，兵败垓下，自刎乌江；而其事迹，则是可歌可泣、千古流传。同样传名千古的是齐王田横，五百壮士在其坟前自尽，慷慨赴死、令人唏嘘。汉初敌酋，匈奴最凶，汉高祖被围白登；叛汉首领，首推赵佗，陆大夫辩说归服。其他雄酋，虽横行一时，却不过过眼烟云……

西楚霸王项羽

项羽（前232～前202），秦末反秦义军首领，号“西楚霸王”。名籍，字羽，下相（今江苏宿迁西南）人，楚国贵族后裔。项羽是与刘邦争夺天下的主要对手。他勇猛善战，叱咤风云，显赫一时，在击败秦军、推翻秦王朝的过程中起了巨大作用；但在推翻秦朝统治后，他目光短浅，策略错误，企图恢复封建贵族政治，加之烧杀破坏，终于丧失民心；在楚汉相争中，他中了刘邦的反间计，使手下得力干将纷纷离去，最终兵败垓下，自刎于乌江。他是一个悲剧英雄。

一、才疏学浅　起兵反秦

项家世世为楚将，被封于项地（今河南沈丘），所以姓项。项羽的祖父乃楚将项燕，后被秦将王翦杀死。项羽少年的时候，学习读书写字不成，就去学击剑，又不成。他的叔父项梁生他的气，责备他。项羽说：“学写字只够记个姓名罢了，学剑术也只能对付一个人，不值得学。我要学能对抗上万人的本事！”于是项梁就教他学习兵法。项羽大喜，但略略知道一点大意后，又不肯深入钻研。

项梁曾经受人牵连，被逮捕入栎阳县狱。项羽于是请托蕲县狱椽曹咎，写了一封说情书信，送给栎阳狱掾司马欣，项梁才得安然无事。项梁因为杀了人，和项羽一起到吴中（即今江苏吴县）躲避仇人。吴中的贤士大夫才能都在项梁之下，每当吴中地方有大的徭役和丧事，项梁常替他们主办，暗地用兵法部署训练参加的宾客及青壮年，借此了解他们的才能，培养骨干。

在秦始皇巡游会稽的时候，项梁和项羽一起去观看。项羽见到秦始皇的仪仗行伍那种威风模样，脱口说："那个家伙，可以取而代之！"（彼可取而代之）项梁连忙掩住他的嘴，说："别胡说，会灭族的！"项梁因此认为项羽是个奇才。项羽身长八尺有余，力能举鼎，才气过人，就是吴中子弟也都畏惧他。

秦二世元年（前 209）七月，陈涉（胜）等人在大泽乡起义。这年九月，会稽郡守殷通对项梁说："长江以西的地方都反了，这也是天要灭亡秦朝的时候啊。我曾经听说过：'先下手就能制服别人，后下手就被人家制服。'因此我想率先起兵，派您和桓楚为将。"

此时，桓楚正逃亡在深山草泽之中。项梁借口别人不知道桓楚逃亡的地方，只有项羽知道，趁会稽郡守召项羽进来受命去找桓楚的机会，示意项羽持剑斩了会稽郡守的头。项梁提着会稽郡守的人头，佩了会稽郡守的大印出来示众，郡守的左右随从大惊失色，乱成一团。项羽发威砍杀百十来个，满衙门的人都吓得趴在地上，没有谁敢站起来。

项梁就召集以往他们所知道的地方豪杰官吏，向他们说明这样做是为了起义的大事，于是调集吴中士卒，派人征集下属各县丁壮，得到精兵八千人。这八千人就是后来跟随项羽南征北战、所向披靡的吴中八千子弟兵。

项梁部署吴地豪杰，派为校尉、军侯、司马等职位。有一个人没有得到任命，他便去问项梁。项梁说："前些日子的一件丧事，曾经由你主持一项事务，你不能做好，因此我不能任用你。"大家对项梁的知人明察，都极为佩服。于是项梁自任会稽郡守，项羽任裨将，安抚所属各县民众。

二、拥立怀王　大破秦军

这时，广陵人召平，受陈王陈涉指派进攻广陵，没能攻下，听说陈王已兵败退走，而秦兵又将到来，于是带兵渡过长江，假传陈王的命令，赐封项梁为楚王上柱国。召平说："江东之地，已经安定下来，要赶快发兵西进，攻击暴秦。"项梁便带领八千士兵，渡江西进。这时，听说陈婴已经攻下东阳，项梁派使者与陈婴联络，要和陈婴连兵合作，一起西进。

陈婴原是东阳的令史，在本县平素做事谨慎守信，被称道为有学问有道德的人。东阳一班年轻人起事，杀了东阳令，聚集几千人，想推举首领，找不到适当的人，于是就请陈婴出来领头。陈婴辞谢，说自己能力不够。这些年轻人不理会陈婴的意见，强行把他立为首领。当时县中跟随陈婴起事的有二万人。东阳年轻人此时就想干脆立陈婴为王。兵士都戴青色军帽，命名为苍头军，有别于其他军队，并表示新近突起之意。

陈婴的母亲对陈婴说："自从我做你们家的媳妇，从来没听说你家祖先出过显贵的人物。现在突然之间得到大名，不是吉祥的事！你不如另找一个领头的人，你做他的属下。如果起事成功了还能封侯，万一失败呢，又还可以逃亡隐避，因为你不是当世最被注意的知名人物。"陈婴听了母亲的话，便不敢称王，而对兵士官吏说："项氏世代大将传家，在楚国有名望。现在要办大事，恐怕非项氏出来领导不可。我们依靠名门望族，一定可以消灭暴秦。"大家都听从陈婴的话，让部队归属项梁。项梁带兵渡过淮水，英布、蒲将军也带了部队前来归附。总共有六七万人，驻军下邳。

这时，秦嘉已拥立景驹为楚王，驻军在彭城以东，想阻止项梁军西进。项梁向军官们说："陈王最先起事，后来作战不利而败走，现在不知去向。而今秦嘉竟背叛陈王而拥立景驹，真是大逆不道!”于是进兵攻打秦嘉，秦嘉兵败走。项梁追击到胡陵(今江苏沛县西北)，秦嘉回军和项梁作战，战斗了一天，秦嘉战死，军队投降项梁。景驹逃走，死在梁地。

项梁兼并了秦嘉的部队，驻军胡陵，准备继续引兵西进。这时秦将章邯领兵到了栗县（今河南夏邑），项梁便派遣别将朱鸡石、余樊君二人领兵与章邯作战。余樊君战死；朱鸡石兵败，逃奔胡陵。项梁引兵进入薛县，杀了朱鸡石。

项梁先前派遣项羽另带一支兵进攻襄城，襄城坚守，一时攻不下来。攻克之后，项羽把襄城守军全部活埋，回报项梁。项梁听说陈王确实已死，便召集所有分据各处的将领在薛县会合，共同商议大事。这时，沛公刘邦也在沛县起事，听说后便也赶来开会。

居鄛人范增，七十岁了，平素居家喜好研究奇谋巧计，前去游说项梁说：“陈胜本来就应当失败。当初秦灭了六国，其中楚国最为无罪。自从楚怀王受骗入秦而不能回归楚国，楚人无不同情怀王，到如今仍对他思念不已。所以楚南公说：‘楚国即使只剩三户人家，灭亡秦国的必定是楚国。’(楚虽三户，亡秦必楚)这次陈胜先起事，不立楚王后人，而自立为王，所以陈胜的势力不能长久。现在你在江东起事，楚国将士有如众蜂飞起而响应。之所以都争相归附于项君，只因项君世代为楚将，大家意料将军会重新拥立楚王的后代。”

项梁认为范增的意见很对，便寻到了楚怀王的孙子名叫芈心的。当时芈心正流落在民间，替人放羊。项梁便立芈心为楚怀王，以顺应民众的愿望。陈婴担任楚国上柱国，赐封五县，辅助怀王在盱眙（今属江苏）建都。项梁自称为“武信君”。

几个月以后，项梁带兵进攻亢父（在今山东济宁南），与齐国的田荣、司马龙且的部队合救东阿（今山东阳谷东北）。大破秦军于东阿。田荣当即引兵回去，驱逐了齐王田假。田假逃亡到楚国，田假的相国田角逃亡到赵国。田角的弟弟田间原是齐国的将军，居留在赵国不敢回去。田荣拥立田儋的儿子田市为齐王。项梁击败东阿的秦军，接着追击他们。几次派使者到齐国，催促齐国出兵，想与他们一同西进。田荣说："楚国杀了田假，赵国杀了田角和田间，我们才出兵。"项梁说："田假是盟国之王，穷途末路前来投奔，我们不忍心杀他。"赵国也不肯杀害田角和田间，来向齐国表示好感。

齐国不肯发兵帮助楚国。项梁就派沛公刘邦和项羽从另一路攻打城阳（在今山东菏泽东北），攻克后屠城。又向西攻破秦军于濮阳的东边。秦军退入濮阳坚守不出。沛公和项羽于是进攻定陶（今山东定陶西北），未能攻下，就放弃攻定陶之计，领兵西向，攻取秦地至雍丘，大破秦军，杀掉秦国丞相李斯之子李由。然后回军进攻外黄（今河南兰考东南），外黄未能攻下。

三、愤诛宋义　威震诸侯

项梁引兵自东阿向西进攻，等到了定陶，又大破秦军。此时因项羽等人又斩了李由，项梁更加轻视秦军，显出了骄傲的神色。宋义就劝谏项梁说："凡是打了胜仗，如果将领骄傲，士卒怠惰，那就要失败了。现在士兵已经有些怠惰了，而秦兵一天天增多，我很替将军担忧。"项梁不听，竟派宋义出使齐国。宋义在路上遇到齐国使者高陵君显。宋义问高陵君："您是要去见武信君吧？"高陵君说："是的。"宋义说："依我的推断，武信君项梁必然兵败！您慢去就可以免死，去得太快就很危险了。"

秦朝果然全力起兵增援章邯，进击楚军，大破楚兵于定陶，项梁战死。沛公和项羽撤离外黄，转攻陈留（今河南开封东南）。

陈留坚守，不能攻下。沛公和项羽商量说："现在武信君被击垮，士兵都很害怕。"于是和吕臣同时领兵东撤。吕臣驻军彭城（今江苏徐州）东，项羽驻军彭城西，沛公驻军砀县（今安徽砀山）。

章邯击破项梁之后，就认为楚兵不足担忧，于是引兵北渡黄河进攻赵国，大破赵军。这时候，赵歇为赵王，陈馀担任大将，张耳担任相国，都退入巨鹿城（在今河北平乡县西南）。章邯命部将王离、涉间围困巨鹿，章邯自己驻军在巨鹿之南，修筑甬道，替他们运输粮草。陈馀担任大将，率军数万驻守在巨鹿的北面，这就是所谓的河北军。

楚兵既已在定陶大败，怀王很恐惧，从盱眙来到彭城，把项羽和吕臣二人的军队加以合并，收归自己统率。任命吕臣为司徒，吕臣的父亲吕青为令尹，让沛公担任砀郡郡守，赐封武安侯，负责统率砀郡兵马。

先前宋义所遇到的齐国使者高陵君显还在楚军中，见了楚王说："宋义认定武信君必败，过了几天，果然就失败了，兵还没有出战，就可以看出失败的征兆，这真可以说是懂得用兵的了。"楚怀王就召宋义来商讨大事，怀王对宋义十分喜欢，就让宋义担任上将军，项羽为鲁公，担任次将，范增担任末将，出兵救赵。其他各部将领都由宋义直辖，宋义号为"卿子冠军"。

楚军行军到安阳（在今山东曹县东），停留四十六天不前进。项羽说："我听说秦军在巨鹿围困赵王，我们应尽快率兵渡河，楚兵从外围进击，赵兵在城中杀出，内外夹攻，必定可以打垮秦兵。"宋义说："不对。要拍死牛背上大的虻虫，不必杀牛身上小的虮虱。现在秦兵正在全力围攻赵国，如果获胜，他们一定已经疲惫不堪。我们正好抓住时机，可以破秦。若秦兵不胜，我们就挥动大军，擂鼓长驱西向，也必定击败秦兵。所以为今之计，不如先让秦赵相斗，我们等待取利。若论披甲胄、执兵器冲锋陷阵，我宋义不如你。但是坐下来运筹决策，你可就不如我宋义了!”

于是，宋义下令军中：“猛如虎，狠如羊，贪如狼，倔强而不听指挥的人，一律斩首!”宋义随后派儿子宋襄去齐国为相，亲自送到无盐（今山东东平），大摆宴席。当时天寒大雨，士卒既冷又饿。项羽说：“现在大家正该合力攻秦，你却迟迟按兵不动。如今年成不好，百姓穷困，士兵都啃芋头、嚼豆子，军中没有存粮，你却设宴大会宾客，不肯引兵渡河食用赵国的粮食，然后与赵国合力攻打秦军，却说什么‘等待秦军疲败’。凭秦军的强大，攻击新建的赵国，从情势上看，必定破赵无疑。赵国被击垮而秦兵更强盛，还有什么疲惫的机会可以利用?况且楚军新近吃了败仗，君王坐不安席，把境内全部的兵力集中交给上将军一人指挥。国家安危，在此一举。现在上将军不顾念国家，不休恤士卒，却急急于钻营私利，这不是能够安定国家社稷的忠臣。”

过了几天，项羽早晨去见上将军宋义，就在帐中斩下宋义的首级，然后向军中发布命令说：“宋义和齐国同谋反楚。楚王密令我将他杀掉!”这时诸将都畏服项羽，无人敢有异议。大家都说：“首先拥立楚王的是将军家。现在将军杀了作乱之人，又有大功。”于是共同立项羽为代理上将军。项羽派人追赶宋义的儿子，追到齐国把他杀了。项羽派桓楚去向楚怀王报告，怀王就传令项羽担任上将军。当阳君英布、蒲将军都归属项羽。

四、破秦主力　收降章邯

项羽杀掉“卿子冠军”宋义之后，威震楚国，名闻诸侯。当即派当阳君英布和蒲将军统兵两万渡河救巨鹿。战事稍稍有些胜利，赵将陈馀又请求援兵，项羽便统率全部军队渡过漳河，渡河后沉掉全部船只，砸毁锅甑，烧掉营垒，只携带三天的干粮，以此向士卒表示要决一死战、决不后退的意志。于是一到巨鹿就包围了王离，与秦军接战多次，楚军勇猛无比，九战九胜，截断秦军的甬道。大败秦军，杀了秦将苏角，活捉王离，涉间不投降，自焚而死。

此时，楚军雄冠诸侯，巨鹿城下，诸侯援军有十多座营寨，都不敢出兵。等到楚军攻打秦军时，诸侯军的将领都在壁垒上观看（作壁上观），楚军战士无不以一当十，杀声震天，诸侯军无不人人惊恐。打垮秦军之后，项羽召见诸侯将领，他们进入辕门，个个跪着前进，没有敢抬头仰视的。项羽从此成为诸侯的上将军，各路诸侯都归属于他。巨鹿一战，消灭了秦军主力，也奠定了项羽称霸的基础。

章邯驻守棘原，项羽屯兵漳南，两军相持，还未交战。秦军几次后退，秦二世派使者责备章邯。章邯恐惧，派长史司马欣赴咸阳请示。司马欣到咸阳，在司马门滞留三天，赵高不接见，表示不信任。司马欣恐惧，逃奔回营，不敢走原路。赵高果然派人追他，没追上。

司马欣回到章邯军中，报告说："赵高在宫廷之中独揽大权，下面的人不可能有所作为。现在我们的战事如果得胜，赵高必定嫉妒我们的功劳；战事不利，就难逃死罪，希望将军仔细考虑。"

此时陈馀也给章邯写信说："白起为秦国将领，南征楚国鄢、郢二都，北败马服大军，攻城略地，无法计算，最后赐死。蒙恬为秦朝大将，北逐匈奴，开辟榆中疆土数千里，后来在阳周被杀。为何有如此结果？因为立功太多了，秦朝不能全都按功封赏，所以借故用国法诛杀他们。如今将军做秦将已经三年，损失士卒不下十万，而诸侯起事的越来越多。赵高平素谄谀日久，目前国事紧急，唯恐二世杀他，所以要用国法诛杀将军，以搪塞责任；另派人代替将军，以摆脱自身灾祸。将军带兵在外时间太久，而宫廷之内嫌隙更多，结果只能是有功是死，无功也是死。况且上天要灭亡秦朝，无论下愚上智之人都已知道。现在将军在内不能直接向皇帝进谏，在外则成了亡国之将，孤单独立，而想要长久存在，岂不是可悲可怜吗？将军何不还兵和诸侯订约共同攻秦，成功之日，少不得分地为王，南面称孤！这样跟身受腰斩、妻儿被杀相比，又岂可同日而语！”

章邯接信后，狐疑不能决定。暗中派军候始成到项羽军营，商议合纵连和。和约尚未订立，项羽派蒲将军昼夜相继渡过三户津，驻军漳水南岸，与秦军战，再破秦军。项羽亲率全军进击，进军汙水，又大破秦军。

章邯又派人求见项羽，求订和约。项羽召集军官们商量说：“我们军粮缺少，可以接受和约。”军官们都说：“这样甚好。”项羽便和章邯约期在洹水南岸殷墟上相见。缔结盟约之后，章邯见了项羽，泪流满面，伤心说出赵高弄权害人的种种情形。项羽于是封章邯为雍王，安置在楚军之中。让长史司马欣担任上将军，统领秦军为前锋，向西进攻。

到新安（今河南渑池东），诸侯军中的官兵过去服徭役或防守边疆路过秦中时，秦中官兵对待他们多有无礼之处，等到秦军投降了诸侯，诸侯军中的官兵很多乘胜把秦军官兵当奴隶俘虏使唤，虐待、侮辱他们。秦军官兵很多人暗地议论：“章将军等人诈骗我们投降诸侯，如果能入关破秦，那是大好事；如果不能，诸侯军俘虏我们去东方，秦朝会杀尽我们的父母妻儿。”

将领们暗中听到这些议论，报告给项羽，项羽召集英布、蒲将军等人商议说：“秦官兵人数很多，内心不服，如果到关中他们不听指挥，就危险了，不如杀掉他们，只和章邯、司马欣、董翳进入秦地。”于是楚军夜间在新安城外把秦兵二十万都给坑杀了。

灭秦后项羽分封，把三秦封给章邯、司马欣、董翳三人。关中百姓把这三个人恨透了。这也是刘邦为什么那么容易“还定三秦”的重要原因。

五、失策鸿门　分封欠公

项羽进军关中，因函谷关（在今河南灵宝东北）已住有刘邦派的兵把守，又听刘邦的左司马曹无伤告密说：“沛公欲王关中，使子婴为相，珍宝尽有之。”项羽大怒，立刻要和刘邦展开一场大拼杀。当时，项羽兵力有四十万，而且兵强马壮，驻扎在新丰鸿门（在今陕西临潼东北，今名项王营），沛公刘邦兵力只有十万，驻在霸上（今陕西西安东南）。刘邦考虑到双方实力悬殊，采纳了张良给他出的以屈求伸的主意，在鸿门宴上，婉言卑辞，乖乖地称臣伏低，解除项羽对他的怀疑和警惕。

过了几天，项羽引兵西进，洗劫咸阳，杀了投降的秦王子婴，放火焚烧秦朝宫室，大火三个月不灭。收取了秦宫的财宝、妇女，往东开拔。

这时有人劝说项王道：“关中之地，有山河险阻，四面有关塞险隘，其间土地肥沃，可以建都称霸。”项羽此时见秦的宫室都已经烧毁残破，又心中怀念故乡，很想要回东方，便说：“富贵而不归故乡，就像身穿锦绣夜间出游（衣锦夜行），谁能看得到呢?”说客悻悻离去，对别人说：“人说‘楚人是沐猴而冠。’果真如此!”项羽听人报告了这些话，大怒，烹杀了那个说客。

项羽派人请示楚怀王，怀王说：“应照原来约定行事!”怀王派项羽、刘邦等将西攻秦朝时，曾约定：“先入关者为王”。但项羽不肯让刘邦高居自己之上。于是项羽尊称楚怀王为义帝。项羽想要自己称王，于是先封将相为王。他对众将说：“天下开始起兵发难的时候，为了收拾民心，不得不假立楚怀王的后裔，以便讨伐秦国。然而身穿铠甲，手执矛戈，冲锋陷阵，风餐露宿，前后三年，灭亡暴秦，安定天下，都是各位将相和我的力量。义帝没有功，但也应分给他土地，尊他为王。”众将都说：“好！”于是分割天下土地，封诸将为侯王。

项羽和范增怀疑沛公有取天下之心，但既已和解，不便背约，加上担心背叛盟约，会引起诸侯背叛，就暗中谋划道：“巴蜀二郡，道路奇险，秦朝放逐的人都居住在蜀地。”于是扬言说：“巴蜀二郡也是关中之地，沛公先入关，应当为王于关中。”于是立沛公为汉王，领巴、蜀、汉中三郡，以南郑为都。又把关中之地一分为三，封秦朝降将为王，用以拒阻汉王。项王封章邯为雍王，领有咸阳以西地区，以废丘为都。长史司马欣，从前做过栎阳狱椽，曾经有恩德于项梁；都尉董翳，原来劝过章邯投降楚军。所以封司马欣为塞王，领有咸阳以东至黄河地区，以栎阳为都；封董翳为翟王，领有上郡地区，以高奴为都。

其他亦各有所封：改封魏王豹为西魏王，领河东地区，以平阳为都。瑕丘申阳，原是赵相张耳的宠信臣属，曾抢先攻下河南郡，迎接楚军于河上，所以封瑕丘申阳为河南王，建都洛阳。韩王成仍居旧都，建都阳翟。赵将司马卬，攻取河南，屡次立功，封司马卬为殷王，领有河内，建都朝歌。改封赵王歇为代王。赵相张耳，向来贤能，又跟随入关，因此封张耳为常山王，领有赵地，建都襄国。当阳君英布为楚将，平常勇冠三军，所以封英布为九江王，建都六县。番君吴芮，曾率领百越将士协助诸侯攻秦，又随军入关，所以封吴芮为衡山王，建都邾县。义帝的柱国共敖，领兵攻南郡，功劳很多，因此封共敖为临江王，建都江陵。改封燕王韩广为辽东王。燕将臧荼，随楚军救赵，因而随军入关，所以封臧荼为燕王，以蓟为都。改封齐王田市为胶东王。齐将田都，跟随援救赵国，随军入关，所以封田都为齐王，建都临淄。从前被秦所灭的齐王建的孙子田安，在项羽刚渡黄河救援赵国的时候，曾攻下济北数城，带领部队投降项羽。所以封田安为济北王，以博阳为都。田荣屡次背弃项梁，又不肯领兵跟随楚军攻打秦军，因此不封。成安君陈馀，抛弃相印而去，不从楚军入关，然而平素贤名远播，又对赵国有功，听说陈馀现在南皮，因而把南皮附近三县封给他。番君的部将梅鋗，立功很多，因此封为十万户侯。项羽自立为西楚霸王，领有九个郡，建都彭城。

汉王元年（前 206），诸侯在戏下撤兵，各人前往封国。项王出关赴封国，让人迁徙义帝，说："自古为帝，方圆千里，一定要建都上游。"于是派人迁义帝到长沙郴县，催促义帝动身，义帝的左右群臣渐渐背叛离去。项王于是密令衡山王、临江王、九江王击杀义帝于江南。韩王成没有军功，项王不许他就国，带他一同回彭城，随后废去王爵而改封为侯。过了一阵，又把韩王成杀掉。臧荼赴封国，就驱逐韩广去辽东。韩广不肯，臧荼就在无终击杀韩广，兼并了辽东王封地。

田荣听到项王改封齐王田市为胶东王，而封齐将田都为齐王，大怒，不让齐王田市去胶东，因而以齐地之兵反项王，攻击新封的齐王田都。田都败逃楚国。齐王田市畏惧项王，逃往胶东就国。田荣大怒，追击到即墨，杀了田市。田荣趁势自立为齐王，西向攻杀新封的济北王田安。于是田荣尽并三齐土地。田荣送与彭越将军印，让彭越在梁地起兵反楚。

这时陈馀暗中派张同、夏说二人去游说齐王田荣说："项王为天下主宰，做事不公平，如今完全把贫瘠土地，封给六国后人，而他自己的群臣诸将，都封了肥美之地。赶走陈馀的旧君赵王歇，而使他往北迁居代地。陈馀认为这不可以。知道大王已起兵反项羽，而且不听不义之言。望大王援助陈馀兵力，让陈馀出击常山王，以恢复赵王原有的领地，让赵国作齐国的屏障。"田荣同意，就派兵赴赵国。陈馀收罗三县兵力和齐兵合力攻常山，大破常山王之兵。常山王张耳败走，逃归汉王。陈馀迎接原赵王歇返回到赵国，赵王因此立陈馀为代王。

这时，汉王刘邦已经回军平定三秦。项王听说汉王已兼并关中，并将移兵东来，齐国和赵国又背叛楚国，大怒。于是以原吴县令郑昌为韩王，去抵抗汉王；并令萧公角等击彭越。彭越击败萧公角等。汉王派张良招抚韩地，并给项王写信说："我有失职守，想得到关中之地，这是为了遵行以往所订之约。前约得到实现，就会停止攻掠，不敢东进。"又把齐梁二国的反叛文告，知会项王说："齐国要和赵国合力消灭楚国。"项王因此无意西进，而向北进攻齐国。

项王向九江王征兵，九江王英布称病不去，只派部将领几千兵前去。项王由此怨恨英布。

汉王二年（前205），项王军往北到达城阳。田荣也领兵前来会战。田荣败走到平原，平原百姓杀了田荣。项王于是向北挺进，烧毁齐国城市房屋，把田荣的降卒全部坑杀。掳掠了齐国的老弱妇女，一直打到北海一带。所到之处，多遭残杀毁灭。齐人相聚而反楚。这时，田荣的弟弟田横，收得齐国散兵有数万之众，在城阳反楚。项王因此留连作战，一时不能攻下城阳。

六、楚汉相持　解而东归

汉王三年（前204），汉王刘邦乘项羽率楚军北上击齐之机，率领诸侯联军五十六万人攻楚。项王知悉这一消息，就命诸将留下来攻打齐国，而自己率领精兵三万从鲁县出胡陵。四月，汉军进入彭城，掳掠珍宝、美女，每天摆酒大会宴饮。项王挥兵西向，拂晓从萧地攻击汉军。向东进军，到达彭城。中午，大破汉军，汉军全线溃败。项王追逐汉军到谷水和泗水，杀汉兵十多万人。汉兵都向南逃往山地。楚又追击到灵璧（今安徽淮北市西南）东睢水上，汉兵十余万皆入睢水，睢水为之不流，楚军将汉兵重重包围。这时，正好大风从西北刮起，飞沙走石，迎面扑向楚军。趁这个机会，汉王才得以带几十名骑兵逃走。

汉王败退到荥阳（今河南荥阳东北），由于萧何发动关中老弱前来支援，声势得以重振。尔后两年多的时间里，楚汉在荥阳、成皋之间相持争战。项王回军援救彭城，追汉王到荥阳，田横乘机收复了齐地，立田荣的儿子田广为齐王。汉王在彭城战败，诸侯又都附楚而背汉。汉军驻守荥阳，筑起甬道连通黄河，用来运取敖仓的粮食。汉王三年（前 204），项王多次出兵侵争汉军甬道。汉军粮食缺乏，心存恐惧，与楚讲和，要求割荥阳以西为汉王之地。

项王打算允许讲和，范增说："现在汉军是很容易打败的，如今放手而不把汉军消灭，将来必定后悔。"项王听取范增的建议，急围荥阳。汉王被围，深以为患，就用陈平的计谋，离间项王和范增。项王派使者来，陈平派人准备丰盛宴席招待。在捧着佳肴进陈之际，陈平细看使者，忽假装惊讶说："我以为是亚父范增的使者，想不到竟然是项王的使者。"于是更换宴席，改以粗劣的食物招待使者。使者回去，把这情形报告项王，项王就怀疑范增与汉之间有私下交易，渐渐夺去范增的权力。范增大怒，对项王说："天下事大体已定，君王可以自己处理了。希望大王准许我退休，赐我骸骨能够回到原来的卒伍之列。"项王批准了。范增起程回家，没到彭城，中途背发毒疮而死。

汉将纪信劝汉王说："事态紧急了！请让我扮成大王去诓骗楚兵，大王可以乘机出城。"在陈平的安排下，连夜从荥阳东门派出两千个带甲女子，楚军四面围击。纪信乘坐黄屋车，饰左纛而出，喊道："城中粮食已经没有了，汉王出降！"楚军都大呼万岁。而汉王就乘这时带了数十骑兵，从西门脱出，奔向成皋。项王见到纪信问道："汉王在哪里?"纪信说："汉王早已脱身出去了!"项王大怒，烧杀纪信。

汉王派御史大夫周苛、枞公、魏豹守荥阳。周苛和枞公相与商议说："魏豹有反复叛变的历史，难和他共守城池。"二人就一起杀了魏豹。楚兵最终攻下荥阳，活捉了周苛。项王对周苛说："你不如做我的将官，我让你做上将军，封三万户。"周苛大骂说："你赶紧投降汉王，汉军就要俘虏你，你不是汉王的敌手!"项王大怒，烹杀周苛，并杀了枞公。

汉王出了荥阳，向南跑到宛县、叶县，收罗了九江王英布。一路收集残兵，又进入成皋固守。汉王四年（前 203），项王进兵围成皋，汉王逃脱，独与滕公夏侯婴出成皋北门，渡河奔向修武，到张耳和韩信军营。汉诸将也陆续由成皋逃出来，追随汉王。楚军攻下成皋，准备向西挺进。汉王派兵阻住巩县，使楚兵不能西进。

这时彭越渡过黄河，攻击楚国的东阿，杀楚国将军薛公。项王亲自东向反击彭越。汉王得到韩信的军队，想渡河南进。郑忠劝说汉王，于是暂时在河内按兵不动，另派刘贾领兵助彭越，烧毁楚军粮草及其他军用物资。项王东进击破刘贾，败走彭越。汉王这时引兵渡黄河，又攻占成皋，驻军广武，仍取敖仓粮食供应部队。项王已平定东海，回军向西，与汉王都到广武扎营，两军相持好几个月。

彭越多次由梁地出兵进攻楚军，断绝楚军粮食，项王很是烦恼。他把在彭城之战俘虏的汉王父亲太公放在一个高高的几案上，威胁说："你如果不赶快投降，我就把太公给烹了。"刘邦竟无赖式地回答说："我和你一起接受过怀王的命令，说是'结为兄弟'，那么我的老子就是你的老子，你一定要把你的老子烹了，那么我盼望你能分给我一杯肉汤。”项王大怒，要杀太公。项伯说：“天下事还不可预料，况且争天下的人不顾家。你杀了他父亲也不会有什么用处，只会增加灾祸。”项王听从了项伯的劝告。

楚汉久久相持不下，不能决胜负。一时壮年男子苦于常年征战，老弱则疲于水陆运输。项羽对汉王说：“天下纷纷扰扰几年，只是因为我们两个人罢了，我愿和你单独挑战，决一雌雄，别让天下的百姓白白跟我们受苦!”汉王笑着答道：“我宁肯斗智，不能斗力。”

汉王部下有擅长骑马射箭的楼烦人，楚兵挑战三次，都被楼烦人射杀。项王大怒，自己披甲持戟，出马挑战。楼烦人正要放箭，项王怒目叱咤，楼烦人竟不敢正视项王，手不敢发箭，奔逃避入营垒，再不敢出来。汉王一打听，原来挑战者是项王，也是大惊。于是项王就走近汉王在广武的军阵前相与交谈，汉王当面数落项王。项王发怒，要求一战，汉王不听，项王埋伏的弓箭手射中了汉王，汉王负伤，跑进成皋。

七、痛失成皋　汉王背约

项王听说韩信已攻取河北，打败了齐国和赵国，并且将要攻打楚国，就派大将龙且前去迎击。韩信和龙且交战，骑将灌婴杀出，大败楚军，杀了龙且。韩信趁势自立为齐王。项王听到龙且败亡，心中恐惧，派盱眙人武涉去游说韩信归附自己，韩信不听。

这时彭越又反楚，攻下梁地，断绝楚军粮食。项王对海春侯大司马曹咎等说：“务必谨慎守住成皋，即使汉兵挑战，切切不要与他们交手；不让汉兵东进就行。我在十五天内必定杀掉彭越，扫平梁地，再回来同将军们会合。”于是项王领兵东行，出击陈留、外黄。

外黄坚守，攻打多日不下，几天后才投降，项王十分恼怒，下令外黄十五岁以上的男子全部排列城东，打算全部坑杀他们。外黄县令的家臣有个儿子，十三岁，前往劝说项王说："彭越用强力劫迫外黄人，外黄人很恐惧，因此暂降彭越，等待大王到来。现在大王来了，又要把外黄男子全部坑杀，百姓见此情形，怎能会有归附大王之心？只怕由此向东，梁地几个城邑都人心恐惧，不肯投降了！"项王认为有理，就赦免了外黄的全体男子。项王挥兵东进，到达睢阳。睢阳人听到项王来到，都争先恐后地归附他。

汉军果然多次向成皋楚军挑战，楚军不出阵。汉军派人侮辱楚军，连续五六天，大司马曹咎怒不可遏，出兵渡过汜水。楚军士卒渡水一半时，汉军突然出击楚军，大破楚军，缴获楚军全部财物。大司马曹咎、长史董翳、塞王司马欣，都在汜水边自刎。这时，项王在睢阳听说曹无咎兵败，引兵赶回，汉军其时正围住钟离眛于荥阳以东之地。项王一到，汉军畏惧楚军，全都拣险阻的地方退守。

汉王五年（前202），汉军势盛而粮食充足，项王则兵疲粮绝。汉王派陆贾去劝说项王，请求送回太公，项王不肯。汉王又派侯公去游说项王，项王就与汉王立约讲和，中分天下，划鸿沟以西之地为汉国，鸿沟以东的地方属于楚国。项王同意，立即送还汉王的父亲、妻子。军中官兵都高呼万岁。汉王就封侯公为平国君，躲起来不肯再见他，说："此人是天下辩士，所到之处可以倾国，因此称他为平国君。"项王与汉王立妥了和约，就解阵引兵东归。

汉王也准备西归，张良和陈平劝说道："如今汉国有了天下，诸侯又都归附。楚军兵疲粮绝，这正是上天灭亡楚国的时候。不如趁此机会攻取楚地。现在放走项羽不加攻取，这就是所谓养虎而自留祸患!”汉王听从了他们的计策。汉王追赶项王到阳夏南面，驻扎下来，约期会合韩信和彭越，共同攻击楚军。韩信于是从齐国出发，汉王的堂兄刘贾的军队从寿春（今安徽寿县）并进，血洗城父（今安徽亳县东南），到达垓下（在今安徽灵璧东南）。大司马周殷背叛楚国，率舒城兵马血洗了六邑（今安徽六安北），征发九江兵力，随刘贾、彭越会聚到垓下，合围项王。

八、四面楚歌　自刎乌江

项王率领残兵败将在垓下筑起营垒，兵少粮尽。汉军和诸侯之兵包围了好几层。夜间忽听到四面汉营之中唱的都是楚歌，项王大惊说：“汉兵已经取得了楚地吗？为什么楚人这样多呢?”项王连夜起来，在营帐中饮酒。有一美人名叫虞姬，经常随从项王；有一匹骏马名叫乌骓，项王经常乘骑。项王在这时慷慨悲歌，自己作诗吟唱道：“力拔山兮气盖世！时不利兮骓不逝；骓不逝兮可奈何！虞兮虞兮奈若何!”项王吟唱了好几遍，虞姬在一旁相和。项王泪下数行，左右侍从也都哭泣得不能抬头。

项王上马突围，麾下壮士骑马随从的有八百多人，乘夜突破重围，向南飞驰。直到天明，汉军才发觉，急令骑将灌婴带五千骑兵追赶。项羽渡过淮河，骑兵仍能跟得上的，只有一百多人而已。项王到阴陵（今安徽定远西北）迷了路，问一耕田老者。耕田的老者骗他说：“向左走。”往左便陷入泥沼之中。因此汉兵又能够追上，项王又带领骑士向东走。

项王到达东城（今安徽定远东南），身边只剩下二十八个骑兵。而汉军骑兵追上来的有几千人。项王自己揣度很难脱身，就对身边的骑兵说：“从我起兵至今已经八年，身经七十多次征战，谁抵挡我谁就被击败，我攻击谁谁就得降服，从来没有败过，所以能称霸天下！然而今天终于被围在这里，这是上天要我败亡，绝不是作战的过错。今天非得决死，愿为诸君痛快地打一仗，一定要连胜三次，为诸君突围，斩将、砍旗！让各位知道是上天要灭亡我，而不是作战的过错！”

项王把身边的骑兵分为四队，向四面冲杀。这时汉军已形成重围。项王对他的骑兵们说：“我为你们斩汉军一将！”命令骑士们四面飞驰而下，约定在山的东边分三处集合。于是项王大声呼叫奔驰而下，汉军四散溃退，项王就斩杀了一员汉将。这时郎中官杨喜担任骑将，追击项王。项王回头瞋目怒斥，杨喜人马俱惊，退避了好几里。项王与他的骑士们分三处会合。汉军找不到项王所在，就分为三处，重新包围。项王就又驰马冲杀，又斩汉军一名都尉，杀掉上百个敌兵，再集合他的骑士，仅仅损失二人而已。项王问他的骑士们说：“怎么样？”骑士们都敬服地说：“果然像大王所说的一样。”

项王退到乌江（今安徽和县东北）西岸，想东渡乌江。乌江亭长停船等待项王，对项王说：“江东虽小，地方也足有千里，民众有数十万，也足以成为一方君王，请大王急速上船渡江。现在这里只我有船，汉军追到也无船渡江。”项王笑着说：“上天要灭亡我，我还渡江干什么？况且我带了八千江东子弟渡江西进，如今没有一人返回，即使江东父老怜爱我而让我为王，我有什么面目再见他们？尽管他们不说什么，我项籍岂能于心无愧？”接着对亭长说：“我知道亭长你是一位有德行的长者，我骑这匹马已经五年了，所向无敌，曾经一日行走千里，我不忍心杀掉，就把它送给你吧！”

项王命令骑士都下马步行，手持短兵器接战。项王一人独自就杀死汉军数百人，而自己身上受伤也多达十几处。项王回顾，看见了汉军骑兵司马吕马童，就说：“你不是我的老相识吗”？吕马童面对项王，指给王翳说：“这就是项王！”项王说：“我知道汉王悬赏千金买我的头，封邑一万户。我就给你们这点好处吧！”说罢挥剑自刎而死。王翳首先取得项王头颅。其余骑兵奔驰向前争夺项王的身体，互相践踏，自相残杀达好几十人。最后，郎中官杨喜、骑兵司马吕马童、郎中吕胜、郎中杨武各得项王身体的一部分。五个人将项王身体拼凑起来，证明确系项羽。因此把封地分为五分，封吕马童为中水侯，封王翳为杜衍侯，封杨喜为赤泉侯，封杨武为吴防侯，封吕胜为涅阳侯。

项王已死，楚地都投降汉王，唯独鲁城（今山东曲阜）不降。汉王就率领天下兵马，准备血洗鲁城。因为鲁城坚守信义，宁死为君主守节，汉王就把项王的头拿给鲁城人看；鲁城父老这才决定投降。

起初，楚怀王初封项籍为鲁公，待项王死后，鲁城又最后投降，因此就以鲁公封号礼葬项王于谷城。汉王亲临发丧，洒泪离去。项氏各支宗族，汉王都不杀。封项伯为射阳侯。桃侯、平皋侯、玄武侯都姓项，都赐姓刘。

项羽一生叱咤风云，巨鹿一战，灭秦主力，为推翻暴秦立下赫赫功勋；然而由于他分封、称霸，开历史的倒车，终于未能逃脱败亡的命运。

项羽作战勇悍、长于突击，时人称其用兵“疾如雷电”。《汉书·艺文志》载有他的兵书《项王》一篇，已佚。

魏王魏豹

魏豹（？～前 204），汉初诸侯王。六国时魏国的公子，后为魏王，在楚汉相争中，心怀异志，反复无常，时反时从，最终身首异处。

一、兄弟反秦　先后为王

魏豹有个哥哥叫魏咎，春秋六国时，在魏国被封为宁陵君。公元前225年，秦国将领王贲率军征伐魏国，引汴河的水灌淹魏国的都城大梁（今河南开封西北），不久，大梁城垣塌陷，魏国灭亡。秦国灭亡魏国之后，魏咎便被放逐，废为平民。秦末陈胜聚众起义，自立为王，举起了反秦的旗帜，胸怀亡国之恨的魏咎便投奔了陈胜。

陈胜率领起义军攻城略地，起义队伍声势浩大。秦二世元年（前209），陈胜派手下原魏国将领周市率军向北夺取原魏国的土地。魏国的土地被夺取之后，周市想要立魏咎为王，但是魏咎当时在陈县（今河南淮阳）跟随着陈胜，不能到魏地来，于是，诸侯想立周市为魏王。周市却推辞说："天下混乱的时候，忠义之臣才能显现出来。现在，天下共同反叛秦王朝，按照道义应该立魏国国君的后裔才行。"诸侯坚持拥立周市，齐国、赵国各派兵车五十辆前来协助周市做魏王。周市婉言辞谢，仍然坚持立魏咎为魏王，他派人前往陈县迎接魏咎。往返五次，陈胜最终放魏咎回魏地为魏王。周市担任魏相。

秦将章邯于秦二世元年（前209）受命率军进击陈胜起义军周文部，屡战屡胜。随后，章邯追击出关，又陆续攻灭田臧等部；攻占陈县，致使陈胜兵败身亡。不久，章邯又兵临济（在今河南商丘东），攻打魏国。魏王魏咎担心势单力薄，无力抵抗章邯的军队，便派周市到齐、楚两国求援。齐、楚两国派遣项它、田巴率军直奔临济增援魏国。章邯命士兵口中衔枚于夜间突袭临济，大败齐楚联军，并杀死了周市，包围了临济。为了保护魏国的百姓，魏王魏咎并没有进行抵抗，他与秦军订约投降，然后自焚身亡。

魏国被攻陷后，魏豹便只身逃往楚国，向楚怀王请求救兵。楚怀王便给了魏豹几千人马，夺回魏国的领土。这时章邯率领的秦军已被项羽打败，章邯归附了项羽。魏豹带领几千人马一路勇猛拼杀，接连攻克了原魏国的二十多座城池。魏豹很得项羽赏识，被项羽立为魏王。此后，魏豹率军跟随着项羽入了关。

汉王元年（前 206），项羽划分天下土地，分封诸侯，自立为西楚霸王，建都彭城，统辖原魏国和楚国的九个郡。项王命魏豹迁往河东，建都平阳（治今山西临汾西南）。魏豹被封为西魏王。

二、投汉叛汉　终被杀身

刘邦回师平定三秦之后，于汉王二年（前 205）三月，率兵从临晋关渡过黄河。魏王魏豹此时看到汉王刘邦势力强盛，锐不可当，于是又归顺了刘邦。接着，魏豹领兵追随刘邦攻打彭城，彭城最终被刘邦攻下。

刘邦在彭城设置酒宴，大会部下宾朋。当时项羽正在攻打齐国，听到这个消息后，亲自率精兵三万人南进，直攻彭城，大败汉军。汉军伤亡几十万人，刘邦只偕同几十个亲信将士乘乱仓皇逃走。刘邦逃到下邑（今安徽砀山），收集溃散士兵转移到砀地驻扎下来。五月，刘邦回师荥阳（在今河南荥阳东北）。

这时，魏豹认为楚汉相争，汉王的势力敌不过项羽，因此对刘邦失去了信心，准备背叛汉王。魏豹以探望父母病情为由，向刘邦请求返回魏地。刘邦批准了他的请求。魏豹一到魏国，便断绝了黄河渡口，倒戈降楚。

刘邦得知魏豹反叛的消息，无暇顾及，因为他此时主要考虑的是如何对付楚王项羽。于是，刘邦想派郦食其去劝说魏豹回归刘邦，对郦食其说：“你去说服魏豹归顺，如果你说服成功，我就封你为万户侯。”郦食其便前往魏地游说魏豹，却没有说服。魏豹主意已定，对郦食其说：“汉王为人傲慢无礼，好侮辱别人，责骂起诸侯、群臣来如斥骂奴隶一般。人生苦短，我绝不愿再去见到他！”

刘邦本来想对魏豹采取怀柔政策，没想到能言善辩的郦食其也没说服魏豹，于是任命韩信为左丞相，与灌婴、曹参等一起去攻打魏国。魏豹在蒲坂（今山西永济西蒲州）部署重兵阻挡从临晋方面来的韩信军队，韩信采取声东击西的用兵策略，他在临晋增设疑兵，排列船只，造成从临晋发起进攻的假象，以迷惑魏豹，而暗中却让埋伏的兵士从夏阳渡河，袭击安邑。魏豹大惊失色，连忙领兵迎战韩信。汉王二年（前 205）九月，魏豹寡不敌众，被韩信俘获。韩信平定了魏地，用驿站的车子把魏豹押到荥阳。刘邦让魏豹驻守荥阳。

汉王三年（前 204）楚军正围攻荥阳，形势急迫。刘邦的将领周苛与枞公说：“魏豹背叛汉王，反复无常，不可与背叛国家的人一起守城。”于是，便把魏豹杀了。

齐王田荣

田荣（？～前 205），秦末反秦义军首领，原齐国贵族，自立为齐王。狄县（今山东高青东南）人。秦末随堂兄田儋起义，田儋死后，他立田儋之子田市为齐王，自任丞相，平定了齐地。在项梁被秦将章邯围困时，他不肯发兵救援，得罪了项羽，在大封诸侯时未被封王。不久杀田市，自立为王，后被项羽击败逃走，被百姓所杀。

一、起兵反秦　自任秦相

田荣和堂兄田儋都是战国时齐王田氏的同族。田儋、田荣及田荣的弟弟田横，在狄县是有势力的豪强，而且宗族强盛，很得人心。

在陈胜开始起兵自称楚王的时候，派遣周市攻取平定了魏地，向东打到狄县，狄县县令固守县城。田儋是个足智多谋之人，他与田荣决定起兵反秦。他假装绑住自己的家奴，带领手下的年轻人去县府，声称让县令杀死有罪的家奴。在拜见县令的时候，他们乘机杀死县令，然后又召集有势力的官吏和年轻人说："秦国暴虐无道，各地诸侯都已经反秦自立，齐地是古代封建的诸侯国，而我田儋是齐王田氏的同族，应当为王。"他一呼百应，受到众人的拥戴。于是，田儋自立为齐王，并且起兵攻打周市。周市的军队撤走以后，田儋乘机带兵东进，夺取并平定了齐国故地。

秦将章邯是当时有名的战将，骁勇善战，善于长途奔袭。秦二世二年（前 208），章邯带兵在临济（在今河南封丘东）围攻魏王咎，情况紧急，魏王派人到齐国来求救。齐王田儋带领军队援救魏国。当时，田荣也随从前往。章邯在夜间让兵马口中衔枚，趁夜幕的掩护进行偷袭，把齐魏联军打得大败，在临济城下杀死田儋。田荣幸免于难，他收集田儋的余部向东逃跑到了东阿（今山东阳谷东北）。

齐国人听说田儋战死的消息之后，就拥立以前齐王田建的弟弟田假为齐王，田角为丞相，田间为大将，以此来抗拒诸侯。

田荣在败逃东阿的时候，章邯率军进行围追阻截。楚国大将项梁听说田荣情况危急，于是就领兵来到东阿城下，并且一举击败章邯。章邯往西逃跑，项梁则乘胜追击。田荣摆脱了秦军的围追堵截，稍作喘息。这时，他听说齐人立田假为齐王一事，感到非常气愤，于是就带兵回去，攻击追逐齐王田假。田假逃到楚国，丞相田角逃到赵国；田角的弟弟田间在此以前已到赵国求救，也就留在赵国不敢回去了。田荣于是立田儋的儿子田市为齐王，自任丞相，田横为大将，平定了齐地。

二、争做齐王　命丧黔首

项梁追击章邯，章邯的军队因为不断有援兵，反倒日渐强盛，于是项梁就派遣使者通报齐国和赵国，要两国共同发兵攻打章邯。田荣说："只有楚国杀死田假，赵国杀死田角、田间，我们才肯出兵。"楚怀王说："田假是我们同盟国的君王，在走投无路之时来投靠我们，杀了他不合道义。"赵国也不愿意用杀田角、田间来和齐国作交易。

齐王田市说："手被蝮蛇咬了就要砍掉手，脚被蝮蛇咬了就要砍掉脚。为什么呢？因为倘若不这样的话，就要害及全身。而现在田假、田角、田间对于楚国、赵国来说，并不是手足骨肉之亲，为什么不杀掉他们呢？况且若是秦朝还能继续统治天下的话，那么不仅我们要身受其辱，而且连祖坟恐怕也要被人挖出呢。"

楚国、赵国都不肯依从齐国，齐王和田荣也非常生气，最终也不肯出兵援救。章邯果然击败了楚军，并且杀了项梁，楚军往东溃逃，而章邯也就乘机渡过黄河，围攻赵国的巨鹿（今河北平乡）。项梁的侄子项羽前往援救赵国，由此也就非常怨恨田荣。

汉王元年（前 206），项羽击败秦军，保全了赵国，又降服了章邯等秦朝将领，西向攻咸阳，大肆杀戮，灭了秦朝，然后又分封诸侯王。于是他把齐王田市改封为胶东王，建都即墨（今山东平度东南）。齐国将领田都因跟随项羽共同救赵，接着又随同进军关中，因此项羽立田都为齐王，建都临淄（今山东淄博）。原六国时齐王田建的孙子田安，因在项羽渡河救赵之时，接连攻下济北多座城池，然后带兵投降了项羽，项羽因此立田安为济北王，建都博阳。田荣因为违背项梁，不肯出兵援助楚、赵两国攻打秦军，因此没有被封为王；赵国将领陈馀也因为失职，没有被封为王，这两个人都很怨恨项羽。

项羽既已回到楚国，所封诸侯也就各自回到自己的封地。田荣派人带兵帮助陈馀，让他在赵地反叛项羽，田荣自己也发兵抗击田都，田都逃到楚国，田荣扣留了齐王田市，不让他到胶东的治所。田市的亲信说："项羽强大而凶暴，而您作为齐王，应该到自己的封国胶东去。"田荣得知后勃然大怒，急忙带人追赶齐王田市，在即墨追上，把田市杀了。回来又攻打济北王田安，并且把他杀死。于是，田荣就自立为齐王，全部占有了三齐之地。

项羽听到这个消息后，十分恼怒，于是起兵北伐齐国。齐王田荣派兵在城阳（今山东菏泽东北）抵御项羽，结果被打得大败，逃跑到平原（今属山东），平原的百姓把田荣杀了。

齐王田横

田横（？～前 202），秦末反秦义军首领，本为齐国贵族。狄县（今山高青东南）人。秦末，随从堂兄田儋起兵，重建齐国。楚汉战争中自立为齐王，不久为汉军所破，投奔彭越。汉朝建立，率部属五百人逃入海岛。汉高祖欲招降他，他不愿称臣于汉，遂于途中自杀，部属五百人也全部自杀。他在楚汉相争牵制了楚王项羽，并在客观上为刘邦平定天下开辟了道路。

一、重建齐国　为汉所破

秦末，农民起义风起云涌。田横与哥哥田荣、堂兄田儋都是原齐国贵族，他们称雄狄县，为一方豪强。在陈胜起义后，他们也聚众起义，田儋自立为齐王，率军夺取了齐国故地。

田儋战死后，田荣立其子田市为齐王，田荣任丞相，田横任大将。楚国大将项梁被秦将章邯围困时，向齐国求援，田荣不肯发兵救援，结果项梁战死，这一来得罪了项梁的侄子项羽。项羽在大封诸侯时，便不封田荣为王。田荣杀死田市，自立为齐王，吞并齐国。项羽大怒，挥兵攻打田荣，田荣兵败被杀，其后项羽就烧毁荡平了齐国都城的城郭，所过之处都大加屠戮，齐国人无法忍受，遂聚集起来反叛他。

田横立志复国，为兄报仇，他收募起齐国的散兵，得到好几万人马，反过头来在城阳（今山东菏泽东北）攻打项羽。而在这时，汉王刘邦带各路诸侯的军队击败楚军，进入楚都彭城（今江苏徐州）。项羽听到这个消息后，不得不暂时放过齐军回去，在彭城对汉兵发起攻击。此后，楚军与汉军多次交锋，在荥阳一带相持不下。因此田横趁机收复齐国大小城邑，立田荣之子田广为齐王，田横自为丞相辅佐他，并专断国政，所有政事，无论大小，皆由田横决定。

汉王四年（前 203）十月，也就是田横平定齐国三年之后，汉王刘邦派郦食其到齐国，向齐王田广和丞相田横游说，要他们归顺汉朝。田横认为此事可行，就解除了齐国历下（今山东济南历城）对汉军的防备。汉将韩信本来带兵将要向东攻打齐国，齐国起初曾派华无伤、田解带领军队在历下驻扎以抗拒汉军，等到郦食其到来，就废弃了守城的战备，放任兵士饮酒作乐，并派使者与汉朝讲和。但汉将韩信在平定了赵国、燕国之后，用蒯通计策，越过平原（今山东平原县南），突然出击，打败了齐国在历下驻扎的守军，接着又攻入临淄。

齐王田广、丞相田横见汉军突然出现，非常生气，认为自己被郦食其出卖了，立刻烹杀郦食其。齐王田广往东逃到高密（今山东高密西南），丞相田横逃向博阳（今山东泰安东南），守相田光逃向城阳，将军田既带领军队驻守胶东（今山东平度东南）。

这时，楚国派来龙且带领军队救助齐国，齐王田广与龙且在高密会师。汉将韩信与曹参在高密大破齐楚联军，杀死楚将龙且，俘虏齐王田广。汉将灌婴继续追击，又俘虏了齐国守相田光。灌婴继续进军，到达博阳。而田横听到齐王田广已死，就自立为齐王，返回来与灌婴交战。在嬴下（今山东莱芜西北），田横的军队被灌婴打得大败。田横逃到梁地，投归彭越。当时，彭越拥兵梁地，在楚汉之间保持中立，两面讨好。

韩信在杀死楚将龙且之后，接着便命令曹参继续向胶东进军，在这里大败田既，并在战斗中杀死了他；韩信又命灌婴追击齐将田吸，在千乘（今山东高青东北）将他击败并斩杀。这样，韩信便平定了齐国全境，向刘邦上书，请立自己为齐国代理王，刘邦也就因势立韩信为齐王。

二、节操高尚　义不降汉

汉高祖六年（前 201），汉王刘邦消灭了项羽，就自立为皇帝，封彭越为梁王。田横害怕被杀，就带领他的部下五百多人逃入海中，居住在一个小岛（今山东即墨田横岛）之上。

汉高祖刘邦听到这个消息之后，认为田横兄弟本来就平定了齐国，齐国的贤士大都归附于他，如今让他流落海岛而不加以收揽的话，恐怕以后难免有祸患。因此就派使者赦免田横之罪并且召他入朝，田横却辞谢说：“我曾经烹杀了陛下的使者郦食其，现在我又听说郦食其的弟弟郦商是一个很有才能的将领，所以我非常害怕，不敢奉诏进京，请求您允许我做一个平民百姓，住在这海岛上。”

使者回来报告汉高祖，汉高祖立刻下诏给卫尉郦商说：“齐王田横将要到京，谁要敢动一下他的随从人员，立刻满门抄斩！”接着又派使者拿着符节把汉高祖下诏给郦商的情况原原本本地告知田横，并且说：“田横若是来京，最大可以封为王，最小也可以封为侯；若是不来的话，将派军队加以诛灭。”田横于是和他的两个门客一起，乘坐驿站的马车前往洛阳。

在离洛阳三十里远有一个叫尸乡的地方，田横等人来到此地驿站时，田横对汉使说：“作为人臣拜见天子，应该沐浴净身。”于是就住下来。田横对他的门客说：“我田横起初和汉王同样是南面称孤的王，但现在汉王成了天子，我却成了亡国奴，要北面称臣侍奉他，实在是莫大的耻辱。更何况我烹杀了人家的兄长，再与那个人的弟弟来并肩侍奉同一个主子，纵然他害怕皇帝的诏命，不敢动我，难道我于心就毫不羞愧吗？再有，皇帝陛下召我来京的原因，不过是想见一下我的面貌罢了。如今皇帝就在洛阳，现在割下我的头颅，快马飞奔三十里的工夫，我的容貌还不会改变，还是能够看一下我究竟是什么样子的。”说完之后，就自刎了。

两个门客手捧田横的头，跟随使者飞驰入朝，奏知汉高祖。汉高祖叹道：“哎呀！田横能有此言此行，真是了不起呀！从平民百姓起家，兄弟三个相继称王，确实贤能！”汉高祖忍不住为他流下了眼泪。然后拜田横的两个门客为都尉，并且派两千名士卒，以诸侯王的丧礼安葬了田横。

安葬完田横之后，两个门客在田横墓旁挖了个洞，然后自刎，倒在洞里，追随田横死去。汉高祖听说此事之后，大为吃惊，认为田横的门客都是贤才。汉高祖听说田横手下还有五百人在海岛上，又派使者召他们进京。进京之后，这五百门客听说田横已死，也都自杀而亡。由此可知，田横兄弟确实是能够得到贤士拥戴的人。

匈奴单于冒顿

冒顿（前234～前174），秦末汉初匈奴单于，军事统帅。匈奴单于头曼之子，秦二世元年（前209）至汉文帝六年（前174）在位。冒顿骁勇无比，心狠手辣，杀父继位，又四处攻掠，称雄于大漠南北；在白登山围困汉高祖刘邦七天七夜，后又屡次侵扰汉朝边地，迫使高祖采取和亲政策。和亲缓和了匈奴的大举入侵，为中原人民休养生息赢得宝贵时间，对汉朝经济恢复和国力增长起到了积极的作用。

一、鸣镝齐射　杀父继位

匈奴是我国北方古老的游牧部族，战国时代秦、赵、燕诸国不惜民力修筑长城防御匈奴，说明了匈奴的强悍。

秦灭六国以后，秦始皇派遣蒙恬率领十万大军北击匈奴，将河套一带的领土全部收回。沿着黄河修筑关塞，临近黄河一共建了四十四个县城，迁徙囚徒住到那里。并且修筑了直通长安的大道，从九原到云阳，利用山岭、险堑、溪谷等可修筑的地方而修筑堡垒，从临洮起，到辽东郡共一万多里。

当时，东胡和月氏都很强盛。匈奴单于名叫头曼，头曼因为敌不过秦国，就向北方迁徙。十几年以后，蒙恬死了，原诸侯各国都背叛秦国，中原动荡不安，那些被秦国流放戍边的犯人都纷纷离开了，因此匈奴感觉比较宽松了，又慢慢地渡过黄河向南方来，和中原原来的关塞接界。

冒顿是匈奴头曼单于的长子，被立为太子。秦二世元年（前209），头曼宠爱的阏氏（匈奴王后）又生了一个儿子。头曼打算废太子冒顿而立小儿子，于是让冒顿做了月氏的人质。头曼单于却发兵急攻月氏，想借月氏人之手来杀冒顿。冒顿盗马逃归，头曼认为冒顿壮勇，让他统率一万骑兵。

冒顿得到兵权后加紧训练部队。他制成了一种响箭（鸣镝），训练部下骑马射箭，他下令说："凡是我的响箭所射的目标，大家不跟着射过去，要被砍头。"冒顿与部下出猎鸟兽，发现有不射响箭所射目标的人，就杀掉他。不久，冒顿用响箭射自己的良马，左右的人有不敢跟着射的，冒顿立刻将他们杀掉。

过了一段时间，冒顿又以响箭射自己宠爱的妻子，左右的人都感到很恐慌，不敢跟着射，冒顿又将这些人砍头。又过了一段时间，冒顿出猎，用响箭射杀单于的良马，左右的人都跟着射。以此冒顿知道他的左右都听从他的命令，可供他利用了。

有一次，冒顿随其父头曼单于狩猎，用响箭射向头曼，他的左右也都随着响箭射向头曼单于。头曼被射死，冒顿诛杀他的后母、弟弟和不听从他的众臣，自己登位做了单于。

二、寸土必争　统一匈奴

冒顿登位后，正是东胡强盛时期，东胡听说冒顿杀父登位，便派使者对冒顿说，想要得到头曼在世时的千里马。冒顿征求大臣们的意见，大臣们表示，千里马是匈奴的名马，不应给东胡。冒顿说："怎能与人家相邻而吝惜一匹马呢？"于是把头曼的千里马送给了东胡。东胡认为冒顿惧怕他们，不久又提出想得到单于的一个阏氏。冒顿又问群臣，左右大臣都愤怒地说："东胡无理，竟然索要阏氏，请您派兵攻打他们。”冒顿说：“怎能跟人家国境毗邻却吝惜一个女子呢？”于是便把自己宠爱的一位阏氏送给了东胡。

东胡得到单于阏氏后愈发骄横起来，欲向西侵略。东胡和匈奴之间有一千多里的荒芜地区，无人居住，双方各自在自己的边界地区建立了哨卡。东胡派使者对冒顿说：“两国之间的缓冲空地，我们想占有它，以后你们匈奴不能随便去那里。”冒顿询问大臣们的意见，大臣们认为这是荒弃之地，给或不给都可以。于是冒顿大怒，说：“土地是一个国家的根本，怎么能给送他们！”便把主张给东胡土地的大臣都杀了。

冒顿发兵向东袭击东胡，下令全国士兵，有后退的皆斩。东胡早先轻视匈奴，并无防备，等到冒顿引兵来犯，大败东胡军，消灭了东胡王，掳掠了他的人民和牲畜。回来后，向西打跑了月氏，向南并吞楼烦（秦汉之际活动在陕北及内蒙古南部）和白羊河南王（匈奴的一部，居住在黄河河套以南地区），又全部收回了秦将蒙恬所夺取的匈奴土地。以汉朝原河南塞为界，到达朝那（今宁夏固原东南）、肤施（在今陕西榆林东南），进而侵入燕（都蓟城，在今北京西南）、代（治今河北蔚县东北）两地。

这时，刘邦与项羽相持不下，中原地区被战争弄得疲惫不堪，无暇西顾，因此冒顿的势力得到了壮大，手下有能弯弓射箭的战士三十多万，设左右贤王二十四长，称雄于大漠南北。

三、立规定制　一代雄主

匈奴的历史有一千多年，匈奴的势力时大时小，经常分别离散，时代久远，他们流传的世系已无法确定。但是到了冒顿时，匈奴的势力最强大，使所有的北夷都服从他的统治，同时在南方与中原王朝成为敌国。此后他们的世系、传国情形和官号才被记载下来。

匈奴设置有左右贤王、左右谷蠡王、左右大将、左右大都尉、左右大当户、左右骨都侯。匈奴把“贤”称做“屠耆”，所以常由太子做左屠耆王。从左右贤王以下到当户，大的拥有骑兵万人，小的也有几千人，共有二十四位首领，称号叫做“万骑”。大臣都世袭官职。呼衍氏、兰氏，后来有须卜氏，这三姓是他们的显贵望族。左方王将率军居住在东方，一直到上谷郡以东地区，东接秽貉、朝鲜；右方王将率军居住在西方，一直到上郡以西地区，和月氏、氐、羌接壤；单于的王廷，面对代郡、云中郡。他们各自都有自己管辖的地盘，寻找有水草的地方而迁移。左右贤王、左右谷蠡王最大，由左右骨都侯辅政。那二十四位首领也各自设置了千长、百长、什长、裨小王、相封、都尉、当户、且渠这些官职。

每年正月，君长们在单于王廷举行小型的聚会，进行春祭。五月，在龙城举行盛大的集会，祭祀他们的祖先、天地、鬼神。到了秋季，马儿肥了，就举行大规模集会，核算人口和牲畜的数目。匈奴的法律规定，只要是有意杀人的，即使只拔刀出鞘一尺，也要被处死刑；犯偷盗罪的，没收家属、财产；犯罪轻的处以“轧”刑，重的要被处死。坐牢的期限，长的不超过十日，全国的囚犯也不过几个人。单于一清早就要走出他的营房，去敬拜初升的太阳，晚上敬拜月亮。座位经常是首领在左，面向北方。他们尊崇戊日和己日。葬丧习惯，有棺椁、金银、衣裘，却没有坟堆墓树和丧服制度，单于死了，他的近臣和妃嫔跟着殉葬的，多达几十人，或上百人。

匈奴兴兵打仗常常以星月作依据，月亮圆满就去攻打敌人，月亮亏了就退兵。在攻战时，斩杀了一个敌人，长官就赏他一大杯酒，所掠夺的战利品也归他；俘虏了敌人，可以带回去做奴婢。所以他们参加作战，人人都追逐利益，擅长布置伏兵来引诱包围敌人；如果战败了，就如同土崩瓦解、风吹云散。作战时如果能把同胞的尸体搬回来，就可以获得死者的全部财产。

此后冒顿又率兵向北征服了浑庾、屈射、丁零、鬲昆、薪犁等国，尽使北方各族服从他的统治，而南面与中原王朝为敌。他的才能深得匈奴贵族大臣的敬佩，他所统治的时期是匈奴最强盛的时期。冒顿可称匈奴一代雄主。

四、平城围后　汉匈修好

汉朝平定中原不久，为加强边防调韩王韩信去代郡，都马邑（今山西朔县）。匈奴大举进攻马邑，迫韩王投降了匈奴。于是匈奴引兵向南，越过句注山，直攻太原，兵锋及于晋阳城（今山西太原西南），威胁汉朝的统治。

汉高帝七年（前 200），汉高祖刘邦率兵前去抗击匈奴，时逢冬季，风雪交加，奇寒无比，有十之二三的士兵冻掉了手指，于是冒顿佯装败北，暴露自己的老弱病残之兵，掩藏起精锐之师，诱汉兵追赶。汉高祖果然出动全部汉兵——步兵三十二万逐敌。

汉高祖到平城（今山西大同东），冒顿派精锐骑兵四十万围困汉高祖于白登山（平城东），七天七夜，被包围的汉军得不到军粮接济，形势十分危急。汉高祖用陈平计，暗中派使者厚赠礼物给冒顿的阏氏，阏氏对冒顿说："不应当围困对方的君王。现在即使得到了汉朝土地，您也终究不能住在那里。况且汉王自有神灵保佑，请单于仔细考虑。"

冒顿原与韩王信的大将王黄、赵利相约共灭汉王，可王黄、赵利的军队未到，冒顿怀疑他们可能和汉军有密谋，就听取了阏氏的话，放开包围圈的一角。汉高祖刘邦下令所有士兵都拉满弓向外，从匈奴放开的一角直冲而出，终于和来援的大军会合。冒顿这时已引兵离去，汉朝也领兵撤退。

韩王信担任匈奴的将领，同赵利、王黄等人经常违背盟约，侵犯劫掠代、云中等地。没过多久，代王陈豨反叛，又和韩王信合谋攻占代地。汉朝派樊哙去抗击，又收复了代、雁门、云中这些郡县，但不出塞外。这时匈奴因为有很多汉将来投降，所以冒顿常常到代地来往侵犯劫掠，使汉朝深感忧虑。当时中原初定，国力较弱，于是汉高祖便派刘（娄）敬前去缔结联姻和约。奉送皇族女儿冒称公主去做单于的阏氏，每年奉送给匈奴丝棉、绸绢、酒米食物各有一定的数量。汉匈结约为兄弟之国，冒顿才停止侵扰。

汉高祖去世后，汉惠帝、吕后时，匈奴骄横无礼，冒顿竟然在给吕后的信里有侮辱性言语，大意是说："我没有妻子，你没有丈夫，不如我们两人结成夫妻。"吕后大怒，想攻打匈奴，将帅们都说："凭高帝那样贤明英武，尚且在平城被围困。"吕后只好作罢，依旧实行和亲政策。

汉文帝初年，冒顿又派右贤王进占了黄河河套以南地区，后消灭月氏，平定楼兰、乌孙、呼揭等国。第二年冒顿致信汉文帝，愿意恢复过去的和约，汉文帝作了友好的答复，双方转向通好。

汉文帝六年（前 174），冒顿去世。其子稽弱继承王位，号"老上单于"。

南粤王赵佗

赵佗（？～前 137），南粤（也称南越）国王，真定（今河北正定）人。秦时为南海郡龙川县令，后为南海尉。汉高祖十一年（前 196）自封为南粤武帝，发兵攻打长沙边邑。景帝时归附汉朝。南粤统一和南粤归汉，是各民族走向统一的必然趋势。

一、乱中取利　叛汉称帝

秦始皇兼并了六国，攻取并平定了扬粤，设置了桂林、南海和象郡，把犯罪而被迁徙的百姓安置到这些地方，同粤人杂居了十三年。

赵佗在秦朝时被任命做了南海郡的龙川县令。到秦二世时，南海郡尉任嚣得病将死，把龙川令赵佗召来，并对他说："听说陈胜等发动了叛乱，秦朝推行暴虐无道的政策，天下百姓对此感到怨恨，项羽和刘邦、陈胜吴广等，都在各自的州郡，同时聚集民众，组建军队，争夺天下，中原地区扰攘动乱，不知何时方得安宁，豪杰们背叛秦朝，相互对立。南海郡偏僻遥远，我怕强盗的军队侵夺土地，攻打到这里。我想发动军队切断通往中原的大路，自己早作防备，等待诸侯的变化，恰巧我的病重了。再说番禺（今属广东）这个地方，背后有险要的山势可以依靠，南有大海作屏障，东西几千里，有些中原人愿意辅助我们，这里也能建立国家。南海郡的长官中没有谁值得我同他研究这些事，所以把你召来告诉你我的想法。"任嚣当即向赵佗颁布任命文书，让他代行南海郡尉的职务。

任嚣死后，赵佗就向横浦、阳山、湟谿关传布檄文，说："强盗的军队将要打过来了，要马上断绝道路，集合军队，保卫自己。"赵佗借此机会，运用法律陆续杀了秦朝安置的官吏，而任用自己的亲信做代理长官。秦朝被消灭后，赵佗就攻击并兼并了桂林和象郡，自立为南粤王。

汉高祖平定天下后，因为中原连年战乱，百姓劳顿困苦，所以放过了赵佗，没有前往攻打他。汉高帝十一年（前 196），汉高祖派遣陆贾去南粤，命令赵佗因袭他的南粤王的称号，同他剖符定约，互通使者，让他协调百粤，使其和睦相处，不要成为汉朝南边的祸害。南粤边界与汉朝的长沙国接壤。

高后执政时代，有关部门的官吏请求禁止南粤在边境市场上购买铁器。赵佗说："高帝立我为南粤王，双方互通使者和物资，如今高后听信谗臣的意见，把蛮夷视为异类，断绝我们所需要的器物的来源。这一定是长沙王的主张，他想依靠中原的汉王朝，消灭南粤，兼做南粤王，自己建立功劳。"于是，赵佗就擅加尊号，自称南粤武帝，出兵攻打长沙国的边境城邑，攻占了几个县才离去。

高后派遣将军隆虑侯周灶前去攻打赵佗。正遇上酷暑潮湿的气候，士卒中的多数人都得了重病，致使大军无法越过阳山岭。又过了一年多，高后去世，汉军就停止了进攻。赵佗因此凭借他的军队扬威于边境，用财物贿赂闽粤、西瓯和骆粤，使他们都归属南粤，使自己的领地从东到西长达一万余里。赵佗竟然乘坐黄屋左纛之车，以皇帝身份发号施令，同汉朝天子相抗衡。

二、文帝怀柔　赵佗称臣

汉文帝元年（前 179），汉文帝刚刚统治天下，便派出使者向诸侯和四方蛮夷的君长，告知他们从自己的封国来京继位的想法，让他们知道天子的圣明美德。于是为赵佗在真定的父母的坟墓，设置守墓的人家，每年按时举行祭祀，又召来赵佗的堂兄弟，用尊贵的官职和丰厚的赏赐来笼络他们。

汉文帝命令丞相陈平等推荐可以出使南粤的人，陈平说好畤人陆贾在高帝时曾多次出使南粤。汉文帝就召来陆贾，任命他为太中大夫，前往南粤当使者，借机责备赵佗自立为皇帝，竟然不派一个使者向天子报告。

汉文帝给赵佗的信中写道：

皇帝以最诚挚的心情恭敬地问候南粤王。我不是高皇帝的嫡子，被派到外地，治理北边的代国，由于路途遥远和我本人的孤僻愚陋，因此不曾与南粤互通使节。高皇帝去世，孝惠皇帝即位，高后亲掌朝政，不幸患病，病情日益严重，因此政治苛暴，不合常轨。吕氏作乱，故意破坏法纪，他们不能独自进行统治，就把别人的孩子当做孝惠皇帝的继承人，实行傀儡政治。依靠宗庙神灵的保佑和功臣们的努力，现在吕氏已被诛灭。我一再辞让帝位，群臣不允许，因此我不得不立为皇帝，现在已经即位。

从前我听说您曾给将军隆虑侯写信，请求寻找您在真定的兄弟，并撤回在长沙国的两位将军。我已按照您信中的要求，撤回将军博阳侯陈濞，您在真定的兄弟，我也已派人抚慰，并修缮了您先人的坟墓。以前我听说您发兵攻打边境，不断制造祸患。那时长沙国遭了殃，南郡受害更重，难道您的南粤国唯独能得到好处吗？战争不可避免地要牺牲大批士兵，伤害优良的将领和官吏，使妻子失去丈夫，儿子失去父亲，父母失去儿子，得一亡十，这是我所不忍心做的。

我想把汉与南粤边境犬牙交错的地方划归南粤，以此询问有关官吏，官吏说“这个边界线是高皇帝用以划定长沙国土地的”，因此我不能擅自变更。官吏说：“得南粤王的土地不足以使汉朝广大，得南粤王的财物不足以使汉朝富裕，服岭（山岭名，在长沙国以南）以南，由南粤王统治。”

尽管如此，您号称皇帝，两帝并立，您竟然没有派出一辆通使的车，这是互相争位；相争而不谦让，有仁德的人是不这样做的。我希望与您共弃前嫌，从今以后直到永远，双方像原来一样互通使者。所以我派陆贾出使，向您表明我的想法，希望您接受我的意见，不要再制造边患。现将厚衣五十件、夹衣三十件、薄衣二十件，赠送给您，希望您多欣赏乐舞以求欢娱，解除忧愁，并抚慰闽粤和瓯骆等邻国。

陆贾到达南粤，南粤王十分惊恐，于是叩头谢罪，愿意遵奉汉天子的命令，永远做汉朝的藩臣，履行贡纳之职。同时下令国中，说："我听说两雄不俱立，两贤不并世。汉朝皇帝是贤明的天子。从今以后，南粤国废除帝号和黄屋左纛。"又给汉文帝写信说：

蛮夷大长、老夫臣佗昧死再拜上书皇帝陛下：

我是过去粤地的官吏，高皇帝幸而赐给我玺印，策立我为南粤王，使我作为国外之臣，按时贡纳尽职。孝惠皇帝即位，以仁义之心不忍摒弃我，对我的赏赐非常优厚。高后亲理国政后，接近小人，听信谗臣之言，视蛮夷为异类，发布命令说："不给蛮夷之南粤国铁器等金属农具；如果给马、牛、羊，则只给雄的，不给雌的。"

我住在偏僻之地，马、牛、羊都已经老了，自知不进行祭祀活动有死罪，所以派内史藩、中尉高和御史平先后三次上书谢过，都无回音，又听传言说我父母的坟墓已被破坏，兄弟宗族也已被定罪诛杀。官吏们互相议论说："现在您在内地不能兴起于汉朝，在外面也没有什么表明自己高贵。"所以我改称号为皇帝，但只在南粤国内称帝，不敢加害于天下。

高皇后听说我改称皇帝，非常气愤，开除南粤于藩臣名籍，断绝了双方使者的往来。我私下怀疑长沙王进了谗言，所以敢发兵攻打长沙国的边境。况且南方低下潮湿，蛮夷当中西边有瓯，那里的人半裸露着身体，竟然南面称王；东边的闽粤才有几千人，也号称为王；西北面的长沙国有一半人是蛮夷，也称王，所以我敢狂妄地窃取帝号，聊以自乐。

我亲自平定了百邑之地，方圆几千里，铠甲之士百万有余，可是我为什么对汉称臣呢？因为我不敢违背我的先人。我在粤地已有四十九年，现在已经抱上孙子了。然而我早起晚卧，觉睡不好、饭吃不香，目不敢视华丽之色，耳不敢听钟鼓之音，这一切都是因为不能臣事汉朝造成的。现在天子幸而可怜我，恢复我原来的王号，使我像原来一样与汉朝通使，我死也瞑目了，从今改号，再也不敢称帝了！我恭敬地以臣礼通过使者献上白璧一对，翠鸟千只，犀角十个，紫贝五百枚，翡翠四十对，孔雀两对。昧死再拜，向皇帝陛下表明自己的心意。

陆贾回京报告此事，汉文帝非常高兴。延续到汉景帝时代，赵佗向汉朝称臣，春秋两季派人到长安朝见天子。但是在南粤国内，赵佗一直窃用皇帝的名号，只是他派使者朝见天子时称王，接受天子的命令如同诸侯一样。

汉武帝建元四年（前 137），赵佗去世，据说他享年百馀岁；他的儿子都已过世，由孙子赵胡（也称赵昧）继位。

图书在版编目（CIP）数据

汉高祖及其平民皇帝的开国英杰 / 张蓓编著．—上海：上海科学技术文献出版社，2017
（焦点人物丛书 / 乔继堂主编）
ISBN 978-7-5439-7245-2

Ⅰ．①汉… Ⅱ．①张… Ⅲ．①汉高祖（前256—前195）-人物研究 Ⅳ．①K827＝341

中国版本图书馆 CIP 数据核字（2016）第 299531 号

责任编辑：张 树 李 莺
封面设计：戴东明

汉高祖及其平民皇帝的开国英杰
张 蓓 编著
出版发行：上海科学技术文献出版社
地 址：上海市长乐路 746 号
邮政编码：200040
经 销：全国新华书店
印 刷：三河市华东印刷有限公司
开 本：850×1168 1/32
印 张：15.125
字 数：366 千字
版 次：2017 年 1 月第 1 版 2017 年 1 月第 1 次印刷
书 号：ISBN 978-7-5439-7245-2
定 价：65.00 元
http：//www.sstlp.com